Bernhard Schubert

# Der Künstler als Handwerker

Bernhard Schubert

# Der Künstler als Handwerker

## Zur Literaturgeschichte einer romantischen Utopie

athenäum

Gedruckt mit Unterstützung des Förderungs- und Beihilfefonds Wissenschaft der VG Wort

CIP-Kurztitelaufnahme der Deutschen Bibliothek

**Schubert, Bernhard:**
Der Künstler als Handwerker: Zur Literaturgeschichte
e. romant. Utopie/Bernhard Schubert. –
Königstein/Ts.: Athenäum Verlag, 1986.
ISBN 3-7610-8320-3


Umschlaggestaltung: Lochmann's Studio, Frankfurt
Satz: Computersatz Bonn GmbH, Bonn
Druck und Bindung: Poeschel & Schulz-Schomburgk, Eschwege
Printed in West-Germany
ISBN 3-7610-8320-3

*Meinen lieben Eltern*

# Vorbemerkung

Für Anregungen, Hilfe und kritischen Respons beim Zustandekommen des vorliegenden Buches danke ich den Freunden aus meiner Marburger Zeit: Daniela Klein, Martina Lauster, Beate Lehmann, Sabine Henze-Döhring, Ulrike Paufler, Sieghart Döhring, Martin Jesinghausen-Lauster, Elmar Mellwig; den Teilnehmern der Alpbacher Ferienakademie der Studienstiftung des deutschen Volkes vom Herbst 1979, insbesondere Professor Dr. Manfred Frank, sowie den Angehörigen des Fachbereichs für Neuere deutsche Literatur und Kunstwissenschaften der Marburger Philipps-Universität. Mein besonderer Dank gilt Professor Dr. Burghard Dedner und Professor Dr. Gert Mattenklott.

Wiesbaden, im Mai 1985

## Inhalt

# Einleitung

Als Hermann Muthesius, einer der Gründungsväter des *Deutschen Werkbundes,* sich zu Beginn des Jahrhunderts gegen die Entzweiung[1] von kunstloser Funktionalität und funktionsloser Kunst wandte und die Schaffung eines neuen „Maschinenstils" propagierte, der in Gebrauchsgegenständen und Zweckgebäuden, in Fabriken, Bahnhöfen, Ausstellungsbauten, „Riesenversammlungshäusern"[2] usw. sich manifestieren sollte, verband er damit die Hoffnung, „daß die Funktionen des Künstlers, des Technikers und des Kaufmanns – vormals in der Person des Handwerkers miteinander verbunden – auf einer höheren Stufe der Differenzierung wieder zu einer Einheit verknüpft werden"[3] könnten. Das Resultat der neuen Verbindung von Kunst und Industrie sollte die Freisetzung und Entfaltung einer „harmonischen"[4], „genuin modernen ästhetisch-moralischen Kultur"[5] sein.

Das ästhetische Bewußtsein der Gegenwart hingegen, das sich in den letzten Jahren mehr und mehr als postavantgardistisch oder als postmodern affichiert[6], empfindet technisch-industrielle Innovationen immer auch als Zerstörungsprozesse. In dem Maße, in dem eine eingleisig in kapitalistischen Bahnen voraneilende Modernisierung die Ökologie überlieferter Lebensformen und einer über Jahrhunderte kultivierten Natur beschädigt, in dem Maße ist die Hoffnung verblichen, eine Erneuerung der „harmonischen Kultur"[7] im Bündnis mit dem technischen Fortschritt erreichen zu können. Heute scheint eine Versöhnung von „Kunst und Ökologie"[8] näher zu liegen als die Allianz von Kunst und Industrie. Bei aller Großartigkeit der ästhetischen – vor allem architektonischen – Werke, die die neusachliche Richtung seit Jahrhundertbeginn im einzelnen hervorgebracht hat, so ist doch ihre Programmatik mittlerweile obsolet, die den selbstläufig gewordenen industriellen Fortschritt ebenso wie die in Selbstgenügsamkeit verharrende l'art pour l'art-Kunst durch Anbindung an die Maßstäbe des Funktionalismus und Konstruktivismus, durch einen am Handwerk geschulten neuen Stil der „vollkommenen und reinen Zweckmäßigkeit"[9] mit den Standards des guten und schönen Lebens versöhnen wollte.

Unter gesellschaftlichen Bedingungen, in denen die Subsysteme zweckrationalen (ökonomischen oder administrativen) Handelns sich an die Stelle der demokratisch-öffentlich legitimierten und konsensusfähigen Wertentscheidungen der Bürger setzen und deren Kontrolle entgleiten[10], kann eine Kunst, die auf die Regenerierung der Kultur als Ganze abzielt, nicht ihre Emphase in den „reinen" und „sachlichen" Formausdruck institutionell vorgegebener, aber hinsichtlich ihrer Legitimität unbefragter Zwecke setzen. Sie müßte vielmehr voraussetzen können, daß nicht – wie Ernst Bloch vor fünfzig Jahren an der sachlichen Baukunst kritisierte – „hinter den eingebauten Rationalitäten (...) die volle Anarchie der Profitwirtschaft"[11] erhalten bleibt, daß ihre

Zwecke – ob es sich nun um Fabrikbauten, Wohnsiedlungen oder Brückenkonstruktionen handelt – nicht nur das „naturwüchsige" Resultat eines über die Köpfe der Beteiligten sich hinwegsetzenden ökonomischen Struktur-Imperativs sind, sondern die Verkörperung eines Gemeinwillens. Erst wenn die verselbständigte Eigendynamik der wirtschaftlichen und administrativen Handlungssysteme an den autonom behaupteten Wertstandards und -ideen der Bürger zerbricht und die Zwecke sowie die Organisation des Zusammenlebens in den Horizont einer prinzipiell unbegrenzten Verständigung und Willensbildung zurückgeholt werden, könnte eine Kunst, die kollektiv rezipierbar sein will und sich der „Allgemeinheit", der „Kommunikation", dem „Gebrauch" und der „Zweckmäßigkeit" öffnet, der Gefahr einer Komplizenschaft mit der „Profitwirtschaft" (Bloch) entgehen. Dann vermöchte sie, gleichsam als „ästhetische Mythologie der Vernunft"[12] und als „Repräsentation des öffentlichen Lebens"[13] sich mit den Standards des wahren und guten Daseins zu verschwistern, ja sogar als Lichtquelle jener obersten Ideen und semantischen Potentiale tätig zu werden, in deren Scheine wir unsere Interessen und Bedürfnisse gemeinschaftlich, aber nicht gleichschaltend interpretieren könnten.[14] Erst dann dürfte von einer erneuerten „harmonischen Kultur"[15] die Rede sein.

Wenn das Ungenügen an der Esoterik einer Expertenkunst, die sich von der Alltagspraxis abkapselt und diese dem moral- und schönheitswidrigen Kommerz überläßt, nach wie vor das Interesse an einer Kunst wachhält, die den Zwecken des alltäglichen sozialen Zusammenlebens verpflichtet bleibt, so kann dieses Programm nicht bloß in kunsttechnischen und Form-Innovationen sein Telos finden. Die gegenwärtige Suche nach einer neuen „materiellen" und „konkreten Kultur", nach einer „common culture", nach „symbiotischen Lebensformen", nach einer lebensweltlichen Verknüpfung von Kunst, Moral und Ökonomie[16] sowie die Idee einer kollektiven Selbstvergewisserung sozialer Werte und Normen mit Hilfe der ästhetischen Phantasie und im dezentrierenden Modus symbolisch vermittelter Ausdrucks- und Vorstellungsformen[17] kann ihr Hauptinteresse nicht allein auf die produktionstechnische Seite des Handwerks richten, auf das Muthesius zum Zweck der funktionalistischen In-Dienst-Nahme der Kunst rekurrierte, sondern muß dessen lebensweltliche Grundlage bedenken.

In jenen Jahren, in denen der *Werkbund* sein Programm einer Kulturerneuerung auf dem zu schmal angelegten Wege einer am Handwerk inspirierten Regeneration ästhetischer Produktivkräfte entwickelt, zeichnet der junge Georg von Lukács – zurückgreifend auf romantische Topoi – in einem Essay über die *Bürgerlichkeit*[18] der Dichter Storm, Mörike und Keller das Bild einer „vergangenen" ästhetisch-moralischen Kultur, in der Kunst und Gemeinschaft, Gewerbe und Schönheit, Arbeit und Leben harmonisch zusammengeschlossen sind. Der Künstler, zu dessen Charakterisierung Lukács den Terminus „Handwerkerkünstler" prägt, erscheint hier als Teil einer stadtbürgerlichen Lebenstotalität, die vom ausgehenden Mittelalter bis hinein in das deutsche 19. Jahrhundert intakt geblieben sei. Die Moralität des Künstlers und seine Weltauffassung seien hier mit denen der Allgemeinheit verbunden. Seine Arbeits- und Lebensweise sei geprägt von bürgerlicher Berufserfüllung und handwerklicher Produktions- und Sozialethik. Zugleich aber sei sie der organische Ausdruck der spontanen Energien seiner inneren Natur. Lukács' Utopie überbietet gleichsam die Versöhnungsleistungen, die im ausgehenden 18. Jahrhundert dem Genie zugesprochen wurden, denn die Handwerkerkünstler vermögen die Kräfte der inneren menschlichen Natur nicht allein (wie das Genie) mit der Objektivität der ästhetischen Gebilde, sondern auch mit der Objektivität stabiler Lebensformen zum Ausgleich zu bringen, und sie vermögen die Kunst dem Gemeinsinn zu verschwistern. Die Werke des Handwerkerkünstlers seien in ihrer moralischen Ausrichtung unmittelbar an die „Gemeinschaft“ adressiert. Sie bringen also – so können wir pointieren – kein partikulares Repräsentationsbedürfnis, keine einzigartige Vision, keine ästhetische Revolte oder Utopie zum Ausdruck. Ihre Aufgabe ist die Kräftigung, Regenerierung und Steigerung des bürgerlichen Gemeinbesitzes an Sinn und Glauben, der die Sozietät zusammenhält und ihre Subsysteme kontrolliert. Lukács evoziert diesen Zustand einer ästhetischen Sittlichkeit als Gegenbild sowohl zur Funktionslosigkeit der l'art pour l'art-Kunst als auch zur Lebensform des modernen Virtuosen-Artisten, die durch Einsamkeit, Unterjochung der inneren Natur und asketisch-orgiastische Triebverstrikkung gekennzeichnet sei. Als Prototypen dieses Exzentriker-Künstlertums erscheinen Flaubert und George.[19] Gegen den esoterischen Kunsthermetismus setzt Lukács aber nicht – wie die Kunsthandwerk- und Werkbundbewegung – die konstruktive Praxis einer neuen nutzen- oder gebrauchsorientierten Kunst, er rechnet vielmehr diese Versuche selber noch dem sentimentalischen Geist der modernen Expertenkultur zu und kontrastiert ihr die Idee einer „vergangenen“ Kulturtotalität, die das Ganze eines Volkslebens umgreift. Deren Bild soll genau jene – wie immer auch im Vorhof demokratisch-politischer Öffentlichkeit angesiedelte – kommunikative Substanz des „älteren“ stadtbürgerlichen Lebenskosmos vergegenwärtigen, die die Handwerksrezeption des Werkbundes vernachlässigte und deren Rettung Utopie bleiben muß in einer Gesellschaft, die „die Beziehungen zwischen den Menschen nicht mehr unmittelbar, sondern bloß noch durch den Markt vermittelt“[20].

Gewiß, die Hoffnung des *Deutschen Werkbundes* ging dahin, mit dem neuen Bündnis von Kunst und Industrie und mit der Wiederherstellung der Funktionseinheit von Kunst, Technik und Gewerbe, die das alte Handwerkertum auszeichnete, z u g l e i c h auch dessen moralisch-ästhetische Lebenswelt als ganze zu regenerieren. Muthesius zufolge sollte die Kunst Teil eines verbindenden und verbindlichen Signifikationssystems werden und „diejenige allgemeine Bedeutung wieder erlangen, die ihr in Zeiten harmonischer Kultur eigen war“[21]. Als deren Exempel beschwor er die Blüte der gotischen Baukunst, und er begriff sein Programm als die praktische Operationalisierung des Traumes, den die Romantik vom Mittelalter gehegt hatte.[22] Er vergaß dabei, daß der romantischen Idee zufolge die Kunst des Gotik-Zeitalters Teil jener symbolischen, religiös und metaphysisch begründeten Deutungssysteme war, die „die Gemeinschaftlichkeit des Erkennens, Fühlens und Handelns einer Gesellschaft verbürgten und verbindlich machten“[23], und daß die älteren Handwerkerkünstler in ihrer Daseinsführung, in ihrer Arbeitsmethode und in der Beschaffenheit ihrer Werke immer auch eine kollektive Überlieferung, eine integrierende Weltansicht und ein soziales Einverständnis zum Ausdruck brachten, das in den Produkten der neusachlichen Richtung des 20. Jahrhunderts – da diese an die Verwertungszwänge der kapitalistischen Marktbewegung gebunden blieben – gerade k e i n e n Niederschlag finden konnte.[24]

Wir brauchen vorerst nicht zu entscheiden, ob das 19. Jahrhundert seine Gemeinschaftssehnsüchte in die Welt des Mittelalters projizierte, oder ob es den mittelalterlichen Gesellschaften in der Tat gelang, in ihren Kunstwerken das symbolische Band ihrer Einträchtigkeit zu knüpfen und ihre „Konflikte“ – wie Warnke es unlängst im Blick auf die sakralen Großbauten des Hochmittelalters formuliert hat – „positiv zu binden“ und „konstruktiv auf ein gesetztes Ziel hin“ zu „synthetisieren“.[25] Gegen die romantische Deutung der altbürgerlichen Handwerkskunst, zumal des „Meistergesangs“ als einer Stimme des Volks- G a n z e n werden wir einige Bedenken anzumelden haben.[26] Festhalten können wir aber, daß die vorkapitalistische Welt durch eine Form der Sozialintegration gekennzeichnet war, die nicht über entsprachlichte, wert- und weltbildneutrale Steuerungsmedien wie den Markt[27] oder die bürokratische Macht, sondern über symbolisch vermittelte – wie immer auch repressiv verzerrte und durch metaphysische Überlieferungen restringierte – Übereinkünfte zustande kam.[28] Insoweit nun die romantischen Bilder „vergangener“ Lebenswelten – sei es „realistisch“, sei es „idealisierend“ – den „Verlust“ dieser traditionalen Formen der Synthesis in Erinnerung rufen, beinhalten sie mehr als nur eine nostalgische Verklärung von Herrschaftsverhältnissen. In ihnen artikuliert sich vielmehr – wie unlängst Jürgen Habermas formuliert hat – ein durch „Vernunft belehrtes Empfinden“ über den Verlust einer „kommunikativen Substanz“, die in die Alltagspraxis älterer „dörflichbäuerlicher“ oder „stadtbürgerlich-handwerklicher“ Lebenswelten noch eingelagert war und die den einseitigen gesellschaftlichen Rationalisierungsprozessen der Moderne zum Opfer gefallen ist.[29] Die „Erinnerung“ – dies hat uns Ernst Bloch eindringlich vor Augen geführt – an eine „noch nicht ganz abgegoltene Vergangenheit“, an „das relativ Lebendigere und Ganze früherer Beziehungen von Menschen“ in einer „vom Kapital unzerstörten“ Lebenswelt – „das Mittelalter der Romantik“ ist deren Modell – legt gleichsam „ungleichzeitigen“ Protest ein gegen die „Negativität des heutigen Zustands“[30].

Die Gehalte und der Reichtum des überlieferten Vorrates an Bildern des

„vergangenen" altbürgerlichen Handwerkerkünstlertums und seiner Lebenswelt sollen hier untersucht werden. Ich möchte fragen, warum und in welchen Bedeutungsvarianten und Formen in die Literatur des 19. und 20. Jhs. solche Idealentwürfe einer vormodernen Lebenstotalität eingegangen sind.[31]

Die frühesten Beispiele dieser Bilderproduktion (aus deren Haushalt der zitierte *Bürgerlichkeit* -Essay des jungen Lukács schöpft und den er bereichert) datieren vom ausgehenden 18. Jahrhundert. Nachdem durch Goethe und Herder die mittelalterlichen Kunstwerke vornehmlich wegen ihrer Stilcharakteristika rehabilitiert worden waren, setzt mit Wackenroder und Tieck das Interesse an der vorbildlichen Lebenswelt und Lebensführung der altdeutschen Künstler ein. Diese Faszination geht zurück auf das Jahr 1793, als die beiden jungen Berliner Studenten von der neupreußischen Universität Erlangen aus das benachbarte Nürnberg und Bamberg erkunden und ihnen nicht nur die ästhetischen Qualitäten mittelalterlicher Baukunst vor die Augen treten, sondern zugleich die Vision einer vergangenen Einheit von Künstler und Allgemeinheit, von Kultur und Sittlichkeit. Die literarische Verarbeitung dieser Erfahrungen im *Ehrengedächtnis unsers ehrwürdigen Ahnherrn Albrecht Dürers*[32] sowie in der *Schilderung, wie die alten deutschen Künstler gelebt haben*[33] begründet jene folgenreiche kulturkritische Opposition, die gegen die modernen Kulturverhältnisse polemisch die Utopie vom Handwerkerkünstlertum ausspielen wird. Nicht nur bei Wackenroder und Tieck, bald auch bei E. T. A. Hoffmann, Wagner und Keller, in den Kunsttheorien der Nazarener sowie in der alltäglichen Populär-, Fest- und Vereinskultur des 19. Jahrhunderts, schließlich noch einmal bei Lukács und – in dessen Spuren – bei Thomas Mann werden die Bilder spätmittelalterlich-frühneuzeitlichen (bei Lukács auch spätbürgerlichen) Handwerkerkünstlertums – wie hier gezeigt werden soll – zu poetischen Symbolen einer aus der Perspektive des Verlustes herbeigesehnten ästhetisch-sittlichen Lebenstotalität. Richtet sich Lukács' und Manns Blick vornehmlich auf deren vermeintlich späteste „Exempel", auf die Handwerkerkünstler Storm, Mörike oder Keller, so zeigt sich die erste Romantikergeneration fasziniert von einem Idealbild des 16. Jahrhunderts, – mit Dürer und Sachs als Symbolfiguren. Vielleicht kann als Höhepunkt der hier thematischen Bildüberlieferung Wagners Oper *Die Meistersinger von Nürnberg* gelten, – sowohl, weil sie das romantische Phantasma der altbürgerlichen Lebenswelt außerordentlich populär gemacht hat, als auch, weil sie dessen utopische Gehalte (wie auch seinen gelegentlich regressiven Zug) am sinnfälligsten zum Ausdruck bringt: Mit Hilfe eines erneuerten, aus den Handwerkerstuben und Singschulen in die Öffentlichkeit der „Festwiese" hinaustretenden Meistergesanges können – so das Bühnengeschehen – die Kluft zwischen Expertenkünstler und Allgemeinheit geschlossen, der Gemeinsinn der Nürnberger Bürger regeneriert und deren Naturkräfte (die sich zuvor in Massenprügeleien konvulsivisch entladen mußten) versöhnt werden.

Der sentimentalische Zug der hier thematischen Bilder wird jeweils bereits im Blick auf ihre biographische Genese sichtbar, denn sowohl Wackenroder und Tieck als auch Hoffmann und Keller dichten ihre Phantasien von der dürerzeitlichen und Altnürnberger Kultur im großstädtisch-modernen Ambiente Berlins. Wagner schreibt sein Meistersinger-Libretto im Pariser Hotel Voltaire unmittelbar im Anblick des Metropolenverkehrs, der junge Georg von Lukács träumt sich in die Welt der alten Husumer, schwäbischen oder Schweizer Bürgerlichkeit als Reisender zwischen Budapest, Florenz und Berlin, und zum letzten Mal beschworen wird der Geist der spätmittelalterlichen Handwerker- und Bürgerkultur im fernen Pacific Palisades durch Thomas Mann (der im *Faustus* zugleich den Abgesang der hier thematischen topologischen Überlieferung dichtet).

Der Traum von der Idealität stadtbürgerlich-handwerklicher Lebens- und Schaffensformen ist so alt wie deren realgeschichtlicher Niedergang. Die moralischen und ästhetischen Qualitäten der älteren Sozialformen steigen in dem Maße herauf, in dem ihre ökonomischen und lebensweltlichen Besonderheiten in der Ubiquität kapitalistischer Tausch- und Konkurrenzverhältnisse zersetzt werden.[34] Während in der Realität der Jahre um 1800 die traditionale handwerkliche Welt des „Ganzen Hauses“ und seine moralische Ökonomie erst im Konkurrenzdruck der Wirtschaftsdepression unterhöhlt und dann nach Aufhebung der Zunftschranken durch die kapitalistische Mobilisierung des Arbeitsmarktes zerstört werden; während die Künstler zunehmend aus den herkömmlichen (korporativen, höfischen und kirchlichen) Einbindungen desintegriert werden und ein ästhetizistisches Selbstverständnis entwickeln; während sich eine marktabhängige, in hoch und niedrig gespaltene Kunstproduktion sowie ein zweckfrei genießendes Publikum herausbilden, – erscheinen im Gegenzug in der literarischen Bilderwelt der modernen Autoren die Attribute der vergangenen Handwerkerwelt und ihrer Kultur in harmonisierendem Licht.

Daß die künstlerische Tätigkeit in den hier thematischen Entwürfen eines der Vergangenheit entlehnten Lebensideals mit dem Handwerk in eins gesetzt wird, ist ein geistesgeschichtliches Novum. Weder die Künstlerbegriffe der Antike, des Mittelalters, der „Renaissance“ noch gar die der „Genie“-Zeit hätten diese Verbindung zugelassen. Die Antike hatte den Dichter als begnadeten Seher, als „vates“ geehrt[35] und vom bildenden Künstler strikt abgehoben. Da dieser zu körperlicher Tätigkeit gezwungen war, galt er als „banausos“. Der platonischen Lehre zufolge haftet ihm der Mangel an, sein Augenmerk ausschließlich auf den bloßen empirischen Abglanz des Wahren zu heften, während der Dichter an göttlicher Eingebung teilhabe und über prophetische Gaben verfüge. Erst in der plotinischen Philosophie wurde eine Lanze gebrochen für eine neue Beurteilung der handwerklich-bildenden Künstler, die nun gleichberechtigt neben den Dichter traten. Gerade in ihrem Kampf gegen die Widerstände der nie ganz formbaren Materie, der sie ihre Visionen der objektiven Wahrheitsideen aufzuzwingen suchen, entdeckte Plotin die Würde der Maler, Bildhauer und Architekten.[36]

Im Mittelalter sodann war der Zusammenhang von Kunst und Handwerk nie problematisch. Der christlich Arbeitende schlechthin galt als der „Werkmann Gottes", der Künstler war nicht der Schöpfer, sondern der „Verwirklicher" einer Idee. Diese Auffassungen waren zu selbstverständlich und dem Diskurs der mittelalterlichen Philosophie war selbständige Reflexion der Kunst zu fremd, als daß das Handwerkerkünstlertum Gegenstand sentimentalisch reflektierender Selbstvergewisserung und Programmdarstellung der Künstler hätte werden können.

Das „Renaissance"-Denken erbte vom Mittelalter die Auffassung von der Gleichwertigkeit der handarbeitenden und der freien Künste, aber es blieb der Antike insoweit verpflichtet, als es die Maler, Bildhauer und Architekten den Dichtern eben nur in dem Maße gleichstellte, als diese sich vom Handwerk entfernen, d. h. als beobachtende Wissenschaftler, experimentierende Techniker und als Beherrscher mathematischer Disziplinen wie der Perspektiven- und Proportionenlehre zur Theoriebildung und zu den in der antiken Tradition immer schon theoretisch bestimmten „artes liberales" in Beziehung traten.[37] War die typische handwerkliche Kunstproduktion gekennzeichnet durch die Handarbeit nach Sinnesmaßen, durch Übung und ständige Wiederholung (der Gebrauch von Maßwerkzeug ist diesen Prinzipien untergeordnet und ohne experimentelle Bedeutung) sowie durch die Anlehnung an meist mündliche Werkstattüberlieferung und an die in Demonstrationsvorgängen vermittelte Meistererfahrung, so trat in der Renaissancekunst an deren Stelle der subjektive Verstand, die wissenschaftliche Theorie und die freie Verfügung über die Materialien und Mittel qua Bewußtsein. Dem entsprach die Aufwertung des „Ingeniums", der subjektiven Einbildungskraft, ohne daß die freiwerdende Subjektivität sich als mit der Objektwelt entzweit betrachtet hätte. Folgt man den Eigendefinitionen der in der Renaissance theoretisch ihrer selbst bewußt werdenden Künstlerproduktion, so entstammt die künstlerische Idee dem empirischen Erfahrungsbereich, bringt aber die in der Wirklichkeit vorgebildete Gesetzlichkeit zu einem schöneren, vollendeteren und gesteigerten Ausdruck in der Kunst, bringt also die in der Natur verborgenen Maßnormen zur Erscheinung als eine jede empirische Realität übertreffende Wahrheit und Schönheit.[38]

Die Opposition des 18. Jahrhunderts gegen alles Normierte, Traditionale, Statische und Ständische im Namen der freien Einbildungskraft des Genies zeitigt wiederum eine scharfe Abgrenzung der Künstler gegenüber dem Handwerk, so etwa in Youngs *Conjectures on Original Composition*[39], in Lenzens *Anmerkungen übers Theater*[40], so etwa in Goethes frühem Aufsatz über *Kunst und Handwerk*[41] und auch noch in Hyperions Ausruf „Handwerker siehst du, aber keine Menschen!"[42]. Trotz der Rehabilitierung des Mittelalters interessiert sich die Frühromantik fast ausschließlich für dessen

Kunstwerke und Künstlerpersönlichkeiten, d. h. für die „originalen" und „charakteristischen" Einzelleistungen, nicht aber für die kollektiven Lebens- und Arbeitsformen. Goethe hatte noch die deutsche Baukunst von dem „eingeschränkten düstern Pfaffenschauplatz des medii aevi" abgegrenzt.[43] Dessen Vorbildlichkeit entdecken allererst Wackenroder und Tieck.

Auch wenn innerhalb der kunsttheoretischen Debatten des 18. Jahrhunderts der Geniebegriff[44] einem pejorativ gewerteten Begriff des Handwerks schroff entgegengesetzt wird, so wäre es doch kurzschlüssig, die Rehabilitierung des Handwerklichen, die gegen Ende des Jahrhunderts durchgesetzt wird, nun umgekehrt dichotomisch dem Genie-Konzept gegenüberzustellen. Idee und Begriff des Handwerks in jenen Bedeutungen, die Gegenstand unserer Untersuchung werden sollen, sind lebensweltlich konnotiert und Teil einer sozial-ästhetischen Utopie. Damit aber ist das Handwerk nicht notwendig auch Vorbild in technisch-praktischer Hinsicht. So können die Autoren, die das Altbürgerliche und Altdeutsche zu idealisieren beginnen, den Begriff des Handwerks nach wie vor dort pejorativ verwenden, wo unter produktivitätsästhetischen Gesichtspunkten von der Schaffensweise der Künstler, auch der Handwerkerkünstler, die Rede ist. Weder Wackenroders Dürer noch Wagners Sachs oder Thomas Manns „Meister"-Gestalten von Palestrina bis Storm sind Handwerker in dem Sinne, daß ihre Produktion schlicht aus Regelbefolgung, Nachahmung, Traditionsgehorsam und Werkstattgebundenheit hervorginge oder der Momente des Spontanen, der Subjektivität oder Imagination entbehrte. Konstitutiv ist hier die Zugehörigkeit zu einer ästhetisch-moralischen altbürgerlichen Lebenswelt, nicht aber ein konventioneller Modus artistischer Produktion. Zum Gegenteil des Genies wird der Handwerkerkünstler nicht unter produktionsästhetischen, sondern allein unter lebensweltlichen Gesichtspunkten. Insoweit die „geniale" Schöpfung dem „Nachahmungsgeiste", der bloßen „Gelehrigkeit" und der Handwerksroutine widersteht, stattdessen an die „Eingebung originaler Ideen" geknüpft ist[45], bleibt sie zweifellos in der Idee und in dem Begriff vom Handwerkerkünstler positiv aufgehoben. Dieser schafft – so das romantische Phantasma – seine Kunst als Teil eines verbindenden und verbindlichen Signifikationssystems und einer kollektiven Symbolik mit den m o d e r n e n Mitteln der subjektiven Phantasie. Unvereinbar mit der Idee des Handwerkerkünstlertums wird die Genie-Ästhetik allerdings dort, wo der Genie-Künstler in lebenspraktischer Hinsicht als asozialer Kunstspezialist und Egozentriker erscheint, wo „die musterhafte Originalität der Naturgabe eines Subjekts im f r e i e n Gebrauch seiner Erkenntnisvermögen"[46] aufgefaßt wird als Ausdruck einer von den Banden des Wahren und Guten entfesselten, von den Lasten der Erkenntnis und Moral befreiten, exzentrischen Subjektivität. Diderot und Saint-Lambert etwa lösen die Tätigkeit des Genies vollständig von den Geltungsansprüchen der Wahrheit und normativen Richtigkeit. Dessen Kunst „veut quelque chose d'énorme, de barbare et de sauvage"[47]. Das Genie

„construit des édifices hardis que la raison n'oserait habiter, et qui lui plaisent par leurs propositions et non pas par leur solidité; il admire ses systèmes comme il admirait le plan d'un poème, et il les adopte comme beaux, en croyant les aimer comme vrais. Le vrai ou le faux, dans les productions philosophiques, ne sont point les charactères distinctifs du génie."[48]

Der Geistigkeit und Lebensführung des Genies haftet hier etwas Monströses an, es wird hier tendenziell zum Kunstwahnsinnigen, zum Sonderling oder Verbrecherkünstler, und erst mit dieser amoralistischen Lebensvereinseitigung, nicht aber bereits kraft seiner außeralltäglichen Produktionsweise wird es zum Gegentypus des Handwerkerkünstlers. Bei ihm nämlich werden das Wilde, Barbarische, Widervernünftige ebenso wie die Gottesgleichheit, das Prometheische und Ausnahmehafte in die Arbeitsregularität der altbürgerlichen Lebensführung zurückgenommen, und er bringt mit seiner Subjektivität zugleich die Gemeinschaftlichkeit einer Weltansicht hervor. Auch wenn er in produktivitätsästhetischer Hinsicht geniehaft arbeitet, so bleibt er mit der Beschaffenheit seiner Werke und in seiner Lebensführung mit dem Gesellschaftlich-Allgemeinen verbunden.

Thomas Mann nennt als Wesensmerkmal seiner „Handwerkerkünstler" gerade die Einheit von „Genialität und Bürgerlichkeit"[49], und bereits Wackenroders, Tiecks und Hoffmanns „Meister"-Gestalten sind ebensosehr als Genies vorgestellt wie in lebensweltlicher Hinsicht als Handwerker und Bürger. Untersuchte man die rein produktivitätsästhetischen Merkmale, die die Bilder vom Handwerkerkünstlertum charakterisieren, so begegnete man eher allgemeinen Vorstellungen einer Synthese von Genialität und Handwerk, von Inspiration und Metier, von „Originalität" und „Regel", „Talent" und „Schule", wie sie ja bestimmend sind für Kants Definition schon des Genies selbst[50] und den Künstlerbegriff im deutschen Idealismus insgesamt. Nicht diesen produktivitätsästhetischen Gemeinsamkeiten zwischen dem klassisch-romantischen Begriff des „Genies" und dem des „Meister"-Künstlers gilt das Interesse dieser Arbeit, sondern der Idee einer lebensweltlichen Differenz zwischen der sozialen „Obdachlosigkeit" des Genies und der „Behaustheit" des älteren Handwerkerkünstlertums. Gegenstand meiner Untersuchung ist die retrospektiv gewonnene Utopie einer vergangenen (und zu erneuernden) ästhetisch-moralischen Lebenswelt. Ihre Entwürfe reichen von Wackenroders *Schilderung, wie die alten deutschen Künstler gelebt haben* bis hin zu dem Ideal des bürgerlichen Handwerkerkünstlers bei Thomas Mann.

Eine weitere Eingrenzung meines Gegenstandsbereichs ist hier vorzunehmen. Wenn ich die Topik romantischer Bilder des älteren Meister- und Handwerkerkünstlertums entfalte, so kann die Handwerkerliteratur selber (etwa die Handwerker-Autobiographien des 18. und 19. Jahrhunderts, die Fastnachtsspiele und Komödien, Schwankbücher und Handwerkslieder eines Sachs, Wickram usw.) kein Thema meiner Untersuchungen sein. Ebensowenig solche Darstellungen innerhalb der bürgerlichen Literatur, die das Handwerk als einen sozialen Stand insgesamt zum Sujet haben und die mit dem Anspruch auf gesellschaftliche und historische Realientreue verknüpft sind, – eine Tradition, die durch Moritz' *Anton Reiser* begründet wird und dann über die Dichtung des poetischen Realismus der Raabe und Storm und des Naturalismus der Leutelt und Kröger bis hinunter zum historischen Handwerkerroman der 30er Jahre unseres Jahrhunderts führt.[51] Die Literatur, die ich untersuche, unterscheidet sich notwendig von solchen realistischen oder historienmalenden Genres. Sie entwirft vorwiegend Bilder des – wie auch immer bürgerlich eingebundenen – Handwerker*künstlertums*, und dieses ist bereits *Objekt der Sehnsucht* und der Selbstvergewisserung reflexiver Subjektivität geworden. Der Trivialität sozialromantisch historisierender oder erbaulich tümelnder Handwerkererzählungen verfällt die hier thematische Tradition lediglich in dem Maße, in dem die Dimension der Selbstbezüglichkeit eingezogen, die Selbstproblematisierung des vom Leben entfremdeten und isolierten Künstlertums der Moderne aufgegeben und das Bewußtsein seiner Distanz zur altbürgerlichen Welt verloren wird. Eine Literatur, die über alle historischen Kontinuitätsbrüche hinweg die vermeintlich unbeschädigte Vergangenheit in unmittelbarem, unreflektiertem Zugriff poetisch wiedererwecken will – man denke an Produkte deutscher Hausmannskost wie Arnolds Riemenschneider- und Veit-Stoß-Romane und an Meißners Nürnberg-Buch – kann nicht Gegenstand meines Interesses sein.[52]

Die Symbolik des Handwerklichen, die ich stattdessen hier entfalten will, konstituiert sich im Problemzusammenhang der Selbstthematisierung moderner Künstlersubjektivität. Deren Reflexionsmedien sind spezifisch moderne Formen wie die des Künstlerromans, des Essays, des Prosastückes oder des neuen Musikdramas Wagnerscher Provenienz. Bedeutung und „symbolischer Wert“ der Bilder, die uns interessieren, lassen sich nicht in Erfahrung bringen, wenn man diese nach schlechter motivgeschichtlicher Gepflogenheit aus den je internen Verweisungszusammenhängen und Bedeutungsgefügen des Œuvres herausbricht, in das sie eingelagert sind. Deswegen werden die Werke immer als ganze hier gedeutet, zugleich aber in den historischen Horizont der Genese und Entwicklung von literarischen Topoi und Bildmotiven gerückt. Dergestalt hoffe ich, das ikonographische Verfahren zur „Ikonologie“[53] zu erweitern.

Erstes Kapitel

# Die Romantiker. Ihre Entdeckung des älteren Handwerkerkünstlertums als Antwort auf die moderne Entzweiung von Kunst und Sittlichkeit

## 1. Wackenroders und Tiecks *Herzensergießungen eines kunstliebenden Klosterbruders* (1796) und *Phantasien über die Kunst* (1799)

### I

Hegel begreift die „Subjektivität" als das „Prinzip" der modernen Welt.[1] „Im Christentum aufgegangen" und durch den Protestantismus vertieft, sei die Idee der „subjektiven Freiheit" nun in den „neueren Zeiten" zu ihrer „weltlichen Existenz" gelangt[2]: in den objektiven Handlungssystemen als Privatrechtsverkehr der „bourgeois", als öffentlich-politische Willensbildung der „citoyens" und als Familiarität der „hommes"[3]; in der Sphäre kultureller Aktivität als objektivierende Wissenschaft, die das erkennende Subjekt befreit und die Natur entzaubert, als autonomisierte Moral, die auf Selbstbestimmung zugeschnitten ist, schließlich als ästhetische Produktion und Erfahrung, die eine dezentrierte, von den „Banden" der Sittlichkeit und der Vernunfterkenntnis losgelöste „absolute Innerlichkeit"[4] zum Ausdruck bringe.

Hegels Analyse des geistigen ebenso wie des institutionellen Differenzierungsprozesses, der die einstmals religiös-metaphysisch beglaubigte und in traditionalen Lebensordnungen zusammengehaltene Einheit des Wahren, Guten und Schönen zu Wissens-, Gerechtigkeits- und Geschmacksangelegenheiten aufspaltet, um diese in den Expertensphären der Wissenschaft und Industrie, der Recht- und Moralsysteme, der Kunst und Kunstkritik spezialistisch bearbeiten zu lassen[5], knüpft an die philosophische Selbstauslegung seiner Zeitgenossen an. Bereits der Genie-Begriff des 18. Jahrhunderts hatte als Grundlage der Kunstproduktion die „Subjektivität der Gemütskräfte" ausgemacht. Auch wenn er, deutlich noch einmal bei Immanuel Kant[6], „die fraglose Geltung" einer Naturordnung voraussetzte, deren „letztes Fundament der theologische Gedanke der Schöpfung war", so bezeichnete er doch den Beginn einer radikalen „Subjektivierung", die in „Fortbildung der Lehre von der Regellosigkeit des Genies" und mit dem Schwinden des naturteleologischen Horizonts zutage treten mußte.[7]

Der neue Begriff von ästhetischer Produktivität hatte sein Pendant in der Idee der Kunst-Autonomie. Kant suchte sie zu Bewußtsein zu bringen, indem er das Schöne von der Sphäre der Erscheinungen, die mit Hilfe der Verstandeskräfte zu erkennen sind, ebenso wie von der Sphäre der freien Handlungen, die der Gesetzgebung der praktischen Vernunft unterliegen, separierte.[8] Schillers Programm einer ästhetischen Erziehung des Menschen mußte bereits von der Voraussetzung ausgehen, daß „das Schöne und die Stimmung, in die es unser Gemüt versetzt, in Rücksicht auf Erkenntnis und Gesinnung für völlig indifferent und unfruchtbar" erklärt werden müsse, daß Schönheit „keine einzige Wahrheit" finden helfe, „mit einem Wort, gleich ungeschickt" sei, „den Charakter zu gründen und den Kopf aufzuklären."[9] Diese Diagnose programmatisch wendend, forderte Friedrich Schlegel, daß das Schöne „vom Wahren und Sittlichen getrennt sei und getrennt sein solle und (...) mit diesem gleiche Rechte habe."[10] Hegel begreift dergestalt die autonom gewordene ästhetische Subjektivität, die von den Ansprüchen der Vernunfterkenntnis und der Sittlichkeit entlastet wird, als eine „Konzentration des Ich in sich, für welches alle Bande gebrochen sind und das nur in der Seligkeit des Selbstgenusses leben mag."[11]

Er diagnostiziert daher als notwendiges Komplementärphänomen der Kunst-Autonomisierung die Herausbildung eines spezifisch künstlerischen Lebensstiles, der ihm in den Romantikerzirkeln im Jena der Jahrhundertwende unmittelbar vor Augen steht (und der wenig später in Paris auf den Namen Bohème getauft wird). Einer ihrer Repräsentanten, Friedrich Schlegel, bringt das neue Daseins-Prinzip auf die Formel: in den „äußerlichen Gebräuchen sollte sich die Lebensart der Künstler von der Lebensart der übrigen Menschen durchaus unterscheiden"[12]. In Hegels Worten heißt das: „Für das Individuum", das der Kunst lebt und das „als Künstler" oder „als Genie lebt", sind „Wahrheit, Sittlichkeit" und die „substantiellen Interessen" der „Allgemeinheit" nur „ein Nichtiges, und es verhält sich ironisch dagegen". „Als Künstler ..., diesem Prinzip gemäß lebe ich, wenn all mein Handeln und Äußern überhaupt, insoweit es irgendeinen Inhalt betrifft, nur ein Schein für mich bleibt und eine Gestalt annimmt, die ganz in meiner Macht steht."[13] Den Begriff des Genies gebraucht Hegel daher in gebrochener Bedeutung: Unter dem Aspekt der Lebensführung bezeichnet er die verselbständigte „Virtuosität" eines Künstlersubjektivismus, der sich aller „Bande" der „Wahrheit, Sittlichkeit usf." „los und ledig weiß"[14]. Unter produktivitätsästhetischem Gesichtspunkt bezeichnet „Genie" das Vermögen zur vorbildlichen Verknüpfung von „Phantasie" und „Handwerk" bei der Werkerzeugung[15], d. h. eine Tätigkeit, die in den Objektivierungen der sich selbst bestimmenden Subjektivität jeder verdinglichenden Gewaltsamkeit und „Feindschaft" gegenüber der inneren menschlichen und der äußeren Natur „entsagt"[16]. Das Kunstschöne, wie es das „Genie" zu erzeugen vermag, ist „eine der Mitten, welche jenen Gegensatz und Widerspruch des in sich abstrakt beruhenden Geistes und der Natur – sowohl der äußerlich erscheinenden als auch der innerlichen des subjektiven Gefühls und Gemüts – auflösen und zur Einheit zurückführen"[17], – eine Einheit, die Hegel zufolge in der „lebendigen Totalität" des antiken Griechenlands unmittelbare Wirklichkeit war, in dem „verwickelten“ Zustand der modernen bürgerlichen Gesellschaft aber verlorenging, so sehr diese auch gegenüber allen früheren Zeiten die Subjektivität des Menschen und dessen Rechte erst zur Geltung und schließlich zur vernünftigen Übereinstimmung mit dem Allgemeinen gebracht habe.[18] Der Zerfall der alten Einheit des Wahren, Guten und Schönen hat seine Entsprechung in der Verselbständigung ästhetisch-hedonistischer und rational-utilitärer Lebensstile. Goethe stellt sie in *Wilhelm Meisters Lehrjahre* exemplarisch gegeneinander. Hundert Jahre später spricht Max Weber von „Genußmenschen ohne Herz“ und von „Fachmenschen ohne Geist“, die beide gleichermaßen moralisch indifferent seien.

Voraussetzung der neuen subjektiven Freiheit in der Lebensführung des Artisten ist die seit dem 18. Jahrhundert revolutionär beschleunigte Auflösung der alten Standesordnungen[19], die den Künstler in höfischer, zünftiger oder kirchlicher Abhängigkeit gehalten oder ihm als einen Teil des fahrenden Volkes eine spezifische, aber ebenfalls kollektive und klar geschnittene soziale Identität zugewiesen hatten. Die bürgerliche Gesellschaft, die in den Sphären „Recht, Eigentum, Sittlichkeit, Regierung, Verfassung“, d. h. im Staat, in der Wirtschaft und in der Persönlichkeitssphäre die freie „Subjektivität“ zur Grundlage hat, emanzipiert auch den Künstler aus traditional-ständischen, an „Äußerlichkeiten“ haftenden Ordnungen.[20] Mögen für Hans Sachs noch die Denkweise, der Habitus, die Insignien und der Gestus des Handwerkers bestimmend gewesen sein wie für Tasso die des Hofmannes, für Paul Gerhardt die des Priesters und für Villon die des Vaganten, so werden solche Identitäten mit der Herausbildung des Rentier-Künstlertums und des freien Kunstmarkts, in der Zeit der Hoch-Renaissance also bereits, zunehmend aufgebrochen. Albrecht Dürer, der in der hier thematischen romantischen Überlieferung gern auf die Maße eines werkstattgebundenen Handwerkerkünstlers reduziert und mit Sachs in eine Reihe gestellt wird, gilt heute hinsichtlich seines sozialen Status als der erste „autonome“ Artist „diesseits der Alpen“[21]. Weder gehörte er zum handwerklichen Stand der Maler, die durch die zünftige Gewerbeordnung geschützt waren, noch befand er sich unmittelbar in höfischer oder kirchlicher Abhängigkeit. Die kaiserliche Rente, die an keine spezifischen Aufträge mehr gebunden war, sondern gleichsam als Blanko-Scheck auf sein Talent ausgestellt wurde, sicherte ihm eine Stellung „diesseits der Gesellschaftspyramide“[22]. Dies blieb nicht ohne Folgen für Dürers Werk, dessen vom Handwerk sich abstoßende Modernität heute außer Frage steht. Auch in seinem Künstlerselbstverständnis und in seiner Inspirationslehre sieht die gegenwärtige Forschung bereits die „romantische Genieauffassung“ vorgebildet.[23]

Die Expansion des freien Kunstmarktes um 1800 verallgemeinert die Dissoziation der Künstler aus der ständischen Gesellschaftspyramide und löst die kollektiven Identitäten endgültig auf zu Gunsten fakultativer Identifikationen und Maskeraden.[24] Ob nun im Verlauf des 19. Jahrhunderts die Nazarener in der Nachfolge des Wackenroderschen Klosterbruders sich als Mönche, Einsiedler und Ordensritter kostümieren und eine Ahnengalerie von Priesteridentifikationen eröffnen, die über Liszt bis zu George und Gerhart Hauptmann reicht (und die mit dem realen Priesterum der Calderón oder Gotthelf nichts zu tun hat); ob Brentano in Spielmannsnachfolge mit bebänderter Laute am Rhein umherzieht; ob Wagner sich in den Spuren von Hans Sachs als Handwerkerkünstler stilisiert, sich in Rembrandt-Nachfolge mit Barett und Samtjoppe ausstaffiert oder gar in der Königsloge der Bayerischen Staatsoper wie ein vergilischer Reichssänger posiert; ob Thomas Mann sich den patrizischen Habit zulegt oder Brecht sich den proletarischen; ob Hugo von Hofmannsthal vor dem Ambiente seines theresianischen Barockschlößchens den Aristokraten mimt, Hermann Hesse vor seinem Tessiner Haus den Gärtner oder Heidegger vor seiner Berghütte den Hirten und Bauern; – immer handelt es sich um ein wahlweises In-Spuren-Gehen, um subjektiv gewählte Masken, die mit den substantiellen Lebensformen des älteren Hofdichtertums, des zünftigen Handwerkertums, des Rhapsoden- oder Sehertums, auch des fahrenden Künstler-Volkes, nichts gemein haben[25].

Die neue gesellschaftliche Situation der Künstler – seit dem ausgehenden 18. Jahrhundert im allgemeinen eine in „den Lücken“ des „sozialen Gefüges“[26] – ist nicht nur gekennzeichnet durch die Befreiung von „ständisch genormten und institutionell gebundenen Verhaltensweisen“[27], durch „Spielräume personaler Autonomie und Innerlichkeit“[28], sondern zugleich durch „soziale Obdachlosigkeit“, „Isolation“ und extreme materielle Verelendung. Aus der Retrospektive der 1840er und 50er Jahre beschreibt der Kulturhistoriker Wilhelm Heinrich Riehl die aus dem Blickwinkel seiner konservativen Bürgerlichkeit als schockierend empfundene Ausbreitung „eines Proletariats von Geistesarbeitern“ um die Jahrhundertwende. Die Universitäten und der expandierende literarische Markt ziehen die junge Intelligenz aus nahezu allen sozialen Schichten an, ohne sie materiell sicherstellen zu können. Und die älteren Hof- und Kirchenstellen – so betont Riehl – werden seit der Mediatisierung zunehmend abgebaut. Die Paria-Situation der Künstler und Intellektuellen trifft nicht mehr nur wie ehedem die kleine Gruppe des Vaganten-Volkes an den Rändern eines geordneten Ständegefüges, sie wird zu einem sozialen Strukturphänomen. Riehl schärft seinen Blick für diese Entwicklung bereits an dem überlieferten Bild von der stabilen vergangenen Lebenswelt der bürgerlichen Handwerkerkünstler[29], dessen Geschichte, Topik und Semantik ich unten entfalten will. Seine überaus populäre und mehrfach aufgelegte Studie über die bürgerliche Gesellschaft spricht von der „Legion deutscher Geistesproletarier“ als einer „neuen Gruppe des vierten Standes“, die vom „Schulmeisterproletariat“ über „verhungernde akademische Privatdozenten“, „perennierende Predigtamtskandidaten“, „reisende Virtuosen“, „heimathlose Dichter“ bis zu den „Journalisten“ und „Beamtenproletariern“ reiche. Achim von Arnim pointiert die Differenz zwischen dem Künsterleben um 1500 (das er auf der Linie der hier thematischen Überlieferung wahrscheinlich idealisiert) und dem um 1800 wie folgt: „(...) und hungerten zuweilen auch damals (im 16. Jahrhundert, B. S.) die Künstler, so hungerten sie nicht als Künstler, sondern mit der ganzen Stadt."[30] Der eindringlichste zeitgenössische Reflex der Intellektuellen-Armut um 1800 ist vielleicht die Gestalt des Poeten in Bonaventuras *Nachtwachen* (1805). Der Verelendete begeht Selbstmord und hinterläßt der Nachwelt auf seinem „Arbeitspult" – einem Stein, da alles Holz verfeuert werden mußte – nicht das Exemplar eines Lessingschen Dramas, sondern das Manuskript seines eigenen, für das kein Buchhändler die Druckkosten herschießen wollte.

Die soziale Desintegration der „Intelligenz" und die Ausbildung der Begriffe von subjektiver Freiheit und autonomer Kunst gehen einher mit der Selbstthematisierung der ästhetischen Subjektivität auch innerhalb der Literatur. Nachdem bereits in der Renaissancezeit der Künstler – wenn auch noch weitgehend als unproblematischer „divino artista" – zu einem bevorzugten Sujet des Kunstwerks avanciert war[31], reflektiert er sich nun, seit dem ausgehenden 18. Jahrhundert, in seiner problematischen, vom Allgemeinen dissoziierten Gestalt. In der dramatischen Form geschieht dies allererst in Goethes *Tasso*[32]. Des Titelhelden Separation von der Gesellschaft, sein Ausschluß vom Leben, symbolisiert in seiner Bekränzung, erscheint hier zugleich als Bedingung sowohl der Entwicklung von Subjektivität wie auch von ästhetischer Ausdruckssteigerung, die von Goethe als naturanalog vorgestellte Polarität von Gesellschaft und Individuum – zugleich das immanente Konstruktionsprinzip der dramatischen Architektur des *Tasso* – als die Bedingung von Produktivität.

In dem Maße allerdings, in dem der moderne Artist seine Innerlichkeit als abstrakte Subjektivität erfährt, der eine fremde Realität erdrückend gegenübersteht, artikuliert er seine Problematik nicht im Drama oder in der Lyrik, sondern in den prosaischen Formen, zumal in den neuen des Romans. Denn dieser ist nicht nur die realitätshaltigste Gattung, er wird zudem seit dem ausgehenden 18. Jahrhundert zum genuinen Gestaltungsmedium einer subjektfremden, in unverrückbarer Objektivität und Heteronomie verharrenden Außenwelt.[33] Dort, wo die problematische Subjektivität des modernen Künstlers zum zentralen Thema des Romans wird, hat die germanistische Forschung den Gattungsnamen „Künstlerroman" in Anwendung gebracht. Dessen Merkmale kristallisieren sich – natürlich – nicht mit einem Male heraus. Werther, Anton Reiser, Wilhelm Meister sind moderne Subjekte, die an der Entfremdung von der Außenwelt laborieren, sie sind aber keine Künstler, sondern allenfalls künstlerisch Veranlagte. Ihre ästhetischen Neigungen entäußern sich nicht zur Werkgestaltung. Heinses *Ardinghello* wiederum, den man gemeinhin den ersten Künstlerroman nennt[34], zeigt einen Helden, der sich jenem ästhetischen Vitalismus und Hedonismus hingibt, der dann später zum Inbegriff des Renaissance-Künstlertums stilisiert wurde. *Ardinghello*, gewiß, lebt auch künstlerisch, aber dieses Ästhetentum ist nur Teil eines umfassenderen Lebensreichtums. Er ist kein problematischer Außenseiter-Artist.[35] Allererst mit Wackenroders und Tiecks Musikus Berglinger tritt ein genuin moderner, mit sich selbst zerfallener Künstlertypus hervor, wenn auch nicht in romanhafter Buntheit, vielmehr als „al-fresco"-Gestalt kleiner Prosastückchen und Künstlergeschichten, die in den *Herzensergießungen eines kunstliebenden Klosterbruders* (1896 mit der Jahreszahl 1897 erschienen) und den *Phantasien über die Kunst* (1799 nach Wackenroders Tod von Tieck herausgegeben) versammelt sind. In beiden Bändchen entwerfen die Autoren, gleichursprünglich mit der Selbstproblematisierung moderner Künstlersubjektivität und als positiven Kontrast zu ihr, Idee und Bild vom altdeutschen Handwerkerkünstler. Von ihnen soll hier die Rede sein.

## II

Wenn Kunst und Moral innerhalb der philosophischen Selbstauslegung der Moderne ein jeweils eigenständiges Hoheitsrecht beanspruchen können, so ist, wie Hegel diagnostiziert, für denjenigen, der als „moderner Künstler" in der „Seligkeit" der Selbstkonzentration lebt, das Sittliche ein „Nichtiges", und umgekehrt ist, sofern er als Bürger an einer konkreten Sittlichkeit teilhat, die Kunst für ihn ein moral- und wahrheitsjenseitiges „Spiel des objektiven Humors". Es ist dies der Dualismus, der das „unbehagliche Bewußtsein"[36] des Musikus Berglinger „zerreißt", so daß er aus einem „entsetzlichen Abgrunde von Zweifeln nicht herauskommen" kann.[37] Berglinger nämlich bezweifelt sowohl die Kunst aus der Perspektive einer vom Ästhetischen gereinigten und abgespaltenen Moralität, als auch umgekehrt die Sittlichkeit des bürgerlichen Lebens aus dem Blickpunkt ästhetischer Erfahrungen. Im Bewußtsein und im Erleiden dieser „bitteren Mißhelligkeit"[38] zwischen der „Kunst" und dem „Leben"[39] unterscheidet sich die Berglinger-Gestalt der *Herzensergießungen*, die ja unbestritten aus der Feder des angeblich naiven Wackenroder stammt, von der jüngeren aus den *Phantasien*, die gelegentlich dem radikaleren und schrilleren Ludwig Tieck zugeschrieben wird, nur graduell.[40]

Betrachten wir zunächst die *Herzensergießungen*. Je nach dem Standort, den der Musikus im Spannungsfeld zwischen Ethik und Ästhetik bezieht, erscheint entweder das „gewöhnliche und gemeine Leben"[41] der Bürger als substantiell, als „gottgefällig" und die Kunst wie ein fragwürdiger „Zeitvertreib und Kartenspiel"[42], oder es erscheinen – in der Optik ästhetischer Verzückung – die Kunst als eine Erhebung zum „Göttlichen", zur „ewigen Harmonie der Natur"[43] und das „prosaische Leben"[44] als „Schlamm" und als „Gedränge des Haufens"[45].

Berglinger leidet zunächst an der Unversönlichkeit von ästhetischer Inspiration und Stofflichkeit des Kunstmaterials. Daß es „Darmsaiten" sind, die das wunderbare Spiel der Musik hervorbringen, ist ihm ein Skandalon. Das „Handwerk“, „die mühselige Mechanik“, „das Gerüst und (den) Käfig der Kunstgrammatik“[46] empfindet er als Prokrustesbett, das seinem „ätherischen Enthusiasmus“[47] ungemäß ist. Sodann opponiert er den „widrig-kleinlichen Sitten“ der Residenz sowie der „Subordination der Kunst unter den Willen des Hofes“[48], nicht weniger aber auch den Gespreizt- und Blasiertheiten des in „Gold und Seide stolzierenden“ bürgerlichen Konzertpublikums.[49] Überdies richtet sich sein Widerwillen nicht nur gegen die (moralisch depravierte) Gesellschaftssphäre, sondern auch gegen den moralisch-praktischen Sozialbezug des Künstlers, gegen das Prinzip seiner Verantwortlichkeit schlechthin. Damit wird der Widerstreit von Künstler und Gesellschaft zum Kunst-Leben-Gegensatz zugespitzt. Berglinger perhorresziert die Berührung mit sozialem Elend und Krankheit auch dort noch, wo sie seine Familie betroffen haben, denn sie reißen ihn aus seinem Kunst-„Taumel“. Widerwillen erfaßt ihn bei dem Gedanken, „ekelhafte Wunden zu verbinden“.[50] Weder von dem Elend seiner Schwestern noch von der Krankheit des Vaters nimmt er Notiz, bevor seine Verantwortung von außen eingeklagt wird. Über der Beschäftigung mit den Kunstwerken und über den Obsessionen seines „ätherischen Enthusiasmus“ vergißt er, der egomane moderne Musiker, seine Mitwelt. Die ästhetische Lebenseinstellung wird zur ästhetizistischen Lebensfeindschaft. Unter ethischem Blickpunkt allerdings schlägt Berglingers Kunstenthusiasmus um in Selbstbezweiflung, ja in Kunstekel. Dann erscheint ihm die Musik wie „Kartenspiel“, und er empfindet, „daß er mit all seinem tiefen Gefühl und seinem innigen Kunstsinn für die Welt nichts nütze und weit weniger wirksam sei, als jeder Handwerksmann.“[51] „Ist es nicht die unglückseligste Idee, diese Kunst zu seinem ganzen Zweck und Hauptgeschäft zu machen, und sich von ihren großen Wirkungen auf die menschlichen Gemüter tausend schöne Dinge einzubilden? von dieser Kunst, die im wirklichen irdischen Leben keine andere Rolle spielt, als Kartenspiel oder jeder andre Zeitvertreib?“[52] Auch das empfindsame Konzept einer sympathetisch „rührenden“ Kunst, die die Kommunikation zwischen den vereinsamten Seelen aufrecht zu erhalten vermöchte, erfährt Berglinger als Illusion. Einstmals hatte er die Hoffnung gehegt, „daß vielleicht in irgendeinem kleinen Winkel von Deutschland, wohin dieses oder jenes von meiner Hand, wenn auch lange nach meinem Tode, einmal hinkommt, der eine oder andere Mensch lebt, in den der Himmel eine solche Sympathie zu meiner Seele gelegt hat, daß er aus meinen Melodien gerade das herausfühlt, was ich beim Niederschreiben empfand, und was ich so gern hineinlegen wollte.“ Aber er nennt diese Hoffnung nurmehr eine „schöne Idee, womit man sich eine Zeitlang wohl angenehm täuschen kann.“[53] So bestärkt diese Desillusionierung in ihm die Auffassung, ein „Künstler müsse nur für sich allein, zu seiner eigenen Herzenserhebung“[54] tätig sein. Die Kunstbegegnung wird für ihn zu einem einsamen Exerzitium, zu einer „Andacht (...) als wenn er in der Kirche wäre“[55], dergestalt aber auch ein „Emporschweben" zum „lichten Himmel"[56], eine Erfahrung des Göttlichen und der „ewigen Harmonie"[57]. Diese Idolatrie der Kunst als eines Organons göttlicher Wahrheit und die Sakralisierung der ästhetischen Begeisterung zur Andacht stehen nur scheinbar in Widerspruch zu Berglingers moralischer Selbstbezweiflung. Wenn sich die „Religion nicht mehr durch ihre eigene Botschaft, das Wort, sondern nur noch über die Kunst und deren ästhetischen Zauber rechtfertigen kann", dann ist nicht ausgeschlossen, daß dieser Seelenanregungen erweckt, die eher dem moralisch fragwürdigen Reich des sinnlichen Genusses als dem Reich des Glaubens angehören.[58] In der Tat genießt Berglinger seine Kunst-„Andacht" und „Himmelfahrt" als Selbstentgrenzung, als Ekstase, als „Rausch".[59] „Sein ganzes Wesen glühte noch von dem geistigen Weine, der ihn berauscht hatte ... seine ewig bewegliche Seele war ganz ein Spiel der Töne."[60] Berglinger ersehnt ein Totalwerden der ästhetischen Einstellung auch im Lebensalltag. Er dachte, „du mußt zeitlebens, ohne Aufhören in diesem schönen romantischen Taumel bleiben, und dein ganzes Leben muß e i n e Musik sein."[61]

Noch schriller thematisiert Berglingers „Brief" aus den *Phantasien* die Nachbarschaft von Kunstfrömmigkeit und Ästhetizismus. Kaleidoskopartig schieben sich dementsprechend Kunstheiligung und Kunstverdammnis ineinander: „Es ist ein göttlich Streben des Menschen zu schaffen, was von keinem gemeinen Zweck oder Nutzen verschlungen wird, – was, unabhängig von der Welt, in eignem Glanze ewig prangt, – was von keinem Rade des großen Räderwerkes getrieben wird und keines wieder treibt. Keine Flamme des menschlichen Busens steigt höher und grader zum Himmel auf als die Kunst. Kein Wesen verdichtet so die Geistes- und Herzenskraft des Menschen in sich selbst und macht ihn so zum selbständigen menschlichen Gott."[62]

Die Kunst kommt neben der Religion zu stehen[63], der Künstler ist „menschlicher Gott", Kunstrezeption ist Kunstfrömmigkeit. Damit aber setzt sich die Kunst auch a n s t e l l e der Religion, der Künstler a n s t e l l e Gottes, die Kunstfrömmigkeit a n s t e l l e der religiösen Andacht. Das Organon göttlicher Wahrheit wird dann ein „täuschender, trüglicher Aberglaube"; die ästhetische Erfahrung eine „freche Erhebung über andere Menschen"; der Künstler wird ein „törichter, eitler Götzendiener" und „lüsterner Einsiedler", der nicht vermag „ein wohltätiges, gottgefälliges Leben zu führen."[64] Berglinger muß dann erkennen, „daß Menschen, die sehr unedel von der Kunst denken und ihre besten Werke verachtend mit Füßen treten, unendlich mehr Gutes wirken und gottgefälliger leben"[65] als er. „Ich sauge täglich nur innerlich an schönen Harmonien und strebe den letzten Leckerbissen der Schönheit herauszukosten. Die Kunst ist eine verführerische, verbotene Frucht; wer einmal ihren innersten, süßesten Saft geschmeckt hat, der ist unwiederbringlich verloren für die tätige, lebendige Welt", – eine Auffassung, die später konstitutiv werden wird für die Kunstphilosophie Thomas Manns. Die „Hand" eines Künstlers verliere – so Berglinger –

„die Kraft, sich einem Nebenmenschen wirkend entgegenzustrecken. (...) und dann das Erschütterndste – wie die erfindungsreichen Heerscharen des Elends dicht um mich herum Tausende mit tausend verschiedenen Qualen in Krankheit, in Kummer und Not zerpeinigen, wie auch außer den entsetzlichen Kriegen der Völker der blutige Krieg des Unglücks überall auf dem ganzen Erdenrund wütet (...) Und mitten in diesem Getümmel bleib ich ruhig sitzen wie ein Kind auf seinem Kinderstuhle und blase Tonstücke wie Seifenblasen in die Luft, – obwohl mein Leben ebenso ernsthaft mit dem Tode schließt."[66]

Berglinger begreift den Künstler als einen überzeugungslosen Schauspieler, der jedes Leben als Rolle betrachtet[67], – ein Motiv, das in der modernen Ästhetizismuskritik zum Topos wird. (Bei Keller und Thomas Mann werden wir ihm erneut begegnen). Und die Kunst erscheint als eine lebens- und vernunftwidrige Macht. „Ein Unglück ist's, daß der Mensch, der in Kunstgefühl ganz zerschmolzen ist, die Vernunft und Weltweisheit, die dem Menschen so festen Frieden geben soll, so tief verachtet und sich so gar nicht hineinfinden kann."[68]

In Berglingers Optik ist die moralische und praktische Verantwortungslosigkeit der Kunst unaufhebbar. Eine Alternative wird nicht sichtbar. Der Künstler ist auswegslos zu einem frevelnden Solipsismus verdammt. „Keiner kann aus seinem Geschlecht heraus".[69] Diese Sichtweise wird jedoch innerhalb des Bedeutungsganzen der *Herzensergießungen* und *Phantasien* relativiert. In der Perspektive, die sowohl die Reflexionen des Klosterbruders als auch die „altdeutschen" Künstlergeschichten eröffnen, bleibt eine Alternative zu Berglingers Künstlertum erkennbar. Sie ist in dem genuin „vaterländischen" und handwerklichen Künstlertum Dürers bezeichnet. Welches ist dessen Wesenszug und historischer Ort?

Noch innerhalb der Geschichte vom „merkwürdigen musikalischen Leben des Tonsetzers Josef Berglinger" kommt der Klosterbruder auf Albrecht Dürer zu sprechen. Dieser vermochte sowohl die Widerständigkeit des stofflichen Kunstmaterials als auch die Widrigkeit des bürgerlichen Lebens (mit Ehe und Arbeitsfron) zu neutralisieren. „(...) Albrecht Dürer, ein schlichter nürnbergischer Bürgersmann, verfertigte in eben der Zelle, worin sein böses Weib täglich mit ihm zankte, mit emsigem, mechanischem Fleiße, gar seelenvolle Kunstwerke."[70] Die Handarbeit erscheint hier nicht länger als Gegensatz der künstlerischen Einbildungskraft, sondern beseelt die krude Materie. Auch steht die Innerlichkeit des Künstlers nicht in Gegensatz zur bürgerlichen Lebensform. Dürer ist seelenvoller Artist u n d „Bürgersmann". Hier versöhnen sich – nach Lukács' Sprachgebrauch – „die Seele und die Formen". Diese Harmonie wird Lukács später als das Signum jenes Künstlertypus ausmachen, den er auf den Namen des Handwerkerkünstlers tauft.

Wegen seiner handwerksmäßigen Lebens- und Arbeitsweise erscheint der „Bürgersmann" Dürer dem Klosterbruder als die positive Symbolfigur, an der er Berglinger messen kann.

„Ach! Daß eben seine (Berglingers, B. S.) hohe Phantasie es sein mußte, die ihn aufrieb? – Soll ich sagen, daß er vielleicht mehr dazu geschaffen war Kunst zu genießen als auszuüben? – Sind diejenigen vielleicht glücklicher gebildet, in denen die Kunst still und heimlich wie ein verhüllter Genius arbeitet, und sie in ihrem Handeln auf Erden nicht stört? Und muß der immer Begeisterte seine hohen Phantasien doch auch vielleicht als einen festen Einschlag kühn und stark in dieses irdische Leben einweben, wenn er ein echter Künstler sein will?"[71]

Daß die Berglinger-Vita in diesem Kommentar des Klosterbruders ausklingt, nimmt dem Gegensatz von Ästhetik und Moral, von Kunst und Leben im Dasein des modernen Musikers den Charakter der Unausweichlichkeit und Notwendigkeit. Berglingers Separation von der Sittlichkeit des allgemeinen Lebens wirkt zufällig, wenn er nur ein halbschöpferischer, sich selbst genießender Dilettant ist, der an einer Hypertrophie seiner Phantasie-Tätigkeit leidet. Es scheint, als habe Wackenroder mit dieser Schlußwendung den Weg zur vollen Erfassung der modernen Künstlerproblematik abgeschnitten.

Andererseits bleibt unbezweifelt, daß Berglinger die Schaffung eines bedeutenden Werkes gelingt. Er komponiert ein Oratorium, eine „Passionsmusik", die – so der Klosterbruder – „mit ihren durchdringenden, und alle Schmerzen des Leidens in sich fassenden Melodien, ewig ein Meisterstück bleiben wird."[72] Ex negativo, aus einer gebrochenen Subjektivität heraus, vermag der Musiker in einem „wunderbaren Paroxysmus"[73] ein Kunstwerk zu formen, in dem er die Erfahrungen von Dissonanz und Leiden zum Ausdruck bringt. Zu Recht hat daher die Forschung Berglinger als einen „Doktor Faustus" avant la lettre gedeutet.[74] Bei aller Normativität des Handwerklichen, die der Klosterbruder im Blick auf die Kunstproduktion („einweben" der Phantasie) und im Blick auf die Sittlichkeit des altbürgerlichen Lebens hochhält, ist eine spezifisch moderne Möglichkeit der Kunstschöpfung unter Bedingungen der Dissoziation des Künstlers nicht bestritten. Scheint also Berglingers Werk noch einen legitimen Platz neben dem der alten Handwerkerkünstler behaupten zu können – trotz der Ambivalenz in seiner Bewertung (einmal als „Meisterwerk" und ein andermal als Produkt von Dilettantismus), – so scheint sein Künstlertum als Ganzes betrachtet und gemessen an demjenigen Dürers in zweierlei Hinsicht defizitär. Nicht nur zerreibt der Kunstenthusiasmus seine Psyche und seine Physis so sehr, daß er kaum mehr als ein einziges großes Ausnahmewerk zu schaffen vermag und über dessen Ausführung zerbricht, er trennt ihn zugleich von der konkreten Sittlichkeit der Allgemeinheit, an der er im moralischen Sinne schuldig wird. Zudem bleibt Berglingers Passionsmusik, die er als Auftragsarbeit zum Osterfest verfertigt und im Dom aufführt, auch insoweit ein ausnahmehaftes Werk, als seine Form, die kultische des Oratoriums, eine verbindende und verbindliche religiöse Weltansicht voraussetzt, die realiter im Untergang begriffen ist. Die Aufrechterhaltung der liturgischen Gattungen appelliert an den Zustand eines nicht-subjektivistischen Wertbewußtseins und einer nicht-atomistischen Gemeinschaftsorganisation. Aber unter den Bedingungen der Moderne vermag keine Form der Kunstpraxis der verbindenden und verbindlichen Funktion, die die alte Kunst innehatte, nachzukommen. Die versteinerten Herzen des bürgerlichen Publikums – so muß Berglinger erfahren – sind nicht mehr „zu erwärmen".[75] „Können doch die(se) Seelen selbst in dem majestätischen Dom am heiligen Feiertage, indem alles Große und Schöne, was Kunst und Religion nur hat, mit Gewalt auf sie eindringt, (...) nicht einmal erhitzt werden." Und noch weniger können sie dies „im Konzertsaal".[76]

Während also in den *Herzensergießungen* unter produktionsästhetischen Gesichtspunkten die Möglichkeit einer modernen Kunstgestalt zugestanden ist, in der der Kunst-Leben-Riß als Leidensausdruck zur ästhetischen Form gesteigert wird (so in Berglingers „Meisterwerk"), erscheint andererseits unter dem Gesichtspunkt des Lebens die verlorene Totalität der altdeutschen Verhältnisse als Gegenbild zu den moralischen Defiziten der modernen Lebensführung des Künstlers und zu der Unverbindlichkeit der modernen Virtuosenkunst.

Wenn Wackenroder von Dürer und gelegentlich auch von Hans Sachs[77] als von „Exempeln" spricht, so gilt seine Aufmerksamkeit nicht den ästhetischen Qualitäten ihres Œuvres, sondern dessen Intentionen, Wirkungen und sittlichen Lebensgrundlagen. Während die „Neueren" „gar nicht zu wollen scheinen", „daß man ernsthaft an dem, was sie uns vorstellen, teilnehmen solle" und für vornehme Herren arbeiten, „welche von der Kunst nicht gerührt und veredelt, sondern aufs höchste geblendet und gekitzelt sein wollen"[78], sei Dürers Schaffen beherrscht von dem Gedanken, wie die Malerei „den Zuschauer wohl am stärksten und sichersten ergreifen und seine Seele beim Ansehen am mächtigsten bewegen möchte."[79] Einer Artistik, die sich in illusionierender und entlastender Spielerei genügt, kontrastiert die seelenrührende und solidarisierende Funktion der älteren bürgerlichen Kunst. Der altdeutsche Künstler – so heißt es in den *Phantasien* – betreibt die Kunst nicht „vornehm als Liebhaberei und um der Langenweile willen (wie jetzt zu geschehen pflegt)."[80] Seine Kunst ist mit der Religion verschwistert und gemeinsam mit dieser die „Führerin des Menschen für sein äußeres, wirkliches Leben." Sie ist die „allerreichhaltigste Fundgrube der Gedanken und Gefühle für das innere geistige Leben des menschlichen Gemüts." Sie lehrt „den wahren Geist aller Dinge erkennen und verstehen."[81] Die Kunst ist hier noch Lehrerin der „Menschheit", und der altdeutsche Künstler trägt Sorge um die „veredelnde", „erhebende", „rührende", seelenverbrüdernde Wirkung seines Tuns. Dessen solidarisierende Kraft gründet in der Einträchtigkeit der religiösen Wertorientierungen, denen die Kunst verbunden bleibt. Obwohl in der Innerlichkeit der einzelnen (aber nicht vereinzelten) Seelen aufgegangen und rezipiert, stiftet sie das Band der Gemeinschaftlichkeit, ohne daß es der Öffentlichkeit als einer abgesonderten Vermittlungs-Instanz bedürfte. Wagners *Meistersinger von Nürnberg* (teilweise auch schon das Dürer-Ehrenfest in Hoffmanns *Der Feind*) bringen später diese vereinigende, den Gemeinsinn regenerierende Funktion der altdeutschen Kunst in ihrer säkularisierten Form zur Anschauung, indem sie diese zum Ferment eines profanen, aber immer noch das Volksganze umfassenden öffentlichen Lebens werden lassen.

Ebenso wie sein Werk bleiben Lebensführung und Arbeitsweise des altdeutschen Künstlers Teil der allgemeinen „konkreten Sittlichkeit". Sie sind vom traditionalen, normativ integrierten Lebenskreis des bürgerlichen Handwerks noch nicht abgesondert. Dürer ist der „treue" „Arbeiter Gottes", „in der Kunst wie im Leben".[82] Während der moderne Musikus Berglinger ein Doppelleben führen muß, das zwischen den künstlichen Paradiesen seiner Imagination und der als feindlich und leer empfundenen Wirklichkeit sich aufreibt, ist das Leben der Alten gekennzeichnet durch das Zusammenspiel und die wechselseitige Bereicherung von bürgerlicher Moralität, Ökonomie, Religiosität und ästhetischer Inspiration. Für sie ist die Lebensimmanenz des Sinnes fraglos gegeben. Daher ist ihre Lebensführung – nicht anders als ihre Kunstpraxis – gekennzeichnet durch naive Sicherheit und Selbstverständlichkeit: „Ohne sich zur Rechten oder Linken umzusehen" gehen sie ihren „geraden Weg fort (...), als wenn alles, (...) was (ihnen) begegnet, so und nicht anders sein müßte".[83] Wie die Menschen damals ingesamt

„bildeten sie ihr Leben ganz folgsam nach den vortrefflichen Himmelslehren der Religion. Sie dachten (...) keineswegs an spitzfindige Fragen (...) und ebensowenig konnte es ihnen einfallen, nach dem Grunde zu fragen, warum die Religion da sei, oder nach der Bestimmung, wozu sie selber geschaffen wären. Nirgends fanden sie Zweifel und Rätsel".[84]

Diese Künstler gehörten zur „Gemeinschaft" und hatten an einer generationenüberdauernden kollektiven Überlieferung teil.

„Niemals sonderte man sich (...) von allen übrigen Menschen ab, vielmehr betrachtete man sich immer nur als ein Mitglied und Mitbruder des großen Menschengeschlechts, indem man sein Geschlechtsregister durchführte und sich bescheiden seinen gehörigen Platz auf irgendeinem Nebenzweige des alten, ehrwürdigen Stammbaumes anwies, nicht aber sich allein zum Hauptstamm der Welt machte. Die lieblich verschlungene Kette der Verwandtschaft war ein heiliges Band. (...) Die ganze Verwandtschaft endlich war der heilige kleine Vorhof zu dem großen Inbegriff der Menschheit."[85]

„Der Sohn", so charakterisiert Wackenroder das Verhältnis Dürers zu seinem Vater, dem Goldschmied, –

„horchte in der Jugend seinem alten Vater wißbegierig zu, wenn dieser von seinen oder seines Vaters Schicksalen erzählte; er nahm alles eifrig in sein Gedächtnis auf, als wären es wichtige Glaubensartikel, denn auch er sollte das Werk des Lebens durchführen, das seine Vorfahren schon so ruhmwürdig vollendet hatten."[86]

Obwohl Dürer „von den berühmtesten Malern damaliger Zeit" und

„von Kaisern und Königen der größten Ehren genoß, welches seinem Vater, dem ehrlichen Goldschmied, keineswegs begegnet war, so wich der teure Mann doch in der Art zu leben gar nicht von diesem ab, sondern setzte den Pilgerstab seiner irdischen Wanderschaft ebenso Schritt vor Schritt still und bedächtig fort und war ein künstlicher und reiner Mann. Aus solchen Beispielen wird man ersehen, daß, wo Kunst und Religion sich vereinigen, aus ihren zusammenfließenden Strömen der schönste Lebensstrom sich ergießt."[87]

Die Kunst, die die Alten mit „treuer Emsigkeit"[88], „Bescheidenheit"[89], naiver Arbeits-„Freude"[90] und mit „Fleiße wie ein Handwerk"[91] trieben, mußte ihnen ein harmonischer und bereichernder Teil (nicht – wie bei Berglinger – das abtötende und vernichtende Gegenteil) ihres Lebens sein: „Ja, beides, ihre Kunst und ihr Leben war bei ihnen in ein Werk eines Gusses zusammengeschmolzen, und in dieser innigen, stärkenden Vereinigung ging ihr Dasein einen desto festeren und sichereren Gang durch die flüchtige umgebende Welt hindurch." Die „handwerkliche" Kunst war dessen „geheimnisvolles Sinnbild",[92] denn

„in vorigen Zeiten war es (...) Sitte, das Leben als ein schönes Handwerk oder Gewerbe zu betrachten, zu welchem sich alle Menschen bekennen. Gott ward für den Werkmeister angesehen, die Taufe für den Lehrbrief, unser Wallen auf Erden für die Wanderschaft. Die Religion aber war den Menschen das schöne Erklärungsbuch, wodurch sie das Leben erst recht verstehen und einsehen lernten, wozu es da sei und nach welchen Gesetzen und Regeln sie die Arbeit des Lebens am leichtesten und sichersten vollführen könnten. Ohne Religion schien das Leben ihnen nur ein wildes, wüstes Spiel – ein Hin- und Herschießen mit Weberspulen, woraus kein Gewebe wird. Die Religion war bei allen großen und geringen Vorfällen beständig ihr Stab und ihre Stütze; sie legte ihnen in jede sonst geringgeachtete Begebenheit einen tiefen Sinn; sie war ihnen eine Wundertinktur, worin sie alle Dinge der Welt auflösen konnten; sie verbreitete ihnen ein mildes, gleichförmiges, harmonisches Licht über alle verworrenen Schicksale ihres Daseins, – ein Geschenk, welches wohl das kostbarste für sterbliche Wesen genannt werden mag. Ihr sanfter Firnis brach der grellen Farbe wilder Ausgelassenheit die scharfe Spitze ab, – aber er warf auch über die trockne, schwarze Erdfarbe des Unglücks einen glänzenden Schimmer. – – So führten die Menschen die Stunden ihres Lebens langsam und bedächtig, Schritt vor Schritt und immer im Bewußtsein der guten Gegenwart fort. Jeder Augenblick war ihnen wert und wichtig; sie trieben die Arbeit des Lebens treu und emsig und hielten sie rein von Fehlern, weil sie es nicht über ihr Gewissen bringen konnten, ein so löbliches und ehrenvolles Gewerbe, das ihnen zugeteilt war, durch ruchlosen Leichtsinn zu schänden. Sie taten das Rechte nicht um eines Lohns willen, sondern bloß aus dem nie erlöschenden Gefühle der Dankbarkeit gegen denjenigen, welcher allein die Kunst verstanden, die ersten Fäden ihres Daseins an das unhaltbare Nichts anzuzetteln. – Am Ende, da der große Werkmeister sie von der Werkstatt rief, gaben sie, aufgelöst in heilige Gedanken, sich und ihr ganzes Tagewerk doch mit fröhlicher Rührung Ihm in die Hände."[93]

Wackenroders Dürer-Geschichten fassen den Gegensatz des altdeutschen Handwerkerkünstlertums zum modernen Artistentum als eine geschichtsphilosophische Differenz der „vorigen frommen Zeiten" zur gegenwärtigen „entarteten" Welt.[94] Diese Distanz des Neuen zum Vergangenen zieht Ludwig Tieck später in der „altdeutschen Geschichte" von *Franz Sternbalds Wanderungen* (1798)[95] ein, indem er die alten Nürnberger Künstler, auch Dürer und seinen Gesellen Sebastian, mit den Wesenszügen des modernen, problematischen Artisten ausstattet und als Brüder Berglingers uns vor Augen stellt. Sie leiden wie dieser an der moralisch-praktischen Insuffizienz der Kunst und sind unverstandene Außenseiter. So klagt der Held des Romans, wenn er an seinen Lehrer Dürer denkt: „Welcher unglückselige Geist hat mir diese Liebe und Verehrung zu dir eingeblasen, daß ich wie ein lächerliches Wunder unter den übrigen Menschen herumstehn muß, daß ich auf ihr Reden nichts zu antworten weiß, daß sie meine Fragen nicht verstehen?"[96] Und Dürer bekennt „(...) daß wir Maler nicht so recht unter die übrigen Menschen hineingehören, daß unser Treiben und unsere Geschäftigkeit die Welthändel und ihre Ereignisse so um gar nichts aus der Stelle rückt, wie es doch bei den übrigen Handwerkern der Fall ist."[97] Die Erfahrung dieser Irrelevanz des Ästhetischen hinterläßt eine schreckensvolle „Leere"[98] im Herzen des Künstlers. Der junge Sebastian, dem Tieck die Züge seines verstorbenen Freundes Wackenroder verleiht, bezweifelt insgesamt den Sinn der Kunst, und dies nahezu in den Worten Berglingers:

„Ich gehe oft im trüben Wetter durch die Stadt und betrachte Gebäude und Türme (Nürnbergs, B. S.), die mühselige Arbeit, das künstliche Schnitzwerk, die gemalten Wände, und frage dann: Wozu soll es? Der Anblick eines Armen kann mich so betrübt machen, daß ich die Augen nicht wieder aufheben mag. Meine Mutter ist gestorben, mein Vater liegt in der Vorstadt krank. (...) Warum kann ich nicht mehr für ihn tun? Warum fiel es mir noch im sechzehnten Jahre ein, ein Maler zu werden? Wenn ich ein ordentliches Handwerk ergriffen hätte, so könnte ich jetzt vielleicht selber meinen Vater ernähren. Es dünkt mir töricht, daß ich an der Ausarbeitung einer Geschichte arbeite und indessen alles wirliche Leben um mich her vergesse."[99]

Und wie sein Lehrer Dürer, so ist auch der Geselle Sebastian in Tiecks fiktivem Nürnberg nicht Glied eines integralen Gemeinschaftszusammenhanges, sondern „verlassen", „arm", „vergessen" oder „verachtet".[100] Damit erweist sich im *Sternbald* das „Altdeutsche" der Romanfiguren und ihres Ambientes nicht als Kontrast, sondern als die Projektionsfläche der modernen Kunst-Leben-Dissonanz. Es ist Kulisse, Kolorit, Kostüm und Requisit, nicht die Substanz des Gedichteten.

Wackenroders Legende von der „goldenen Zeit" Nürnbergs hingegen, die er im *Ehrengedächtnis unsers ehrwürdigen Ahnherren Albrecht Dürers* sowie in der *Schilderung, wie die alten deutschen Künstler gelebt haben* erzählt, etabliert ein neues geschichtsphilosophisches Paradigma in der Aneignung des Mittelalters. Dieses wird – wie wir gesehen haben – kulturkritisches Gegenbild zur modernen Dissoziation von Künstler und Allgemeinheit. Dieser Grundzug unterscheidet Wackenroders Vergangenheitsauffassung nicht nur von der seines Freundes und Adepten Tieck[101], sondern auch von der seiner Vorläufer Herder und Goethe. Das Mittelalter-Revival während der Sturm und Drang-Zeit galt noch den großen prometheischen, rebellierenden und „ungleichzeitigen" Einzelnen, den Götz von Berlichingen, Ulrich von Hutten, Franz von Sickingen oder Faust. Und es galt den Stilcharakteristika der großen Kunstwerke, nicht aber dem Zeitalter, dem diese angehörten.[102] Goethes Bewunderung etwa für das Straßburger Münster schloß nicht dessen historischen Ort ein.[103] Erwin von Steinbach habe sein Werk vielmehr „würkend aus starker, rauher, deutscher Seele dem eingeschränkten, düsteren Pfaffenschauplatz des medii aevi" abgetrotzt.[104] Auch Albrecht Dürer und Hans Sachs zählte Goethe zu diesem Kreis „rauher, deutscher Seelen" und lobte ihre Werke als charakteristische Ausprägungen „deutscher Art und Kunst". In seinem Gedicht auf *Hans Sachsens poetische Sendung* (1776)[105] werden sie zum ersten Male gleichrangig nebeneinander gestellt.[106]

Anders Wackenroder! Dürer und Sachs werden von ihm nicht über das Zeitalter, dem sie angehören, erhoben, sondern als dessen „Exempel" verstanden. Wackenroders Interesse gilt dem mittelalterlichen Lebenskosmos. Die bürgerliche Daseinsweise und die Welt Nürnbergs gelten ihm als organische Teile des Geistes der Allgemeinheit, der das Gegenbild abgibt zu jenem modernen Subjektivismus, dessen Aufgang im ausgehenden Mittelalter der Sturm und Drang gefeiert hatte.[107] Die Initialzündung für Wackenroders Ideen liefern eben nicht die Œuvres von Sachs und Dürer, die er sogar abwehrt,[108] sondern die Begegnung mit dem Lebensraum der altdeutschen Künstler. Das *Ehrengedächtnis* hält dieses Erlebnis fest: „Nürnberg! Du vormals weltberühmte Stadt! Wie gerne durchwanderte ich deine krummen Gassen; mit welcher kindlichen Liebe betrachtete ich deine altväterischen Häuser und Kirchen, denen die feste Spur von unsrer alten vaterländischen Kunst eingedrückt ist."[109] Mit dem romantischen Phantasma vom altdeutschen Handwerkerkünstlertum entwirft der Klosterbruder zugleich das von der „goldenen Zeit"[110] Nürnbergs. Die biographische Genese dieser Betrachtungsart hält ein Brief Wackenroders an die Eltern fest:

„Nürnberg ist eine Stadt, wie ich noch keine gesehen habe, und hat ein ganz besonderes Interesse für mich. Man kann sie, ihres Äußeren wegen, in der Art romantisch nennen. Mit jedem Schritt heftet sich der Blick auf ein Stück des Altertums, auf ein Kunstwerk in Stein oder in Farben."[111]

„Die Stadt selbst kann ich nicht genug mit Verwunderung ansehen; weil man kein einziges neues Gebäude, sondern lauter alte, vom 10. Säkulum an findet, so wird man ganz ins Altertum versetzt und erwartet immer einem Ritter, oder einem Mönch oder einem Bürger in alter Tracht zu begegnen (...)."[112]

In der Tat ist in Nürnberg um 1800 die spätmittelalterliche Architektur konserviert, und die Stadt ist noch nicht aus ihrem Mauerring herausgewachsen. Aber erst an der Diskrepanz zwischen solch altertümlicher Kulisse und dem neuzeitlichen Lebensalltag der Nürnberger entzündet sich Wackenroders geschichtsphilosophische Phantasie von der epochalen Differenz der Zeitalter. Er gewahrt nur zu genau die Spuren des ökonomischen Ruins und der Handwerkerunruhen, die in den Jahrzehnten zuvor die Stadt erschütterten: „In der Stadt sah ich noch an vielen Ecken große Ketten hängen, womit sonst die Straßen gesperrt wurden, wenn Bürgerunruhen entstanden."[113] „Vor hundert Jahren (sic!) etwa (!) war Nürnberg eine der blühendsten Städte an Handel und Kunst und Gewerbe, ja der Hauptsitz aller Kunst. Dies hat sich nun leider sehr geändert."[114] In der Tat steht Nürnberg damals „auf dem Tiefpunkt seiner nachmittelalterlichen Geschichte, wenn man die wirtschaftlichen Folgen des Dreißigjährigen Krieges ausnimmt."[115] Die Finanzen sind zerrüttet, die kommunale Verfassung Gegenstand politischer Kämpfe, das Gewerbe im Niedergang begriffen, die patrizischen Familien marginalisiert oder abgewandert.[116] Aber die Anzeichen der aufkeimenden Industrialisierung werden bereits sichtbar. Wackenroders Nürnberger Briefe an die Eltern verweilen nicht lange bei der Beschreibung stimmungsvoller Ansichten von Klöstern und Burgen, Wehr- und Kirchtürmen, sondern konzentrieren sich auf Inspektionsberichte über Glashütten, Schmelzöfen, Alaunwerke, Kattun- und Nadelfabriken etc. Ganz anders dagegen die Schilderung des Klosterbruders im *Ehrengedächtnis*, die sich auf die krummen Gassen, kleinen rundscheibigen Fenster, die engen Winkel, Giebel und Mauern konzentriert und die poesielose Realität der Moderne ausspart. Die Anstrengung, die diese Ausgrenzung kostet, verrät sich in dem gestelzten und outriert altfränkischen Sprachgebaren des Klosterbruders, in seinen altdeutschen Stilismen, in seiner erkünstelten Naivität, die den umständlichen Ton der alten Volksbücher und der Dürerschen Lebensbeschreibung imitiert. Aber auch der Klosterbruder muß bewußthalten, daß an die Stelle des alten Handwerkerkünstlertums der sich selbst zerstörende Subjektivismus Berglingers und seiner Künstlerbrüder getreten ist und daß die unwiederbringlich vergangene Zeit des alten Nürnberg nur noch im Modus traumhafter Evokation beschworen werden kann.[117] Ein „trauernder Geist" begegnet einer „verlorengegangenen" Welt.[118] Diese ist Gegenstand unserer „zurücksehnenden Einbildungskraft" geworden.[119] Es sei eine „schöne Sache", solch ein „schimmerndes Geisterwesen" in Gedanken mit Leben zu füllen und einen Dürer oder einen Sachs „uns als einen unseresgleichen, als unsern Freund und Bruder vorstellen [zu] können."[120]

Der Funken einer Hoffnung auf ein neues Zeitalter kann aus dieser traumhaften, imaginativen Erinnerung nicht geschlagen werden, aber sie vermag kraft ihrer „Schönheit" die schmerzlichen Erfahrungen der Gegenwart zu kompensieren.

## 2. E. T. A. Hoffmanns *Meister Martin der Küfner und seine Gesellen* (1818)

Nahezu buchstabengetreu scheint sich im Leben E. T. A. Hoffmanns eine Periode aus der fiktiven Biographie des Musikers Berglinger zu wiederholen. Dieser wird Kapellmeister in Bamberg, in jener „herrlichen" bischöflichen Residenz, deren „Türme" ihn von Jugend an als Symbole heimatlichen Geborgenseins in einer schönen Kunstwelt gelockt hatten (ein Motiv auch im *Sternbald*). Auf die hoffnungsvollen Erwartungen indes folgen tiefe Depressionen und schmerzhafte Vereinsamung. Ursachen seiner Desillusionierung sind die „Subordination der Kunst unter den Willen des Hofes" und „widrig-kleinlichen Sitten"[121] eines Provinznestes des ausgehenden 18. Jahrhunderts. Nur zu deutlich kontrastieren dessen Enge und Kunstwidrigkeit den Traumbildern Altbambergs oder Altnürnbergs, die Wackenroder und Tieck in ihren Reiseberichten oder im *Ehrengedächtnis* entwerfen. Auch in Hoffmanns Leben bringt der Antritt der Bamberger Kapellmeisterstelle im Jahre 1808 nicht die Begegnung mit einer altdeutschen Idylle, wie sie seine späteren Nürnberg- und Bamberg-Erzählungen entwerfen, sondern die Zuspitzung des Gegensatzes von Künstlersehnsucht und Realität. Er spürt in Bamberg „die ganze Opposition gegen alles bessere Thun, Wirken und Treiben in dem höheren Leben, wo der Mensch sich mit regem Fittig über den stinkenden Pfuhl seines armseligen Brod-bettel-Lebens erhebt (...)" Diese erzeugt in ihm „eine innere Entzweiung, einen inneren Krieg, der mich viel eher vernichten musste, als jeder Tumult von aussen her."[122] Und wie der junge Wackenroder bereits an der Heteronomie der bürgerlichen Arbeit, zumal seiner juristischen Studien und späteren Amtstätigkeit, leidet und sich der „Klasse der Sonderlinge"[123] zugehörig fühlt, so sprengen Hoffmanns Bamberger Erfahrungen eines kunstfremden, in Karrierismus und Utilitarismus eingepökelten Bürgertums den Gegensatz seiner ästhetischen Einbildungskraft zur Sphäre des gesellschaftlichen Lebens bis in seine äußersten Extreme auseinander. Diese „Duplizität" wird von nun an Hauptthema seiner Künstler-Erzählungen. Im Blick auf sie konstatiert die Forschung immer wieder – wie zuletzt sehr pointiert Peter von Matt –, „daß für den Hoffmannschen Künstler der Bürger, sofern er wirklich ein Philister und ohne Inneres ist, ein Ärgernis darstellt aber kein Problem" (bei Thomas Mann sei es „umgekehrt").[124]

Sind die Hoffmannschen Bürger, diese Kanzlisten, Registratoren, Archivarii, Hof-, Medizinal-, Justiz- und Kriminalräte deutscher Duodez-Städte notwendig philiströse, unkünstlerische Menschen? Und sind die Künstler immer jene außerbürgerlichen Ausnahme- und Exzentrikergestalten, die am Rande des Wahnsinns oder des Verbrechens leben (man denke nur an den Hoffmannschen Berklinger, den Baron von B., Berthold oder Cardillac)? In einer instruktiven Arbeit über Hoffmanns Idee der „Meisterschaft" hat Marianne Thalmann diese Frage verneint. Sie sieht den Kunst-Leben-Dualismus bei Hoffmann gelegentlich in ein versöhnliches Licht getaucht. Neben den dämonischen, genialischen und exzentrischen Künstlern, die in den unermeßlichen Reichen der Poesie wandeln, und den bornierten Philistern, die die Provinznester der Realität bevölkern, kreiere der Dichter eine Reihe von „Meister"-Gestalten, die zwischen beiden Welten pendeln. Es sind Bürger, die „ihr Amt mit Tüchtigkeit und Umsicht versehen", und zugleich versteckte Poeten. Sie „stehen zur Gesellschaft in einem erträglichen und humorvollen Verhältnis". Wo „das Genie im Selbstgespräch hängenbleibt", sind sie die Meister des Dialogs, aber sie kennen auch „die Schmerzen" des Einsamseins und der Entsagung. Es sind Gestalten wie Lindhorst, Meister Abraham, Prior Leonardus oder Abt Chrysostomus, – Mittler „zwischen Philister und Genie"[125]. Von einer vergleichbaren Kategorie Hoffmannscher Grenzgänger zwischen den Sphären der Kunst und des bürgerlichen Lebens, die Thalmann unbeachtet läßt, soll im folgenden die Rede sein. Ich meine Hoffmanns phantastisch-träumerische Evokationen eines Geistes freundlicher Nähe von Künstlertum und Bürgerlichkeit, den er (in Wackenroderscher und Tieckscher Tradition) im alten Nürnberg beheimatet sieht und der in den Protagonisten des *Meister Martin* ebenso wie in der Gestalt Dürers, des Helden der späten Erzählung *Der Feind*, seine vollkommene Verkörperung findet. In diese Handwerker, Handwerkerkünstler und Künstler einer vergangenen Welt projiziert Hoffmann das, was er in seinem Leben nie realisieren konnte.

Die Erzählung *Meister Martin der Küfner und seine Gesellen* entsteht um die Jahreswende 1817/18, erscheint zuerst im Herbst 1818 im *Taschenbuch zum geselligen Vergnügen für 1819* und wird im Herbst 1819 in den zweiten Band der *Serapionsbrüder* aufgenommen. Ihr Entstehungsjahr, 1816 also, mag Hoffmann zu einer versöhnlichen Gestaltung des Verhältnisses von Kunst und Bürgerlichkeit eingestimmt haben, insofern es die Uraufführung seiner Oper *Undine* im Berliner Schauspielhaus brachte und die Ovationen des Publikums sicherlich einen Glücksfall in seinem am Kunst-Leben-Dualismus sich aufreibenden Leben darstellen. Zugleich nimmt Hoffmann im Jahre 1816 nach zehnjähriger Pause sein amtliches Dasein als Richter neu auf, das sich aber bald wie bei Wackenroder zu einem Alpdruck auswachsen soll und also bereits den Keim zu neuer Entzweiung legt.[126]

Die Erzählung *Meister Martin und seine Gesellen*[127] spielt im Nürnberg des 16. Jahrhunderts und handelt von dem Werben dreier Jünglinge um Rosa, die schöne Tochter des Küfer-Meisters Martin. Weil dieser sein Kind nur einem Zunftkollegen zur Frau geben will, sind die drei entgegen ihrer Neigung und Herkunft Faßbindergesellen geworden. Der eine, Reinhold, ist eigentlich ein Maler, der in seinem Habit und in seinem Kunstverständnis italienisch geprägt ist und lange Zeit im Dienste des Herzogs von Florenz stand; der zweite, Friedrich, der zwischen Kunst und Handwerk die Mitte hält, ist ein Silberschmied bürgerlich-nürnbergischer Provenienz; der dritte ist ein ästhetisch eher unsensibler junger Adeliger mit Krautjunkermanieren. Entgegen ihren Vorsätzen allerdings sind die drei Gesellen nicht imstande, sich der Fron des Handwerks für längere Zeit zu unterwerfen. Nach dem unausbleiblichen Eklat mit dem Meister kehrt jeder zu der Tätigkeit seiner Neigung zurück, bis dann am Ende Friedrich, der Bildgießer, dank einer glücklichen Fügung des Geschicks doch noch die Hand Rosas gewinnt und die hochzeitliche Festrunde die ehemaligen Gesellen mit dem versöhnten Meister Martin vereint.

Diese lustspielhafte Handlung nutzt Hoffmann als allegorische Hülle für eine Problemdarstellung des Verhältnisses von künstlerischer Subjektivität und Bürgerlichkeit. Er thematisiert die Differenz eines ästhetisch bestimmten Lebensstils zur ethisch bestimmten Lebensordnung der Bürger und darüber hinaus diejenige von ästhetischer Phantasie und Stofflichkeit des Kunstmaterials. In beiden Problemdimensionen läßt Hoffmann jeweils Risse sichtbar werden, die jedoch nicht zu klaffenden Dualismen aufbrechen.

Reinhold, der romantischste unter den drei Gesellen, verliebt sich in die Nürnberger Küferstochter, weil er in ihrer Schönheit das Antlitz einer Dürerschen Mariendarstellung wiederzuentdecken meint. Dieses Madonnenbildnis hat sein Inneres „auf eine wunderbare Weise" durchdrungen, und als er nach Nürnberg kommt und Rosa erblickt, ist es ihm, „als wandelte jene Maria, die so wunderbar in mein Inneres geleuchtet, leibhaftig auf Erden (...) mein ganzes Wesen loderte auf in hellen Liebesflammen"[128]. In seiner Küfergesellenzeit beginnt Reinhold an einem großen Bildnis Rosas zu malen und löst damit eine Verwandlung seines Inneren aus. Indem er ihre Züge auf dem Gemälde festhält, erstirbt seine Liebe zu ihr. Den Glauben, daß jene „wunderbare" Gestalt der Dürerschen Rosa leibhaftig existiere, erfährt er als einen Irrtum. Er erkennt, daß die innere Vision des Künstlers mit der Realität inkompatibel ist, durch diese nicht beschmutzt werden darf, sondern Traumbesitz bleiben soll. Die Imago der himmlischen Maria, die Dürer ihm eingab, und die er in Rosa irrtümlich wiederzufinden hoffte, darf nicht in die Profanität des gemeinen Lebens hineingezogen werden. In der Phantasiewelt des Künstlers eingeschlossen, ist sie Inspirationsquell nicht nur eines, sondern unzähliger Meisterwerke. Ein Besitzenwollen des Ideals dagegen wäre seine Vernichtung und Verrat an der Kunst. Der Künstler muß die Dualität von prosaischer und poetischer Welt aushalten. Kunst und Liebe, aber auch Kunst und bürgerliche Lebensregularität stehen in einem Verhältnis wechselseitiger Mortifikation. Reinhold verweigert sich daher „dem gemeinen Leben“[129], als das ihm sowohl die Ehe als auch das Meisterwerden erscheinen. Er verläßt Rosa und wendet sich zurück in die ihm gemäße Sphäre der italienischen Kunstwelt.

„Als ich Rosas Bild vollendet“ – so gesteht er Friedrich – „ward es in meinem Innern ruhig und oft war freilich auf ganz verwunderliche Art mir so zumute, als sei Rosa nun das Bild, das Bild aber die wirkliche Rosa geworden. Das schnöde Handwerk wurde mir abscheulich, und wie mir das gemeine Leben so recht auf den Hals trat, mit Meisterwerden und Heirat, da kam es mir vor, als solle ich ins Gefängnis gesperrt und an den Block festgekettet werden. Wie kann auch nur das Himmelskind, wie ich es im Herzen trage, mein Weib werden? Nein! in ewiger Jugend, Anmut und Schönheit soll sie in Meisterwerken prangen, die mein reger Geist schaffen wird. Ha wie sehne ich mich darnach! wie konnt ich auch nur der göttlichen Kunst abtrünnig werden! – bald werde ich mich wieder baden in deinen glühenden Düften, herrliches Land, du Heimat aller Kunst!“[130]

Wenn Reinhold um der reinen Kunst willen dem winkenden Liebesglück und sogar der idealen Nürnberger Bürgerwelt entflieht, um seine Vision madonnengleicher himmlischer Frauenschönheit nicht zu beschmutzen und seine divinatorische Gabe nicht zu verlieren, so ist er in diesem ästhetischen Rigorismus ein Bruder zahlloser Hoffmannscher Künstler, die ihr menschliches Glück und jeden Gemeinschaftsbezug im Dienste am Werk aufopfern.[131] Reinhold aber ist insofern ein Glücksfall unter seinen romantischen Brüdern, als er gleichsam zwischen Kater Murr und Kreisler die Mitte hält, d. h. weder der Banalität des Bürgerlichen verfällt, noch sich soweit in seine Innenwelt zurückzieht, daß er den Boden der Realität unter sich verlöre und „so das Gleichgewicht zerstört (...), das dem Künstler nötig sei, um mit der Welt zu leben und ihr Werke zu dichten, wie sie dieselben, selbst im höhern Sinn, eigentlich brauche“[132].

Aber nicht nur, indem er sich der poetisch-prosaischen „Duplizität“ der Künstlerexistenz programmatisch bewußt ist, wird Reinhold zu einer Hoffmannschen Idealgestalt, ihm gelingt darüber hinaus in der Praxis der Kunstproduktion der Ausgleich von Vision und techné, von Phantasie und Materie, der in Hoffmanns Künstlererzählungen und Novellen immer wieder problematisch ist. Deren Allegorien und Reflexionen umkreisen nämlich nicht nur den Gegensatz des Artisten zur Sozietät, sondern den Gegensatz ästhetischer Einbildungskraft zur Stofflichkeit des Empirischen und Materiellen insgesamt. Die ältere Geniekonzeption hatte die Subjektivität des Einzelnen, gerade wo sie diese bereits kontradiktisch gegen das seelenlose Getriebe des Gesellschaftsmechanismus stellte, zugleich als organischen Teil eines göttlich durchwalteten Kosmos aufgefaßt und ihr einen unverlierbaren heimatlichen Ort in der Natur zugewiesen. Hoffmann dagegen stellt die Idee der Konvergenz von Natur und Innenwelt in Frage. Kein göttliches Prinzip garantiert mehr die prästabilierte Harmonie unserer Vorstellungen mit den objektiven

Strukturen des Seins. Das Zuhausesein des Künstlers in der Welt ist aufgrund des prinzipiellen Gegensatzes von unendlicher Phantasie und endlicher Materialität in Frage gestellt. Bei Hoffmann „ist keine Spur zu finden von jener Alchimie zwischen Innen und Außen, um deren Geheimnis sich die ästhetischen Theorien vom Sturm und Drang bis zum Ende der Romantik bemüht haben"[133]. Er postuliert daher die absolute Autonomie der produktiven Einbildungskraft, symbolisiert die ästhetische Kreativität in den Bildern der kalten diamantenen Pracht und des glühenden Karfunkels, eines Juwels also, der märchenhafter Überlieferung zufolge auch im Dunkeln, ohne äußere Lichtquelle, seine Strahlkraft entfaltet. Der Akt der Objektivation des wirklichkeitsreinen Traums in den materialen Gebilden des Kunstwerks erscheint dagegen in plotinischer Tradition als Depravationsprozeß. Gemessen am unendlichen, in sich selbst und aus sich selbst leuchtenden Reichtum des inneren Phantasiebesitzes ist das Abbild in seiner kruden Stofflichkeit defizitär. Der handwerklich-technische Akt des Herstellens ist ein gewaltsamer Eingriff ins Geisterreich der vollkommenen Imagination. Die Opposition von Kunst und Leben rückt in eine doppelte Frontstellung: Neben dem Ungenügen des Künstlers an der gesellschaftlichen Realität, die ihn in soziale Isolation und in das Zölibat des Künstleraußenseiters treibt, tritt das Leiden an den regelhaft-mechanischen Voraussetzungen des ästhetischen Gebildes.

In diesen beiden Problemdimensionen ist das Scheitern und Gelingen auch der beiden Nürnberger Künstler Reinhold und Friedrich von Hoffmann gestaltet. Friedrich, der Handwerkerkünstler und Bildgießer „in Peter Vischers Fußtapfen"[134] vermag Künstlertum und bürgerliche Lebensform zu versöhnen. Er heiratet, wird und bleibt seiner nürnbergischen Heimatsphäre treu. Von Anfang an hat Frau Marthe das rechte Gefühl, wenn es ihr scheint, als gehöre „Friedrich am ehesten zu uns", verstehe sie doch „alles, was er spricht", auch wenn sie den Verdacht hegt, Reinhold gehöre „überhaupt einer anderen Welt an", „als habe er Umgang mit höheren Geistern".[135] Und nicht umsonst ist Friedrich in der Welt des bürgerlichen Meistergesangs zuhause, dessen „deutsches Wesen"[136] er dem Urteil der Meister zufolge weit besser begreife als Reinhold, dessen Kunst „italienisch" eingefärbt und allzu sinnlich sei. Gelingt also Friedrich dergestalt die Versöhnung zwischen Bürgerlichkeit und Künstlertum, so m i ß l i n g t ihm – reziprok zu Reinholds Ge- und Mißlingen – die Versöhnung der Phantasie mit der Stofflichkeit des Materials. In der Darstellung der höchsten Ideen sind ihm als Bildgießer prinzipiell Grenzen gesetzt, die er resigniert anerkennen muß. Allzu nahe verbleibt sein Metier dem bloßen Handwerk. Das Höchste, was er in seiner Kunst zu leisten vermag, ist am Ende doch Gebrauchskunst, ist die Herstellung eines wunderbar ornamentierten Silberpokals, mit dem er auch die Hand Rosas und das Einverständnis Meister Martins gewinnt und mit dem er seinen Traum, in die „Fußtapfen" des Silberschmiedes Peter Vischer zu treten, erfüllt, der aber doch hinter seinen jugendlichen Künstlerambitionen zurückbleibt. Seine überschwengliche Idee: „wie herrlich müßte es sein, Rosas liebliche Gestalt zu formen und zu gießen in feinstem Silber“ erweist sich als „kindisches Beginnen“[137]. Zur Darstellung des Höchsten, der madonnengleichen himmlichen Schönheit, ist nur Reinhold in der Lage. Er wird als ein Maler vorgestellt, der seine Visionen in den Artefakten problemlos zu objektivieren vermag. Gelingt ihm dergestalt die Verschwisterung von Inspiration und Handwerk, von „Fantasie“ und Gebilde, von Genie und Metier, so verfehlt er andererseits – reziprok zu Friedrich – den Ausgleich seiner künstlerischen Lebensweise mit der bürgerlichen Moralität.

Während also Wackenroders Dürer, der in der engen Bürgersphäre seiner Arbeits-„Zelle“ und seines freudlosen Ehealltags mit „emsigem, mechanischem Fleiß“ „gar seelenvolle Kunstwerke“ fertigt, die Einheit von Kunst und Handwerk sowohl unter lebensweltlichen als auch unter produktionstechnischen Gesichtspunkten in einer Person realisiert, bleibt diese Versöhnung in der Erzählung *Meister Martin* unerreichbar. Wo sie, wie im Falle Reinholds, unter produktivitätsästhetischen Gesichtspunkten gelingt, mißlingt sie hinsichtlich der Lebensführung; wo sie, wie im Falle Friedrichs, hinsichtlich dieser gelingt, mißlingt sie hinsichtlich jener. Wenn also in der Kultursphäre Altnürnbergs der Hiatus zwischen einer ästhetisch bestimmten Lebensweise und der sittlichen Lebensordnung der Bürger (bzw. der Stofflichkeit des Kunstmaterials) bestehen bleibt, so erscheint sie bei Hoffmann gleichwohl in einem verklärten Licht, denn anders als in Berglingers oder Kreislers Welt verbleibt hier die Kunst – auch die des subjektivistisch ausscherenden „Enthusiasten“ – im Horizont eines idealen, das Ganze des Bürgerlebens umgreifenden Gemeinsinns, und Handwerker wie Künstler sind durch das Band bürgerlicher Geselligkeit verknüpft. Keine der altdeutschen Hoffmannschen Gestalten ist n u r Artist oder n u r Bürger. Meister Martin, bei aller soliden Handwerklichkeit, transzendiert ins Künstlerische, fast Exzentrische, wenn er seinem Faßbinder-Gewerbe als dem „herrlichsten, was es auf der Welt geben kann“ die Suprematie über alle anderen Tätigkeiten zuweist und die glühenden Lebensgeister des Weins, den seine Fässer bergen, in eine versteckte Analogie zu den Quellen ästhetischer Imagination setzt. Und Reinhold immerhin ist Handwerker genug, um – anders als Berglinger und Kreisler – „seine hohen Phantasien“ „in dieses irdische Leben einzuweben“ (Wackenroder), und dies nicht nur hinsichtlich seines technischen Könnens, sondern auch in der Wahl seiner Sujets. Als Präsent für die Brautleute Friedrich und Rosa, deren Hochzeitsfest Handwerker und Künstler gesellig vereint, überbringt er ein sehr realistisches und farbenreiches „Bild in einem prächtigen, goldenen Rahmen (...) das den Meister Martin in seiner Werkstatt mit seinen Gesellen Reinhold, Friedrich und Conrad darstellte, wie sie an dem großen Faß arbeiten und die holde Rosa eben hinüberschreitet“[138]. Die Entsagung, die Hoffmann vom romantischen Künstler fordert und die Reinhold praktiziert, bleibt hier, dem harmonisierenden Ton der Erzählung gemäß, in ein mildes Licht getaucht, während sie in den anderen, schriller gehaltenen Hoffmannschen Künstlernovellen bis zu einer lebensfeindlichen, lebensnegierenden kriminellen Obsession der Künstler gesteigert wird (man denke nur an Motive wie: Wahnsinn und Geliebtenmord).

Während später Keller und auch Thomas Mann den Illusionscharakter ihres Nürnberg-Bildes teilweise vergessen machen möchten, nimmt Hoffmann der Erzählung *Meister Martin* von Beginn an jede prosaisch-realistische Bewandtnis, nennt sie eine „süße Träumerei“ und ein Produkt „tiefer Sehnsucht“. Bereits die Introduktion stellt die Erzählung unter den Vorbehalt des Illusionären und zeitlich Entrückten.

„Wohl mag Dir auch, geliebter Leser! das Herz aufgehen in ahnungsvoller Wehmut, wenn Du über eine Stätte wandelst, wo die herrlichen Denkmäler altdeutscher Kunst, wie beredte Zeugen, den Glanz, den frommen Fleiß, die Wahrhaftigkeit einer schönen, vergangenen Zeit verkünden. Ist es nicht so, als trätest Du in ein verlassenes Haus? (...) Aber vergebens wartest Du auf die, welche das ewig rollende Rad der Zeit fortriß, Du magst Dich denn überlassen dem süßen Traum, der Dir die alten Meister zuführt, die zu Dir reden fromm und kräftig, daß es Dir recht durch Mark und Bein dringt (...) Manches Bild des tüchtigen Bürgerlebens zu jener Zeit, wo Kunst und Handwerk sich in wackerem Treiben die Hände boten, stieg hell empor und prägte sich ein dem Gemüt mit besonderer Lust und Heiterkeit. Laß es Dir nun gefallen, geliebter Leser! daß eins dieser Bilder vor Dir aufgestellt werde.“[139]

Diese imaginierte Totalität der alten Reichsstadt vereint nicht nur Handwerker und Künstler, sondern zugleich die sozialen Stände zu einem harmonischen Ensemble. Zu Beginn in Meister Martins „Prangkuchen“ ebenso wie an der hochzeitlichen Festtafel sind ratsfähige Patrizier, Handwerker und Adelige vereint. Im Gegensatz zu der homogenen Handwerkerwelt, die Wagner später auf die Bühne zaubert, zeichnet der realistischere Hoffmann die soziale und kulturelle Differenziertheit des alten Nürnberg exakt nach, ohne sie freilich – gemäß der illusionistischen Prämisse seiner Erzählung und im Gegensatz zur historischen Wirklichkeit – als ständischen Gegensatz aufbrechen zu lassen. Er zeigt den Meistergesang als die spezifische Kunstform der handwerklichen Mittelschichten, die er realiter war, und beschreibt, wie die „Patrizierjünglinge“ – statt in die Singschul' zu gehen – in Nachahmung feudaler Sitten auf der Hallerwiese ihren ritterlichen Spielen frönen.[140] Zugleich verklärt Hoffmann die Arbeitswelt des alten Handwerks aus dem sozialromantischen, sentimentalischen Blickwinkel des kapitalistischen 19. Jahrhunderts zu einer moralischen und ästhetischen Ökonomie. Meister Martin, der Familienvorstand eines im alteuropäischen Sinne „ganzen Hauses“, sorgt für seine Gesellen (auch für die Witwe und Halbwaisen des verstorbenen Valentin) wie für seine Kinder. Das Arbeitsleben der Küfer ist begleitet von Gesang, „unbefangener Heiterkeit“, „gemütlicher Lust“ und „sittigem Betragen“.[141] Poetisierend ist auch Hoffmanns Darstellung des Nürnberger Meistergesangs als eines Exempels der Versöhnlichkeit von bürgerlichen und ästhetischen Aktivitäten. Seine Beschreibung des Freisingens in der Katharinenkirche wird Wagner später aufgreifen. Gerade dies, daß Hoffmanns Erzählung mit den älteren Nürnberger Lebensverhältnissen zugleich den spätmittelalterlichen Zunftbetrieb der Meistersingerei idealisiert, macht sie zum wichtigsten Vorläufer und Wegbereiter der Wagnerschen Meistersingeroper und unterscheidet sie bereits von der ersten Romantikergeneration (auch wenn diese Poetisierung noch akzidentiell bleibt und die Protagonisten Friedrich und Reinhold im Gegensatz zu Wagners Helden nicht wesensmäßig Meistersinger sind oder werden).

Die Generation der Wackenroder und Tieck differenzierte bei aller Poetisierung Altnürnbergs noch strikt zwischen den großen Künstlerindividualitäten (Dürer, Sachs) und der als Entartungsform verachteten und als Dichterschmiede karikierten Meistersingerzunft. Zwar bewunderten die Romantiker nicht mehr allein (wie etwa noch Goethes Sachs-Poem) die individuellen Charakteristika der Renaissancekünstler, sondern zugleich die Lebensverhältnisse, in die diese integriert waren: die häusliche, bürgerliche Handwerksökonomie (der Dürerhaushalt in Tiecks *Sternbald*), die Religiosität und bürgerliche Moralität (Sachs und Dürer in Wackenroders *Herzensergießungen*), das patrizische und kaiserliche Mäzenatentum (in Hoffmanns *Der Feind*). Keineswegs aber gehörte die Meistersingerzunft zu diesem idealen Ensemble soziokultureller Institutionen. Erst in der Biedermeierzeit sollte sie ästhetisch attraktiv und populär werden. Tiecks frühe literaturhistorische Betrachtungen über *Minnelieder* (1803) kontrastieren das zunftmäßige Handwerk, welches das „freie Spiel" der Einbildungskraft durch „steife Regel und Vorurteil" ersetze, dem „vorzüglichsten Künstlertum" Sachsens, „dessen allegorische Gedichte oft sogar das Gepräge einer älteren und viel poetischeren Zeit tragen".[142] Wackenroders *Reiseberichte aus Nürnberg* (1793) registrieren ohne jede Nostalgie den Untergang der alten Meistersingerzunft, da „ihre Singestunden keinen Zuspruch mehr fanden und ihre alten, widersinnigen geistlichen Lieder lächerlich wurden"[143]. Auch August Wilhelm Schlegels *Berliner Vorlesungen* (1801–1804)[144] separieren die Leistungen Hans Sachsens von der harmlosen Poeterei der Meistersingerschulen, und Jean Pauls *Palingenesien* (1798) karikieren den alten Nürnberger Meistergesang als leblose, sterile Regelklapparatur. Auch der junge Wagner (1845/51) urteilt noch abschätzig über den Zunftbetrieb und unterscheidet, unmittelbar anknüpfend an Gervinus' *Literaturhistorie* (1835/42), Sachs von der „meistersingerlichen Spießbürgerschaft". Erst in den 60er-Jahre-Fassungen der *Meistersinger* adaptiert er die ältere Zunftidyllik.

Siebenkäs, der fiktive Autor der *Palingenesien*, sieht Nürnberg nicht mit romantischen Augen und evoziert keine idealisch verklärte Vergangenheit.[145] Die Figur des Drechslermeisters Metzger, einer der letzten Nürnberger Meistersinger, dem er am Ausgang des 18. Jahrhunderts begegnet, ist ein satirisches Zerrbild der älteren Kunstüberlieferung. Er beherrscht nurmehr einige zu Gassenhauern heruntergekommene Meisterlieder. Seinen berühmten Vorfahren, den Meistersinger Ambrosius Metzger, stellt er über den Hans Sachs, da dieser ein Schuster gewesen sei. Ob die Meisterkunst in dieser Gestalt des Drechslers bis zur Unkenntlichkeit oder bis zur Kenntlichkeit karikiert oder stilisiert ist, läßt der Tenor der Jean-Paulschen Erzählweise in der Schwebe. Metzgers Apologie der Meistersingerkunst jedenfalls fördert nur noch die lächerliche und dogmatische Seite des alten Zunftbetriebes und seines Tabulaturzwangs zutage (die Jean Paul wie später Hoffmann und Wagner der Chronik Wagenseils entnimmt[146]). Siebenkäs stellt – satirischer Seitenhieb des Erzählers gegen Schiller und Schlegel und ihre antikisierenden Dichtungstheorien – zwischen dem Meistergesang und den „graezisierenden" Poeten seiner eigenen Zeit eine Verbindung her – beides sei Dichtung ohne Inhalt, „bilderfrei und stofflos", „kahl", „frostig", „handwerksmäßig-rein".[147] Bei Jean Paul erscheint also die handwerkliche Meisterkunst als Inbegriff lebloser Klassizität, während Wackenroder, Hoffmann sowie später Wagner und Keller sie gerade als lebensverbundene Gemeinschaftskunst gegen die vom Leben entfremdete Ataraxie des modernen Ästhetentums stellen. Auch die von Wackenroder wenige Jahre zuvor verklärten Bürgertugenden des „altväterischen" Nürnberg erscheinen bei Jean Paul in satirischer Beleuchtung.

> „Ich erklärte daher, ich wäre zwar selber aus Paris, fänd' aber den Charakter Nürnbergs moralischer als den des Jahrhunderts; ich pries besonders drei Dinge: den Zimmer-Purismus der Leute – weil Reinlichkeit, Fleiß und Eingezogenheit und Möbeln-Ordnung Ordnung der Triebe ansagt, wie wir an Briten, Holländern und Deutschen im Gegensatz der Franzosen sehen –, ferner ihre frohe Emsigkeit (...)"[148]

Die Lebenswelt Nürnbergs verfügt nicht mehr über den reichsherrlichen Nimbus der „vormals weltberühmten Stadt", in der der junge Wackenroder noch 1793 jeden Augenblick gewärtigte, einem Ritter in mittelalterlicher Rüstung zu begegnen, sondern sie erscheint bereits in einer vom Duodezformat deutscher Provinznester des ausgehenden 18. Jahrhunderts ununterscheidbaren philiströsen Mediokrität und kleinstädtischen Beschränktheit. Sie partizipiert eher am Geist von Kuhschnappel, als am romantischen Phantasma ästhetisch-moralischer Ganzheit.

## 3. Der Geist des Nazarenertums und E. T. A. Hoffmanns *Der Feind* (1822)

Hoffmanns späte Erzählung *Der Feind* aus dem Jahre 1822, die der sterbenskranke Dichter nicht mehr zu Ende bringen konnte, beschwört – in einem sentimentalischen Ton, der noch die Redeweise und Selbstbezüglichkeit der Protagonisten affiziert – das alte Nürnberg als einen Ort, wo die „Grenzlinie, welche begann, Kunst und Handwerk zu trennen, wieder beinahe ganz verschwindet und beide sich als Kinder einer Mutter freundlich die Hand bieten"[149]. Die alte Praxis des Meistergesangs ist innerhalb der Erzählung ebenso gegenwärtig wie die große Handwerks-Kunst der Peter Vischer, Adam Kraft und Albrecht Dürer, die „den Glanz und Ruhm der Stadt bis in die entferntesten Gegenden verbreiten"[150]. Die Erzählung bringt anläßlich eines „Ehrenfestes" für den „großen Dürer"[151], an dem „der Kaiser seinen Liebling" „mit besonderen Gunstbezeugungen beehrt"[152] die Vielfältigkeit und Harmonie des altbürgerlichen Lebens zur Darstellung. Wie in *Meister Martin* erscheint Nürnberg als Ort eines integralen Lebenszusammenhangs und Dürer als ein „Mann des Volkes"[153]. Er ist der Künstler „des biederen bürgerlichen Standes, in dem Treuherzigkeit herrscht und freier unbefangener Sinn"[154], und er ist Freund „der vornehmen Fürsten und Herren", die „in glänzenden Equipagen (...) gen Nürnberg ziehen, um den Triumph des größten Mannes der Zeit zu feiern".[155] Dürer erscheint zugleich, wie später der Wagnersche Sachs als eine leidende Gestalt, „von seltsame(r) Traurigkeit und Befangenheit des Geistes oft bis zur Qual (ge)ängstigt"[156], sogar von „Entsetzen" vor seiner eigenen Kunst gequält. „Viele wollten unter Dürers Augen einen gewissen krankhaften Zug bemerken, so wie aus der nicht ganz natürlichen Färbung der Wangen auf die besorgliche Andeutung eines innern geheimen Übels schließen."[157] Gleichwohl aber ist Dürer kein romantischer Exzentriker, er leidet nicht an der Gesellschaft, sondern an der Hinfälligkeit des natürlichen Lebens; er ist bereits – wie Hoffmann selbst – von einer tödlichen Krankheit gezeichnet. In sozialer, moralischer Hinsicht dominieren, vergleichbar dem Wackenroderschen Idol, die Züge des „tugendhaften"[158] Bürgersmannes, der „fromm" und „fleißig"[159] ist. Wie später Thomas Mann in seinen *Betrachtungen* nennt E. T. A. Hoffmann ihn einmal einen Geistesverwandten Palestrinas. Dieser war „einfach, wahrhaft, kindlich, fromm, stark und mächtig – echtchristlich in seinen Werken wie (...) unser alter Dürer; sein Komponieren war Religionsübung", war Teil des kirchlichen „Kultus".[160] Der frommen Gemeinschaftskunst Palestrinas kontrastiert Hoffmann das manieristische l'art pour l'art Arezzos (in seiner Kunst „galt die Bezeichnung für das Bezeichnete selbst"[161]). Der Dürerschen Moralität und Meisterschaft kontrastiert er in *Der Feind* die nur-sinnliche Kunst „italischer" und „heidnischer" Provenienz, wie sie von Dietrich Irmshöfer, dem Kindheits- und Jugendgefährten Dürers, und seinem Kumpanen Solfaterra betrieben wird. Irmshöfer, den es von Jugend an trotz seiner Begabung in der Malerei nur „zur Nachahmung der sinnlichen Erscheinung“ und zu Gegenständen „der heidnischen Fabelwelt“ zog, die „den Makel weltlicher Lust (...) an sich trugen“[162], findet bei Wohlgemuth, seinem und Dürers Lehrer, keinerlei Anerkennung und schließt sich daher dem italienischen Maler Solfaterra an.

„Von diesem Augenblick“ an ist „Dietrich wie von Wahnsinn ergriffen; er sah und hörte nichts, als italische Kunst; und üppige Bilder erfüllten seine Einbildungskraft. Doch noch Schlimmeres, als dies. Solfaterra war ein verworfener, allen bösen Lüsten, allen Verbrechen ergebener Mensch; und mit ihm ergab sich der unglückliche Dietrich dem Laster mit aller Wut, die in dem gärenden Blute kochte. Dabei teilte Solfaterra den Haß Dietrichs gegen Dürer schon darum, weil ein sündhaftes Gemüt Ärgernis nimmt, an dem frommen Sinne, der Werke schafft, die aus dem Gemüte kommen, und zum Gemüte strömen. Man sagt, Solfaterra habe dem jungen Albrecht nach dem Leben getrachtet“.[163]

(Irmshöfer verführt schließlich die „schöne, tugendhafte Tochter des Patriziers Imhof, um sie später als Bettelweib in Neapel alleine mit ihrem Kind zurückzulassen.) Während der alte Dürer anläßlich des kaiserlichen Ehrenfestes auf dem Höhepunkt seiner Meisterschaft und seines Ruhms gezeigt wird, erscheint der Antipode als gestrandeter, heruntergekommener, dem Galgen entlaufener Ganove. Diese Entgegensetzung, die das Zentrum der Erzählung *Der Feind* ausmacht, birgt, wie schon der *Meister Martin*, in allegorischer Gestalt die Reflexion auf das Verhältnis von ästhetischer Produktivität und bürgerlicher Moralität. In der ersten Nürnbergnovelle allerdings ist höherrangige ästhetische Produktivität programmatisch gebunden an unbürgerliches Außenseitertum (Reinhold), in der zweiten konträr an bürgerliche Moralität (Dürer). Der „verworfene“ Irmshöfer nämlich und sein Gefährte Solfaterra erscheinen in ihrer Amoralität zugleich als künstlerische Dilettanten, Dürers bürgerliches Meistertum dagegen impliziert zugleich künstlerische Meisterschaft. In Hoffmanns letzter Erzählung findet sich erstmals in seinem Schaffen Bürgerlichkeit mit Meisterschaft und Unbürgerlichkeit mit Dilettantismus verknüpft, – ein Erzählexperiment, das durch den archaisierenden und gestelzt treuherzigen Tonfall sich ironisiert, das aber doch eine Distanzierung von Hoffmanns früherer Idolatrie der „künstlichen Paradiese“ und der Künstlerdissoziation andeutet. Das Bild der Dürerzeit, das die Erzählung entwirft, ist darüber hinaus geprägt von dem Gegensatz des Deutschen als des christlich-moralischen und des Italienischen als des heidnisch-sinnlichen.[164] Die christlich-religiösen Motive sind versammelt in der Kunst Dürers, die heidnischen Motive im dilettantischen Ästhetentum Irmshöfers und Solfaterras, – eine Typisierung, die Wagner und später noch einmal Thomas Mann in den *Betrachtungen* als Opposition des Welschen und Artifiziellen („Tand“) gegen das Deutsche und Meisterliche übernehmen werden. Daß Hoffmanns letzte Erzählung nicht nur in der Gestalt Dürers eine mögliche

Einheit von Moral und Kunst ins Auge faßt, sondern zugleich das Heidnische mit dem Dilettantischen und das Christliche mit der formalen Meisterschaft konnotiert, nähert sie nazarenischen Kunst- und Kulturideen an.

Als deren Wegbereiter hat man zu Recht Wackenroder erblickt, insofern sein Kunstideal ebenso wie das des nazarenischen *Lukasbundes* auf eine klassizistisch gefesselte Romantik hinauslaufe.[165] Romantisch sind beide in der Favorisierung legendärer, sakraler oder altdeutscher Stoffe und Motivik, klassizistisch sind sie in ihrem Formideal und Formgefühl, in der Bevorzugung des Maßes, der Simplizität, der schönen Einfalt und Klarheit gegenüber dem ungezähmten Spielen der Phantasie. Gemeinsam ist ihnen zudem, so ließe sich ergänzen, die Favorisierung des gemeinschaftsgebundenen Künstlertums der Alten gegenüber dem moralisch ungebundenen der Neueren. Der späte Hoffmann, weit entfernt vom Formideal der Schlichtheit, distanziert sich mit seiner letzten Erzählung von seiner früheren Idolatrie der künstlichen Paradiese und von seiner Künstlerdissoziation. Er begibt sich vielmehr mit dem Plädoyer für eine Moral-Kunst-Einheit, vor allem mit seiner Konnotierung des Heidnischen mit dem Kunstdilettantismus und des Christlichen mit der formalen Meisterschaft – eine Verknüpfung, die der Dürerzeit selber fremd war – in die Nähe der nazarenischen Kulturidee. Die Exklusivität des modernen Artistentums, die Wackenroder am Beispiel Berglingers diagnostiziert und die Hoffmann beinahe sein Leben lang propagiert, ist im Programm der nazarenischen Maler zurückgenommen: durch die Ausrichtung ihrer Kunst an den andachterweckenden und volksnahen Werten religiöser Innerlichkeit und an den Stilprinzipien der Schlichtheit[166] ebenso wie durch die Orientierung ihrer Lebensführung an den Idealen der handwerklichen oder klösterlichen communitas. (Sie nannten sich nach dem Schutzpatron der mittelalterlichen Malergilden auch die *Lukasbrüder*.) Die Sittlichkeit der Lebensführung gilt ihnen als Voraussetzung des Künstlertums:

„Nur das ununterbrochene Herzens-Gebet ist im Stande, die Begeisterung des Künstlers festzuhalten, nur ein ordentlicher reiner und unsträflicher L e b e n s w a n d e l giebt ihm diejenige Ruhe des Geistes und Gemütes, die unumgänglich notwendig ist, um wahrhaft reine Werke hervorzubringen. Wie rein mag die Seele des frommen (Fra Angelico aus) Fiesole gewesen sein, wie so ganz leidenschaftslos, ganz der himmlischen d. i. der christlichen Liebe hingegeben! Wie streng und pünktlich sein klösterlicher Lebenswandel!“[167]

Derselbe Autor, Overbeck, schreibt über 25 Jahre später:

„... Wenn wir demnach hinter den Alten in der Kunst so weit zurückbleiben, so ist der Grund nirgend anders zu suchen als darin, daß wir zwischen zwei Zielen schwanken, unentschlossen, ob wir dem lebendigen Gott oder Baal folgen sollen. Könnte sich einmal das ganze Geschlecht der Künstler herzhaft entschließen, in der L e b e n s - f ü h r u n g wie in der Kunstauffassung dem Evangelium anzuhangen, der Segen des

Herrn würde ihrem Schaffen gewiß ebenso wenig fehlen, wie er in früheren Jahrhunderten seinen treuen Dienern zugeströmt."[168]

Die Affinität von Hoffmanns später Dürerauffassung zum Geist des Nazarenertums ist wohl der Bekanntschaft mit Philipp Veit geschuldet, den er in seinen Berliner Jahren kennenlernt und der sich bald darauf den *Lukasbrüdern* auf dem Pincio anschloß.[169] Hoffmann ist zugleich – wie später Keller – ein glühender Bewunderer von Cornelius. Nicht umsonst enthält bereits der *Meister Martin* eine kleine Huldigung an diesen „deutschen Maler in Rom", diesen „wackeren jungen Künstler, in dessen Brust ein leuchtender Strahl aus jener schönen alten Zeit" Nürnbergs gedrungen ist.[170] Wir werden den Spuren Cornelius' und seines Kreises, dessen kunstpädagogisches Hauptziel die Wiederversöhnung von Künstlertum mit Moralität und Religion sowie die Wiederbelebung der mittelalterlichen Bauhütten- und Werkstattgemeinschaft auch für die gegenwärtige Kunstproduktion ist, im *Grünen Heinrich* wieder begegnen, denn Keller wird in seinen Münchener Jahren mit dem dortigen Wirken der Nazarener unmittelbar konfrontiert.

## EXKURS: Die Baumeistertypologie und die Entzweiung von Poesie und Gemeinsinn in Goethes *Meister*-Romanen (1795/96–1821/29)

Die philosophische Selbstauslegung der Moderne ist gekennzeichnet durch die Dezentrierung überlieferter Weltbilder. Kants drei Kritiken zerlegen die Ganzheit der metaphysisch beglaubigten e i n e n Vernunft in die eigengesetzlichen Wissenskomplexe der theoretischen Vernunft, der moralisch-praktischen Einsicht und der ästhetischen Urteilskraft. Hegel, dessen Konzeption der absoluten Selbstvermittlung des Geistes diese Entzweiungen überwinden will, beschreibt ihre objektive institutionelle Seite innerhalb seiner Theorie der bürgerlichen Gesellschaft als ein Ausprozessieren der Sphären des „Bourgeois", des „Citoyen" und des „Homme" aus der traditionalen Einheit der „societas civilis".

Goethes Denken ist von der Anstrengung gekennzeichnet, die Entzweiungen der Moderne, die sein Œuvre bewußt hält[171], zu hintergehen. Er sucht in seiner Kunst- und Naturphilosophie die Einheit aller natürlichen, sozialen und ästhetischen Phänomenbereiche zu sichern und in den sozialen Utopien, die seine späten Dichtungen entwerfen, mit Möglichkeiten einer Verbindung von Ökonomie, Kunst und Sittlichkeit zu experimentieren. Goethes Weltanschauung widerspricht einer Rationalität, die die Natur desozialisiert und die Menschenwelt denaturalisiert. Soziales Leben, Kunst und Natur sind ihm eins. In jedem ihrer Details glaubt er das Ganze eines natürlichen und geistdurchwirkten Universums anzuschauen. Daher begnügt er sich nicht damit, die Verfehlungen der Moderne in einem Akt begrifflicher Vernunfterkenntnis ex post aufzuheben (Hegel), oder sie nur mehr in der „schönen" Erinnerung

(Wackenroder) an eine vergangene, ganzheitliche Form der Weltbetrachtung zu „kompensieren"[172], er versucht vielmehr, eine selbstgeschaffene sinnlich-sittliche Lebensordnung in die Verfallszeit hineinzustellen. (Daher seine bekannten Ausfälle gegen das Subjektivistische, Sentimentale, Archaisierende, „Klosterbrudrisierende" und „Phantastische" in der Kunst der Romantik, die er gelegentlich „Lazarettpoesie" nennt.) Das Inventar seines Weimarer Hauses, in dem er die Erträge seiner vielfältigen Sammeltätigkeit aus den Bereichen der Kunst, Ökonomie und Wissenschaften ausstellt und aufbewahrt, arrangiert er zu einer Totalität, in der noch jedes tote Ding symbolisch „bedeutend, wundersam, incalculabel"[173] werden und über sich hinaus ins Allgemeine weisen kann. Sein Leben inszeniert er auf vergleichbare Weise als einen geschlossenen ästhetischen Verweisungszusammenhang und als ein mythisch wiederholendes In-Spuren-Gehen, – bis hin zur Abhängigkeit von „Zeichen und Orakeln".[174] „Goethe beugt sein Leben unter die Ordnungen, die es zur Gelegenheit seiner Dichtungen machen", wie Benjamin in Umkehrung des Diltheyschen Schemas pointiert.[175] Er will der Sinnlosigkeit oder dem Spiel der Kontingenzen in seinem Dasein keinen Platz einräumen. Vita und Daseinskreis sollen weder zufällig noch kausal-mechanisch erklärbar, sondern als Kunstwerk interpretierbar sein.[176]

Zugleich aber reflektiert Goethes Dichtung die Unzeitgemäßheit und Einsamkeit seines Weltentwurfs. Seine Anstrengung, alles Indifferente und Sinnfremde aus dem eigenen Lebenskreis auszuschließen, ist in der Gestalt des Oheims aus *Wilhelm Meisters Lehrjahre* gespiegelt und problematisiert. Dessen Daseinsbezirk ist ein ins Kleine gezogenes Nachbild der großen Welt. Er bewahrt in seiner palladianischen Villa, deren Maßnormen aus der alten Kosmologie gewonnen sind, ein physikalisches Kabinett, Naturaliensammlungen, Bibliotheken und eine Vielzahl von Kunstwerken, die allgemeine, von der Partikularität des Zeitalters und der zufälligen Subjektivität befreite, ins Typische erhobene menschliche Urzustände und Verhaltensmuster zur Anschauung bringen. Daß sich die neuzeitlich herausdifferenzierten Sphären des Ästhetischen, Moralisch-Praktischen und theoretisch Wahren im Mikrokosmos des Oheim-Bezirks unauflöslich verknüpfen und ihre Einheit an jedem Detail erfahrbar wird, bezeugt seine Wirkung auf den Besucher. Die schöne Seele der Stiftsdame vermeint in dieser künstlichen Welt „die moralische Bildung (...) wie im Gleichnisse" vor sich zu sehen,[177] und Wilhelm ist „genötigt", „auf die angenehmste Weise das Maß zu erkennen, nach dem und zu dem unser Innerstes gebildet ist."[178] „Und so schien jeder, der hineintrat", – heißt es über den „Saal der Vergangenheit", „über sich selbst erhoben zu sein, indem er durch die zusammentreffende Kunst erst erfuhr, was der Mensch sei, und was er sein könne."[179] Das Äußere verweist auf das Innere und die dinghafte Natur auf die lebendige Welt. So können die nur partiell ausgebildeten Zeitgenossen im Anschauen dieser ästhetisch-moralischen Ganzheit ihre Partikularität überwinden und der Gesamtheit der Bestimmungen, in denen das Gattungswesen begriffen ist, innewerden, auch wenn diese historisch erst noch zur Ausbildung gelangen müssen. Der Oheim selbst setzt seinen Entwurf einer Daseinsordnung in Analogie zur Tätigkeit des Baumeisters: „Das ganze Weltwesen liegt vor uns, wie ein großer Steinbruch vor dem Baumeister, der nur dann den Namen verdient, wenn er aus diesen zufälligen Naturmassen ein in seinem Geiste entsprungenes Urbild mit der größten Ökonomie, Zweckmäßigkeit und Festigkeit zusammenstellt."[180] Diese Gleichnisrede hält bewußt, daß seine symbolische Welt-Einrichtung und -Betrachtung Resultat einer individuellen und unvergleichlichen Anstrengung ist. Nicht zufällig meidet Goethe das Bild des Handwerkerkünstlertums, in dem die Romantik sich die Idee einer vergangenen ästhetisch-moralischen Lebensganzheit gegenwärtig hält, und wählt stattdessen das Bild des souverän schaltenden und durch keinen Gemeinschaftszusammenhang geschützten Architekten. Die Meisterschaft seines frei verfügenden Geistes ist es, die die latenten Bedeutungen aus den leblosen und zufälligen „Naturmassen" entbindet und die Einheit des Kosmos repräsentativ zur Anschauung bringt. Die Verknüpfung von „Genie und Meisterschaft"[181], nicht aber Meistertum, attestiert Goethe seinem Vorbild Palladio. Dessen Weltverhältnis begreift er – wie das des Oheims – als Einheit des spirituell Platonischen mit dem konstruktiv-wirklichkeitsgerichteten, aufbauenden Geist des Aristoteles.[182]

Zugleich hält Goethe bewußt, daß die selbstgeschaffene Lebensordnung des Oheims mit dem modernen Geist der wert- und weltbildfreien Ökonomie und „scientific discovery" nicht zur Deckung gebracht werden kann. Die am Ende der *Lehrjahre* kapitalistisch rationalisierte Sozietät des „Turms", die gerne als Sphäre gelungener Kunst-Leben-Harmonie ausgegeben wird, duldet das Ästhetische nur in einer eingeschränkten Gestalt: als bedeutungsloses, museales Petrefakt und als Gegenstand reflektierender Betrachtung.[183] Lotharios ästhetische Verhunzung des Oheimschlosses und seines Anwesens; Nathaliens Kunstfremdheit sowie der poesiefeindliche Instrumentalismus und Planungsfuror der Sozietät insgesamt[184]; die Verständnislosigkeit der jüngeren Turmmitglieder gegenüber Cypriani, dem Freund des alten Oheims, und die Peinlichkeiten bei seiner Ankunft; Jarnos simplifizierende Fehldeutung des Lehrbriefes (im Sinne der neuen kapitalistischen Sozialmoral) – all dies bezeugt die Unmöglichkeit, die baumeisterliche Bildungswelt des Oheims in die Fortgeschrittenheit der kapitalistischen Lebensverhältnisse des reformierten Turms hinüberzuretten.[185]

Goethe bekennt somit die historisch-soziale Exterritorialität und Unwiederholbarkeit seines (bzw. des Oheimschen) Weltentwurfs ein. Wie er sich den „letzten Homeriden" nennt, so ist er wohl auch von Skepsis befallen nicht nur hinsichtlich der Verallgemeinbarkeit, sondern auch hinsichtlich der Allgemeingültigkeit seines Versuchs, einer entzauberten und widerständigen Realität überindividuelle Bedeutungen abzulisten und eine ästhetisch-moralische Totalität in sie hineinzubauen. Stärker als die theoretische oder moralische Wahrheit dieser Entwürfe – Nietzsche nennt Goethe zu Recht einen nicht-theoretischen Menschen – interessiert ihn ihre je individuelle Lebens- und Produktionsförderlichkeit. Deshalb steht er ablehnend zur Idee einer kollektiven Lehr- und Tradierbarkeit seiner Denkungsart und Weltbetrachtung, zur Idee einer positiven Soziabilität der Kunst und zur Idee des „Meistertums“ insgesamt. „Unser Meister ist derjenige, unter dessen Anleitung wir uns in einer Kunst fortwährend üben und welcher uns, die wir nach und nach zur Fertigkeit gelangen, stufenweise die Grundsätze mitteilt, nach welchen handelnd wir das ersehnte Ziel am sichersten erreichen. In solchem Sinne war ich M e i s t e r v o n n i e m a n d. Wenn ich aber aussprechen sollte, was ich den Deutschen überhaupt, besonders den jungen Deutschen geworden bin, so darf ich mich wohl ihren B e f r e i e r nennen; denn sie sind an mir gewahr geworden, daß, wie der Mensch von innen heraus leben, der Künstler von innen heraus wirken müsse, indem er, gebärde er sich wie er will, immer nur sein Individuum zutage fördern wird (...) Zu meinen Freunden, den jungen Dichtern, spreche ich (...) folgendermaßen: Ihr habt jetzt eigentlich keine Norm, und die müßt ihr euch selbst geben; fragt nur bei jedem Gedicht, ob es ein Erlebtes enthalte, und ob dies Erlebte euch gefördert habe (...) Man halte sich ans fortschreitende Leben und prüfe sich bei Gelegenheiten; denn da beweist sichs im Augenblick, ob wir lebendig sind, und bei späterer Betrachtung, ob wir lebendig waren.“[186]

Wie Goethe die geschichtliche Exterritorialität seines symbolischen Lebenskreises und Weltentwurfs gegenwärtig hält, so wirft er in höchster historischer Bewußtheit[187] immer wieder die Frage auf, ob das Überleben der Kunst innerhalb der kapitalistischen Lebensverhältnisse möglich ist und ob sie mit deren Prosa koexistieren kann. Die *Meister*-Romane experimentieren in vielfältiger Weise mit Möglichkeiten einer dem modernen Leben integrierten Kunsttätigkeit. Die „Sozietäten“, „Bünde“, „Zirkel“ der Romane versuchen, in die Welt der kapitalistischen Ökonomie, der sie die Tore öffnen, zugleich die korporative Praxis und Organisationsform der mittelalterlichen Bauhütten und Handwerksverfassung hinüberzuretten. Goethe beschreibt diese als eine ästhetisch-moralische Totalität, in der die Kunst, die Religion und die Ethik in den Alltag des materiellen Lebensprozesses integriert sind und die Funktionen der öffentlichen Gewalt in die Unmittelbarkeit der Gemeinschaftsbeziehungen hineingenommen werden:

„Organisiert also denke man sich“ – so Goethe über die gotischen Dombauhütten – „eine unzählbare Menschenmasse durch alle Grade der Geschicklichkeit, dem Meister an Händen gehend, täglicher Arbeit für ihr Leben gewiß, vor Alters- und Krankheitsfällen gesichert, durch Religion begeistert, durch Kunst belebt, durch Sitte gebändigt; dann fängt man an zu begreifen, wie so ungeheure Werke konzipiert, unternommen, und wo nicht vollendet, doch immer weiter als denkbar geführt werden.“[188]

Nach diesem Modell organisieren sich die Auswanderer in *Wilhelm Meisters Wanderjahre* in der Form eines Bundes. Er vereint moderne Erwerbsmoral und Besitzmobilität mit der Adaptation vorkapitalistischer-korporativer Vergesellschaftungsprinzipien. Eine Solidargemeinschaft soll entstehen, in der „alle brauchbaren Menschen in Bezug" gesetzt werden wie „Bauherr", „Architekt", „Maurer" und „Zimmermann"[189] und sich dergestalt vor Alter, Krankheit, Brot- und Besitzlosigkeit wechselseitig schützen. Anders aber als in der Lebens- und Arbeitswelt der alten Bauhütten ist die künstlerische Tätigkeit aus der neuen Sozietät der Auswanderer verbannt. Auch der Turm der *Lehrjahre* organisiert sich am Ende – um den inhumanen Konsequenzen der von ihm selbst freigesetzten Warenkonkurrenz und möglichen politischen Erschütterungen auszuweichen – in Form eines „Bundes", der durch einen über das je partikulare Einzelinteresse hinausweisenden „allgemeinen Sinn"[190] zusammengehalten wird und dem die Funktion der wechselseitigen Assekuranz seiner Mitglieder zukommt. Und auch hier wird – wie die Zerstörung des Oheimbezirks deutlich macht – der Sinn für das Schöne aus dem neuen „Gemeinsinn" herausgestrichen. Der jüngere Oheim der *Wanderjahre* schließlich unterwirft die Kunst rücksichtslos dem Maßstab der Utilität. Nicht anders Odoardos Kolonistenbund. Zwar knüpft auch er an korporative Traditionen an: „Die Stufen von Lehrling, Geselle und Meister müssen aufs strengste beobachtet" und das Band der Sittlichkeit darf nicht zerrissen werden. „Ein einziges Glied, das in einer großen Kette bricht, vernichtet das Ganze."[191] Aber die Kunst – damit sie nicht zum Subjektivismus verführt – dient als erzwungener Gesang nur mehr zur Ästhetisierung der Arbeit. Zu guter Letzt „werden die Handwerke", die in den *Wanderjahren* nicht als ganzheitliche, sondern, wie Schlechta beobachtet hat, als einseitige, beschränkte Spezialistentätigkeiten gezeigt werden[192], schlicht „für Künste erklärt".[193] Mag unter dem Gesichtspunkt der Lebensreproduktion die Hinüberrettung der Ethik und Aufbauformen mittelalterlicher Bauhütten in die bürgerliche Gesellschaft eine utopische Erweiterung darstellen, die dem unbeschränkten Wirtschaftsliberalismus die finstersten Nachtseiten zu nehmen vermag, so läßt sie doch keinen Raum mehr für ästhetische Produktion und Erfahrung, weder für eine kompensatorische, wie der „Turm" der *Lehrjahre* sie vorsieht, geschweige denn für eine den alltäglichen materiellen Lebensprozessen immanent gewordene Kunst, wie in Goethes Bauhüttenmodell sie vorgestellt wird. Die Kosten der erzwungenen Versöhnung von moderner Ökonomie und Gemeinsinn in Goethes Romanen bestreitet die Kunst: Nicht einmal in den utopisch erweiterten Sozietäten, die die *Wanderjahre* zur Darstellung bringen, kann sie einen Platz finden. Die Kunst, die dergestalt aus den realen und sogar aus den „utopisch" reformierten Lebensverhältnissen exilieren muß, allegorisiert Goethe denn auch – wie Emrich gezeigt hat – in den spirituellen und erdenflüchtigen Gestalten seiner „Genien", die durchweg nicht realitätstauglich sind. Sei es Homunkulus, Euphorion oder Mignon, sie alle sind „reine geniale Möglichkeit ohne Verwirklichung, woraus bei allen dreien ihre ‚Flamme', ihre ungestillte ‚Sehnsucht', Doppelgeschlechtlichkeit (...) und ihre Schwerelosigkeit entspringen."[194] Sie sind geladen „mit einem ungenügenden Übersichhinaustreiben. Euphorion stürzt ab, Mignon verzehrt sich von innen her. Homunkulus zerschellt ‚in herrischem Sehnen'".[195]

## Zwischenbetrachtung

Wackenroders und Tiecks Entdeckung des alten Nürnberg und die literarischen Bearbeitungen dieses Erlebnisses in den *Herzensergießungen, Phantasien* und im *Sternbald* sind ein epochales Ereignis, denn diese Schriften registrieren nicht nur melancholisch den Glanz einer vergangenen Reichsherrlichkeit, nicht nur die nostalgische Qualität oder den touristischen Reiz pittoresker Stadtarchitektur, sie begründen zugleich eine historisch folgenreiche Tradition kulturkritischer ästhetischer Opposition, die die untergegangene Welt der Handwerkerkünstler, der Dürer und Sachs zumal, polemisch gegen die modernen Lebensverhältnisse ausspielen wird. Das wiederentdeckte Zeitalter des deutschen 16. Jahrhunderts, das man um 1800 noch „Mittelalter" nennt, gilt aus heutiger Sicht als die Herbstzeit der älteren Kunst-Werkstätten, als Periode der Loslösung aus herkömmlichen weltanschaulichen und handwerklichen Bindungen, als Ursprung der Neuzeit. Das Interesse der Romantiker richtet sich hingegen weniger auf die Innovationen dieser Epoche oder auf den avancierten Zug ihrer (Renaissance-)Kunst als vielmehr auf die traditionalen Verhältnisse, in denen die altdeutschen Künstler lebten und die als Gegenbilder zu den Pathologien der Moderne erscheinen. Im Mittelpunkt des Interesses stehen deshalb auch nicht die Formspezifika mittelalterlicher Handwerkskunst, die beispielsweise die Nazarener und die Präraffaeliten in der Malerei des Quattrocento oder die Ruskin noch in jedem Stein gotischer Bauwerke in Venedig identifizieren wollten. Die hier thematische literarische Romantik schwärmt – abgesehen von dem pauschalen Lob des einfachen Stils – vielmehr von einer „vergangenen" intakten Lebenswelt: von der häuslichen Handwerksökonomie (man denke an den Dürer-Haushalt in Tiecks *Sternbald* und das „ganze Haus" Meister Martins), von der Religiosität und bürgerlichen Moralität (Sachs und Dürer in den *Herzensergießungen*), dem patrizischen und bürgerlichen Mäzenatentum (in *Der Feind*), von der alltäglichen Schönheit der altdeutschen Welt, ihrer verwinkelten Stadtarchitektur und ihrer in der Privat- und Öffentlichkeitssphäre allgegenwärtigen, handwerklich erzeugten Gebrauchskunst. Der Künstler erscheint als Teil dieser bürgerlichen Lebenswelt, indem seine Moralität, Weltauffassung und Arbeitsweise mit denen der Allgemeinheit identisch sind. Die Kunst ist Mitteilungsmedium der gemeinschaftlichen Wertüberzeugungen und das sinnlichgeistige Band, das die Gesamtheit der Stände zu einem harmonischen Ensemble vereint. Weil die alte Welt schöner ist, ist sie auch menschlicher. Die obersten Werte des Wahren und Guten erscheinen nicht als Tugendimperative, Rechtskodifikationen und abstrakte Wahrheitsbegriffe, die dem Einzelnen unpersönlich gegenüberstehen, sondern bleiben – da sie im ästhetischen Gewand erscheinen – dem individuellen Empfinden inwendig verknüpft.

Diesen moralisch-ästhetischen Qualitäten der „ganzheitlichen" Lebenswelt kontrastieren in der Moderne jene Mängelphänomene, die Wackenroders Musikus Berglinger exemplarisch erfährt: neben dem sozialen Elend der kleinen Leute vor allem eine Expertenkunst, die zum Zerstreuungs- und Unterhaltungsmittel degeneriert ist oder sich in die Exklusivität des Selbstgenusses zurückgezogen hat, um den Alltag der Vulgarität der Geschäfte auszuliefern. Das Band, das die Kunst mit den Bedürfnissen, Lebensäußerungen und Zwecken der Allgemeinheit sowie mit der e i n e n metaphysisch beglaubigten Wahrheit verknüpft hatte, ist zerschnitten, und die Gehalte der mit sich allein gelassenen, resonanzlos gewordenen Esoterikerkunst fallen ins Bodenlose. Aus moralischer und sozialer Perspektive erscheint dem Musiker Berglinger die Kunst „wie eine Seifenblase", der Kunstgenuß als „Götzendienst", er sich selbst als „lüsterner Einsiedler". Wackenroder läßt Berglingers Leben scheitern, weil jede Konfrontation mit der Lebenspraxis (vor allem mit dem Elend seines Elternhauses) den Künstler aus der Bahn seiner Kunstidolatrie werfen muß. Andererseits erfährt Berglinger das einsame Exerzitium der ästhetischen Erfahrung, wenn er es frei von jedem Sozialbezug „nurmehr zu seiner eigenen Herzenserhebung" betreibt, als Offenbarung des Absoluten: als „Gottesdienst" also ebensosehr wie unter Lebens-Gesichtspunkten als „Götzendienst".

Es kennzeichnet die problematische, mit sich selbst zerfallene Subjektivität des romantischen Künstlers, daß sie ihre Desintegration aus traditionalen Lebensordnungen als Befreiung ersehnt, zugleich sich aber aus ihrer Vereinzelung erlösen und mit einer regenerierten Gemeinschaftlichkeit versöhnen will. Sie spiegelt ihren Zwiespalt in den neuen Genres der Künstlererzählungen und -romane, in denen – wie hier bei Wackenroder, Tieck und Hoffmann – Exzentrik, Exklusivität und Amoralismus des Romantikers einem älteren Künstlertypus konfrontiert werden, der durch eine kollektive Wertüberlieferung, Daseinsführung und Symbolverwendung mit der Allgemeinheit noch solidarisch verbunden ist. In solchen Kontrastbildern reflektiert sich die Unfähigkeit des modernen Artisten zu Geselligkeit, Liebe, Freundschaft und Verantwortlichkeit. Als Komplement seiner Außeralltäglichkeit tritt zugleich eine gesteigerte ästhetische Imaginationskraft hervor, die allerdings – im Gegensatz zur Meisterschaft der Alten – auch in Phantasterei, Weltverlust und Unvermögen zur künstlerischen Objektivierung umschlagen kann.

Im *Meister Martin* allerdings ist die Entwicklung ästhetischer Produktivität weitgehend von der bürgerlich-moralischen Beschaffenheit der künstlerischen Lebensweise unabhängig. Bei Reinhold, wie zumeist bei Hoffmanns Helden, ist hochrangige schöpferische Potenz sogar programmatisch gebunden an unbürgerliches Außenseitertum. Trotz der Idealisierung der vergangenen Bürgerlichkeit Dürers oder Vischers (bzw. Friedrichs) propagiert Hoffmann – wie in Ansätzen schon Wackenroder und Tieck – die Ideen der „absoluten" Kunst, der „reinen Musik", der wirklichkeitsjenseitigen „Atlantiswelt" und damit die Kunst-Leben-Dissonanz sowie den unbürgerlichen Kunstenthusiasmus. Schon in Wackenroders Entgegensetzung des „schlichten", „handwerksmäßig"-kunstfleißigen „Bürgersmanns" Albrecht Dürer gegen den modernen Außenseiter Berglinger ist die Bewertung des letzteren unter Produktivitäts- und Lebensgesichtspunkten differenziert. Berglinger gelingt in der „höchsten", weil absolutesten der Künste, in der Musik, die Komposition eines „ewigen" Meisterwerkes, eines Oratoriums, aber seine Lebensführung scheitert katastrophal an der Exzentrik seiner Lebensverfassung. Die Gleichzeitigkeit von Werk- und Lebensformung, die den Handwerkerkünstler auszeichnet, mißlingt. Indes wird der Rang der künstlerischen Produktion dadurch nicht gemindert (bei Hoffmann dann sogar gesteigert). Wenn trotzdem der Klosterbruder im Blick auf die Großen des 15. und 16. Jahrhunderts den modernen Musiker Berglinger von echten Künstlern unterschieden wissen will und dem Vorwurf handwerksfremden Phantastentums aussetzt, so ist dies kein normativ orientierendes Autorverdikt. Daß aber Berglingers große Komposition ein Ausnahmewerk bleibt, dessen Ausführung ihn zerreibt, und daß der Riß von Kunst und Allgemeinheit erst seine Psyche zerrüttet und dann sein Leben zerstört, verweist – gemessen an der „Tüchtigkeit" der Dürer und Peter Vischer – auf die objektiven Produktivitätserschwernisse infolge der neuzeitlichen Lebensführung. Die „absolute" Kunst, die die modernen Gebilde der „reinen" Instrumentalmusik – Tieck und Hoffmann zufolge – so vorbildlich ausprägen, ist Resultat des Ephemersten: eines flüchtigen, kontingenten und am Ende vernichteten Romantikerdaseins. Hoffmanns späte Nürnbergnovelle *Der Feind* radikalisiert dieses Problembewußtsein. War bei ihm zuvor – auch im *Meister Martin* – ästhetische Imaginationskraft gebunden an unbürgerliche Außeralltäglichkeit, so ist nun im Blick auf Dürer und seine altdeutsche Lebenswelt höchste Kreativität mit bürgerlicher Moralität versöhnt, ja sogar die Unbürgerlichkeit in Gegensatz zu künstlerischer Produktivität gebracht. Indem der in ethischer u n d kunstpraktischer Hinsicht vollkommene Dürer den „verworfenen" und dilettantischen Verbrecherkünstlern Irmshöfer und Solfaterra kontrastiert wird, deutet sich bei Hoffmann eine neuartige Konnotation im Verhältnis des Sozialen zum Ästhetischen an: Bürgerliche Moralität begünstigt formale Meisterschaft, ästhetische Egomanie hingegen den technischen Dilettantismus – eine Oppositionsstruktur, die Wackenroders Klosterbruder präludiert hatte und bei Keller in der Gegenüberstellung des ethisch eingebundenen Handwerkerkünstlers und des ichzentrierten Subjektivismus des Phantasten und Dilettanten Heinrich Lee sowie in den Künstlerallegorien des Züricher Novellenkranzes wiederkehrt. Auch Wagner konfrontiert später das Meistertum von Hans Sachs den dilettantischen Extremgestalten des genialischen Stolzing und des intellektuellen Außenseiters Beckmesser. Jeweils wird hier die solipsistische Lebens- und Schaffensweise nicht mehr nur dem Verdacht des Gemeinschaftsverlustes und der Amoralität ausgeliefert, aus denen beim frühen Hoffmann gerade der Funken der Inspiration geschlagen werden sollte, sondern auch als Keim ästhetischer Unfruchtbarkeit angeklagt.

Von E. T. A. Hoffmanns Nürnberg-Bild zu demjenigen Wagners führen zahlreiche Motive, zumal von der Erzählung *Meister Martin*, die der Komponist von Jugend an liebt: Nicht nur Stoff der komischen Handlung, Kulisse, Kostüme und die Thematisierung des Gegensatzes von Romantizismus und Handwerksmeisterschaft werden von Wagner aufgegriffen, sondern auch Hoffmanns Wunschbild von der Meistersingerzunft als einem Ort gemeinschaftlicher und solidarisierender ästhetischer Aktivität. Wie ich im folgenden zeigen werde, sind diese Motive allerdings in Wagners erstem Entwurf des Meistersinger-Librettos von 1845 noch nicht präsent. Dieser partizipiert weniger am Geist der Wackenroderschen oder Hoffmannschen Nürnberg-Evokationen, als vielmehr am politisch-revolutionären Denken der 40er Jahre, und er formt den Nürnberg-Topos vorerst zu einem von den Romantikern sehr verschiedenen Paradigma. Wahlverwandtschaft läßt er eher erkennen zu Gervinus, Lortzing und zur politischen Tatphilosophie des Vormärz. Erst 20 Jahre später wendet sich Wagner von diesem vormärzlich-polemischen zu dem romantisch-idyllischen Nürnbergbild zurück. Und so, wie die Romantiker um 1800 an der Idee der vergangenen altdeutschen Kulturharmonie ihre Reflexionen über die problematische Stellung des modernen Künstlers schärften, so adaptiert auch Wagner nach 1861 im Zuge der Umarbeitung des älteren Meistersinger-Entwurfs mit dem romantischen Nürnberg-Phantasma zugleich die Thematik des problematischen Künstlertums, – jene historische Wende wiederholend, die sich schon einmal in den 1790er Jahren vollzogen hatte. Damals folgte die Hinwendung zur erträumten Idealität spätmittelalterlichen Lebens auf das Scheitern des revolutionären Anspruchs, in der neuen bürgerlichen Gesellschaft statt der „Geteiltheit" der Ständeordnung die „Ganzheit" der Antike wiederaufleben zu lassen.[196] Offensichtlich führt nach 1849 wie schon nach 1793 die Enttäuschung über den Verlauf der Revolutionen zur Neubesinnung auf Qualitäten der Altbürgerlichen und Althandwerklichen, die in den prärevolutionären Kunstauffassungen noch der Polemik ausgesetzt waren, und vollzieht sich parallel hierzu eine Selbstproblematisierung der von den neuen Gesellschafts-Formen abgespaltenen künstlerischen Gegenwartsexistenz. Die Romantik ist rückwärtsblickend im doppelten Sinne: die Vergangenheit und zugleich reflexiv das eigene Selbst suchend.

Zweites Kapitel

# Richard Wagner. Der öffentlich gewordene Meistergesang und die Regenerierung des Gemeinsinns mithilfe der Kunst

## 1. *Die Meistersinger von Nürnberg* (1845/1862–67). Hinweise zur Rezeption und Genese

Theodor W. Adorno nannte die *Meistersinger von Nürnberg* „das größte Zeugnis des Wagnerschen Bewußtseins von sich selbst“[1]. Mehrfach ist die eigene Künstlerexistenz des Komponisten in der Oper gespiegelt: in den Gestalten des Meisters Hans Sachs und des genialischen Stolzing ebenso wie in der des zurückgewiesenen Intellektuellen Beckmesser. Sämtlich haben diese Protagonisten der Oper das Geheimnis ihrer Identität in Wagner selber. Daß dieser in den Jahren der Meistersinger-Komposition sich gerne „als deutscher ‚Meister‘“[2] mit Barett im Stile des 16. Jahrhunderts kostümiert und sich in die Spuren Sachsens stellt, indem er dessen Namen eine zeitlang als den eigenen annektiert, ist hinlänglich bezeugt[3] und darf als bewußte Identifikation gelten. Die Personalunion mit Walther von Stolzing tritt bereits in dem ersten Prosaentwurf der *Meistersinger* von 1845 hervor. Dort sucht der junge Ritter in der Probegesangs-Szene den erschrockenen Bürgern jene unkonventionellen, mittelalterlichen Stoffe (Siegfried, Parzival) vorzutragen, deren Bearbeitung Wagner damals selber konzipiert.[4] Die frappantere Identität Wagner-Beckmesser wurde von Adorno aus Manifestationen des Wagnerschen Unterbewußtseins aufgespürt. Die Gestalten der Schlechtweggekommenen, der Zurückgewiesenen und Verhöhnten im Œuvre des Komponisten – die Mime, Alberich und Beckmesser – seien sowohl Judenkarikaturen als auch Nachbildungen der physiognomischen Züge, der Gestik und Redeweise von Wagner selber. Die spätere Unterdrückung bestimmter Regieanweisungen durch ihn verrate, daß er „in der Figurine des Mime seiner selbst mit Schrekken inne ward“[5]. Mime, Alberich und Beckmesser seien ungewollte Reflexe seines Selbsthasses. Wagners Oper aber ist mehr als der nur unbewußte Ausdruck eines an sich selber laborierenden Individuums. Wie zu zeigen sein wird, prägen in ihren Künstlerallegorien sich Reflexionen einer allgemeineren Epochenproblematik aus: die des Verhältnisses von ästhetischer Produktivität und Lebenseinstellung des Artisten unter Bedingungen seiner in der Moderne bewußt gewordenen Entfremdung von der Außenwelt. Wagner vollzieht diese in den *Meistersingern* einschlägige Selbstthematisierung und Selbstvergewisserung neuzeitlichen Künstlertums im Horizont der literarischen Tradition: als musikalisch-dramatische Auseinandersetzung mit Topoi der überlieferten Künstlerauffassung. Jeweils werden in den Protagonisten Sachs, Stolzing und Beckmesser Facetten tradierten Artistenselbstverständnisses gegenständlich.

Die Herkunft der relativ einfach konturierten Gestalt Stolzings aus dem frühromantischen Geist einer regelfeindlich-gefühlsunmittelbaren Naturidolatrie ist evident und in der Wagnerrezeption unstrittig. Die Nähe von Stolzings Preislied zum jungen Goethe der Sturm-und-Drang-Periode hat bereits Hofmannsthal[6] betont. Vieldeutiger erscheint die Figur des Merkers, in dessen karikaturhaft-plakativen Zügen mehr als nur die romantische Polemik gegen mechanisch-pedantischen Handwerkstraditionalismus sich niederschlägt. Die Deutung des Beckmesser-Parts innerhalb der Forschung und Bühnenpraxis erreicht inzwischen eine Variantenvielfalt, die von seiner Interpretation als einer antisemitischen Intellektuellenkarikatur (Adorno) über die These vom Avantgardekünstler (Bloch)[7] bis zu den jüngsten Auffassungen reicht, welche den Merker als einen ehrenwerten Gelehrten und Kritiker (Jens)[8] oder konträr als einen komischen „Studierten" aus der Commedia dell'arte-Überlieferung (Borchmeyer)[9] verstehen.

Kaum weniger disparat sind die Deutungen des Sachs. Man meinte, wie jüngst Peter Wapnewski und Hans Mayer, in ihm den romantischen Typus des der Liebe entsagenden, an der Dualität von irdischem Dasein und ästhetischer Erhebung leidenden Außenseiterkünstlers in der Nachfolge Hoffmannscher Helden wiederzufinden und wollte gar einen Künstler der artifiziellen Paradiese, einen geistigen Bruder Baudelaires, in dem Schusterpoeten erblicken.[10] Ebenso entschieden aber wurde Wagners Sachs als Inbegriff des der bürgerlichen Gemeinschaft zugehörigen, am Ende in einer Selbstapotheose des Deutsch-Bürgerlichen auftrumpfenden Dichterhandwerkers gedeutet, als Fortsetzung und Übersteigerung jener Nürnberg- und Handwerkerutopien, die ebenfalls in den Dichtungen Wackenroders, Tiecks, Hoffmanns (sogar Kellers) entworfen wurden, und in deren Verständnis der Nürnberger Schuster des 16. Jahrhunderts den denkbar stärksten Gegensatz zur modernen Künstlersubjektivität bildet. Auf dieser Interpretationslinie hat man die Sachs zugesprochene Künstler-Bürgerlichkeit entweder als falsche Harmonie ideologiekritisch entlarvt[11] oder als Utopie eines „Gleichgewichts zwischen Kunst und Leben"[12] positiv bewertet. Zuletzt suchte Borchmeyer[13] die vorliegenden disparaten Interpretationen zu synthetisieren. Er sah in den *Meistersingern* eine pessimistische Bedeutungsschicht (im Sinne Mayers) und eine Utopie idealer Bürgerlichkeit über- und ineinander montiert. Noch schillerndere Züge gewinnt Wagners Sachs, wenn man neben der endgültigen Werkfassung die früheren Meistersingerkonzeptionen, zumal den ersten Prosaentwurf von 1845, in die Betrachtung miteinbezieht. Die Arbeiten Brunners[14] und Borchmeyers, die den Blick auf die revolutionär-politischen Züge in den ersten Umrissen des Wagnerschen Sachs gelenkt haben, verstehen diesen als antibürgerlichen Frondeur und politischen Aktivisten. Welches Recht diesen einzelnen Sachs-Deutungen zukommt, soll im folgenden untersucht werden.

Meine These lautet, daß aus der musikalisch-dramatischen Komplexion

„Hans Sachs“ weder nur plakativ die Züge eines romantischen „Außenseiters“ herausgezogen werden dürfen, noch allein die eines Repräsentanten der Kunst-Leben-Einheit im Zeichen von „Bürgerlichkeit“, und daß auch eine Gleichzeitigkeit beider nicht behauptet werden kann, daß vielmehr der Protagonist der Oper – wie die übrigen dramatis personae auch – in eine lustspielhafte Entwicklung einbegriffen ist, die ihn von einer gefährdeten Romantiker-Existenz zur Bejahung bürgerlichen Kunst-Meistertums führt. Diese Deutung sucht also die Statik der gängigen Sachs-Interpretationen im Blick auf die dramatischen Prozesse der Oper aufzulösen und zwischen den prima facie unversöhnlichen Forschungspositionen zu vermitteln. Was der junge Nietzsche über Wagners Entwicklung vom *Tristan* zu den im geringen Zeitabstand folgenden *Meistersingern* schrieb, scheint mir in der Figur des Sachs gespiegelt zu sein: Wagner gleiche jenen, die „am Leben gelitten haben und sich ihm gleichsam mit dem Lächeln der Genesenden wieder zukehren“[15]. Diese Umkehr Wagners reflektiert die Oper als einen innerdramatischen Entwicklungsprozeß des Hans Sachs. Sie handelt von der Zurücknahme romantischer Künstlerproblematik und ihrer Gefährdungen in eine neue, unter dem Namen des handwerklichen „Meistertums“ firmierende Gemeinschaftsgebundenheit der Kunst.

Mein Weg zum Verständnis der Sachs-Gestalt und der ihr zugrundeliegenden „Meister“-Idee soll durch die literaturhistorische Rekonstruktion ihrer Genese aus Wagners Aneignung der literarisch-musikalischen Überlieferung führen. Folgende Hauptquellen sind für sie bestimmend und als Grundschichten ihrer Konzeption transparent[16]:

— Zunächst August Hagens (populär)romantisches Sachsbild, das in der Nachfolge Wackenroders den Schuster zum „Exempel“ eines gemeinschaftsverbundenen Handwerkerkünstlers stilisiert (Teil 2).

— Sodann Albert Lortzings Oper *Hans Sachs,* welche die Titelfigur als unproblematischen Helden im Sinne eines konventionellen Opernsujets behandelt. Sie thematisiert nicht die Problematik des modernen Künstlers, sondern die unstandesgemäße Liebe des Handwerkers zur Bürgermeisterstochter. Hier kann Wagner nur Motive des komischen Handlungsgerüstes entleihen und Einzelzüge des Sachs für die Gestaltung des Ritters von Stolzing übernehmen (Teil 3).

— Ferner die Literaturgeschichtsschreibung von Georg Gottfried Gervinus: Sie wird prägend für das politische Profil Sachsens, das am stärksten noch in Wagners Prosaentwurf von 1845 deutlich ist (Teil 4).

— Des weiteren E. T. A. Hoffmanns Erzählung *Meister Martin der Küfner und seine Gesellen,* welche die Idealität Altnürnbergs und seines Handwerkerkünstlertums heraufbeschwört und zugleich die der Operngattung vor Wagner unbekannte literarische Komplementärgestalt des problematischen modernen Außenseiterartisten entwirft (Teil 5).

— Beide Künstlerbilder Hoffmanns, das des gemeinschaftszugehörigen

Handwerkers und das des gemeinschaftsflüchtigen Ästheten, sucht Wagner schließlich in den nachrevolutionären Meistersingerfassungen unter der Form eines lustspielhaften Entwicklungsprozesses des Helden zu synthetisieren (Teil 6). Die gegenüber den Romantikern stärkere Bejahung der Bürgerlichkeit und des Zunftmeistertums steht in Zusammenhang mit Epochentendenzen, die sich gleichermaßen im Œuvre zweier von Wagner geschätzter Autoren finden: des späten Tieck (Teil 7) und Gottfried Kellers (den ich im dritten Kapitel behandele).

## 2. August Hagens populär-romantisches Nürnbergbild (1829)

Die Historiographie der Wirkung und des Nachruhms Hans Sachs' verzeichnet einen gravierenden Wandel seiner Wertschätzung seit der Frühromantik. Im 17. Jahrhundert noch war er weitgehend in Vergessenheit geraten, bis er im 18. Jahrhundert eine unrühmliche Auferstehung erlebte und in den frühbürgerlichen Literaturfehden, etwa bei Gottsched und Bodmer, als „Prototyp des stümperhaften Dichterlings“[17] firmierte. Erst seit Goethes 1776 in Wielands *Teutschem Merkur* veröffentlichtem Gedicht *Erklärung eines alten Holzschnittes, vorstellend Hans Sachsens poetische Sendung*, seit Wackenroders, Tiecks, Schlegels und Adam Müllers[18] Preisungen des „wackeren“, „frommen“ Schuster-Dichters erscheint dessen Gestalt wie diejenige Dürers als Teil einer vergangenen Gemeinschaftswelt, die Volk und Kultur zusammenschließt. Hier wird die Dichtkunst – wie Schlegel schreibt – „auch vom Volke, für sein Bedürfnis und nach seiner Art selbst geübt, obwohl nicht ohne Erfindung und Geist, doch im Äußeren handwerksmäßig (...) Ein Handwerker in der Poesie wie im Leben ist dieser Meister von Nürnberg, Hans Sachs (...).“[19] Mehr und mehr im Verlauf des 19. Jahrhunderts wird Sachs ein populäres Sujet der Trivialliteratur. An die 20 Sachs-Dramen werden damals produziert[20], und diese wiederum sind gleichsam nur der Kamm der Woge von literarischen und populär-wissenschaftlichen Abhandlungen sowie einer Flut von Jubel-Rhetorik, die sich auf Vereins-, Honoratioren- und Volksfestlichkeiten zur Feier des beliebten und viel beredeten (wenn auch kaum gelesenen) Handwerkerdichters ergießt. Den Höhepunkt des nationalen Sachsrummels bildet die 400. Wiederkehr seines Geburtstages 1894, die zugleich die Popularität und Wirkung der Wagnerschen *Meistersinger* bestätigt.[21] In Sachsens, ebenso wie in Dürers Gestalt, sucht das 19. Jahrhundert sich die in der kapitalistischen Moderne verlorengegangene Einheit von altbürgerlichem Gemeinsinn, Handwerksgewerbe und Kunstproduktion sowie die Zeit der politischen und kulturellen Blüte des alten „Reiches“ zu vergegenwärtigen.[22] Gottfried Kellers Beschreibung und Deutung des „altdeutschen“ Maskenzuges im *Grünen Heinrich*, der neben Kaiser Maximilian und Dürer auch den Nürnberger Schusterpoeten zur Darstellung bringt, macht am besten deutlich, wie sehr und warum das deutsche 19. Jahrhundert durch die Nürnberger Renaissancezeit fasziniert ist. Dieses von Wagner bewunderte Werk thematisiere ich an anderer Stelle.[23] Hier sollen aus der Vielzahl der Dichtungen über Hans Sachs, die das 19. Jahrhundert hervorgebracht hat, nur zwei der populärsten und auch Wagner bekannten Werke herausgegriffen werden: Hagens Novellensammlung *Norica* sowie Lortzings und Regers von Deinhardstein beeinflußtes Libretto zur Oper *Hans Sachs.*

Die *Norica* sind die vom Verfasser August Hagen[24] angeblich herausgegebenen, tatsächlich aber fingierten Reiseberichte eines Kaufmannes namens Heller, der als „Kunstfreund" und „Kenner" „am Anfang des 16. Jahrhunderts sich längere Zeit in Nürnberg aufhielt und, was er von den Künstlern und ihren Werken daselbst sah und hörte, umständlich niederschrieb"[25]. Die Erzählungen bringen gelegentlich der Begegnungen und Erlebnisse des Kaufmanns die Gesamtheit der Stände und Persönlichkeiten des frühneuzeitlichen Nürnberg zur Darstellung, neben der Vielzahl bildender Künstler (Dürer, Vischer, Krafft, Veit Stoß etc.) auch mehrfach Hans Sachs. Diese „Nürnbergischen Novellen aus alter Zeit" – so der Untertitel der *Norica* – gewinnen im 19. Jahrhundert außerordentliche Popularität, erscheinen zwischen 1829 und 1913 in 8 Auflagen, werden 1850 ins Englische übersetzt und beeinflussen auch Wagner. Sie beschreiben Nürnberg zwar nicht als Ort einer sozialen Harmonie, wie später Wagner ihn fingiert, aber doch als den einer ständeverbindenden kulturellen Homogeneität. (Dies entspricht selbstverständlich nicht der historischen Realität, denn Nürnbergs Stadtbürgertum war, da sozial stark polarisiert, auch in entsprechende „Kulturen" aufgespalten. Der Meistergesang beispielsweise war eine spezifische Kunstform der handwerklichen Mittelschichten.)

Hans Sachs erscheint als Angehöriger des schlichten Handwerkerstandes, als „armer", „kerniger", derb-bodenständiger Schuster, als „plumper Schuhknecht"[26] sogar, der aber zugleich als ehrbares Mitglied des Nürnberger „Herrenkellers" mit reichen patrizischen Kaufleuten verkehrt und der in Anwesenheit von Kaiser Maximilian I. in der Singschule seine Poesie vorträgt. Nürnberg erscheint als gleichsam epische Totalität, in der alle relevanten Lebensäußerungen für den Einzelnen überschaubar bleiben und im konkreten Alltagsleben die (in der Moderne ausdifferenzierten und gegeneinander verselbständigten) Wert- und Handlungssphären der materiellen Produktion, der moralisch-praktischen und ästhetisch-praktischen Kommunikation sowie des politischen Handelns integriert sind. So tritt Sachs beispielsweise auf sowohl als arbeitender Werk- und Fuhrmann, als Meister und Vorstand des „ganzen Hauses" (Beherbergung von und patriarchalische Fürsorge für Schusterburschen und Gesellen), wie auch als Dichter, der als Meister der Singschule zugleich der Gemeinschaft verbunden ist. Solche in den modernen Gesellschaften heterogen gewordenen Tätigkeiten verbinden sich hier bruchlos zu einem harmonischen Ganzen. Auch Albrecht Dürer erscheint als fürsorgender Vater, als Vorsteher einer ganzheitlichen moralisch-ästhetischen Ökonomie. „Mein Hausrath“ – so legt er sich Rechenschaft ab – „ist ziemlich gut an Kleidern, Zinngeschirr, Betten, Behältern, Schränken, Werkzeugen und an Farben, die allein 100 rheinische Gulden betragen“[27]. Dürers Frau Agnes betrachtet die Kunst ihres Gatten als ein bürgerliches Handwerk, wie die übrigen Gewerke auch, das die Familie und Gesellenschaft ins Brot setzen soll. Auch wenn Agnes aus der Perspektive der wirtschaftenden Hausfrau die langsame Gründlichkeit von Albrechts Arbeitsweise moniert, so fügen sich am Ende doch die Gesetze der Kunstproduktion und der Ökonomie. Es gelingt, dank ihres kaufmännischen Geschicks, die Werke für einen guten Preis unter den reichen Handelsherren abzusetzen. Im Hause Dürers leben Kunst und Geschäftssinn harmonisch beieinander. Anders als der späte Hoffmann, gerät Hagen hier in die Nähe zu einer Apologie des Kunstgewerbes. Er verschweigt die Leidenswege und Problematik seines Idols. Stilisiert bis zur Maskenhaftigkeit, schreitet der Künstler einher voller „Ernst und Milde“, „seelenvollen Auges“, „stattlichen Wuchses“ und „ehrwürdigen Aussehens“.[28] Nostalgische Reize wie diejenigen der alt-nürnberger Giebel und Erker, die Behaglichkeit des Gasthauses „Zur Rose“, die Buntheit des altdeutschen Habits, die Folklore der Zunft- und Festgebräuche ersetzen bei Hagen die intellektuelle Anschaulichkeit des Gestalteten.

Daß Hagens literarische Phantasien mit den älteren Nürnberger Lebensverhältnissen zugleich den spätmittelalterlichen Zunftbetrieb der Meistersingerei idealisieren, unterscheidet sie von denen der ersten Romantikergeneration und macht sie zum Vorläufer und Wegbereiter der Wagnerschen Oper. Der junge Wagner (1845/51) allerdings urteilt noch abschätzig über den Zunftbetrieb und unterscheidet, unmittelbar anknüpfend an Gervinus' *Literaturhistorie* (1835/42), Sachs von der „meistersingerlichen Spießbürgerschaft“[29]. Erst in den 60er-Jahre-Fassungen der *Meistersinger* adaptiert er Hagens Zunftidyllik.[30] Zu der Lektüre, die ihn in dieser Tendenz bestärkt hat, wird man darüber hinaus Hoffmanns *Meister Martin*, Kellers *Grünen Heinrich* rechnen müssen sowie Furchaus *Sachs-Biographie* (1820) und möglicherweise Tiecks Spätwerk *Der junge Tischlermeister* (1836).[31]

## 3. Lortzings Oper *Hans Sachs* (1840)

Ebenso populär wie Hagens Nürnberg-Erzählungen ist in den 1830er Jahren das Bühnenstück *Hans Sachs* aus der Feder des Wiener Hofdichters, Professors und literarischen Zensors (im Dienste Metternichs) Johann Ludwig von Deinhardstein – wenngleich dieses Drama in thematischer Hinsicht und in seiner antizünftigen Stoßrichtung sich von den *Norica* stark unterscheidet.

Es wird 1827 in Wien uraufgeführt, von fast 40 Bühnen ins Repertoire übernommen, mehrmals aufgelegt und in verschiedene Sprachen übersetzt.[32]

Das Schauspiel wird durch Goethes Gedicht von *Hans Sachsens poetischer Sendung* und zudem von einem zur Uraufführung eigens verfaßten Prolog Goethes eingeleitet.[33] In einer von Philipp Reger und dem Komponisten Lortzing umgearbeiteten Fassung gibt es später (1840) das Libretto zu dessen gleichnamiger komischen Oper ab[34], die einem jungen Kapellmeister wie Richard Wagner ebenfalls nicht unbekannt bleiben kann.

Lortzings „Komische Oper" handelt von der Liebe zwischen der Nürnberger Bürgermeisterstochter Kunigunde und Hans Sachs. Die Liebenden können aufgrund gattungsgeforderter Verwicklungen, Intrigen und Retardationen zunächst nicht an ihr Ziel gelangen. Die Komplikation resultiert aus dem Entschluß des Vaters, die Tochter nur dem Gewinner eines Preissingens zu vermählen, als den er sich Sachsens Konkurrenten, den reichen Augsburger Ratsherren Eoban, erhofft. Nachdem die Nürnberger Honoratioren und Meistersinger bei der Siegerkürung aus Standesdünkel für den Ratsherren und gegen den „schlichten Schuster" votieren, droht Sachs die Trennung von Kunigunde. Erst das Eingreifen des deutschen Kaisers Maximilian I. ex machina, der als Kenner und Gönner des einfachen Handwerker-Dichters vorgestellt wird, stiftet den glücklichen Ausgang.

Einzelne Motive und Requisiten des szenisch-dramatischen Arrangements leiht Wagner für seine *Meistersinger* hier aus: das Motiv des standesstolzen Bürgers, der die Verheiratung der Tochter an Kautelen bindet (dies bereits eine Adaptation des Hoffmannschen *Meister Martin*); das Motiv des Liederdiebstahls; die Gestalt des Merkers als eines Stotterers und die des reputierlichen, aber vom Volk verlachten komischen Nebenbuhlers (letztere sind bei Lortzing zwei verschiedene Gestalten); dazu die Altnürnberger Kulisse mit Zunftbräuchen, Preissingen und Festwiese und vor allem die Legende vom Schusterpoeten Sachs, der das Volk auf seiner Seite hat.[35]

Andere zentrale Handlungsmotive kehren bei Wagner nicht wieder: so der soziale Gegensatz zwischen der „ratsfähigen" bzw. „ehrbaren" Oberschicht und dem einfachen Bürgertum, dem der Handwerker Sachs zugehört. Diese Ständeopposition ist für den Aufbau der leicht schemen- und chargenhaften Charaktere der Lortzing-Oper und für ihre Handlungskonstruktion bestimmend, wird aber in Wagners Szenarium eliminiert und durch eine homogene Handwerkergemeinschaft ersetzt (in welche auch der fremde Ritter – gleichsam durch seine Umnobilitierung zum Nürnberger Bürger – integrierbar ist).

Die Differenzen zwischen den Konzeptionen Wagners und Lortzings zeigen sich zunächst an der Gestalt des Vaters. Er ist bei Lortzing ein reicher Goldschmied, ein Parvenu, der zum Bürgermeister avanciert und seine Tochter aus Gründen der Standesgemäßheit an einen Ratsherren und nicht an einen Schuster verheiraten möchte. Sein Ehegebot ist vom Besitz- und Standesdenken geleitet. Er kann sich kaum genug tun im Lob des Schachers.[36] Anders der Vater Pogner in Wagners Oper. Sein Ehegebot ist nicht wie bei

Lortzing von Besitz- und Standeshochmut, sondern von ideellen Motiven der Kunstliebe geleitet, wie überhaupt Wagners Nürnbergoper weder den Bourgeois noch die ältere Standeshierarchie (mit Kaiser, Patriziat und einem unterhalb der Zünfte stehenden Pöbel) auf die Bühne bringt.[37] Pogners Pläne werden wie folgt erläutert:

„... des bittren Tadels war ich satt,
daß nur auf Schacher und Geld
sein Merk der Bürger stellt.
Daß wir im weiten deutschen Reich
die Kunst einzig noch pflegen
dran dünkt ihnen wenig gelegen.
Doch wie uns das zur Ehre gereich',
... das ward ich der Welt zu zeigen gewillt"[38].

Lortzing vermeidet solche realitätsferne Idealität eines ahistorischen Traumnürnbergs. Er projiziert dagegen den Kampf, den die von der industriellen Entwicklung des 19. Jahrhunderts wenig profitierenden kleinbürgerlichen Schichten um soziale Anerkennung und Gleichberechtigung führen, zurück in die Zeit der deutschen Renaissance. Sachsens Nebenbuhler, der reiche Augsburger Patrizier, äußert voller Standeshochmut: „Mensch! Mensch! Bin ich ein Mensch? Ich hab' Euch schon gesagt, daß ich ein Ratsherr bin!"[39] Der Schuster Sachs dagegen: „Fürwahr nur einem Toren fiel' es ein, den Mann ob seinem Stand herabzusetzen!"[40]

„Zwar ziert mich nicht der Ehre Schein,
nicht Ordensband und Titel,
doch Nürnbergs wackrer Bürger sein,
das ehrt mich auch im Kittel."[41]

Offen frondiert Sachs gegen die sozialen Schranken, die das Patriziertum (das in Gebräuchen wie dem Preissingen sich zu feudalisieren beginnt) gegen das kleine Bürgertum aufrichtet. Sachs zu Kunigunde: „Ich breche deine Ketten!"[42] Nach dem Wettsingen zwischen dem Ratsherren und „dem schlichten Schuster"[43] manifestiert sich der soziale Antagonismus deutlich im szenisch-dramatischen Arrangement. Es polarisierten sich die Partei der Oberschicht (Meistersinger, Merker, Ratsherren, Bürgermeister, die alle den Nebenbuhler favorisieren) und die der einfachen Bürger, die den Preis für Sachs fordern, aber nicht das Sagen haben. Die Meistersinger „höhnen"[44] den Schuster seiner niederen Herkunft wegen:

„Es wird ihm nicht gelingen,
den Preis sich zu erringen,
dem stolzen Handwerksmann."[45]

„Er ist doch nur ein Schuster"[46] – so der Ratsherr – und sei daher der Bürgermeisterstochter nicht würdig. Diese erweist sich schließlich selber vom Kastendenken affiziert, wenn sie fordert, Sachs möge sich vom Makel des Handwerks befreien:

„Einem nur mußt du entsagen. Dem Dreifuß, der Ahle, dem Leder, dem Pfriemen, dem Knieriem, dem Stein, dem Leisten, dem Pechdraht, dem Hammer ...
SACHS: Einem Stand, der mich ernähret, der mit Ehren mich erhält, sollt ich ohne Grund entsagen? nein, um keinen Preis der Welt ...
KUNIGUNDE (pikiert): Wie sich das gleich spreizt und blähet, obenaus und nirgends hin, Bürgermeister ist der Vater, und wer kann es ihm verargen, wenn er nimmer will es dulden, daß einst seines Kindes Kinder eines Schusters Pechdraht ziehn?
SACHS: Hat auch dich das Gift der Schmähsucht und des Hochmuth's schon verderbt?"[47]

Der soziale Gegensatz kulminiert, als Sachs von den Ratsherren und Meistersingern aus Nürnberg vertrieben wird. Hier endgültig ist die romantische Idylle Nürnberg, die Wackenroder, Hoffmann oder Hagen beschworen hatten und die später Wagner wieder evozieren wird, gesprengt. Daß sich das anbahnende bürgerliche Trauerspiel doch noch in eine Komödie verwandelt und der versöhnliche Lustspielschluß eintreten kann, bewerkstelligt Lortzing, indem er den kunstsinnigen und volksverbundenen Kaiser Maximilian als Ehestifter und Versöhner der Klassen ins Spiel bringt.

Während Wagners Oper eine traumhaft-illusionäre, weil homogene Handwerkerwelt jenseits aller sozialen Hierarchien auf die Bühne zaubert, bleibt der realistischere Lortzing (dessen Oper *Regina* erstmals in der Geschichte der Gattung einen Proletarierstreik zum Sujet hat[48]), stärker der historisch-sozialen Wirklichkeit der ehemaligen Welthandelsmetropole Nürnberg verpflichtet. So, wenn er die Unversöhnbarkeit von Patriziat und Handwerk gestaltet oder wenn er den Vater das Lob der Geld- und Handelsexpansion singen läßt. Auch Hagen bringt die Ständevielfalt des alten Nürnberg zur Darstellung. Allerdings scheint sie durch das Band einer übergreifenden Kulturidee zusammengehalten. Wagners Bühnenwelt hingegen spiegelt keine „bürgerliche Lebenswirklichkeit", wie Hans Mayer behauptet.[49] In ihr sucht man vergebens die Sphäre des großen Kaufmannskapitals und des Patriziats der damals beinahe größten deutschen Stadt, obwohl dieses reale Nürnberg des 16. Jahrhunderts bis in die Architektur und Stadtanlage (Sebaldusstadt – Lorenzstadt) hinein von dem kulturellen und sozialen Dualismus Patriziat – Handwerk geprägt war. Der historische Sachs lebte als Schneidersohn und Schuster abseits der „Familien" und der „Großen". Seine erste Wohnung lag im engen Handwerkermilieu, der damaligen Kotgasse. Weder mit einem Dürer noch einem Pirkheimer hatte er Verkehr.[50]

Im Blick auf solch unterschiedlichen Realitätsgehalt in den Konzeptionen Wagners und Lortzings scheint es mir ungerecht, wenn Wapnewski Wagner gegen Lortzing nicht nur in musikalischer, sondern auch in politischer Hinsicht ausspielt und den Verzicht auf den Kaiserauftritt und auf die Huldigungsszene in den *Meistersingern* als „konsequente Demokratisierung“[51] der Lortzingschen Vorlage lobt. Wapnewski und viele Wagner-Forscher (vor ihm schon Baberadt, nach ihm auch die Autoren der jüngsten Nürnberger Meistersinger-Ausstellung[52]) lassen dem Lortzingschen Libretto keine Gerechtigkeit widerfahren und machen den Leser mit seinem Text nur unzureichend bekannt, da sie es weder als eigenwertiges ästhetisches Gebilde anerkennen noch sub specie differentiae zu Wagner in Beziehung setzen, sondern es als bloßen Vorläufer der *Meistersinger* behandeln, auch wenn sein Sujet diesen inkompatibel ist. Denn während bei Lortzing die musikalisch-dramatische Spannung aus dem sozialen Status der dramatis personae resultiert, liegt sie später bei Wagner in den Gegensätzen der Kunstauffassung bzw. des Künstlerselbstverständnisses der Protagonisten. An die Stelle des bürgerlichen Spiels von der unstandesgemäßen Liebe tritt die allegorisierende Ideenarchitektur poetologischer und künstlerischer (Selbst-)Reflexionen. Auf diesen gravierenden Wandel im Sujet wird zurückzukommen sein. Indem die Forschung diesen nicht zur Kenntnis nimmt, ignoriert sie das zentrale Motiv der Lortzingschen Oper, das von der Wagnerschen Künstlerthematik zu unterscheiden ist: die Zurückweisung des Handwerkers durch die Nürnberger „Familien“. Die Forschung verkennt damit notwendig die soziale Polemik, die sich in Lortzings *Hans Sachs* verbirgt. Wapnewski beispielsweise zitiert nur das „Kaiserhoch“ aus dem Schlußchor und bemerkt dazu, hier wie bei Deinhardstein werde dem Hause Habsburg auf harmlos-direkte Weise geschmeichelt.[53] Wapnewski übersieht nicht nur die Unterschiede[54] zwischen dem Sachs-Stück des Metternichschen Zensors Deinhardstein und dem Libretto des von derselben Zensur mehrfach verbotenen Lortzing, er unterschlägt zudem, daß Maximilian I. im 19. Jahrhundert – und dies keineswegs nur im kaiserlichen Wien – populäre Symbolfigur eines dem niederen Bürgerstand verbundenen Volkskaisertums war. 1840 beispielsweise, im Jahre der Uraufführung des *Hans Sachs,* veranstalteten Münchener Künstler und Kunsthandwerker einen altdeutschen Maskenzug und Karneval, der in historischer Kostümierung die Welt der alten Reichsstadt Nürnberg wiederbeleben soll und in romantischer Verklärung das Andenken an den Bund zwischen Maximilian und Albrecht Dürer, den Idolen eines Volkskaiser- und Volkskünstlertums, feiert. Gottfried Keller, der jedes Royalismus' unverdächtig ist, gedenkt im *Grünen Heinrich* dieses Festes[55] und kommentiert die altnürnbergische Symbiose von Bürgertum, Künstlertum und königlichem Mäzenatentum mit Sympathie.

Das Bild vom volksnahen Regenten Maximilian (der sich in die Wohnung der Künstler begibt, Dürer die Leiter hält etc.) ist – wie in der Trivialromantik überhaupt[56] – auch in den oben zitierten Nürnberg-Erzählungen Hagens einschlägig. Nicht zufällig bemerkt Keller im Blick auf das Maximilian-

Dürer-Fest von 1840 einen „griechischen“ Zug in den idealischen Nürnbergbildern, die das 19. Jahrhundert entwirft. Der Kaiser ist hier nicht Symbolfigur einer Ständehierarchie, sondern Teil einer kulturell-sozialen Totalität, in der alle relevanten Lebensäußerungen und Weltbezüge (also auch der staatlich-politische) in einen überschaubaren Rahmen integriert sind. An die Überlieferung dieser Idealbilder knüpft Lortzing an, wenn er Maximilian als Bewunderer der Handwerkskunst in die enge Schusterwelt hinabsteigen und gar mit Sachsens Lehrling plaudern läßt. Nicht „harmlose“ höfische Schmeichelei – wie Wapnewski behauptet – kennzeichnet daher seine Oper, sondern die Utopie einer ständeübergreifenden kulturellen Einheit, die Kaiser und Volk verbindet.[57] Zudem ließen sich – wenn man überhaupt Wapnewskis Begrifflichkeit übernehmen will – Lortzings Utopie und sein gleichzeitig realistischer Blick auf den sozialen Status des kleinen Handwerks mit mehr Recht „demokratisch“ nennen, als Wagners wirklichkeitsferne Bühnenwelt, die die historische Realität des 16. Jahrhunderts und die damalige soziale Hierarchie nicht wahrhaben will, daher des Kaisers als eines Schlichters auch gar nicht erst bedarf.

## 4. Gervinus und der Erstentwurf der *Meistersinger* von 1845

Anders als in Lortzings Oper ist es in Wagners *Meistersinger*-Entwurf von 1845[58] nicht der Schuster Sachs, der die Bürgerstochter liebt (dieses Motiv wird erst in der 1867er-Fassung, aber dort ebenfalls ohne soziale Komponente, in Gestalt des Entsagungsmotivs wieder eingearbeitet), sondern ein junger Ritter. Er ist nach Nürnberg gekommen, um seiner poetischen Ideale wegen der Zunft der Meistersinger beizutreten, und erst in Verfolg dieses primär künstlerischen Zieles, dem einzig der Konflikt zwischen seiner und der meistersingerlichen Kunstauffassung, nicht aber seine Herkunft entgegensteht, verliebt er sich in die Tochter des Zunftältesten, die dem Gewinner eines Preissingens versprochen ist.[59] Aus Lortzings sozialem Drama wird ein Künstlerdrama, aus der Standeskomödie ein lustspielhaftes Lehrstück in Sachen poetischer Produktion.

Auch wenn die Grobhandlung der ersten Prosaskizze Wagners in den Grundzügen der endgültigen Meistersingerfassung entspricht (der Merker als Nebenbuhler des Ritters, Liederdiebstahl, Johanniswiese, Mißerfolg des Merkers und Spott des Volkes über diesen, Erfolg des Ritters, versöhnlicher Ausgang), so ist im 45er Entwurf der Einfluß der Lortzingschen Oper doch deutlicher spürbar. Stärker als in den 60er-Jahre-Fassungen stehen hier sowohl der junge Ritter als auch Sachs in entschiedener Opposition zur Nürnberger Bürgerwelt, der „meistersingerlichen Spießbürgerschaft“[60], wie Wagner sie 1851 nennt. Eine soziale Opposition wie bei Lortzing ist dies aber schon nicht mehr, sondern eine künstlerische und kunsttheoretische. Der in der

45er-Fassung noch namenlose Ritter polemisiert im Namen der älteren höfischen Dichtung gegen die Meistersingerei des 16. Jahrhunderts und ihre Regelpoetik und begreift sie als eine Verfallsform:

„Ach, lieber teurer Meister!" – so bekennt er Sachs – „Wie seid Ihr doch anders, als diese langweiligen, unbarmherzigen Poeten, die mich bis aufs Blut gemartert haben! Welche Hoffnungen hegte ich von ihnen: aus der widerlichen Gegenwart, in der ich lebte, sollten sie mich in ein schönes, dichterisches Leben einführen. Hier glaubte ich, Reste Thüringer Geistes e. c. wiederzufinden: und nun diese Enttäuschung!"[61]

Sachs bestätigt diese pejorative Sicht auf die Nürnberger Kunstverhältnisse. Von Anfang an ist sein Verhalten gegenüber der Meistersingerzunft, ihren Regeln, Ritualen und Zeremonien von „Ironie"[62] gekennzeichnet. Er macht sich „über die Meister lustig"[63] und erscheint diesen umgekehrt als „bedenklich"[64], sogar als „falscher Mann"[65]. „Man traut dem Sachs nicht richtig und zweifelt, ob er es ehrlich mit der Zunft meine."[66] Andererseits steht er wie bei Lortzing in der Gunst des Volkes. Der Merker beklagt „seinen großen Einfluß aufs Volk"[67] und droht, „man werde ihm, Hans Sachs, selbst zu Leibe gehen, wenn das Volk nicht wäre, das ihn so auf den Händen trage"[68]. Wagner stellt sich in Jacob Grimms Spuren, indem er den Sachs „als die letzte Erscheinung des künstlerisch-produktiven Volksgeistes"[69] auffaßt. Als einen letzten begreift schon Sachs sich selbst. „So ginge es wirklich zu Ende mit der schönen Dichtkunst? Ich, ein Schuster, wäre noch der einzige, der im Reiche der großen deutschen Vergangenheit athmete?"[70] Der Bühnen-Sachs begreift sich als den „letzten Poeten der deutschen Sangeskunst"[71], als den Repräsentanten des zum Untergang verurteilten „letzten traurigen Restes der alten Dichtkunst, der Meistersingerei"[72]. So bleibt Sachsens Schlußansprache auf der Festwiese – schon im Prosaentwurf von 1845 die Replik auf des Ritters Absage an die Zunft – gänzlich unpathetisch und in der Schwebe von Ironie und Ernst:

„‚Ho, ho! Scheltet mir die Meistersinger nicht!' Er beginnt in einem kräftigen Ton das Lob der Meistersingerzunft, halb ironisch, halb ernst zu singen, hebt darin ihr Gutes hervor und das Tüchtige, was durch sie erhalten und gepflegt worden ist. Dadurch besänftigt er die Meistersinger selbst, gewinnt sie für sich. Sie unterstützen seinen Gesang und erkennen ihn als ihren größten Dichter an. Das Volk stimmt dem Lobe Sachsens bei."[73]

Das Volk, die Meistersinger und Sachs kommen am Ende sowohl in der Beurteilung des Preisliedes als auch im Lob der Zunft überein. Gleichwohl bleibt im Schlußtableau des 1845er Entwurfs eine antibürgerliche, politisch-agitatorische Pointe unaufgelöst. Denn Sachs propagierte zuvor gegenüber dem Ritter das Ende der Kunst und an ihrer Statt die revolutionäre Tat:

„Glaubt mir", so Sachs zum Ritter, „lange, lange Zeit wird man vom Dichten nichts mehr wissen. Mit anderen Waffen als mit Liedern wird man kämpfen: mit Vernunft, mit Filosophie gegen Dummheit und Aberglaube, ja mit dem Schwerte wird man wiederum diese neuen Waffen verteidigen: in solchem Kampfe sollt Ihr, der Ihr so edle Gesinnung habt, mitkämpfen, so vermögt Ihr mehr als durch die Ausbeutung einer Gabe, die Keiner heutzutag mehr anerkennt."

Sachsens Fazit lautet: „Zieht auf Euer Schloß, studiert, was Ulrich von Hutten und der Wittenberger schrieben, und ist's dann Not, so verteidigt, was Ihr lerntet, mit dem Schwerte!" Die Losung ist: politischer Kampf anstelle von Gesang. „Ihr seid ein Dichter! Doch könnt ihr jetzt nicht mehr gedeihn!"[74] Sachs hat das Bewußtsein, an einer Zeitenwende zum Positiven zu stehen. Daher sucht er dem Ritter die unfruchtbare Beschäftigung mit der mittelalterlichen Poesie zu verwehren und verweist ihn an den politischen Kampf. Die bisherige Kunst ist am Ende, und eine neue Kunst ist vorerst nicht in Sicht. Die Zukunft gehört der Waffe der Vernunft und der Vernunft der Waffen. In diesen Befunden und praktisch-politischen Lösungen erweist sich die Nähe der Sachs-Figur zu vormärzlichen Positionen des Jungen Deutschland wie der Junghegelianer, vor allem aber zu denen des Literaturhistorikers Georg Gottfried Gervinus, dessen *Geschichte der poetischen Nationalliteratur der Deutschen* (1835–42) Wagner 1845 in Marienbad studiert. Sie macht ihn auf die Gestalt des Sachs allererst aufmerksam und beeindruckt ihn wegen ihrer politischen Botschaft. Gervinus sieht nach Vollendung der klassischen Literatur als eines Höhepunktes der Kunstentwicklung nunmehr im 19. Jahrhundert die objektiven Bedingungen für eine neue Blüte der Dichtung als nicht mehr gegeben an und diagnostiziert das Ende der künstlerischen und den Anfang der politischen Phase der Nation.[75] Er sucht die junge Intelligenz von der Literatur zur Politik zu führen.[76] Diese Botschaft legt Wagner seiner Sachsfigur in den Mund. Daß er seinen Helden im Gespräch mit dem Ritter den Gewährsmann Hutten preisen läßt, ist im historischen Kontext der Vormärzjahre unmißverständlich. Der große Kämpfer der Reichsreform und Anhänger der lutherischen Reformation ist (z. B. bei Herwegh, Freiligrath, Hoffmann von Fallersleben und David Friedrich Strauß) Symbolfigur revolutionären Einheits- und Freiheitsstrebens. Daß Huttens und Sickingens Aufstand mit Hilfe des reichsstädtischen Nürnberger Patriziats durch die Territorialregenten niedergeschlagen wurde, gibt Sachsens Rede eine zusätzliche antinürnbergische Pointe.

Indes tut die Meistersinger-Forschung Unrecht daran, Gervinus' Position und die des jungen Wagner von 1845 gleichzusetzen.[77] Denn der Sachs des Entwurfs prognostiziert für eine ferne Zukunft ein neues Zeitalter der Kunst: gemeint ist gerade das von Gervinus als postkünstlerische Epoche charakterisierte 19. Jahrhundert. Sachs prophezeit: „Wenn dann Jahrhunderte vergangen und eine neue Welt begonnen, so wendet man sich wohl einmal wieder um, und sieht nach dem, was man hatte: da fallen sie wohl wieder auf den Hans Sachs, und dieser deutet wieder weiter zurück und weist sie bis auf Walther, Wolfram und die Heldenlieder."[78] Die Neubesinnung auf die mittelalterliche Kunst, die Sachs in Aussicht stellt, ist Wagners eigene. Die Heldenlieder (Siegfried) und Wolframs *Parcival* sind von Wagner 1845 in ersten Ansätzen schon als Opernstoffe konzipiert.[79] So gilt die Absage an die Kunst zugunsten der Politik nicht für Wagners eigene Zeit, für die sie von Gervinus gerade formuliert wurde. Die Notwendigkeit des Primats der Politik wird vielmehr im Rahmen einer triadischen Geschichtsphilosophie der nunmehr im 19. Jahrhundert im Ablauf begriffenen Übergangszeit zudiktiert. Der Epoche der großen mittelalterlichen Kunst, von Walther bis Sachs, folge ein Zeitalter der politischen Revolutionen und diesem das der neuen Kunstperiode, die – so können wir folgern – in Wagners Wiederbelebung mittelalterlicher Stoffe sich ankündigt. Wagner sieht also Gervinus' Position durch die eigene Kunstpraxis bereits überholt und prognostiziert hier aus Sachsens Mund gleichsam das Ende der vormärzlichen These vom Ende der Kunst.

## 5. E. T. A. Hoffmann und die *Meistersinger*-Fassungen der 60er Jahre

Ist bei Lortzing das alte Nürnberg Schauplatz bürgerlicher Auseinandersetzungen zwischen kleinem Handwerk und halbfeudalem Patriziat um soziale Gleichberechtigung, ist es für den jungen Wagner Stätte einer nur noch „ironisch" zu bejahenden Meistersingerzünftelei, deren Insubstantialität für die Dauer einer Übergangszeit der Vernunft des politischen Kampfes weichen muß, so stehen diese polemischen Bilder quer zu den älteren romantischen Idealisierungen, die Altnürnberg zu einer vorkapitalistischen Idylle ohne Standesschranken und ohne „meistersingerliche Spießbürgerschaft" (Wagner) stilisierten.

Wie gezeigt wurde, ist auch der Held des 1845er Entwurfs der romantischen Typologie problematischen Künstlerselbstverständnisses gänzlich inkompatibel. Er ist weder Handwerkerkünstler, wie die Romantik ihn sich ausmalt, noch ist er der weltflüchtige Poet, als den Mayer ihn im Blick auf die Spätfassung charakterisieren kann. Er ist Außenseiter, aber nicht als Kunstenthusiast, sondern als politisch-sozialer Opponent gegen saturierte „Spießbürgerschaft" (Wagner), und als solcher ist er der Gemeinschaft wiederum verpflichtet: Er wurzelt im Volk.[80] Zum Außenseiterkünstler fehlen ihm noch jene Züge, die ihm in den 60er-Jahre-Fassungen zuteil werden: das Leiden an der Handwerksmechanik, an unerfüllbarem Liebesverlangen und die himmelstürmende Kunstbegeisterung. Ebensowenig erscheint Nürnberg als die kunstfreundliche Idylle, zu der Wagner es später stilisieren wird.

Im folgenden soll gezeigt werden, daß Wagner in den 60er Jahren, während der Arbeit an den *Meistersingern,* von der vormärzlich-polemischen zu der romantisch-idyllisierenden Nürnbergauffassung sich zurückwendet und deren retrospektive Tendenzen verstärkt, indem er den von der ersten Romantikergeneration – bei aller Verklärung des Altdeutschen – noch abgewehrten meistersingerlichen Zunftbetrieb ins Zentrum seiner Nürnberg-Idealisierungen stellt. Und wie die Romantiker 70 Jahre vor Wagner am Bild der vergangenen altdeutschen Kulturharmonie ihre Reflexionen über die problematische Stellung des modernen Künstlers schärften, so adaptiert auch Wagner nach 1861 im Zuge der Umarbeitung des älteren Meistersinger-Entwurfs mit dem romantischen Nürnberg-Phantasma zugleich die Thematik des problematischen Künstlertums. Offensichtlich führt nach 1849 wie schon nach 1793 die Enttäuschung über den Verlauf der Revolutionen zur Neubesinnung auf Qualitäten des Altbürgerlichen und Althandwerklichen, die in den prärevolutionären Kunstauffassungen noch der Polemik ausgesetzt waren, und vollzieht sich parallel hierzu eine Selbstproblematisierung der von den neuen Gesellschafts-Formen abgespaltenen künstlerischen Gegenwartsexistenz.

Beide Momente der „nachmärzlichen“ *Meistersinger:* das Altdeutsch-Idyllische und das Modernistisch-Problematische des Künstlerhelden sind – gerade in ihrer komplementären Verschränkung – Rückgriffe auf romantisches Erbe. Ein Musterbeispiel der von Wackenroder schon seit 1793 ins Werk gesetzten Altnürnberg-Romantik – bei gleichzeitiger Selbstreflexion moderner Artistenproblematik – ist E. T. A. Hoffmanns Erzählung *Meister Martin der Küfner,* die Wagner schon als 15-jähriger in der Bibliothek seines Onkels in Leipzig kennenlernt, die aber, wie wir gesehen haben, für den 1845er Entwurf der *Meistersinger* noch folgenlos bleibt. Diese Novelle gestaltet – wie bereits sichtbar wurde – sowohl die Traumvision Altnürnbergs als eines Ortes „tüchtigen Bürgerlebens“, „wo Kunst und Handwerk sich in wackerm Treiben die Hände boten“[81] als auch die Problematik der modernen, romantischen Artistenexistenz: Man findet zwei Künstlerfiguren gegenübergestellt, die in ihrer Antithetik nicht nur paradigmatisch sind für das Artistenselbstverständnis der Moderne, sondern auch folgenreich werden für die Gestaltung der Opernprotagonisten in den Meistersingerfassungen der 60er Jahre: den Goldschmied Friedrich, einen Handwerkerkünstler in „Peter Vischers Fußstapfen“[82], der Handwerk, Gewerbe und Kunst zum Ausgleich bringt, der das Leben in der bürgerlichen Sozietät mit „Meisterwerden und Heirat“[83] bejaht; – daneben, als seinen Antipoden, den asozialen und extravaganten Maler Reinhold, der vielleicht doch ein höheres Künstlertum als der Handwerker Friedrich repräsentiert und der deshalb in die wie immer auch von Hoffmann idealisierte Bürgerwelt Nürnbergs nicht integrierbar ist und sein Künstlertum nur in der Flucht vor der Ehe und dem Meisterwerden zu retten vermag. Umgekehrt aber gestaltet Hoffmanns letzte, Fragment gebliebene Nürnbergnovelle *Der Feind,* zugleich eine seiner spätesten Erzählungen, in der Gestalt des alten Dürer die positive Einheit von bürgerlicher Moralität und höchster ästhetischer Produktivität. Gemeinschaftszugehörigkeit, „fromme" Gesinnung und technisch-formale Meisterschaft des Nürnbergers kontrastieren dem Verbrecherkünstlertum Irmshöfers und seines Verführers, des welschen Solfaterra, zweier Dilettanten, deren Tugendlosigkeit und künstlerische Impotenz einander bedingen. In der ersten Nürnberg-Erzählung, dem *Meister Martin*, ist höherrangige ästhetische Produktivität programmatisch gebunden an unbürgerliches Außenseitertum, in der zweiten konträr an bürgerliche Moralität.

Diese gegensätzlichen Künstlerideale haben in die *Meistersinger* im Zuge ihrer Neukonzeption in den 60er Jahren Eingang gefunden. Daß die Forschung gut daran tut, ihre Verschränkung in der Oper zugunsten eines einzigen zu unterschlagen, möchte ich bezweifeln. Meine These lautet, daß bei Wagner die antithetisch gegeneinandergestellten romantischen Künstlerbilder in einer einzigen Gestalt sich durchdringen, in der des Hans Sachs, der sowohl dem antigesellig-ästhetizistischen Künstlerselbstverständnis verpflichtet ist als auch seinem Komplement: der Verklärung des Handwerkerkünstlers, die von Wagner schließlich zur Zunftapotheose gesteigert wird. Sachs verkörpert das Paradox eines problematischen Meisters.

Im folgenden soll in einem ersten Schritt der problematische, hoffmanneske Zug an Sachs thematisiert werden. Nach Einschaltung zweier Exkurse hierzu soll dann in einem zweiten Schritt Sachsens „Meisterlichkeit" behandelt werden. Dabei muß deutlich werden, in welcher Weise beide Wesenszüge des Helden im dramatischen Entwicklungsprozeß des Meistersinger-Librettos vermittelt werden.

Schon Sachsens Verhältnis zum Handwerk ist durch eine gewisse Extravaganz gekennzeichnet. Es ist nicht naiv, sondern gebrochen. Sachs leidet an ihm als an einer öden Plackerei. Gemessen an der inneren Welt seiner Kunstphantasien erscheint ihm alle äußere, irdische Wirklichkeit als verderbt. Sein Schusterlied, gezielt an die Adresse der lauschenden Eva gerichtet, artikuliert dieses Leiden und nennt neben der Plage des Gewerkes gleich noch eine weitere: die Weiber.

> „O Eva! Eva! Schlimmes Weib,
> das hast du am Gewissen,
> daß ob der Füß am Menschenleib
> jetzt Engel schustern müssen!
> Bliebst du im Paradies,
> da gab es keinen Kies:
> um deiner jungen Missetat
> hantier ich jetzt mit Ahl' und Draht."[84]

Wer kann es Eva verdenken, wenn sie, erbittert ob solcher Reden, ihrem Ritter bekennt: „Mich betrübt das Lied."[85] Schließlich apostrophiert hier

Sachs „die Weiber“ allesamt, und damit auch sie, als Nachfahren der sündigen Verderberin Eva, die den Menschen aus dem Paradies vertrieb und die Fron des Handwerks erst in die Welt brachte. Allerdings bleibt für Sachs ein Paradiesersatz: das artifizielle Paradies der Kunst:

> „Oh Eva! hör mein' Klageruf,
> mein' Not und schwer Verdrießen!
> Die Kunstwerk', die ein Schuster schuf,
> sie tritt die Welt mit Füßen!
> Gäb' nicht ein Engel Trost,
> der gleiches Werk erlost,
> und rief' mich oft ins Paradies,
> wie ich da Schuh' und Stiefel ließ'!
> Doch wenn mich der im Himmel hält,
> dann liegt zu Füßen mir die Welt,
> und bin in Ruh'
> Hans Sachs, ein Schuh-
> macher und Poet dazu!“[86]

Die Einkehr ins Paradies ist möglich, doch nicht wie Walther von Stolzing sie versteht, nicht als glückvolle Verbindung mit Eva, sondern kraft der Flucht in die Kunst. Gewinnung des Paradieses bedeutet für den Poeten nicht Hinwendung zum Weib, sondern zu den geschlechtslosen, aber kunstsinnigen Engeln im Himmel. Sachsens Entgegensetzung von ‚weltlich Getümmel' und dem ‚Zur-Ruhe-Kommen' in der Kunst erweist den Nürnberger Reimeschmied als einen von der Romantik belehrten Lebenspessimisten. Sachs trennt die Sphäre des Himmels (d. h. des Ästhetischen) von der irdischen (d. h. der des Weibes und der profanen Berufsarbeit). Er treibt die Kunst nicht in Fortführung handwerklicher Tüchtigkeit und Stetigkeit, wie es der von Wackenroder inaugurierten Idee handwerklich-nürnbergischer Kunstpraxis gemäß wäre, sondern er entflieht dem irdischen Dasein und sucht, wie Hans Mayer richtig bemerkt hat[87], die enthusiastischen Aufschwünge der Kunst als ein Gegenglück. Er lebt ein romantisches Doppelleben in einer Hoffmannschen Dualitätswelt: hier die krude Materialität des Empirischen, dort die Idealität des Überwirklichen.

All dies: die resignative Einstellung zur weltlichen „Schinderei“; das Leiden am künstlerischen Unverstand der Mitwelt (in der metaphorischen Bedeutung von: „sie tritt die Welt mit Füßen“); das Sich-Reiben an der Kreatürlichkeit des Daseins und an der Mechanik des Handwerks; die Entgegensetzung der irdischen Sünderin und des Engels der Kunst, – all dies macht Sachs eher zum Nachfolger des „ätherischen“[88] Enthusiasten Berglinger oder der Hoffmannschen Exzentriker-Künstler denn zum Repräsentanten ihrer Antipoden: der altdeutschen Handwerker, die in der Geradlinigkeit und Folgerichtigkeit ihrer Schaffensweise die Mechanik des Handwerks und die bürgerliche Lebensführung mit himmlischer Inspiration zu beseelen wußten. Wackenroders Dürer, ein „Bürgersmann“ wie die übrigen Nürnberger auch, fertigt, im Gegensatz zu dem Exzentriker Berglinger, „handwerksmäßig“ und mit „emsigem mechanischem Fleiße gar seelenvolle Kunstwerke“[89]. Achim von Arnim erblickt Dürers Wesenszug gerade darin, daß er sich „nicht in eine andere Welt hinauf zu schrauben“ brauchte, da in seinem Lebenskosmos „das Himmlische ... noch nicht so weit der Erde entrückt“ war.[90] Reinholds Gegenspieler Friedrich, ein Bildgießer „in Peter Vischers Fußstapfen“[91], harmonisiert Kunst, Handwerk und „gemeines Leben“[92]. Hans Sachsens Preislied auf den Engel der Kunst:

> „Doch wenn mich der im Himmel hält,
> dann liegt zu Füßen mir die Welt“,

adaptiert stattdessen Berglingers kosmologische Metaphorik romantischer Kunstbegeisterung und ihre Inspirationslehre, wie sie in Wackenroders *Herzensergießungen* erstmals entfaltet wurde. Berglinger wird die Begegnung mit der Kunst zur Himmelfahrt, und beim Erklingen der Musik ist ihm, „als wenn er von einer dürren Heide aufgehoben würde, der trübe Wolkenvorhang von den sterblichen Augen verschwände und er zum lichten Himmel emporschwebte...“ und „als wenn er ... mit helleren Augen und einer gewissen erhabenen und ruhigen Wehmut auf die ganze wimmelnde Welt herabsähe“.[93] Nicht anders bekennt es Wagners Sachs: „Dann liegt zu Füßen mir die Welt.“[94]

Gemessen an den Aufschwüngen seines Enthusiasmus muß ihm sogar noch die kunstfreundliche Idylle Altnürnbergs als Prokrustesbett erscheinen. Er opponiert nicht einer konkreten Form der Gesellschaftlichkeit, wie Lortzings Sachs oder der Sachs des frühen Wagnerschen Prosaentwurfs, sondern der Kreatürlichkeit des Irdischen schlechthin. Er entsagt daher seiner Liebe zu Eva, und sein Verhältnis zu den Meistern ist zunächst von Distanz bestimmt, die den Affront nicht scheut: „denn wer als Meister geboren, der hat unter Meistern den schlimmsten Stand“[95]. In diesem ästhetischen Rigorismus ist er ein Bruder nicht des Hoffmannschen Handwerkerkünstlers Friedrich, sondern des Gegenspielers Reinhold, der um der reinen Kunst willen dem winkenden Liebesglück und sogar der idealen Nürnberger Handwerkerwelt entflieht, der, um seine Vision madonnengleicher himmlischer Frauenschönheit nicht zu beschmutzen, der Ehe und dem Meisterwerden entsagt.[96]

Eine Marienvision und ihre dauerhafte Objektivierung im allegorischen Bild anstelle der realen Geliebten – dies ist die Kunstauffassung Reinholds in Hoffmanns Novelle *Meister Martin*, aus der Wagner Stoffe und Motive schöpft; die Kunsterfahrung als Verzückung, Exaltation und „Himmelfahrt“ – dies ist das Bekenntnis Berglingers aus Wackenroders *Herzensergießungen;*

nicht anders lautet die Botschaft des Sachsschen Schusterliedes: Dichten als Einkehr bei den Engeln im Himmel anstelle der irdischen Liebe und Handwerksnot.

## EXKURS I: Wagners *Assunta*-Erlebnis

Ist es nicht diese romantische Inspirationslehre, die allererst jene dunkle Selbstaussage der Wagnerschen Biographie erhellt, daß der Anblick der Tizianischen *Mariae Himmelfahrt* in Venedig im Jahre 1861, zu jener Zeit also, da Wagner der Liebe zu Mathilde Wesendonk entsagt, die initiierende Erlebnisvoraussetzung zur Meistersinger-Komposition gewesen sei? Er bekennt, „daß Tizians Himmelfahrt der Maria im großen Dogensaale eine Wirkung von erhabenster Art auf mich ausübte, so daß ich seit dieser Empfängnis in mir meine alte Kraft fast wie urplötzlich wieder belebt fühlte. Ich beschloß die Ausführung der ‚Meistersinger'"[97].

Peter Wapnewski hat als erster „das große Mirakel"[98] des Madonnenerlebnisses in Zusammenhang mit dem Abschied von Mathilde Wesendonk gebracht. Die Entsagung sei es, die Wagners Schöpfungskraft freisetzte: die himmlische Muttergottes anstelle der Geliebten.

„Die Madonna ist also schon damals – und durchaus nicht verwunderlich – für Wagner als Bildnis das Bild der himmlischen Liebe, die als solche die überhöhte, durch schmerzliche Entsagung errungene Nachfolgerin der irdischen Liebe darstellt. Tannhäuser wird durch das Opfer der reinsten Frau (Elisabeth) der himmlischen Liebe zugeführt. Tristan wird – nicht ohne das Opfer Mathilde Wesendonks – gleichfalls zur Entsagung gezwungen: in der Verwandlungsgestalt des Hans Sachs."

Wagners Oper sei Ausdruck der resignativen Anstrengung, „Künstlers Erdenwallen zu sublimieren, ihn aus seiner Verflechtung in irdisch-verzehrende Liebe zu lösen, ihn reif zu machen für die himmlische ... Liebe".[99]

Anknüpfend an diese Deutung hat Hans Mayer die Wirkung der Tizianischen *Assunta* auf Wagner in engen Zusammenhang gebracht mit Sachsens Auffassung der Kunst als einer heiligen Gegenwelt. Des Schusters Liebesverzicht und Flucht in die Kunst also als Reflex von Wagners eigenem Erleben!

Zweifellos hat Mayer die Identität der Schusterliedaussage mit Wagners autobiographischen Confessionen treffend dargetan. Aber wenn das Lied Zitat literarischer Überlieferung romantischer Provenienz ist, so verhält es sich nicht anders mit Wagners Selbstaussage. Die Authentizität originalen Erlebens kann ihr nicht zukommen. Sie ist ebenfalls Zitat. Fragwürdig ist daher an Wapnewskis und Mayers Interpretationen, daß sie Ureigenstes vermuten, wo es sich doch in Wahrheit um ein Identifikations- und Nachfolgeverhältnis, ein „In-Spuren-Gehen" handelt; daß sie die topischen Vorläufer der symbolischen Kontamination von Marienverehrung und Kunstidolatrie in der autobiographischen Aussage zur Deutung des Wagnerschen Tizian-„Erlebnisses“ nicht heranziehen, als sei die Introjektion des Marienbildes anstelle irdischer Liebe und seine Überhöhung zum Inbegriff des poetischen Ideals nicht längst in der Dichtung und Inspirationslehre der Romantiker vorgebildet: dies nicht allein in dem die *Meistersinger* unmittelbar prägenden *Meister Martin.* Schon in Tiecks *Sternbald* (der auch das Traumbild altnürnberger Handwerkskunst entwirft) trägt die vom Helden ersehnte Idealgestalt Madonnenzüge. Und der Künstler Berthold aus Hoffmanns berühmtem Nachtstück *Die Jesuitenkirche in G.*[100], ein „Zerrissener“, „Unglücklicher“[101], am Ende Wahnsinniger, ersetzt die ästhetisch unproduktive Liebe zu der schönen Prinzessin, mit der er vermählt ist und die er um seiner Kunst willen tötet, durch die Idolatrie der Muttergottes (nicht anders als der Reinhold aus dem *Meister Martin*). Sein letztes großes Gemälde überhöht die Züge des verworfenen irdischen Weibes in einer Madonnendarstellung. Maria und die Kunst anstelle der irdischen Geliebten – so lesen wir es bei Hoffmann, so auch bei Wagner. Wagners „Assunta“-Erlebnis ist Lesefrucht, ist Legende, ist Selbststilisation des großen Theatralikers – nicht anders als seine Kostümierung mit Barett und Künstlerjoppe. Mayer also überschätzt dessen Originalität, wenn er die allegorische Bedeutung der Madonna in den *Meistersingern* und in der autobiographischen Empfängnisbehauptung aus der Unmittelbarkeit authentischen Erlebnisausdrucks im Sinne der Selbstaussage herleiten will und wenn er suggeriert, die Unvereinbarkeitslehre von Lebensglück und künstlerischer Produktivität ginge allererst auf Wagner zurück: „Es ist immer wieder, seit (sic!) Wagner und dem Wahnmonolog, in der Ästhetik der künstlichen Paradiese die Trennung vollzogen worden zwischen Glück und Kreativität.“[102] Welche Überschätzung Wagners von seiten eines großen E. T. A. Hoffmann-Forschers! Denn jener Hoffmannsche Berthold aus der *Jesuitenkirche in G.* ist längst als ein notwendig „unglücklicher“ Künstler vorgestellt, der sein und anderer Lebensglück der Kunst aufopfert, und diese Gestalt hat viele Brüder in der Welt Hoffmanns und der Romantiker: man denke an Cardillac, Nolten oder an den Ludovico aus Tiecks *Sternbald,* der bekennt: „Wer sich der Kunst ergibt. . ., muß das, was er als Mensch ist und sein könnte, aufopfern“[103], – oder an den Wanderer aus Schuberts *Winterreise,* dem die „Erstarrung“ des Liebesglücks im Frost der Lebenseinsamkeit zur Voraussetzung der Imaginationskraft wird (gleichsam Adornos Idee des „Überwinterns“ antizipierend):

„Mein Herz ist wie erstorben,
Kalt starrt ihr Bild darin;
Schmilzt je das Herz mir wieder,
Fließt auch ihr Bild dahin“[104].

Der Verdacht, daß Wagners Empfängnisbehauptung einer Selbstinszenierung gleichkommt, die sich der Schablonen und Topoi romantischer Künstlerdarstellung bedient, wird implizit durch irrtümliche Zeit- und Ortsangaben bestätigt. Wagner schreibt, er habe nach dem Bilderlebnis sofort, während der Zugfahrt nach Wien, „mit größter Deutlichkeit den Hauptteil der Ouvertüre in C-Dur“[105] konzipiert. Die Wagnerbiographien von Newman bis Gregor-Dellin zeigen, daß die Meistersinger-Ouvertüre in Wahrheit erst zu einem späteren Zeitpunkt deutlichere Konturen gewann. Zudem hat Wagners Erinnerung im Ort, an dem er der *Assunta* ansichtig wurde, sich getäuscht.[106] Ein Erlebnis allerdings von der hier durch den Komponisten veranschlagten Tragweite sollte einen solchen Irrtum ausschließen. Erst vor dem Hintergrund der romantischen Inspirationslehre und ihres Mythologems von des Künstlers Himmelfahrt sowie ihrer Marienikonologie wird sowohl Wagners Selbstaussage aus der Autobiographie wie auch die Künstleridee des Sachs'schen Schusterliedes verständlich.

## EXKURS II: Gattungskonventionen der Oper und die Thematik des problematischen Künstlertums

Die Selbstthematisierung problematischen Künstlertums innerhalb des Musiktheaters hat formale Gestaltungskonsequenzen. Wagners Protagonisten eignet ein reflexiver, monologischer Zug (der aber stark genug ist, nicht retardierend, sondern motivierend und handlungsfördernd zu wirken; beispielsweise markiert die Wahn-Reflexion den Wendepunkt vom anfänglichen Romantizismus Sachsens zur Gemeinschaftsaffirmation, und aus ihr motiviert sich sein Handeln im 3. Akt).

Auf die musikalisch-kompositorischen Konsequenzen dieses dramatischen Gestaltungsprinzips kann hier nicht eingegangen werden, stattdessen soll gefragt werden, wie die von der literarischen Romantik inaugurierte und von Wagner für die Opernbühne übernommene Thematik problematischen, selbstreflexiven Künstlertums sich zu den Konventionen und Gattungsgesetzen des Librettos verhält.

Wie gezeigt wurde, ist der Sachs des 1845er Entwurfs der romantischen Typologie problematischen Künstlerselbstverständnisses noch gänzlich inkompatibel. Er ist weder Handwerkerkünstler, wie die populär-romantische Wackenrodernachfolge ihn sich ausmalt, noch ist er der weltflüchtige Poet, dessen Züge ihm in der Wagnerschen Spätfassung zuteil werden; er ist Außenseiter, aber nicht als Kunstenthusiast, sondern als politisch-sozialer Opponent gegen saturierte „Spießbürgerschaft“ (Wagner), und als solcher ist er der Gemeinschaft wiederum verpflichtet: Er wurzelt im Volk. Das Schusterlied, das später alle Momente romantischen Kunstenthusiasmus' versammelt, ist in der Prosafassung von 1845 noch ein derber Gassenhauer, und Hans Sachs forderte hier noch nicht die Superiorität der Kunst über alles Irdische, sondern die Superiorität der Politik über die Kunst, indem ihm das Fazit aus Gervinus' Literaturhistorie in den Mund gelegt wird, der Intellektuelle müsse politisch werden.

Auch Lortzings Hans Sachs ist noch jenseits der romantischen Antithetik von gemeinschaftsgebundenem Handwerkerkünstlertum und problematischem Außenseitertum angesiedelt. Seine Lebenswelt, das von der Ständekluft und der Kunstignoranz der Mächtigen gekennzeichnete Nürnberg, hat nichts gemein mit der von Wackenroder oder E. T. A. Hoffmann entworfenen Idylle. Lortzings Sachs ist Außenseiter, insofern er der standesbornierten und kunstfernen Welt des Nürnberger Patriziats opponiert, gleichwohl aber ist er in der schlichten Welt des Handwerks zuhause, was er, anders als der Sachs des Schusterliedes, mit einigem Standesstolz bejaht. Und diese soziale Gebundenheit trennt ihn vom obdachlosen Romantiker. Er kennt keine der Problemdimensionen des modernen Künstlertums, weder das Leiden an den mechanisch-regelhaften Voraussetzungen der Kunstproduktion noch die Gemeinschaftsentfremdung; weder die Exzentrik der Lebensführung noch das Liebesverbot. Die Kunst und der Künstler bei Lortzing sind in einer unproblematischen Sphäre beheimatet. Bürgerliche Tüchtigkeit, bürgerliche Ehe und Volksverbundenheit sind Antriebe und Inspirationsquellen von Sachsens künstlerischem Schaffen:

> „Was war es denn, das dich zur Poesie gewandt?
> Der Liebe Glück, das Vaterland, das teure Vaterland."[107]

Die Orte der bürgerlichen Bewährung: Ehe, Gewerke und Vaterland sind Garanten lebensimmanenter Kunstproduktion im Sinne der frühbürgerlichen Poetik des 18. Jahrhunderts.

Mit der Gestalt des Poeten als des erfolgreichen Liebhabers hält sich Lortzing zugleich an ein beliebtes, unter szenisch-dramatischen und musikalischen Gesichtspunkten reizvolles Sujet der Operngattung, das dem arios stilisierten Ausdruck, dem tönend-harmonischen Einklang oder dem Rasen der Liebesleidenschaft, kurz: dem bühnenwirksamen Auftritt zugute kommt. Wagner überträgt dieses Signalement des Künstler-Liebhabers teilweise auf die Gestalt des Stolzing, dessen Inspiration aus „Lenz und Liebe" sich speist und der am Ende mit „Evchen traut", der „Gans" – wie Thomas Mann sie nannte[108] – sein Glück macht.[109]

Indem Wagner nun mit dem Sachs der 60er-Jahre-Fassungen die moderne Gestalt des romantischen Künstlers auf die Bühne bringt, der an der prinzipiellen Unvereinbarkeit von „irdischer" und „poetischer" Welt, d. h. von Liebeserfüllung und Gemeinschaftszugehörigkeit einerseits und künstlerischer Produktivität andererseits leidet, bilden seine Libretti ein Novum in der Operngeschichte. Bereits seine frühe Oper *Tannhäuser*, die ebenfalls, wie später die Gestalt des Sachs, von E. T. A. Hoffmann *(Der Sängerkrieg)* angeregt ist, hat die Problematik romantisch-exzentrischen Künstlertums zum Vorwurf und darf daher als die erste moderne Künstleroper gelten. Wie schon in den oben genannten Werken Wackenroders oder Hoffmanns sind ihre Künstlerprotagonisten zum Gegensatzpaar stilisiert. Es stehen sich mit Wolfram und der Titelgestalt Tannhäuser zwei klassische Antipoden romantischen Künstlerselbstverständnisses gegenüber: Wolfram, der die Normalität und Gemeinschaftszugehörigkeit der Kunst zu behaupten sucht, Tannhäuser, der die Gegenwelt des künstlichen Paradieses ersehnt.[110] So wie in der Schauspieltradition mit Goethes *Tasso* und innerhalb des Musiktheaters mit Berlioz' *Lélio* (in *Lélio*, einem „monodrame lyrique" wird mit dem Motiv der ewig unerfüllbaren Liebessehnsucht des Künstlers, seiner „idée fixe", eine Dissonanz romantischer Künstlerexistenz angeschlagen und prägt sich zugleich eine neue Form des Musiktheaters aus), so wird erstmals auf der Opernbühne mit Wagners *Tannhäuser* die problematische Künstlersubjektivität sich selbst thematisch. Das konventionelle Opernsujet des Künstlers als des unproblematischen Helden, als eines sozial Zugehörigen und eines erfolgreichen Liebhabers wird – für die Geschichte des Librettos folgenreich – um den Typus des romantischen Artisten erweitert. Der Einfluß von Hoffmann auf die Herausbildung dieses neuen Genres der Künstleroper ist beträchtlich, denn deren prominenteste Stoffe sind von ihm entlehnt: Jacques Offenbachs *Contes d'Hoffmann* (des Titelhelden unerfüllbare Liebe zu Stella, die in der Hinwendung zur „Muse" überwunden wird), Hindemiths *Cardillac* (hier wird der romantische Extremtypus des monströsen, lebensnegierenden Verbrechers zur Opernfigur, der das eigene und fremde Leben seiner ästhetischen Obsession aufopfert) oder eben Wagners *Tannhäuser* und *Meistersinger*. Auch Berlioz' *Lélio* liegt, wie man zurecht vermutet hat, Vertrautheit mit der Hoffmannschen Künstlerwelt zugrunde[111], und dessen Erzählung *Signor Formica* wurde nicht nur für die *Meistersinger*[112], sondern ebenso für *Benvenuto Cellini*[113] einflußreich, der allerdings nicht den sich selbst problematischen, modernistischen Künstlertyp à la Sachs und Tannhäuser verkörpert, sondern die Komplementärgestalt eines selbst- und objektmächtigen künstlerischen Vollmenschen.

## 6. Wagners *Meistersinger* und seine Idee des „unjüdischen" Nürnberg

Wenn Wagner der Figur des Sachs die Züge des problematischen Hochromantikers verleiht, der an der Dualität von Kunstenthusiasmus und irdischer Profanität leidet, so stellt sich die Frage, welche Bedeutung unter diesen Voraussetzungen seiner altbürgerlich-handwerklichen Einkleidung zukommt. Sind die Hemdsärmel und die Schusterschürze nur Kostüm, und ist das historische Szenario der krummen Gassen, der Giebel, Erker und Butzenscheiben nur malerische Kulisse oder liegt darin doch auch ein substantieller Gehalt der Wagneroper? Läßt sich darüber hinaus aus der Selbstinszenierung des Komponisten in den 60er Jahren: aus seiner altdeutschen Maskerade, die sich aus Meistergestus, bürgerlich patrizischem Habit (mit üppigem Pelzkragen von der Art, die Dürers Porträts zeigen) und Anleihen beim altniederländischen Malerkostüm (Samtjoppe, schwarze Kniehose aus Atlas, Seidenstrümpfe) eigenwillig zusammensetzt, nicht eine weitreichendere Identifikation mit dem 16. Jahrhundert ableiten, die auf Hoffmann-Nachfolge und Selbststilisierung zum romantischen Künstler-Außenseiter nicht reduzierbar wäre?

Mayer und Wapnewski haben Sachsens Handwerks-Meistertum und Wagners eigenes „Käppchen-Meistertum" (Thomas Mann) ebensowenig wie das Faszinosum „Altnürnberg" thematisiert, und sie haben – um ihre Auffassung Sachsens als eines modernistischen Romantikers nicht zu gefährden – den Status des Schusterliedes im dramatischen Gesamtzusammenhang des Werkes unbeachtet gelassen. So mußten sie übersehen, daß die antibürgerliche, antihandwerkliche Botschaft des Liedes in den *Meistersingern* nicht das letzte Wort behält, sondern Episode bleibt. Es wird sowohl durch den komischen Situationskontext, in dem es vorgetragen wird, als auch durch den lustspiel- oder lehrspielhaften Entwicklungsprozeß des Helden zurückgenommen. Weder bleibt Sachs der romantische Exzentriker, als der er im Schusterlied sich ausspricht, noch repräsentiert er von Anfang an, wie Reiß suggeriert, jenen Status der „Einheit von Kunst und Leben", den erst der 3. Akt herbeiführt. So wie die Meister der Zunft einen Lernprozeß absolvieren und auf der Festwiese aus dem Prokrustesbett eines starren Regeldogmatismus sich befreien, indem sie von der Stimme der Natur sich überwältigt zeigen und ihr Urteil unisono mit dem des anfangs geschmähten Volkes sich vereint; so wie Stolzing den Zunfttraditionen entgegenkommt und am Ende bürgerlicher Meister wird – symbolisiert in der Übergabe der goldenen Kette –, so revoziert Sachs seinen eigenen Affront gegen die Sozietät, die Ehe und das Handwerk, indem er sein Erziehungswerk am anfangs sich sträubenden Ritter vollbringt und dessen Kunst unter dem Namen des „Meistertums" auf die bürgerliche Gemeinschaft verpflichtet.[114]

Den Wendepunkt markiert der Wahnmonolog zu Beginn des dritten Aktes. Er knüpft zunächst an das Schusterlied an, indem Sachs – zu einem schwermütig-melancholischen musikalischen Motiv – nach dem Sinn des Weltgeschehens, „dem Wozu all des Hetzens und Treibens und Jagens und Einanderplagens"[115] fragt und nur Unsinn zu erkennen vermag. Als den Grund alles Daseins erblickt er – im Sinne Schopenhauers – den allem Ideellen vorgängigen, blinden und unbedingten Lebenswillen, der sich in Illusionen und Fiktionen, kurz: im „Wahn", über seinen eigenen leidverursachenden und unheilvollen Charakter hinwegtäuscht. Der Sachs des Schusterliedes sah – noch in den Spuren Schopenhauers – den Ausweg aus dem Teufelskreis sinnlosen irdischen Wähnens in der Emanzipation der Vorstellung von der Willenssphäre, in der ästhetischen Entrückung. Nun aber – im Verlauf der monologischen Wahnreflexion – begreift Sachs in einer Gedankenwendung gegen Schopenhauer, daß sein weltnegierender realitätsflüchtiger Kunstenthusiasmus und die durch das Schusterlied mit ausgelöste nächtliche Prügelei im „Wahn“ einen gemeinsamen Grund haben. Er stellt sich die Frage, wie es gelingen kann, den „Wahn“ zu „lenken“, ihn zu „bemeistern“, damit er in „edler“ gebändigter Form und nicht als „unnütz tolle Wut“ erscheine.[116] Der absoluten Kunstidolatrie kann diese Zähmung nicht gelingen, wie am Schusterlied deutlich wurde. Denn dieses hatte nicht nur Weltindifferenz propagiert, sondern zugleich in der Art und Weise, in der es von Sachs dargeboten wurde, sie auch praktiziert. Sein Vortrag erfolgte außerhalb der ritualisierten, zeremoniösen Formen und symbolischen Ordnung der Nürnberger Zunftkultur und ohne Rücksicht auf seine katastrophale Wirkung: die Prügelei. Daher sind Inhalt und Darbietungsform des Schusterliedes Ausdruck asozialer, solipsistischer Kunstübung[117] und ungeeignet, den „Wahn“ zu „lenken“. Der Gedanke des „Bemeisterns“ und „Lenkens“ führt Sachs sodann – so der weitere Verlauf seiner Reflexionen – die traditionale Kultur- und Lebensordnung „Nürnbergs“ vor Augen, dessen Bewohner zwar gegen den Ausbruch des „tollen Wahns“ (wie in der Johannisnacht) nicht gefeit sind, deren Gemeinsinn und kulturelle Überlieferung aber doch die Möglichkeit einer bürgerlichen Sittigung und Bändigung bereithält:

„... dann schaut, wer ihn bemeistern kann! –
Wie friedsam treuer Sitten,
getrost in Tat und Werk,
liegt nicht in Deutschlands Mitten
mein liebes Nürenberg!
(Er blickt mit freudiger Begeisterung ruhig vor sich hin.)“[118]

Sachs visiert die Utopie einer produktiven Indienstnahme des Anarchischen innerhalb einer Kunst und Leben, Wahn und Bürgerlichkeit verbindenden Gemeinschaft.

„Jetzt schaun wir, wie Hans Sachs es macht,
daß er den Wahn fein lenken kann,
ein edler Werk zu tun:
denn läßt er uns nicht ruhn,
selbst hier in Nürenberg,
so sei's um solche Werk',
die selten vor gemeinen Dingen,
und nie ohn' ein'gen Wahn gelingen.“[119]

Die Realisation dieses Programmes ist dann die von Sachs bewerkstelligte Erziehung des Ritters zu bürgerlichem Meistertum sowie die Zusammenarbeit bei der Komposition des gleichsam zunft- und gemeinschaftsfähigen Meisterliedes.

Bereits das Vorspiel zum dritten Akt antizipiert mit musikalischen Mitteln Sachsens Wende vom romantischen Lebenspessimismus zur Lebens- und Gemeinschaftsbejahung: Auf das „Wahn-Motiv" folgt die Melodie des „Wach-auf-Chorals", eines vom historischen Sachs selbst gedichteten Liedes, das später auf der Festwiese vom Volk zur Begrüßung des Poeten vorgetragen werden wird, – Exempel einer Kunst, die sich nicht von der Gemeinschaft separiert und die in der Öffentlichkeit einen Resonanzboden hat. Wagner selbst beschreibt den Charakter des Vorspiels wie folgt:

„... wo, wenn (sic!) der Vorhang aufgeht, Sachs in tiefem Sinnen dasitzt, lasse ich die Baßinstrumente eine leise, weiche, tief melancholische Passage spielen, die den Charakter größter Resignation trägt: da tritt von Hörnern und sonoren Blasinstrumenten die feierlich-freudig-helle Melodie des ‚Wacht auf! Es rufet gen den Tag: ich hör' singen im grünen Hag ein' wonnigliche Nachtigall' wie ein Evangelium hinzu..."[120]

Das Vorspiel wie der Wahnmonolog drücken die Überwindung des romantischen Lebensschmerzes und der Lehre von der Kunst-Leben-Dualität aus.[121]

Die Konsequenzen macht bereits die unmittelbar auf den Monolog folgende Szene zwischen Sachs und Stolzing sichtbar. Sachs revoziert seine Opposition gegen die Meister, die sich anfangs in der Polemik: „denn wer als Meister geboren, der hat unter Meistern den schlimmsten Stand"[122] ausgesprochen hatte. Er preist nunmehr die Meister als „Ehrenmänner", ermutigt den Ritter zu einem „Meisterliede" und zugleich zum Ehestand. Es wird in sämtlichen Problemdimensionen des Kunst-Leben-Verhältnisses, die das Schusterlied thematisiert hatte, eine Harmonisierungsmöglichkeit angedeutet. Erstens im Verhältnis von Liebesglück und Produktivität (1), sodann im Verhältnis von Genie und Handwerk (2) und schließlich im Verhältnis von Künstler und Gemeinschaft (3).

(1) Zunächst wird der romantische Liebesverzicht und Entsagungsimperativ des Schusterliedes in Sachsens Anweisungen an Stolzing über das Zustandekommen von Poesie zurückgenommen. Sachs bekennt, wenn er Dichter bleiben wolle, bedürfe er der „Liebe" und des „Lenzes". Im Blick auf die glückliche Einheit von Liebe und Kunst, die der Ritter realisiert, widerruft er die romantische Inspiration-qua-Entsagung-Lehre und spricht zu Eva:

„Kind, hör zu: ich hab mir's überdacht,
was meinem Schustern ein Ende macht:
am besten, ich werbe doch noch um dich;
da gewänn' ich doch was als Poet für mich."[123]

Dichterisch produktiv ist nicht die dualistische Weltauffassung des Schusterliedes, sondern die inspirierende Einheit von Kunst, Liebe und Lenz. Deshalb gehört die ästhetische Produktivität der Jugendzeit jedes Künstlers an, dem Alter dagegen obliegt nur mehr die Pflege und Wahrung der Kunstgesetze. Der produktive Geist des liebenden und jugendlichen Genies ist in den entsagenden gealterten Künstlern und Meistern nicht mehr unmittelbar lebendig, für sie ist er nur mehr in der Rückwendung auf seine ästhetischen Objektivierungen in den geschaffenen Kunstformen zugänglich.

(2) Ebenso wie der romantische Entsagungsimperativ wird Sachsens Opposition gegen die krude Materialität des Handwerks bzw. der Kunsttechniken zurückgenommen. Die szenische Zurschaustellung von Stolzings und Sachsens gemeinsamer Komposition des Preisliedes zeigt den Ausgleich von Handwerksdisziplin und Inspiration, die das Schusterlied noch antinomisch geschieden hatte. Auf Stolzings Frage: „Wie fang' ich nach der Regel an?" antwortet Sachs: „Ihr stellt sie selbst und folgt ihr dann."[124] Hierbei macht Sachs allerdings die Voraussetzung, daß die selbstgesetzte Regel und die tradierte Regel, daß Inspiration und Formkonvention letztlich konvergieren. Die spontane Dichtung aus Liebe und Lenz ist ebenso Organon einer zeitlos-subhistorischen Natur, wie die überlieferten Kunstgesetze die organisch geronnene Form dieser natürlichen Substanz sind. Letztere stehen zum intuitiven Ausdruck in einem Verhältnis prästabilisierter Harmonie. Der Künstler formt die Dichtung nach seiner Traumvision, und indem sich subjektive Vision und tradierte Formkonventionen begegnen, entsteht große Kunst. In dem Maße, in dem die Vision mit den Regeln übereinstimmt, „in dem Maße erweisen sich die alten Regeln als noch gültig und lebendig, und beweist andererseits dieser Traum seine Wahrheit"[125]. Formgesetzlichkeit, über deren Wahrung Hans Sachs wacht, und Traumphantasie stehen in einem Verhältnis wechselseitiger Bereicherung: „sind Freunde beid', stehn gern sich bei"[126]. Die Zusammenarbeit von Stolzing und Sachs realisiert die Synthese von Genie und Handwerk, spontaner Natürlichkeit und zweiter Natur, Inspiration und Metier.

Bereits im ersten Akt hatte Sachs sowohl sich zum Anwalt der Zunftregeln erklärt als auch naiver Kunstursprünglichkeit das Wort geredet, indem er den Meistern empfahl, das ästhetische Urteil unbesehen nach „der Frauen Sinn" und nach des „Volkes Sinn" zu richten. Aber er vermochte beide Extrempositionen noch nicht zu vermitteln. Er propagierte schlicht die Tabulaturgelehrsamkeit und ihr Gegenteil: die spontane Natürlichkeit des Volkes:

> „und daß die Zunft die Regeln bewahr',
> bemüh' ich mich schon manches Jahr"[127];

zugleich heißt es:

> „Und ob ihr der Natur
> noch seid auf rechter Spur,

das sagt euch nur,
wer nichts weiß von der Tabulatur.
(Die Lehrbuben springen auf und reiben sich die Hände.)"[128]

In der Kunstauffassung des dritten Aktes sind jene Gegensätze nunmehr organologisch verbunden, die bei Sachs zunächst noch unvermittelt gegenüberstanden.

Zugleich steht nun im dritten Akt Sachsens neugewonnene Formdoktrin quer zu seiner im zweiten Akt bekundeten romantischen Kunstphilosophie. Deren Modernität liegt in einer allegorischen Formauffassung, die Wirklichkeit und Kunstform, Dargestelltes und Darstellung in einem Verhältnis der Uneigentlichkeit, Vorläufigkeit und Defizienz begriffen sieht, die sich für die Unendlichkeit des Lebens schlechterdings keine adäquaten und gültigen, sondern nur „vorläufige", fragmentarische und prinzipiell unzulängliche Formen denken kann, denn welches göttliche Prinzip sollte für das moderne Bewußtsein noch länger eine apriorische Harmonie zwischen dem „natürlichen Sein" und den Mitteln seiner künstlerischen Anschauung und Darstellung garantieren? Im historischen Kontext des 19. Jahrhunderts ist Sachsens Hinwendung zu einem organizistischen Formmodell also zweifellos ein Rückgang hinter diese romantische Zuspitzung der Form-Leben-Differenz. Die ästhetische Synthesis, die er propagiert, kann nur mit Hilfe der von der Frühromantik bereits kritisierten identitätsphilosophischen Prämissen zustande kommen. Sie bleibt ein Wunsch, der dem modernen Stand des Geistes nicht entspricht. Sein utopischer Impetus mag sympathisch sein, aber fragwürdig erscheint es mir, wenn zuletzt Walter Jens Sachsens poetologische Reflexionen als gültige und vorbildliche Anweisung preist zu einer Synthesebildung von „ars" und „natura" im Sinne zeitloser, klassisch-horazischer Rhetoriktraditionen.[129]

Propagiert Sachs die Mustergültigkeit des Handwerks in seiner poetologischen Unterweisung Stolzings unter konstruktiv-kunstpraktischen Gesichtspunkten als Vorbild ästhetischer Schaffensweise (gemeint ist hier die Gelehrigkeit und Gelehrtheit in der stufenweisen Aneignung der Handwerksregeln; Pflege der Überlieferung; organische Einheit von Natur und Kunstform; Solidität und Rechtschaffenheit der Arbeitsweise; graduelle Erneuerung der Konvention durch Eigenes etc.), so gilt das Handwerk unter lebensweltlichen Aspekten als Vorbild einer intakten, Kunst und Leben, Künstler und Allgemeinheit harmonisch vereinigenden Gemeinschaftsordnung.

(3) Sachsens Zurücknahme der Meisterkritik und seine Ermahnung zur Ehrung der Zunft[130]; Stolzings Integration in die Meistersingerkorporation und in einen idealisch stilisierten Bürgerstand; die Selbstvergötzung des Festwiesenkollektivs und Preisung des Deutschen als „echt" und „wahr", – all dies ist mehr als nur die Adaptation technischer und sozialer Maximen handwerklicher Produktionsweise (worauf Jens Wagners Meister-Idee reduziert),

sondern betrifft die kollektiven Lebensgrundlagen künstlerischer Existenz. Dieses die Daseinsordnung betreffende Moment der Sachsschen Botschaft wurde von der älteren Wagnerrezeption durchaus gesehen, wird heute jedoch zunehmend ignoriert. Exzellente – aber auch besonders einseitige – Beispiele dieser neuen Lesart sind die Arbeiten von Hans Mayer und Peter Wapnewski. Sie ignorieren nicht allein den regressiven Einschlag in Sachsens handwerklicher Formauffassung, sie versuchen zugleich, die *Meistersinger* von allen Peinlichkeiten affirmativ-bürgerlicher und deutschtümelnder Kollektivheischigkeit freizusprechen und noch der Kulminationspunkt der Gemeinschaftsvergötzung, die Deutschtumsapotheose des Schlußchors sowie Sachsens Monolog und sein Fazit: „Ehret eure deutschen Meister", ihrer Auslegung des Helden als eines romantizistischen Baudelairebruders gefügig zu machen. Hans Mayer stellt die sogenannte Kern- und Schlußpassage des Monologs

„... zerging in Dunst
das heil'ge röm'sche Reich,
uns bliebe gleich
die heil'ge deutsche Kunst!"

in den Kontext der Kunstauffassung des Schusterliedes und deutet sie als Ausdruck einer gegen das Staatlich-Gesellschaftliche indifferenten, hochromantischen Kunstidolatrie. Er knüpft hier unausgesprochen an Thomas Mann an, der sie als Reflex von Wagners „anarchischer Gleichgültigkeit"[131] gegen das Politische wertete, und er apostrophiert – hier in der Nachfolge Wapnewskis – Sachs als geistigen Gefährten Baudelaires sowie als einen Propagandisten der „paradis artificiels". Wapnewski sagt über die „Kern- und Schlußverse": „Das ist eine die Autonomie und Souveränität der Kunst mit elitärem artistischem Selbstbewußtsein formulierende Aussage, die sich eher zu Baudelaire und George als zu Hans Sachs fügt ..."[132] Ebenso Hans Mayer. Er sieht in Sachsens Worten die Kunstauffassung des Ästhetizismus ausgesprochen. Kunst werde als „Gegenwelt ... zu aller Gesellschaftlichkeit" definiert, „sei es die Wirklichkeit der Meister oder auch jene des Ritters von Stolzing".

„Nicht Parnaß und Paradies als gewonnene Wirklichkeit, sondern die Heilige deutsche Kunst in Form einer Vergöttlichung der Kunst: als kühne Säkularisierung. Und als Bekenntnis zu einer Kunst, die sich querstellt zum Leben, weil sie kein irdisches Glück zu begründen, vielmehr das Paradies der Kunst nur als k ü n s t l i c h e s P a r a d i e s (Hervorhebung im Original) zu verstehen vermag."[133]

„Der Schluß der ‚Meistersinger von Nürnberg' verkündigt es als Botschaft: die I d o l a t r i e d e r K u n s t (Hervorhebung im Original) ... Die Heilige deutsche Kunst. Deutschtum ist in der Ansprache des Sachs verstanden als geistige Welt, die dann auch Bestand hat, wenn die gesellschaftliche zerfällt... Es ist die traurige Weisheit eines Leidens an Deutschland. Hölderlin hat sie vorweggenommen in der Schlußzeile des späten Gedichts ‚Andenken': ‚Was bleibet aber, stiften die Dichter'."[134]

Hans Mayers und zuvor schon Thomas Manns Interpretationen des Schlußwortes beruhen indes auf der falschen Gleichsetzung von Staat und Gemeinschaft: Weil Sachsens Ansprache das Schicksal der Kunst mit dem des staatlich-politischen Verbandes nicht verknüpfte, inthronisiere er das Ästhetische als eine gesellschafts-jenseitige Absolutheitssphäre. Blickt man zunächst auf den Meistersinger-Entwurf von 1862, der die berüchtigten deutschnationalen Pathostöne noch nicht enthält und Hans Mayers Deutung also entgegenkommt, so gilt bereits hier, daß der Kunst gemeinschaftsstiftende, sozialisierende Funktionen zugesprochen werden. Sachs verteidigt die Meistersingerzunft mit dem Hinweis, sie „versöhne" den „Bürgerzwist": „da wohl oft Bürger und Zünfte sich hart befehden, ja nächtlich sogar wohl tollen Unfug auf den Straßen treiben, wie sei's da zu loben, daß alle Zünfte in der holden Singer-Zunft sich die Hand reichten, um dort im edleren Wahn den Unsinn zu ersticken"[135]. In der Versfassung des Librettos von 1862 lautet die entsprechende Passage:

> „Gewerke, Gilden und Zünfte
> hatten üble Zusammenkünfte.
> ... In der Meister Singer trauter Zunft
> kamen die Zünfte immer wieder zur Vernunft.
> Dicht und fest
> an ihr so leicht sich nicht rütteln läßt."[136]

Überwindung der Anarchie und Wahrung des bürgerlichen Gemeinsinns also mithilfe der Kunst! Nicht als Idolatrie der künstlichen Paradiese, sondern als Selbstfeier des bürgerlichen Kollektivs enden die *Meistersinger*. Als letzter Vers des Schlußjubels vorm Fallen des Vorhangs erklingt: „Heil! Sachs! N ü r n b e r g s (Hervorhebung von mir, B. S.) teurem Sachs."[137]

Statt der einsamen Höhe des ästhetischen Absolutismus – die Versöhnung der Poesie mit Zunft und Volk sowie die Anrufung der Meistertradition als Garantiemacht einer die Zeiten und den historischen Wandel überdauernden Überlieferungssubstanz der Kunstproduktion!

> „Verachtet mir die Meister nicht
> und ehrt mir ihre Kunst!...
> Daß unsre Meister sie gepflegt
> grad' recht nach ihrer Art,
> nach ihrem Sinne treu gehegt,
> das hat sie echt bewahrt:
> blieb sie nicht adlig, wie zur Zeit,
> wo Hof und Fürsten sie geweiht;
> im Drang der schlimmen Jahr'
> blieb sie doch deutsch und wahr."[138]

Wagner propagiert nicht die Meister s c h a f t des Artisten als Inbegriff individueller Produktivität im Sinne goethischer Handwerksmetaphorik, sondern (erstmals in der Überlieferungsgeschichte des Ideologems vom Handwerkerkünstler) den Begriff des „Meister t u m s", für den die Idee des Kollektivs konstitutiv ist.

„Auf, Meister Pogner! Euch zum Ruhm,
meldet dem Junker sein Meistertum!"[139]

Sachs begreift hier, konträr zum Schusterlied, das Kunstschaffen nicht in der Nachfolge romantischer Inspirationsmythologeme als wirklichkeitsflüchtige individuelle „Himmelfahrt", die der Kunst als eines Absoluten teilhaftig wird, sondern bindet es an die lebensweltlichen Grundlagen der Gemeinschaftszugehörigkeit und kollektiven Kunstpflege: „... ehrt eure (!) deutschen (!) Meister!"[140] – so mahnt Sachs den Ritter, der sich der Meisterzunft verweigert. Der Selbstbekräftigung eines sittlichen Lebenszusammenhangs, in den die Kunstbetätigung eingebettet ist, nicht der individuellen Kreativität gilt der triumphale Jubel des Finales. Nur so auch ergibt es einen Sinn, wenn der Ehrenkranz aus Lorbeer und Myrthen, der zunächst Walther von Stolzing als dem Sieger des Preissingens zusteht und zuerkannt wird, am Ende von dessen Haupt genommen wird, um unter dem Zuruf „Heil! Sachs! Nürnbergs (!) teurem Sachs!" den Schuster-Dichter zu zieren[141], – und dies, obwohl Sachs in der dramatischen Entwicklung des dritten Aktes nirgendwo als produzierender Dichter, sondern nur als Stolzings Mentor in Sachen der Regelobservanz aufgetreten ist. Wapnewski jedenfalls verkürzt die symbolischen Bedeutungen der Schlußszene, mit ihren Evokationen einer traditionalen Lebenswelt im Aufmarsch der Zünfte, einer Harmonie von Kultur und Bürgerschaft in der korporativen Einbindung des Künstlers, denn er deutet die Meisterhuldigung des Finales ausschließlich als eine Huldigung „für den Meister", für das „Genie" von Wagner selber[142] – und das heißt dann wohl doch: für einen problematischen Außenseiter. So kann er dann von hier eine Linie ziehen zu Baudelaire und George. In Wahrheit aber feiert die Schlußapotheose nicht die Idee der absoluten Kunst, sondern die Idealität des Altnürnberger Gemeinsinns und die Kunst nur insoweit, als sie mit der bürgerlichen Sozietät versöhnt ist.

Die Idolatrie der artifiziellen Paradiese im Sinne Hoffmanns oder Baudelaires, die Mayer und Wapnewski hier vorzufinden meinen, bekennt sich hingegen zu jenem von Wagner beklagten Zustand, in dem die Kunst keiner außerliterarischen Substanz mehr teilhaftig ist und an keinem sinnhaltigen Ort (für den bei Wagner der symbolische Name Nürnberg oder der des Deutschtums steht) mehr zuhause ist, vielmehr Sinn nur im Vollzug ihrer eigenen Formgesetzlichkeit gewinnen kann. Zwar zeigt Sachsens Ansprache in der Tat kein primäres Interesse am Geschick des Heiligen Römischen Reiches, sie bleibt aber keineswegs indifferent gegen die Bedeutung Nürnbergs und seiner Korporationen, die hier symbolisch für eine Gemeinschaft organisierter Kunstpflege stehen. Anarchisch ist diese Botschaft nicht.

Sie ist die Krönung eines idealen Bühnengeschehens, in dem ein von Spezialisierung (Zunft) und Subjektivismus bedrohter Gemeinsinn regeneriert und das Band einer das Volksganze umschließenden Kunstaktivität neu geknüpft wird. Durch ein utopisches Vergangenheitsbild soll die von Experten verwaltete und dem Volk entfremdete Kultur des 19. Jahrhunderts blamiert werden.

In dem Maße allerdings, in dem Wagner die Distanz von Bühnenillusion und Realität einzieht und Sachsens Beschwörung der Gemeinschaftswerte und Kollektiv-Identität sich unmittelbar ad spectatores richtet, in dem Maße schlägt Wagners kulturkritisches Gegenbild um in Apologie, ja ideologische Aufrüstung der seit 1866 in Entstehung begriffenen neudeutschen Ordnung. Als Beschwörung unverlierbarer Traditionsmächte diesseits der szenisch-dramatischen Illusion muß die altdeutsche Ansprache Sachsens zum Kitt der zerrissenen Gesellschaft werden, die das Überlieferte unaufhaltsam entmächtigt und den Gemeinsinn zerstört. Dieses affirmative Moment bricht vollends erst in der Endfassung des Sachsmonologes von 1867 durch, die aus meiner bisherigen Betrachtung ausgespart wurde, die aber Hans Mayer und Wapnewski ihrer These von der Hölderlin- und Baudelaire-Bruderschaft des Hans Sachs ausgerechnet zugrunde legen, ohne freilich je folgende Verse zu zitieren:

> „Habt acht! Uns dräuen üble Streich': –
> zerfällt erst deutsches Volk und Reich,
> in falscher welscher Majestät
> kein Fürst bald mehr sein Volk versteht,
> und welschen Dunst mit welschem Tand
> sie pflanzen uns in deutsches Land;
> was deutsch und echt wüßt' keiner mehr,
> lebt's nicht in deutscher Meister Ehr'!
> Drum sag' ich euch:
> ehrt eure deutschen Meister!“[143]

Wagner gibt hier der Hoffnung Ausdruck, daß der Überlieferungszusammenhang deutschmeisterlicher Kunstpflege gegen die staatlichen Verfallsprozesse resistent bleiben möge und über die düsteren Jahrhunderte des politischen Chaos die Idee deutscher und echter Kunst wachhalte. Aber noch weniger als in der 1862er Librettofassung steht er deshalb der Degeneration des Staatlich-Politischen mit „anarchischer Gleichgültigkeit“ gegenüber. Vielmehr lautet Sachs' pessimistische Prognose, daß der Niedergang des Reiches der kulturellen Dekadenz, der Überfremdung durch welschen Dunst und welschen Tand, Tür und Tor öffne.

Schon die musikalische Untermalung der Vision vom Reichsverfall verbietet es, von Indifferenz zu sprechen, sondern signalisiert höchstes Pathos. Kulturdepravation und Agonie des Reiches werden in einen direkten Kausalzusammenhang gebracht, der indikativisch formuliert ist.[144] Der von Wagner gewiesene Fluchtweg zur Rettung deutscher Kultur unter Bedingungen des politischen Chaos heißt Ehrung der Meister und Kunstpflege durch substitutive Korporationsbildung. Die Formulierung dieses Programms ist im Konjunktiv conditionalis gehalten.[145] Weder wird hier also die Souveränität der Kunst über das Politische von Wagner propagiert, noch als unangezweifelte Gewißheit unterstellt. Sie ist nicht mehr als eine Tugend aus politischer Not und eine Möglichkeit, die Gefahren des Reichsverfalls zu kompensieren. Sachs, der im Schlußmonolog keine persona fictiva, sondern mit seinem Schöpfer identisch ist, spricht gleichsam diesseits des Vorhangs, also diesseits der szenisch-dramatischen Illusion, eine Mahnung, welche die Zuschauer unter Bedingungen noch ausstehender Renovation des Reiches zur kulturpolitischen Erneuerung mobilisieren will. Die durch Traditionsaneignung zusammengehaltene vorstaatliche Gemeinschaft als politisches Surrogat! Wie wenig es Wagner um die reine Gegenwelt künstlicher Paradiese, sondern um die kunstpraktische Zielsetzung geistiger Erneuerung und Welterlösung ging, die er auch an die politische Entwicklung geknüpft sah, verdeutlichen zudem seine Briefe an Ludwig II, in denen er seine „wildesten Sorgen um das verrathene, unrettbar verdorbene Vaterland“[146] ausspricht. Nicht zufällig stellt Eva Chamberlain-Wagner einem 1938 erschienenen Bildband über „das deutscheste der deutschen Meisterwerke“[147] folgendes Wagnerzitat aus dem Jahre 1866 als Motto voran, durch das Hans Mayers Ästhetizismus-These gründlich blamiert wird: „Mit dem Heil Deutschlands steht und fällt auch mein Kunstideal; ohne Deutschlands Größe war meine Kunst ein Traum: soll dieser Traum in Erfüllung gehen, so muß notwendig Deutschland auch zu seiner vorbestimmten Größe gelangen.“[148]

Wagners Ideologie und die Ansprache des Sachs kennzeichnet keineswegs eine gleichgültige l'art pour l'art-attitude, wenn es um das Schicksal Deutschlands geht. Und wenn Sachsens Ansprache gegen den „welschen Dunst“ das deutsche Meistertum und Nürnberg als seinen idealen Ort preist, so verdeutlichen Wagners Briefkommentare die praktisch-politischen Intentionen dieser Theaterbotschaft: Wagner versteht Nürnberg nicht nur als „den alte(n), ächte(n) Sitz deutscher Kunst“[149], sondern zugleich als Hort des „Unjüdischen“,

„... dahin alles was in den verrotteten, undeutschen Residenzen Louis XIV. nicht gedeihen kann; dahin die Blüte des deutschen Vergesellschaftungswesens; dahin auch unsere Schule, an die sich endlich eine allgemeine Schule der Kunst und Wissenschaft deutsch und unjüdisch anbilden soll!“[150]

Nicht Sachsens bzw. Wagners Sorge um das Geschick des Reiches soll hier zu Kritik Anlaß geben, sondern die deutschtümelnde, antisemitische Programmatik, mittels derer ihr abgeholfen werden soll. Sie verbietet es, die Schlußbotschaft der *Meistersinger* in einem Atemzuge mit Hölderlin und Baudelaire zu nennen, wie Mayer es versucht, wenn er die paradis artificiels und Hölderlins „Was bleibet aber, stiften Dichter" als die Botschaft des theatersinnigen, biederphilosophischen und xenophobischen Feierabenddichters in der Meisterschürze ausgibt. Kaum wollte Hölderlin das Bleibende gestiftet sehen durch Ausschluß des Fremden, des „welschen Tands", des Jüdischen, und kaum schwärmte Hölderlin, dessen Hyperion klagend ausrief: „Handwerker siehst du, aber keine Menschen!"[151] von Dichtern in Meisterwürde und Mitgliedern einer zünftigen Korporation. Und wenn Baudelaire von Wagner fasziniert war und in dessen Musik die „paradis artificiels" mochte wiedergefunden haben, und auch wenn er und Wagner, wie Thomas Mann bemerkte, der gemeinsamen Welt eines hochromantischen Rausch- und Schönheitsverlangens angehörten[152], so sind die Botschaft Sachsens und die Baudelaires doch unvereinbar. Nichts kann ferner sein von den „paradis artificiels" Baudelaires, der keine Naturlyrik schrieb, als Sachsens Poetik, wonach der Dichter aus „Lenz und Liebe" singt; als die Inthronisation des Volkes zum Richter über die Kunst und zum Organon der Natur; als Sachsens Entgegensetzung des Natürlichen, „Echten" gegen das Artifizielle des „Tands"; als die Verengung der Künstlersubjektivität auf partikulare chauvinistische Nationalidentität; als die Verklärung der Zunft, die immer ein Ort weltanschaulicher Reglementierung der Kunst war. Auch wenn der Venusberg oder der Zaubergarten Klingsors die denaturierte baudelaire'sche Welt eines anorganischen Schönheitskultes symbolisieren, so bleiben sie im dramatischen Gesamtzusammenhang der Werke, Wagners Erlösungsideologie entsprechend und aller musikalisch-kompositorischen Affinität zum Trotz, doch immer negativ konnotiert.[153]

Zu Recht sieht daher Theodor W. Adorno aller kompositorischen Avanciertheit zum Trotz einen Zug zu regressiver Versöhnung in den *Meistersingern*. Wagner stelle den mimetischen Ausdruck „inwendiger Seelenregungen" in den Dienst der musikalisch-dramatischen Fiktion eines Zustandes kollektiver Gebunden- und Geborgenheit. Er schmiege bis in die kompositorische Verfahrensweise hinein „der äußersten individuellen Differenzierung sich an, um das gestaltlose Glück des vorindividuierten Zustands zu bereiten. Was die Nürnberger Lebkuchenschachtel verheißt, wird als göttliches Ideenreich bestätigt. Die Wahrheit daran aber ist der Lüge untertan."

„Der Ausdruck der süßen Sehnsucht verschmilzt mit der Lockung des Altbekannten, das Versprechen des Geborgenseins in der Heimat mit dem Gefühl des ‚Wann bin ich da schon einmal gewesen', und um die Archetypen der Bürgerlichkeit legt sich der Nimbus des Urvergangenen. Das Werk verführt damit am Ende seine Hörer noch mehr als mit nationalistischer Selbstvergötzung und bestialischem Humor. Einem jeglichen erscheint es, als wäre es sein Eigentum allein, Botschaft seiner vergessenen Kindheit, und aus dem déjà vu aller schießt die Phantasmagorie des Kollektivs zusammen. Unwiderstehlich ist der in der Hexenküche destillierte Duft, weil er einen Drang aufrührt, befriedigt und auch noch ideologisch legitimiert, den das Dasein des Erwachsenen mühsam und nie ganz zu bändigen gelernt hat. Nicht Sachs allein, allen löst es die Glieder und als Demagoge des Gefühls macht der Komponist allen die Reaktionen vor, in die sie einstimmen. Nirgends ist Wagner mythologischer als in der Moderne solchen Reizes. (...) Wagner unterschiebt die geschichtliche Existenz der deutschen Vergangenheit als Essenz. So hat er Begriffen wie denen des Volkes und der Ahnen jene Absolutheit eingehaucht, die sich im absoluten Grauen entlud."[154]

## 7. Tiecks *Der junge Tischlermeister* (1836) und Wagners *Meistersinger*

Fragt man einmal mit geringerer Gewaltsamkeit als jene Zurechnungs-Akte, die Wagners Libretto entweder zur Reichsparteitagsdichtung avant la lettre erklären oder zur Avantgarde der europäischen „l'art pour l'art" schlagen, nach dem geistesgeschichtlichen Ort der *Meistersinger* und schaut, ob und wo in Wagners geistigem Lebenskreis Literatur entsteht, aus der er nicht allein einzelne Stoffe und Motive schöpft, sondern die im Gesamtgehalt und in der Tendenz seinem Versuch einer Rehabilitierung bürgerlichen Kunstmeistertums verwandt sind, so stößt man auf den von ihm hoch geschätzten Gottfried Keller, von dem noch die Rede sein wird, aber auch auf Ludwig Tieck, zumal auf dessen spätere Novelle *Der junge Tischlermeister*. Dieses Werk, 1795 bereits geplant und 1836 abgeschlossen, dessen sich die Wagnerforschung bislang mit keiner Zeile angenommen hat[155], und die *Meistersinger* verbindet m. E. eine Reihe von Gemeinsamkeiten. Nicht nur fassen beide in romantischer Tradition ihren Helden als Typus „zwischen dem Künstler und dem Handwerker"[156], darüber hinaus gestalten sowohl die Novelle als auch Wagners Oper einen Entwicklungsprozeß, der jeweils von romantischer Sehnsüchtigkeit der Helden (Sachsens Schusterlied, Leonhards Eingangsreflexion) zur Affirmation der mit der Kunst versöhnten, idealischen Gemeinschaftsordnung führt, – eine Entwicklung, die die Impulse des Geniehaften und Anarchischen in die Bürgerlichkeit aufnimmt und um das Bewußtsein der Labilität und Gefährdung dieses prekären Lebensgleichgewichts bereichert ist.

Eine „Vereinigung von Tollheit und Vernunft"[157] ist bei Tieck wie bei Wagner Ziel der (romanhaften bzw. lustspielhaften) Bildungsprozesse der Helden. Aber während Stolzing seinen Sturm und Drang und Sachs seine romantizistische Schwarmgeisterei mäßigen müssen, will umgekehrt Leonhard von einer vorschnell erzielten und von ihm als unbefriedigend erfahrenen Vernünftigkeit befreit werden. Allzu früh hatte er seinen überschwenglichen Jugendträumen entsagt. Nun leidet er an einer bürgerlichen Gesundheit, die nur durch romantische Krankheit zu heilen ist. Erst, indem seine übereilte Entwicklung zu meisterlicher Solidität zurückgedreht wird, er sich – als Ehemann bereits – noch einmal in Abenteuer der Sinnlichkeit (mit Charlotte, der „gaukelnden Fee“) stürzt, seiner alten Schauspiel-Leidenschaft frönt sowie eine Jugendliebschaft (mit Kunigunde) erneuert und vollendet, ist er reif und reich genug, um in die „alte Ordnung“ seines Tischlerberufs und Ehelebens zurückzukehren und die beharrenden Lebenskräfte als Antwort auf die Anarchie seiner Abenteuer zu akzeptieren.[158] Das Handlungsschema des *Wilhelm Meister*, das die Bildung des Helden als Resultat seiner Irrtümer und Abschweifungen faßt, ist im *Tischlermeister* zu einer so übermächtigen seelischen Tatsache geworden, daß Leonhard, der zu früh an seinem Bildungsziel angelangt ist, den Irrtum planmäßig nachholen muß. Erst nach diesen Aberrationen ist er fähig, seine Tischlerei ohne inneres Mängelgefühl zu führen. Mit der Wiedergabe von Dorotheens ein wenig detachierten Arbeitsimpressionen endet der Roman wenn nicht als eine Poetisierung der bürgerlichen Ökonomie selbst, so aber doch mit einem Plädoyer für eine poetische Einstellung zu ihr:

„‚Still!‘ rief Dorothea, ‚mir gefällt am meisten dies Hobeln, Lärmen und Hämmern aus der Ferne. Wie hübsch ist das Gefühl hier, daß ein jeder Schlag, den ich vernehme, etwas einbringt; daß der Gewinn wieder das Gewerbe vergrößert; daß alles, was gesprochen und gedacht wird, in jenes Kapital hineinströmt, das die Wohlhabenheit befördert, die wieder das Glück und die Zukunft der Untergebenen begründet, damit sie dereinst in dieselbe Stelle treten können.‘ ‚Recht hübsch‘, sagt Emmrich; ‚viele Leute würden aber glauben, daß das, was Sie eben gesagt haben, aller Poesie geradezu entgegenstrebe, und diese durchaus vernichten müsse.‘ ‚Poesie!‘ rief Dorothea; ‚ei, so müßten denn auch einmal Dichter kommen, die uns zeigten, daß auch alles dies unter gewissen Bedingungen poetisch sein könnte.‘“[159]

Diese „Bedingungen“ eines poetischen Verhältnisses zur bürgerlichen Arbeitssphäre sind im *Tischlermeister* gegeben. Bei allem Wachstum bleibt die ökonomisch-soziale Verfassung von Leonhards Betrieb zuletzt in einem traditionellen Sinne handwerklich. Die patriarchalische Struktur und „moralische Ökonomie“ des „ganzen Hauses“ werden beibehalten. Die Tafelrunde des „Novellen“-Finales vereinigt die Meisterfamilie mit den Gesellen, Lehrburschen und Freunden. Sogar Leonhards Ausbruch erscheint am Ende in seiner zirkulären Struktur (Aufbruch und Heimfahrt) als nachgeholte Gesellenreise.

Der *Tischlermeister* ist ein Buch – wie der Autor im Vorwort festhält – über „Bürgerlichkeit“, ein Begriff, der – soweit ich sehe – von Tieck allererst geprägt wird. Wie Wagner seinen Sachs macht der Erzähler seinen Helden zum Fürsprecher der älteren Zunfttraditionen:

„Aber weh muß es mir tun, daß der deutsche Handwerker, der sich so schön mehr oder minder dem Künstler anschloß, der mit den Seinigen und den einheimischen und fremden Gehülfen wahrhaft patriarchalisch lebte, jetzt untergehen und die ehrwürdige Zunft neuen Modeeinrichtungen weichen soll."[160]

Diese Apologie des Altbürgerlichen wird – wie später bei Sachs – sowohl unter kunstpraktischen als auch unter lebensweltlichen Gesichtspunkten vorgetragen.

„Deine Vorliebe" – so der Graf zu Leonhard – „für das Zunftwesen, dein Handwerksgeist geht in allen deinen Gedanken mit auf und du magst doch recht haben. Auch in der Kunst, in der geistigen Beschäftigung, muß wohl neben Begeisterung und Anschauen nun auch das Handwerk mit seiner bürgerlichen Ordnung eintreten, um durch Regel und Beschränktheit dem Geist erst seine wahre Freiheit im Schaffen zu erringen. Du hast recht: ohne Widersprüche, die sich aufzuheben scheinen, und ohne Vermittlung dieser Widersprüche ist nicht Mensch, Kunst, Wissenschaft, Geist. Darum zeigt sich auch eine überraschend ähnliche Ohnmacht in den Gebilden des ganz phantastischen Schwärmers und des philisterhaft Nüchternen, der bloß mit Anstrengung, Regel und Bewußtsein ein Kunstwerk hervorbringen will."[161]

Und wie eine Kunst, die aus dem Geiste der bürgerlichen Solidität hervorgeht, Phantasie mit Tradition zur Deckung bringt, so kennzeichnet die handwerkliche Lebenswelt, daß sie das „tote und tötende Fabrikleben" mit seinem „peinigenden" Elend und seiner Verkümmerung der „Lebenslust", daß sie das „seelenlose" und „mechanische" Getriebe der kapitalistischen Wirtschaft nicht duldet, daß vielmehr das Ästhetische ebenso wie die partriarchalische Moral in die Arbeitsökonomie eingewoben sind.[162]

Die „Weisheit" dieser „alten Welt" liegt Tieck zufolge darin, daß sie es versteht, durch die Verbindung von Kunst und Handwerk ebenso wie durch Volksfeste, Spiele, Aufzüge und Repräsentationen „das gemeine Leben in ein poetisches Schauspiel"[163] zu verwandeln und dergestalt die Lebenskräfte des Menschen im Gleichgewicht zu halten oder – um es mit Sachs' Worten zu sagen – „den Wahn zu lenken". Daher ist das über alles Vorfindliche hinausdrängende Verlangen des modernen Romantikers nach ästhetischen und exotischen Gegenwelten dem in sich ausbalancierten Dasein der Handwerkerkünstler fremd. Tieck gestaltet nämlich Leonhards anfängliche romantische Krankheit, seine schwärmerische Unruhe und Ungenügsamkeit, als Komplementärphänomen des Verlustes einer ganzheitlich-statischen Handwerksökonomie; als seelisches Pendant zum Utilitarismus und zur schlechten Unendlichkeit der kapitalistischen Verwertungsdynamik:

„Du erinnerst dich", sagt Leonhard zu Beginn, „mit welcher Sehnsucht wir im vorigen Winter das Frühjahr erwarteten, mit ihm die neue Einrichtung, den Ankauf der Hölzer, den Aufbau der Schuppen, die Erweiterung meines Gewerbes, und alles ist nun da, besser, reicher, wohlhabender, wie ich es nur wünschen konnte, und indem ich nun jetzt so über meinen Besitzstand hinblickte, in der Ferne die Gesellen arbeiten hörte, und mir aus allen diesen Brettern gleichsam schon alle die Mobilien entgegentraten, die daraus gefertigt werden können, und mir war, als hörte ich das Geld klingen, das mir dafür gezahlt würde, um wieder Bretter einzukaufen, und so immer fort – wurde mir so bänglich zu Sinne, daß ich aus Wehmut auf das Zwitschern der Schwalben hörte, und fast weinen mußte, als das Abendlied der alten Wollspinnerin von drüben herübertönte. So ist es; aber was es ist, kann ich selbst nicht sagen."[164]

Die ästhetisch-moralische Welt des alten Handwerks hingegen, die sich in ihren Ritualen, Repräsentations- und Lebensformen (in der der „Großen Walz" etwa oder in den Erzeugnissen der Handwerkskunst) die Kräfte der Phantasie und „Tollheit" inkorporiert, erscheint im *Tischlermeister* als der ideale Ort für die Bändigung romantizistischer Träumerei und Unruhe. Und als Inbegriff dieser Welt gilt bei Tieck wie im Sachsschen Wahnmonolog das alte Nürnberg, da „seine Mauern und Türme den Wanderer so fesseln können, daß er keine Sehnsucht empfindet, die ihn hinaus in das Freie treibt."[165] Nürnbergs phantasiereich bemalte Häuserfassaden, die Ringmauern und Wehrtürme, die auch zu Tiecks und Wagners Zeiten noch nicht geschleift worden waren, symbolisieren hier eine Totalität, in der der Einzelne als in einer unverlierbaren Heimat zuhause und seine Lebenskräfte ins Gleichgewicht gebracht sind: Hier werden die „tollen" und spontanen Kräfte der inneren Natur des Menschen mit der Objektivität stabiler Lebensformen ausbalanciert.[166]

## Zwischenbetrachtung

Die Symbole utopischer und regressiver Versöhnung in den *Meistersingern* durchdringen sich unauflöslich. Der Ostentation wohlorganisiert aufmarschierender Zünfte, die historisch immer ein Ort weltanschaulicher Reglementierung der Kunst waren, haftet ein Moment der Rückständigkeit an. Zugleich aber legt die Ungleichzeitigkeit solch einer Zurschaustellung Protest ein gegen die kapitalistische Modernisierung, die mit der Auflösung der Korporationen auch die Moral aus der Ökonomie und aus der Kunst vertreibt (und umgekehrt). Im korporativ erneuerten sittlichen Lebenszusammenhang von Wagners Bühnen-Nürnberg sind indes – das unisono des Opern-Finales verrät es – die Individualität, das Fremde und Abweichende zum Schweigen gebracht, auch wenn Wagner mit Hilfe Sachsens die Impulse des Genialischen und Innovatorischen in die Zunftpraxis hineinnehmen will. Der altnürnberger Gemeinsinn artikuliert sich als die e i n e Stimme des Kollektivs. Er erscheint nicht als die ungezwungene Geselligkeit, nicht als die Solidarisierung des Verschiedensten, wie am Ende von Hoffmanns Erzählung *Meister*

*Martin*. Diese räumt der ausscherenden Subjektivität des Malers Reinhold ihr Recht ein und rettet jene modernen Kräfte des Spontaneismus, der Selbstdarstellung und der Singularität, die historisch mit der Auflösung kollektiver, gerade auch zünftiger Bindungen freigesetzt wurden, für seinen Idealentwurf eines „vergangenen" ästhetisch-moralischen Lebenszusammenhangs. Wagner wiederum bereichert den von ihm adaptierten romantischen Nürnberg-Topos um einen antikischen Zug: Er verlegt den Meistergesang aus den geschlossenen Räumen der Singschule (Herberge, Katharinenkirche), in denen er – wie in der Hoffmannschen Nürnbergerzählung geschildert – realiter ausgeübt wurde, in die Öffentlichkeit der Festwiese. Erst dort kann seine Funktion, das Ganze des Volkes zusammenzuschließen, zum Tragen kommen. Obwohl die Meistersingerei – wie Lortzing oder der junge Wagner noch festhalten – in der historischen Realität des 16. Jahrhunderts eine vom Volk isolierte Spezialistenkunst war, wird sie nun zum Synonym für Volkskunst – eine geistesgeschichtlich folgenreiche Stilisierung. (Wenn später Thomas Mann, Lukács oder Marcuse etwa von Gottfried Kellers „Meistersingertum" oder „Handwerkerkünstlertum" sprechen, meinen sie dessen „Volks"-Verbundenheit.)

Reaktionär wird Wagners Utopie, wenn Sachsens Schlußmonolog die Idee des Volkes – für die Romantiker identisch mit der Vision der „Menschheitsklasse"[167] – auf den Begriff einer begrenzten Nationalidentität zurückschraubt. Indem die Rede Sachs' sich überdies ad spectatores wendet und zeitbezogene Propaganda adaptiert, wird die Distanz von Bühnen-Fiktion und Wirklichkeit kassiert: Die Evokation altbürgerlicher Gemeinschaftswerte muß, wo diese unter Bedingungen der Klassengesellschaft des 19. Jahrhunderts ohne theaterillusorischen Vorbehalt unmittelbar propagiert werden, zum Kitt der bestehenden Ordnung gerinnen.

Ihre durch Ideologie unbeschädigten Stellen im ästhetischen Gesamtgefüge der *Meistersinger* hat Wagners Utopie einer Versöhnung von Volk und Kultur, von Künstler und Allgemeinheit daher nicht in Sachsens dröhnender Schluß-Botschaft und Apotheotisierung, sondern dort, wo sie im Zauberkreis der Bühnenstilisationen verbleibt: wo das Volk in Stolzings Preisgesang einstimmt oder zu Sachsens Begrüßung auf der Johanniswiese des Schusters Chorallied „Wach auf! Es rufet gen den Tag" anstimmt. Hier wird jeweils eine öffentliche Kunstpraxis imaginiert, die im Denken und Empfinden eines idealen Volks-Ganzen ihren Ursprung und Resonanzboden hat. Sie bleibt nicht in blasiertem Bildungssolipsismus, in unfruchtbar gelehrter Spezialisierung von Zunft-Experten oder in der Exzentrik genialischen Außenseiterkünstlertums eingekapselt. Sie vermag vielmehr einen gefährdeten Gemeinsinn, indem sie ihn ästhetisch werden läßt, zu regenerieren und das Bürger-Volk zu solidarisieren. Das Bühnengeschehen symbolisiert die Utopie einer kulturellen Ganzheit, die mit Wagners Bayreuther Unternehmen dann Realität hätte werden sollen und deren Idee bereits in seinen frühesten kunsttheoretischen Schriften am Beispiel der griechischen Kultusgemeinde entwickelt worden war.[168] In der Antike nämlich waren Darbietung und Rezeption der Kunst nicht in „prachtvollen" „Privatpalästen" versteckt, wie die „Kulturkunst" der „modernen Egoisten", sondern ein öffentlich-religiöser Akt, der den Zuschauer „mit seinem Wesen, seiner Genossenschaft, seinem Gott (...) in die innigste Einheit" verschmolz.[169] Der Künstler wie der Kunst-Rezipient standen noch im „kommunistischen Zusammenhang (...) der religiös gebundenen Allgemeinheit."[170]

In den *Meistersingern* ist das Modell solcher Einheit von „Volk" und „Kunst" im Horizont eines identitätsstiftenden Absoluten nicht mehr die Öffentlichkeit der griechischen Kultfeier, sondern die korporativ verankerte, altbürgerliche Festkultur, die eine reziprok bereichernde Begegnung der meisterlichen Kunstgelehrsamkeit mit dem Volk und die Versöhnung des „Bürgerzwistes" in der ästhetisch erneuerten Gemeinschaftlichkeit der Wertauffassungen zuwege bringt. Meistergesang und „Festwiese" gewinnen eine katalytische Funktion für die Regenerierung des bürgerlichen Gemeinsinns. Zugleich aber wird die Kunst auf die ethischen Imperative der bürgerlich-verantwortlichen Lebensführung verpflichtet. Wenn laut Sachsens Kunstphilosophie die Produktivkräfte des Dichters seiner Jugendzeit angehören, dem Meister dagegen nurmehr der Kunstunterricht und die Traditionswahrung obliegen, so soll hier – vergleichbar dem Tieckschen *Tischlermeister,* der die Defizite seines Handwerks mittels des Erinnerungsschatzes seines vergangenen Schauspieler- und Vagantendaseins kompensiert – die „Bürgerlichkeit"[171] die Genialität einfrieden, ohne daß – wie noch in Goethes *Meister*-Romanen – die ironische Reserve des Autors gegenüber einem solchen Integrationsprozeß und seinen Verlusten (auf Kosten der Sinnlichkeit, der Spontaneität und der Individuation) spürbar wäre.[172] Und während Reinhold aus Hoffmanns Nürnberg-Erzählung die Objektivierung seiner ästhetischen Imaginationen im geformten Kunstwerk noch relativ spontan gelingt, bedarf Stolzing der gelehrten Unterweisung von seiten der in bürgerliche Lebensformen eingebundenen „Meister". Die Oper relativiert das „Genie" am Maßstab des „Bürgerlichen" nicht nur (wie noch Hoffmann), weil es ihm an sittlicher Lebensverantwortung gebricht, sondern auch, weil es zur Entfaltung seines produktiven Vermögens auf die bürgerliche Ordnung angewiesen ist. Die „Meister" allerdings, die um ihrer Bürgerlichkeit willen der „Phantasterei" und „Tollheit" entsagen mußten, bedürfen des jugendlichen Genies, um ihre von Sterilität ebenso wie von konvulsivischen Triebexplosionen (Prügelszene) bedrohte Lebensform ästhetisch zu regenerieren und die Imperative der Sittlichkeit mit den Impulsen der Sinnlichkeit zum Ausgleich zu bringen. Setzen Wagners *Meistersinger* mit dieser Idee eines ästhetisch zu erneuernden Gemeinsinnes romantische Traditionen fort, so gehören sie in ihrer – wie auch immer relativierten – Abwendung von ungebundenem jugendlichen Phantastentum, genialer Verstiegenheit und Künstlerexzentrik zugunsten dessen, was der späte Tieck „Bürgerlichkeit“ nennt, einer postromantischen Geistesrichtung an. Auch der von Wagner bewunderte Keller schlägt, wie wir noch sehen werden, vor allem diese letzte Richtung ein: Vor den *Meistersingern* bereits im *Grünen Heinrich*, in dem er das genialisch-subjektivistische Phantastentum des Romanhelden in Dilettantismus und Unproduktivität enden läßt und ihm die bürgerliche „Meisterschaft“ sowohl der Altnürnberger Künstler als auch der zeitgenössischen Münchener Kunsthandwerker entgegensetzt; in der Zeit nach der Uraufführung der *Meistersinger* (und vielleicht unter deren Einfluß) in der Novelle *Hadlaub*. Der durch gelehrige Aneignung der Meistertradition selber zum „Meister“ herangewachsene Dichter Hadlaub entsagt am Ende der Kunst, wird Bürger, Ehemann und Wahrer der nationalen Überlieferung. Sengle charakterisiert das in der Biedermeierzeit sich herausbildende und in der nachmärzlichen Periode des „bürgerlichen Realismus“[173] bekräftigte Künstlerideal wie folgt: „Man liebäugelt nicht mehr mit den Abgründen, sondern man kehrt zur Gesellschaft zurück. Man huldigt einem ungefährlichen Künstlertum, auch auf die Gefahr hin, daß man ungenial erscheint.“[174] Sengle ist der Auffassung, daß sich nach 1815 bereits „die Romantik überall in Europa abschwächt und empirischer, bürgerlicher, häuslicher wird.“ Mit diesem Prozeß gehe ein „Verlust an Metaphysik und Enthusiasmus“ einher.[175] Deshalb seien die Gattungen des Künstlerromans und der Künstlernovelle in der Biedermeierzeit eher marginale oder von anderen Themen überlagerte Ausdrucksformen des Epochengeistes. Künstlerischer Individualismus und Selbstbespiegelung seien von der Tagesordnung weitgehend verdrängt worden, indem „Napoleon und noch mehr das Metternichsche System (...) wieder einmal daran erinnert(en), wo die Herren der Welt zu suchen sind“.[176]

Ob ein Periodisierungsversuch sinnvoll ist, der hinsichtlich der Entwicklung selbstreflexiver Künstlerprosa die Etablierung des Napoleonischen oder des Metternichschen Machtsystems als Zäsur setzt, scheint mir fragwürdig, zeigt sich doch im Blick auf die Künstlergeschichten Wackenroders und Tiecks, die der pränapoleonischen Ära angehören, bereits die Gleichursprünglichkeit von artistischer Selbstauslegung und Selbstrelativierung. Ebenso wird im Blick auf Hoffmanns Œuvre aus den Jahren 1810–1820 eine Radikalisierung der Künstlerproblematik sichtbar, die das artistische Außenseitertum bejaht und auch noch in der Utopie der altnürnberger Kunst-Leben-Harmonie positiv aufgehoben sehen möchte. Man wird also die Grenzlinien zwischen „Romantik“ einerseits und „Biedermeier“ bzw. „Realismus“ nicht allzu scharf ziehen dürfen. So wie die Selbstkritik am ästhetischen Autismus schon beim jungen Tieck und bei Wackenroder zur Sprache kommt, so wirkt umgekehrt der Impuls, der die Superiorität der Kunst über das „Realprinzip“ behauptet und in Hoffmanns Œuvre eine Zeitlang auf die Spitze treibt, auch im „Biedermeier“ fort, man denke an ein hoffmanneskes Werk wie Mörikes *Maler Nolten* (1832) oder an Wagners von Hoffmann beeinflußte Adaptationen der Künstlerthematik für die Opernbühne seit dem *Tannhäuser* (1845). Hält man solche Ungleichzeitigkeiten sich bewußt, so wird man dennoch Tendenzbeschreibungen zustimmen können, die, wie zuletzt Jochen Schmidt, aus der Entwicklung der Künstlerromane und Künstlernovellen des 19. Jahrhunderts eine wachsende Aufwertung des „Welt- und Gesellschaftsbezuges" herauslesen sowie eine zunehmende Kritik am „Unvermögen" des romantischen Künstlers, dem „Realprinzip Rechnung zu tragen".[177]

Auch Herbert Marcuse schreibt seine Historie des deutschen Künstlerromans als die Geschichte einer wachsenden Hinwendung des Artisten zur sozialen Wirklichkeit und ethischen Verantwortlichkeit, die teleologisch im Werk Kellers und Thomas Manns gipfele. Nachdem im *Sternbald* und im *Heinrich von Ofterdingen* die reale Welt durchgängig poetisiert und in Stimmungen aufgelöst worden sei, werde bei E. T. A. Hoffmann die Wirklichkeit wieder als Eigenmacht erfahren, wenn auch nur als eine widerständige, prosaische, die sich aber gerade in ihrer Ideenferne um so schmerzlicher fühlbar mache. Bei Eichendorff schließlich, in *Ahnung und Gegenwart* (1811/1815) und stärker noch in *Dichter und ihre Gesellen* (1834), werde der Künstler nicht mehr nur mit der Realität konfrontiert, sondern darüber hinaus in ein positives Verhältnis zu ihr gesetzt und auf die Gemeinschaft verpflichtet. Der ideale Held dieses Spätwerks, der Dichter Victor von Hohenstein, gehe denselben Weg wie Friedrich (in *Ahnung und Gegenwart*): Als Priester will er sich der praktischen Tätigkeit und alltäglichen Erziehung des Volkes widmen. Mit Eichendorff habe der „Künstlerroman den Kampf gegen die zersetzende Romantik aufgenommen, der von Arnim weitergeführt und dann von Immermann für den Zeitroman vollendet wird und einen neuen Realismus einleitet", der im Œuvre Kellers gipfele.[178] Nicht nur werde die Wirklichkeit zunehmend erkannt und realistisch gestaltet, auch die Ansprüche der bürgerlichen Sozietät gegenüber den Künstlerindividuen werde immer eindeutiger bejaht.

Auch Sengle und Schmidt führen zahlreiche Beispiele aus der Künstlerprosa des 19. Jahrhunderts an, die über eine artistische Selbstbezüglichkeit bzw. Selbstproblematisierung hinausgehen und Gegenmodelle einer gelungenen Gemeinschaftszuwendung des Künstlers zum Inhalt haben. Allerdings übersehen sie die hier thematischen Bilder bürgerlichen Handwerkerkünstlertums und beschränken sich auf die Darstellung des Topos vom höfisch-aristokratischen Künstlertum. Schmidt verweist auf E. T. A. Hoffmanns *Fräulein von Scuderi* (1818), eine gesellschafts- und weltbezogene Hofdichterin, die den Gegensatz zum Außenseitertum Cardillacs repräsentiere, oder auf Mörikes *Mozart*-Novelle (1855), dem Pendant des Romanes vom romantisch-gefährdeten *Maler Nolten*. Sengles Blick richtet sich auf den Shakespeare der Tieckschen Erzählung *Dichterleben* (1826), der als der vornehm-humane, von Adeligen umgebene Gentleman dem lebensnegierenden, dämonischen Romantikertum Marlows kontrastiert ist, oder auf den Camoes aus Tiecks *Der Tod des Dichters* (1834), den aus dem patriotischen Empfinden des Volkes schöpfenden Sänger des portugiesischen Nationalepos.[179]

Was den späten Tieck, wie wir gesehen haben, und Gottfried Keller – wie noch gezeigt werden soll – von solchen „Exempeln" imaginierter Versöhnung unterscheidet, sind nicht nur der Rekurs auf bürgerliche Künstler-Vorbilder anstelle der aristokratischen, sondern darüber hinaus die Wende zu zeitbezogenen, an die Empirie der Gegenwart gebundenen Modellen einer positiven Sozialität des Künstlers. Darin unterscheiden sie sich von den bislang hier beschriebenen Wunschbildern, die bewußt eine vergangene Welt zum Vorbild haben und eher im Modus traumhafter Vergegenwärtigung evoziert denn in bestehenden Wirklichkeiten ent-deckt werden. Tiecks *Tischlermeister* dagegen, der Beinah-Artist und Vagant, lernt paradigmatisch, wie der aktuellen Realität seines Handwerkerdaseins die poetischen Qualitäten unmittelbar abgewonnen werden können. Sachsens Schlußmonolog entgrenzt den Kosmos des Opern-Nürnbergs hinein in die Kulturpraxis der anbrechenden Bismarck-Ära, indem er die nationale Überlieferung gegen eine fortschreitende Traditionsentmächtigung immunisieren möchte. Gottfried Keller schließlich sieht im organischen Lebenszusammenhang des „Volkes" das Substrat einer möglichen Versöhnung von Künstler und Allgemeinheit, die nur aus ihrer Latenz befreit werden muß.

## Drittes Kapitel

# Gottfried Keller. Die Handwerkskunst als das Siegel auf die sittliche Totalität des Volkslebens

## 1. Die Legende von Keller als dem letzten „Meistersänger"

### I

„Und jederzeit war sein (Kellers) Werk nicht nur schöne Poesie, sondern vor allen Dingen saubere Arbeit. Es machte denn auch keine sonderliche Mühe, sich Gottfried Keller, namentlich in zunehmendem Alter (...) als einen zünftigen Handwerksmeister in der beschaulichen Stunde des Feierabends vorzustellen, mit einer Schürze von jenem treuen Grün, welches das Gewand seines Jugendhelden zum unvergänglichen Sinnbild macht."[1]

Die Topoi, die dieses Kellerportrait versammelt, sollen den Schweizer Dichter als einen typologischen Nachkommen der Meistersinger erweisen. Beachtet man das obligate Requisit der Handwerkerschürze, mit der er hier, obendrein zu der ungewöhnlichen Stunde des beschaulichen Feierabends, ausstaffiert wird, so erkennt man als das ungenannte Urbild des Porträts den Schuster und Dichter Hans Sachs, genauer: die dritte Szene im zweiten Akt der Wagner-Oper, wo Sachs in den Abendstunden seine Schürze anlegt und halb singend, halb schusternd eine Anrede an den Flieder hält.

Untersucht man das Gottfried-Keller-Bild in den Literaturgeschichten und Monographien in der ersten Hälfte dieses Jahrhunderts, so wird man ähnlichen Charakterisierungen und Filiationen immer wieder begegnen. Zu Beginn der 1920er Jahre beispielsweise verfaßt Herbert Marcuse eine Arbeit über den deutschen Künstlerroman, die folgende Charakterisierungen Gottfried Kellers enthält: Sein Künstlertum wurzle in einer „gesunde(n) organische(n) Volksgemeinschaft"[2] und sei durch jene „tiefe volkhafte Verbundenheit" mit dem „Schweizer Bürgerstaat"[3] ausgezeichnet, die ihn als den epischen Sänger der „Bürgerlichkeit"[4] erscheinen lasse. Wie im Mittelalter der Ritter-Stand, so sei im neuzeitlichen Deutschland das traditionale Stadtbürgertum der genuine Ort eines kollektiv integrierten, epischen Volkskünstlertums. Die Dichter dieser Lebenswelt begreift Marcuse unter dem Namen des Handwerkerkünstlertums[5] oder handwerklichen Meistertums als Antipoden zu den modernen, von der Gemeinschaft abgesonderten Artisten, die wie die Romantiker nach Kollektividentität und heimatlichem Obdach nur sentimentalisch sich sehnen können oder wie die l'art pour l'art-Dichter ihr Genügen und Programm in esoterischer Selbstabschließung finden. Eine „epische Lebens- und Kunstgestaltung" wie diejenige Kellers erfordere „immer und überall eine Voraussetzung, das Vorhandensein organischer und sinnhaltiger

Lebensformen, einheitlich gebundener und getragener Seinswerte, – eine Gemeinschaft im letzten und tiefsten Sinne".[6] Keller habe solchen Boden im „Schweizer Bürgerstaat" vorgefunden und das mache ihn „zum letzte(n) bürgerliche(n) Meistersänger".[7] Marcuses romantisierende Gleichsetzung von Meistersängertum und Volkskunst – eine Konnotation, die der kulturhistorischen Realität nicht entspricht – trägt deutlich die Spuren der Wagnerschen Nürnbergoper.

Auch die Keller-Monographie von Stoessl, auf die Marcuse sich positiv bezieht, apostrophiert den Schweizer Dichter als „Meistersänger" und „Meister Gottfried von Zürich", sieht in ihm den „Handwerksgenossen" deutscher „Kleinmeister", wer immer diese seien, und feiert ihn zugleich als den „späten Enkel"[8] Albrecht Dürers. Im Jahre 1904 bereits veröffentlicht der *Kunstwart,* das vielgelesene[9] Sprachrohr lebensreformerisch-chauvinistischer Strömungen im Umkreis des *Dürerbundes,* einen Aufsatz: *Dürer als Führer.* Der Verfasser ist Momme Nissen, ein Mitarbeiter des damals populären „Rembrandt-Deutschen" Julius Langbehn. In einem Atemzug wird hier die „Seßhaftigkeit" und „Stetigkeit" des „Volkskünstlers" und „Bürgers" Albrecht Dürer mit dem Volksdichtertum des „seherischen Staatsschreibers" Gottfried Keller in eins gesetzt.[10] Nicht anders deutet der junge Georg Lukács in seinem im Jahre 1909 geschriebenen Essay über *Bürgerlichkeit und l'art pour l'art*[11], zugleich ein Porträt Theodor Storms, die geistige Physiognomie Gottfried Kellers, ebenso wie diejenige Storms oder Mörikes, als späte Ausformung des älteren deutschen Handwerkerkünstlertums, das er beispielsweise in Holbein verköpert findet. Hier sei der Künstler, anders als der oppositionell zur Umwelt sich absondernde moderne Artist, noch eng mit der bürgerlichen Gemeinschaft verbunden. Noch der spätere Lukács feiert in einer Monographie von 1939 Keller als den „erdgebundenen", „naiven" Dichter „urwüchsigen" Schweizer Volkslebens, als den Sänger einer „organischen" Lebenswelt, die noch nicht die „Prosa des kapitalistischen Lebens"[12] kenne. Wenige Jahre nach Lukács' frühem Keller-Essay bereits zitiert und übernimmt Thomas Mann in den *Betrachtungen eines Unpolitischen*[13] dessen typologische Skizze, um sich unter dem nationalen Legitimationsdruck der Kriegsjahre als deutschen Handwerkerkünstler und als Glied einer Generationskette zu stilisieren, die von „Meister Erwin" über Storm und Keller zu ihm selber führe.[14] So braucht Marcuse im Jahre 1922 nur zu bestätigen: Was Lukács über Keller sage, „gilt Wort für Wort für Thomas Mann"[15].

Die Art von Literaturhistorie, die Keller unter diese Typologien zwingt, bemächtigt sich der Requisiten, Attribute, Kostüme und Charakterisierungen des romantischen Vorrates von Legenden über ein in Dürer oder Sachs, „Meister Erwin" oder Holbein idealtypisch verkörpertes, älteres „Handwerkerkünstlertum" und reiht Keller in dessen Nachfolge nur mehr ein. Er wird damit zum Objekt jener Legendenproduktion, die aus der Perspektive der 1900er bis 1930er Jahre die Dichter des vorangegangenen Jahrhunderts und ihre Welt mit eben denselben Wesensmerkmalen und Requisiten ausstattet, die die Literatur dieses 19. Jahrhunderts dem sogenannten „Mittelalter" zugesprochen hatte.

Die neuere Kellerbiographik und -philologie läßt dem Dichter inzwischen Gerechtigkeit widerfahren, und die einstmals verbreitete Legende vom Zürcher „Handwerks-Meister" ist heute weitgehend in Vergessenheit geraten.[16] Am entschiedensten hat ihr das Fragment gebliebene Kellerbuch des Schweizer Literaturwissenschaftlers Walter Muschg den Boden entzogen. Muschg stellt uns Kellers Existenz als die eines exzentrischen Außenseiters und „Ausgeschlossenen" vor Augen.[17] Zugleich aber verliert Muschg nicht aus dem Blick, daß mit Kellers Unbürgerlichkeit eine starke Sehnsucht nach Gemeinschaft, Bewährung und bürgerlicher Zugehörigkeit einhergeht, die sich in seinen Träumen von unbeschädigter Heimat und in seinen literarischen Fiktionen eines idealischen Volkslebens manifestiert. In den *Zürcher Novellen* fand die Keller-Philologie diese Tendenz immer wieder bestätigt. Die neueren Forschungen über den *Grünen Heinrich* hingegen scheinen die Muschgsche Einsicht in die Wechselwirkung von unbürgerlicher Konstitution und Kellers Sehnsucht nach volksverbundener Bürgerlichkeit, wie sie sich in seiner Dichtung artikuliert, zu verdrängen und aus den inzwischen unbestrittenen einzelgängerischen Zügen gerade seiner frühen Lebensjahre eine antibürgerlich-desillusionistische Tendenz auch seines Werkes begründen zu wollen (wie umgekehrt die ältere ‚Meister'-Biographik bürgerliche Tendenzen des Werks in sein Leben projiziert). Der *Grüne Heinrich* gilt nicht mehr als das Epos der „homerischen Schweiz"[18], sondern – so in Gerhard Kaisers Keller-Studie *Das gedichtete Leben* – als der Roman der „großen Desillusionierung"[19], nicht mehr als der die „Bürgerlichkeit" statuierende „episch-objektive Bildungsroman"[20], sondern (auch die Zweitfassung) als Desillusionsroman in den Spuren des *Anton Reiser*[21]. Gegen diese neuere Lesart werden im folgenden Bedenken angemeldet. Keller nämlich steht im Überlieferungszusammenhang der Idee vom deutschen Handwerkerkünstler nicht nur als Objekt, sondern auch als Subjekt. Als Erbe Wackenroders läßt er im *Grünen Heinrich* die romantisch verklärte Welt Alt-Nürnbergs neu lebendig werden. Er deutet – wie noch gezeigt werden soll – die Dürer, Sachs, Peter Vischer et al. als Symbolfiguren eines vorbildlich harmonischen Kulturzustandes, wobei die Grenzen zwischen der Gegenwart und der Vergangenheit, der diese dürerzeitlichen Idealgestalten angehören, undeutlich bleiben. Anhand dieser in der Forschung bislang unbeachtet gebliebenen Ikonographie des Handwerker-Künstlertums im *Grünen Heinrich* sollen Kellers Bejahung des Alt-Bürgerlichen und seine Teilhabe am oben skizzierten Erbe romantischer Handwerksverklärung sichtbar werden. Diese in den *Grünen Heinrich* eingelagerte Idealität läßt es m. E. nicht zu, vom „Desillusionsroman" zu sprechen. Umgekehrt aber verbietet es der sentimentalisch-reflexive und gegenbildliche Grundzug seiner fiktionalen Programme und Utopien des Handwerklichen,

Keller zum naiv abschildernden „Bürgerdichter", zum Epiker einer intakten Handwerkerwelt und diese zur gleichsam „homerischen" Schweiz zu stilisieren. Die Rede vom Romancier der „Desillusionierung" – dies soll zunächst gezeigt werden – projiziert seine Lebensverhältnisse in sein Werk; die Rede vom „Handwerkerdichter" projiziert – so unsere zweite Behauptung – die poetischen Symbole des Œuvres in den realen Lebensraum des Autors. Beides verfehlt die Wahrheit.

Zur Verifizierung dieser These sollen zunächst in knapper Form Kellers Lebensverhältnisse, seine Lebensführung und Selbstauslegung, sodann ausführlicher die poetischen Entwürfe des *Grünen Heinrich* besprochen werden.[22]

## II

Gottfried Keller als Bürgerkünstler und Handwerksmeister in der Nachfolge der Dürer und Sachs? Kellers Leben als Wiederholung des altbürgerlichen Schemas der Handwerkervita?

Gewiß, Keller amtiert 15 Jahre als Staatsschreiber. Aber weit davon entfernt, daß sein Dichtertum die harmonische Begleitung seines bürgerlichen Berufs im Stile eines Meistersängers ist, klafft in seinem Leben eine „zwanzigjährige Schaffenspause"[23], die weitgehend identisch ist mit den Jahren seiner Diensttätigkeit von 1861 bis 1875. Zu Recht konstatiert Ricarda Huch: „Fast alle Werke Kellers, mit Ausnahme der ‚Züricher Novellen', sind (...) in den Jahren 1846–1856 ausgeheckt worden."[24] Und *Martin Salander* ist ganz und gar ein Werk des Lebensabends. Kellers Biographie fügt sich nicht zu einem harmonischen Nebeneinander von Dichtertum und sozialer Pflichterfüllung, sondern zerfällt in das zeitliche Nacheinander produktiver Unbürgerlichkeit und unproduktiver Bürgerlichkeit. Bis zur Amtsübernahme führt er ein zielloses Vagabundendasein, aber auch nach der Seßhaftwerdung bleibt sein Leben – wie Walter Muschg prägnant herausgearbeitet hat – von der Welt geregelter Normalität getrennt. Weit entfernt von der von Lukács und anderen in Anschlag gebrachten handwerklichen Geradlinigkeit und tugendgeleiteten Folgerichtigkeit, ist sein Arbeitsvermögen unstet, stockend und sporadischer Natur. Keller leidet darüber hinaus an einem körperlichen Mangel: Er ist nur 1,40 m groß, „ein Zwerg"[25], und beispielsweise nicht in der Lage, eine geländerlose Treppe herabzusteigen. Folgt man der Deutung von Walter Muschg, so dienen Stammtischkumpanei, Kraftmeierei und Mannhaftigkeitsrituale in Kellers Dasein offensichtlich als Kompensationen des körperlichen Unglücks, der lebenslangen „unaufhebbaren Einsamkeit"[26] und der Schwierigkeiten der Junggesellenexistenz. Sie sind es, die ihn zu den Orten der Gemeinschaftsseligkeit ziehen, sei es das Wirtshaus, seien es die vaterländischen Feste, deren Höhepunkte: die Kadetten-, Sänger- und Schützenfeiern ihn zu willigem Beitrag von Tisch- und Jubelliedern jedesmal veranlassen.

Dies zeugt nun aber nicht von der naiven Zugehörigkeit des Handwerkerkünstlers zum Bürgerstand, sondern von dem Gemeinschaftsverlangen des an seinem Außenseitertum Leidenden. Das „Volk" – so Muschg – kann für ihn nur ein Ideal, ein Gegenstand romantischer Sehnsucht sein, denn er ist ein „Ausgeschlossener"[27], ein Sonderling, auch wenn bis heute die Kellerporträts, die u. a. auf Schweizer Banknoten, den Frankenscheinen, im Umlauf sind, sowie die monumentalen Marmorsockel, die dem Zürcher „Bürgerdichter" errichtet wurden, das Gegenteil suggerieren.

Daß dieses Dichterleben dem Schema vom Handwerkerkünstler und schürzentragenden Meistersänger nicht willfahrt, ist evident.[28] Ebensowenig wirklichkeitsadäquat ist die der oben zitierten Kellerbiographik immanente Legende vom vorkapitalistischen, handwerklichen oder dörflich-bäuerlichen Lebensraum der „homerischen" Schweiz. Die neuere Sozialgeschichtsschreibung hat mit solcher Kuhglockenidyllik und Hemdsärmelarchaik gründlich aufgeräumt und konstatiert, daß die Schweizer Alpenvorlande seit dem ausgehenden 18. Jahrhundert neben England den vorgeschobensten Posten der industriellen Revolution bildeten, „daß die wirtschaftliche Entwicklung der Schweiz der britischen industriellen Entwicklung voran ging oder doch zumindest parallel zu ihr verlief"[29] und daß sie der deutschen um etwa 30 bis 50 Jahre vorauseilte. (Goethes *Wanderjahre* registrierten bereits diesen Sachverhalt.)

## 2. *Der grüne Heinrich* (1854/55; 1879/80)

### I

Keller also als Romancier der kapitalistischen Moderne? Gewiß: Die Erscheinungsformen der im 19. Jahrhundert expandierenden Kulturindustrie hat er in seinem autobiographisch getönten Erstlingsroman *Der grüne Heinrich* beschrieben. Die „Ausbildungsstätte" des jungen Helden, eine Kunstfabrik, fertigt mit Hilfe von ungeschulter Kinderarbeit serienmäßige Standardprodukte. Der Fabrikant Habersaat, so heißt es bei Keller, begriff „vollständig das Wesen heutiger Industrie, deren Erzeugnisse um so wertvoller und begehrenswerter zu sein scheinen für die Käufer, je mehr schlau entwendetes Kinderleben darin aufgegangen ist"[30]. Auch die Münchner Malerbohème, der Keller selbst eine Zeit lang angehört, produziert in Abhängigkeit von den Gesetzen kapitalistischer Warenherstellung, und der Roman hält dies fest: Erikson ersetzt seine mangelnde künstlerische Begabung durch erfolgsorientierte Marktanalyse und Verkaufsstrategie. Der grüne Heinrich muß (in der zweiten Fassung) seine Landschaftsgemälde in marktgängige Teile zerschneiden; muß die ästhetische Qualität seiner Arbeit vernichten, um den Tauschwert zu realisieren. Die Marktfähigkeit der warenförmig vergesellschafteten Kunst verdrängt deren qualitativen Eigenwert.

Gleichwohl unterstellt Kellers Roman – wie nun gezeigt werden soll – die überhistorische Substantialität und aktuelle Möglichkeit altbürgerlichen Kunstmeistertums jenseits der Depravationsformen des zeitgenössischen Kunstbetriebes. Zwar nicht in der Biographie und im Lebensraum des Autors selbst, aber doch in seinem Werk wird man das Vorbild der soliden bürgerlich-handwerklichen Kultur und ihrer Künstler finden. Die Welt, die Lukács, Mann oder Marcuse als den realen Lebensgrund Kellers unterstellen, ist eine poetische Idee des *Grünen Heinrich*.

Keller beschreibt dort ein Künstlermaskenfest, das die „goldene Dürerzeit" wiedererweckt. Die Schilderung hat ein reales Ereignis zur Grundlage. Anläßlich der Enthüllung des Nürnberger Dürerdenkmals und als Manifestation einer im Verlauf des 19. Jahrhunderts epidemisch gewordenen, in zahlreichen Vereinsgründungen, jährlichen Feiern und Festkommersen sich manifestierenden Dürerverehrung[31] veranstalten 600 Münchener Künstler und Kunsthandwerker (darunter Carl Spitzweg, Moritz von Schwind, Franz Lachner) anno 1840 vor dem versammelten Königshaus in der Bayerischen Residenz einen Maskenzug[32], der Kaiser Maximilians legendäre Wappenverleihung an Dürer zum Vorwurf hat, und der die Gesamtheit der feudalen und bürgerlichen Repräsentanten des frühneuzeitlichen Nürnberg in historischer Kostümierung zur Darstellung bringt: von Kaiser Maximilian und Meister Dürer über Wohlgemuth, Veit Stoß, Adam Kraft, Peter Vischer, die Beheims und Hans Sachs bis hinunter zu alten Schlachtrössern wie Georg von Frundsberg und seinen Landsknechten.[33]

Die bayerische Residenz als Ort des Künstlerkarnevals und die Wappenverleihung als sein Sujet lassen das Fest als eine große Inszenierung bürgerlich-feudaler Klassenversöhnung ante rem, also vor 1848, erscheinen. Das Vormärzjahr 1840 ist ein Jahr patriotischer Hochstimmung dank der Erregung über die von Frankreich entfesselte Rheinkrise. Nürnberg, Hort der Reichsjuwelen (bis 1797), ehemals der Ort deutscher Kulturblüte und freie Reichsstadt (bis 1806), eignet sich bevorzugt als Symbol nationaler Identitätsfindung und der Hoffnung auf Reichserneuerung. Keller charakterisiert daher den Maskenzug als einen „Traum" und als ein „Phantasiegebilde gestorbener Reichsherrlichkeit", in dem zugleich eine reale positive Zukunft verheißen werde.

„Da nun aber jeder einzelne Mann (der Umzugsteilnehmer, B. S.) nicht etwa ein schön gewachsenes Schema, ein bloßer Statist, sondern eine bedeutende Persönlichkeit, ein rechter Schmied seines Glückes war, der aus diesem, der aus jenem Winkel deutschen Volkstumes hervorgekommen, so mußte man beim Anblick so Vieler unwillkürlich die Hoffnung fassen, daß ein solches Volk doch noch zu etwas anderem fähig sei als zur Darstellung der Vergangenheit und daß diese körperliche Wohlgestalt, welche so ähnliche Bilder toter Helden und Kaiser zeigte, unausbleiblich einst die wahren Kaiser, die rechten Schmiede und Herrscher des eigenen Geschickes, die selbständigen Männer der Zukunft hervorbringen werde."[34]

Aber nicht nur als unmittelbar politisches Symbol wirkt das Szenarium Alt-Nürnbergs in der Realität des Jahres 1840, sondern ebenso als retrospektiv-utopisches Gegenbild zur modernen, von Industrialisierung und kapitalistischer Arbeitsteilung geprägten Kulturentwicklung, denn der Festzug präsentiert sich als Abbild eines altständischen Ordnungsgefüges. Dem Zug der Meistersinger und der in Zünfte gegliederten Handwerker folgen die Vertreter des städtischen Regiments und der patrizischen Geschlechter; sodann, in einer zweiten Formation, die Repräsentanten des Reiches; schließlich ein Mummenschanz. (Der romantisierende, altertümelnde Charakter dieser Gliederung wird deutlich, wenn man sich vor Augen führt, daß in der Ökonomie Nürnbergs im 16. Jahrhundert das Zunftwesen weitgehend zugunsten des freien Tauschverkehrs verdrängt war, oder sich die einstmaligen sozialen Spannungen zwischen Patriziat und Handwerkertum vergegenwärtigt.) Ein Festteilnehmer von 1840 beschreibt den gegenbildlichen Sinn des Umzuges wie folgt:

„Was aber dem Bilde des damaligen Lebens (des 16. Jahrhunderts, B. S.) sein anziehendstes und schönstes Colorit gab, dies war die innige Beziehung und Wechselwirkung, in welchem das Ritterthum mit dem Bürgerthum, die Wissenschaft mit der Kunst, die Kunst mit dem Gewerbe stand, ein Verhältnis, das seine vollendete Ausbildung in dem Leben der deutschen freien Reichsstädte, dergleichen Nürnberg war, finden mußte."[35]

An der goldenen Dürerzeit Alt-Nürnbergs haften, wie hier in der Auffassung der realen Festarrangeure von 1840 so auch im Romankommentar des sinndeutenden Nacherzählers Keller, jene von ihm teils als ‚griechisch'[36], teils als ‚mittelalterlich'[37] apostrophierten Qualitäten eines vorkapitalistisch-geschlossenen kulturellen Zusammenhangs, in welchem die künstlerische und handwerkliche Arbeit im bürgerlichen Tugendgefüge verankert ist und in dem Kunst und Religiosität, Arbeit und Ethik, Gewerbe und Schönheit eine harmonische Einheit bilden, – topische Qualitäten, die von der Romantik bereits ins 16. Jahrhundert und von Lukács, Mann und Marcuse wiederum in die Welt Kellers und Storms rückprojiziert werden. Die Sachs, Veit Stoß, Meister Danner etc. sind in Kellers Beschreibung von derselben „Tüchtigkeit", „Arbeitstreue", „ruhigen Emsigkeit" und „Demut"[38] wie später in Lukács' oder Marcuses Augen Keller selbst. Kunst und Handwerk bilden eine Einheit. Die Gewerke in jener Zeit gehen „unmittelbar in die bildende Kunst über"[39], was im Maskenzug dergestalt sinnfällig wird, daß die Künstler als Mitglieder der Handwerkerzünfte einhermarschieren. Veit Stoß geht mit den Kupferstechern, Peter Vischer mit den Gelbgießern, Hieronymus Gärtner mit den Drehern usw.

„Es lag etwas Griechisches in der Luft jener Zeit, und wie alle Gewerke schon durch den Meistergesang mit der Kunst verbunden waren, so ging beinah jedes einzelne unmittelbar in die Kunst über und hatte bei derselben als Legaten die Sprößlinge seiner Werkstatt."[40]

Die Renaissancezeit, wiewohl aus heutiger Sicht Ursprung der Neuzeit, wird (bei Keller noch unter der Bezeichnung: „Mittelalter") hier zum Gegenbild der Moderne. Ohne die harmonisierenden Züge des älteren romantischen Nürnbergbildes zu löschen, ist indes bei Keller die neuzeitliche Realität der Stadt als einer Welthandelsmetropole und eines Rüstungsgiganten des 16. Jahrhunderts eher festgehalten als in der Giebel-, Erker- und Butzenscheibenidyllik der Romantiker und ihrer seit den 1817/1818er Jahren im nationalen Dürerkult sich in Szene setzenden Epigonen. Die großen Fernhandelsherren, Weltentdecker und Pioniere technischer (bzw. militärtechnischer) Innovationen, sie alle werden im Maskenzug sichtbar oder zitiert und symbolisieren den neuzeitlichen Geist der Weltentdeckung und scientific discovery. Dürer, der feudale Rentner, tritt bereits nicht mehr als Angehöriger des zünftigen Kollektivs auf, ebenso wie in der Kunst schon Spuren nordischer Phantastik und neuzeitlicher Subjektivität sich zeigen. Peter Vischers Sebaldus-Grab deutet Keller als ein harmonisches Beieinander von „romantischer Phantasie"[41] und den objektiven Maßnormen „klassischer Schönheit".

Die Renaissancekunst, so wie Keller sie aus der modernen Retrospektive eines problematischen Künstlertums und Kulturzustandes deutet, erscheint hier als Muster eines gelungenen kulturellen Gleichgewichts, denn im Nürnberg des 16. Jahrhunderts, auf dem Indifferenzpunkt von Mittelalter und Neuzeit, scheint die Subjektivität und „Phantasie" freigesetzt, aber noch nicht in Gegensatz zur natürlichen Seinsordnung gebracht; hier ist die Kunstautonomie entfaltet, aber noch nicht im Gegensatz zu metaphysischer oder religiöser Wahrheit; hier ist die neuzeitliche Wissenschaft und Technik zur Anwendung, aber noch nicht in Gegensatz zur Schönheit gelangt. Als Beispiel sei nur Kellers Beschreibung des „arbeitstreuen Handwerksmannes" (Tugend-Aspekt) Hieronymus Gärtner herausgegriffen, der gänzlich unsakrale weltliche Preziositäten fertigt (Autonomie- und Schönheits-Aspekt), z. B. eine hölzerne Kirsche mit einer Fliege darauf, dies aber mit „kindlichfrommem Eifer, zum Preise Gottes" (religiöse Rückbindung), und der zugleich ein „erfahrener Meister und Errichter von Wasserwerken" (Technik-Aspekt) und „kunstreichen Brunnen"[42] (Schönheits-Aspekt) ist. Wie das Schaffen der tugendgeleiteten Künstler, so ist auch die ökonomisch-instrumentelle Rationalität der Nürnberger Großhandelskaufleute noch an normative Grundlagen, an „Gemeinsinn und sittliche Würde"[43] rückgekoppelt. Daß dieser kulturelle Lebenszusammenhang stark genug ist, auch das Dämonische, Abseitige und Kriminelle zu integrieren, zeigt Keller am Künstler Veit Stoß, der falsche Wertpapiere fertigt, und dies mit demselben Treufleiß, derselben Frömmigkeit, die er an seine Marienbilder wendet. Mit glühenden Eisen werden ihm zur Strafe die Wangen durchstoßen. „Aber weit entfernt, von solcher Schmach gebrochen zu werden, erreicht (...) er in aller Gemächlichkeit ein Alter von 95 Jahren"[44] und schnitzt und malt in gewohnter Emsigkeit. Noch in der kriminellen Verirrung behauptet sich die kollektive Identität und die Homogenität der bürgerlich-handwerklichen Lebens- und Arbeitsmethode.[45]

In ihrer Ganzheitlichkeit gleichen die Nürnberger Bürger- und Künstlergestalten – Symbolfiguren eines geschlossenen Kulturzusammenhangs – der Vater-Imago des Romanhelden (die mit der eigenen des Erzählers verwandt sein dürfte). Heinrichs Lebenserinnerungen zeichnen den Vater als eine Synthese aus traditionalem Handwerker (vom fahrenden Gesellen zum Baumeister), kapitalistischem Bodenspekulanten (Aufkauf und Abriß alter Häuser), Künstler (im Zeichnen und Steinschnitt) und demokratischem Patrioten (im sozialpolitischen Verein). Die Formen handwerklicher, unternehmerischer, künstlerischer und politischer Selbstmächtigkeit fließen hier zusammen.[46]

Kellers Sehnsuchtsbilder, die das 16. Jahrhundert (und – im Vaterportrait – die frühliberale Schweiz der dreißiger Jahre) idealisieren, imaginieren den Zustand eines prekären Gleichgewichtes der in der Moderne auseinandergetretenen Wert- und Handlungsbereiche des Ästhetischen, Moralischen, Wahren und Nützlichen. In Kellers Ideal-Welten scheint ein Verhältnis von moralisch-praktischen, subjektzentriert-ästhetischen und technisch-instrumentellen Wertorientierungen realisiert zu sein, das die Eigenvalenzen dieser ausdifferenzierten Geltungsbereiche sichtbar werden, nicht aber als Polaritäten aufbrechen läßt.

Im Gegensatz zu dem modernen Kunstindustriellen Habersaat und dem marketing-Fachmann Erikson handeln die Nürnberger Kaufleute nützlich u n d moralisch, produzieren die Künstler das Schöne u n d das Gute, die Techniker das Schöne u n d das Nützliche etc. Außerdem zerfällt in der Vorstellung Kellers (die historische Realität war anders) das kulturelle Leben Nürnbergs nicht in eine Vielzahl schichtenspezifischer ‚Einzelkulturen', sondern alle Gruppen, vom Kaiserhof bis zum Volk, sind vom einheitlichen ‚Geist' des Zeitalters durchdrungen. Dürer, Vischer etc. sind Künstler der Allgemeinheit. Solche Harmoniebilder stehen in einem Komplementärverhältnis nicht nur zu Gottfried Kellers Gegenwartsdiagnose, sondern zum historisch-philosophischen Selbstverständnis der Moderne überhaupt, das seit dem ausgehenden 18. Jahrhundert deren Differenz zur Vergangenheit in der Heraufkunft eines neuen Polytheismus unversöhnlicher Lebens- und Wertordnungen erblickt: im Ende der einstmals religiös-metaphysisch beglaubigten Einheit des Nützlichen, Wahren, Guten und Schönen.

Allerdings bleibt in Kellers *Grünem Heinrich* die zeit- und kulturkritische Stoßrichtung des Nürnberg-Entwurfs eigentümlich unartikuliert, ja verdeckt. Zwar registriert der Roman das Auseinanderfallen der einstmals geschlossenen Kultur in einseitig-verselbständigte Handlungsbereiche: z. B. in eine amoralische und kunstfeindliche Ökonomie (Habersaats Exploitation von

Kinderarbeit und das Zur-Ware-Werden der Kunst) sowie in ein von der Allgemeinheit abgesondertes künstlerisches Phantasten- und Spezialistentum (Heinrichs „kolossale Kritzelei", Eriksons gepfuschte Liebhaberstücke für reiche Dilettanten) und entsprechende Lebensformen (z. B. die der Münchner Malerbohème). Von diesen Zerfallserscheinungen sucht der Erzähler im *Grünen Heinrich* die alte Kultur Nürnbergs zu unterscheiden. Andererseits hindert ihn ein organologischer Begriff des Volkstums an einer sozialgeschichtlich aufgeklärten Gegenwartsdiagnose. Von den Münchener Künstlern und Handwerkern, die die Nürnberger Vergangenheit nachspielen, versichert er, daß es keineswegs auswechselbare Rollenträger, „leere Figuranten" oder Statisten[47] seien, vielmehr hätten sie „nicht nur durch die ungebrochene äußere Gestalt, sondern auch durch ihr Können und Wollen die Fähigkeit und das Recht, jene bewährten Vorfahren darzustellen"[48]. Sie seien „in gediegener Arbeit ausgereifte Männer"[49] und ihre „Meisterschaft" blühe „in hundert Zweigen in glänzend reifender Technik"[50]. Folgen wir diesem Kommentar, so ist der ästhetische Schein der Masken und Gewänder, den der Karneval erzeugt, nicht Illusion, sondern Medium der Versinnlichung, der Vergegenwärtigung, der erhöhenden Steigerung lebendiger, gegenwärtiger Substanzen.[51] Im Hinblick auf diese Wesens-Identität von künstlerischer Darstellung und Dargestelltem unterscheidet der Erzähler den Vergangenheitsbezug der Münchener Festakteure von den sentimentalischen Mittelalter-Evokationen der Romantik: „Überhaupt machte der ganze Festzug durch die bloße Tracht, welche auf das Genaueste wiedergegeben war, einen ganz anderen Eindruck als unsere neuesten frömmelnden Romantiker in ihren unkundigen und siechen Schilderungen des Mittelalters beabsichtigen."[52] Die im Maskenzug belebte Welt ist nicht schlechthin Vergangenheit, sondern ebensosehr Gegenwart. So kann Kellers Blick auf die ältere Form des Handwerkerkünstlers gerade nicht dazu taugen, im Vergleich mit den glücklichen Qualitäten historischer Vergangenheiten als Kontrast die Defizite und Deformationen der Moderne zum Bewußtsein zu bringen.

Kein historischer oder gesellschaftlicher Riß trennt die Festakteure von der darzustellenden Welt, im Gegenteil: Eine überhistorische Identität des Volksgeistes, die an der unverlierbaren und wesenhaften Objektivität gelebter Tradition, überlieferten Könnens und Wissens, verwurzelter Gewohnheiten, vorgefundener Normen und Sitten haftet, verbindet sie mit der spätmittelalterlichen Lebenswelt des alten Nürnberg. Kellers Kommentar verdeckt den zeitkritisch-sentimentalischen Grundzug dieser Zurschaustellung des Volksganzen in altständischer Gliederung – eine Maskerade, die ja nicht vom Volk selber, nicht von den Münchener Bürgern und Gewerbeinnungen veranstaltet wird, sondern von einer Expertengruppe, den Neu-Münchener Künstlern und Kunsthandwerkern.[53]

Wer aber sind in der Wirklichkeit des Jahres 1840 diese Münchener Künstler, 600 an der Zahl, in denen Keller die legitimen Nachfahren der Dürer-

Welt und die Garanten einer überhistorischen Wesensidentität des Volkes zu erkennen meint? Adolf Muschg sieht in ihnen abhängige Kunsthandwerker oder Afterkünstler, die innerhalb eines gewaltigen, auf Dekor und Imitation arbeitsteilig spezialisierten Fabrikationsbetriebes der bayerischen Residenz, einem „universalen Habersaat'schen Atelier“[54] und einer „riesigen Industrieanlage“[55], mit Manufakturarbeiten aller Art beschäftigt sind. Keller selber beschreibt sie als jene „bewährten Arbeiter (...)“, die mit „anspruchslosem Fleiß“ damit befaßt sind, bedeutende Kunstgemälde neu und neu auf „Porzellanplatten und edle Gefäße getreu (zu) übertragen“[56]; oder jene, die innerhalb „riesenhafter“ Feuerhäuser „zwölf Fuß“ hohe Kolossal-Statuen „von Fürsten, Dichtern und anderen Großen der Nation“ gießen und „vergolden“ oder „haushohe Glasfenster“ brennen; schließlich jene, die „unabsehbare Wände“ in „langen Hallen“ mit Landschaften bemalen.[57]

Keller begreift die Gemeinsamkeit seiner Zeitgenossen mit den älteren Handwerkerkünstlern nicht als die eines – wie auch immer zu bestimmenden – Rangs ihrer künstlerischen Werke, sondern als die Teilhabe der jüngeren am bewährten Tugendsystem der Ahnen, und er begreift ihre Ethik des „Gediegenen“, „Arbeitsamen“ und „Gereiften“ als Sediment einer zeitlos überdauernden Substanz des Volksgeistes. Wie schon bei den Romantikern gilt die Faszination an der Renaissancekunst der Dürer, Vischer usw. nicht deren Gehalten, sondern dem bürgerlichen Gemeinsinn, in dem sie vermeintlich wurzelt. Ihn sieht Keller auch in den kollektiven Kunstaktivitäten im München der 30er Jahre am Werk, und dies nicht ohne Grund. König Ludwig von Bayern, der schon als Kronprinz während seines Romaufenthaltes im Jahre 1818 die Nähe der Nazarener (besonders aber Cornelius', eines der Aktivisten dieses Bundes) gesucht hatte, gibt deren Ideen innerhalb seiner Münchner Bauprojekte breiten Wirkungsraum, vor allem, indem er die Ausschmückung der königlichen Bauten von Schnorr und von Cornelius (den er als Direktor an die Kunstakademie holt) ausführen läßt. In Rom hatten die nazarenischen Künstler ihr Postulat, daß man sich in Nachahmung der mittelalterlichen Bauhütten und Malerzünfte (nach deren Schutzheiligen sie sich die *Lukasbrüder* nannten) zusammenschließen und im kollektiven Einverständnis über Wert- und Stilbegriffe ein Gemeinschaftskunstwerk erzeugen solle, bei der Ausführung der großen Fresken in der Casa Bertholdy und der Villa Massimo in die Praxis umgesetzt. Diese Ideen einer überpersönlichen Kunstproduktion und Werkstattgemeinschaft werden durch Cornelius' Tätigkeit in den Münchner Hofgarten-Arkaden und in der Glyptothek neu belebt.[58] Hält man sich dieses Ideal der „mittelalterlichen“ Handwerkerkommune gegenwärtig, so wird man Adolf Muschgs Abwertung des Dekor- und Baubetriebs unter Ludwig I. als einer „Industrieanlage“ – ein Diktum, das die funktionale Teilung fremdbestimmter, gar maschineller Serienarbeit suggeriert – zumindest hinsichtlich der ungleichzeitigen, an der alten Handwerksökonomie orientierten geistigen Prämissen der Münchener Unternehmungen relativieren müssen. Daß Gottfried Keller Cornelius, auch Overbeck, außerordentlich schätzte und pries, ist bezeugt.[59] Wenn er im *Grünen Heinrich* anläßlich des Dürerfestes das Tugendsystem und die Motivation der Münchner Künstler-Akteure im Sinne des nazarenischen Selbstverständnisses lobt, das Artistik an Moralität knüpft, so zeigt sich, daß er sich dem Kunstbetrieb der Residenz eher von den idealen als von den Schattenseiten her nähert. Indes taugt das nazarenische Programm nicht dazu, das Ganze des Münchener Kunstbetriebes in seiner realen Praxis verständlich zu machen.

In eben jenem Jahre 1840, in dem Keller in München eintrifft und die von ihm beschriebene, als Manifestation ungebrochen fortwirkender Handwerkstradition gedeutete Nürnbergfeier stattfindet, überschwemmt zugleich, von Keller mit Stillschweigen bedacht, eine Welle kommerziellen Dürerkitsches den Markt. Die damalige Tagespresse legt davon Zeugnis ab. „Pfeifenstopfer mit Dürers Bild in ganzer Figur"; „Hemdknöpfe mit Dürers Bildnis, Monogramm und Wappen"; „Pfeifenbeschläge gleichfalls mit dem Bilde Dürers"; „Nadeln, Broches, Chemisett-Knöpfchen und Haarnadeln von Gold und Silber mit dem Brustbild und dem Monogramm Albrecht Dürers"; Maßgläser mit Dürer-Deckeln, Albrecht-Dürer-Torten und Lebkuchen[60] – all dies ist bereits 1840 gang und gäbe. Hier werden die romantischen Ideen der Werkstättengemeinschaft und der Volkskunst zur Praxis industrieller Massenkunst heruntergewirtschaftet. (Später werden Morris' Versuche in handwerklicher Gebrauchs- und Ausstattungskunst in die gleiche Dialektik hineingerissen.) Keller aber benennt keineswegs die Differenz des standardisierten Kunstgewerbes, das ihm vor Augen gelegen haben muß, zu dem Idealbild altdeutscher Kultur, das die Dürer-Feierlichkeit ihm eingab. Das Zur-Ware-Werden der Kunst, das er im Blick auf Habersaats Atelier, auf Eriksons und Heinrichs Malerei scharfsichtig diagnostiziert, wird aus seiner Beschreibung der Münchener Kunstszene, um die Vorbildlichkeit des Fest-Tableaus nicht zu gefährden, gänzlich ausgeblendet. Ungewarnt von den Anfängen kulturindustrieller Standardproduktionen des Dürerrummels, preist Keller die Akteure des Nürnberg-Festes – also jene Reproduktionsarbeiter, die „mit anspruchslosem Fleiße" serienmäßig Gemäldeimitate auf Porzellan „übertragen" – als Fortsetzer spätmittelalterlicher Handwerkskunst, als Träger bürgerlicher Arbeitsethik, als Wahrer einer vom 16. bis ins 19. Jh. währenden Tradition.

So ist dieser Bestand eines kollektiven Tugendsystems, das sich sowohl in den Sujets des Maskenzugs als auch in den Akteuren seiner meisterhaften Inszenierung, ja sogar in einem biologischen Umstand, ihrer „körperliche(n) Wohlgestalt"[61], manifestiert, der Garant optimistischer Zukunftserwartungen Kellers: der Erwartung eines „unausbleiblichen" bürgerlichen Zeitalters der „rechten Schmiede und Herrscher des eigenen Geschicks"[62], der handwerklichen Selbständigkeit jenseits der Nachtseiten des Liberalismus, d. h. einer normativen integrierten Form der bürgerlichen Gesellschaft als der dem deutschen Volke wesenhaft zugemessenen gemeinschaftlichen Ordnung.[63]

Neben diesen über das Romangeschehen hinausweisenden kulturkritischen und geschichtsphilosophisch-prognostischen Funktionen eignet dem Nürnbergtableau im Aufbau des Romanganzen die Bedeutsamkeit einer immanenten ästhetischen Reflexion. Das Künstlertum der Alt-Nürnberger ebenso wie das der Münchner Festakteure ist Keller zufolge ausgezeichnet durch Traditionsgebundenheit und Gemeinschaftsgerichtetheit. Dürer und die Münchener Imitatemaler dürfen in einem Atemzuge genannt werden, denn sie partizipieren an demselben Tugendsystem. In dieser Gemeinsamkeit löst sich der Gegensatz von freier, gebundener und reproduktiver Kunst. Der Gegensatz, den Keller stattdessen zur Geltung bringt, ist der von „Dilettantismus“ und „Meisterschaft“.[64] Die meisterliche nürnbergische Handwerkskunst und der Vorgang ihrer karnevalistischen Wiedererweckung werden Gegenbild zum dilettantischen, vom Leben dissoziierten, von der Lebensunmittelbarkeit entfremdeten modernen Künstlertum, dessen schuldhafte Form der gescheiterte Maler Heinrich Lee verkörpert. Während das desillusionsromantische Künstler-(Selbst-)Verständnis in der Absage an Gemeinschaft und Liebe ein Konstituens moderner ästhetischer Produktivität erblickt und in der „Kuhwärme“ der Mitmenschlichkeit „Dilettantismus“ vermutet, wertet umgekehrt Keller die ästhetizistische Selbstgenügsamkeit und die Gemeinschaftsentfremdung des grünen Heinrich als Ursache seines künstlerischen Unvermögens sowie als individuelle Schuld und subjektiv zu verantwortende Verfehlung im Sittlichen. Der Roman vom *Grünen Heinrich* zeigt das Scheitern eines „dilettantischen“, im Frost der „herzlosen“ Ichbezogenheit erkalteten und erstarrten Malerlebens, vor dessen schuldhaftem Hintergrund das positive Bild eines ethisch-gemeinschaftsverbundenen Künstlertums im Sinne wahrer „Meisterschaft“ sich leuchtend abhebt.

Keller löst den seit der Frühromantik topisch gewordenen Gegensatz von Künstlertum und Bürgerwelt auf in der Dichotomie von Dilettantismus und Meisterschaft. Der durch handwerkliche Tugenden, Traditionspflege, Übung und Können als ‚Meister‘ ausgezeichnete Künstler unterscheidet sich nicht länger vom Bürger. Die Lebensentfremdung ist kein Konstituens modernen Dichtertums.

In einer Selbstreflexion am Ende seiner Wanderjahre thematisiert der grüne Heinrich sein bisheriges „dilettantisches“ künstlerisches Weltverhältnis in der Metaphorik der Herzenserkaltung, derer sich die Romantik zur Symbolisierung einer zeitgemäßen künstlerischen Produktivität bemächtigt hatte[65], und setzt dagegen die lebendige Unmittelbarkeit des gemeinschaftsbezogenen Lebens, wie es ihm in der „Meisterschaft“ der Münchener und Nürnberger Künstler vor Augen stand. „Was für ein ungeschickter und gefrorner Christ bin ich gewesen, da ich ja keine Ahnung hatte von diesem leidvollen und süßen Leben.“[66] Die Metaphorik des Frostes symbolisiert hier jenes ästhetisch dilettierende Verhalten des jungen Malers, der sich von der Gemeinschaft absondert, der „die unmittelbare Lebensquelle, welche ihn mit seinem Volke verband, vernichtet"[67], der in Imaginationen, Phantasien, Gespinsten, Halluzinationen, Träumen seinen ästhetizistischen Genuß und sein Genüge[68] fand. Thematisch im Roman wird diese artistische Selbstgenügsamkeit und Herzenskälte, die das gelebte Leben herabsetzt zum Material künstlerischer Objektivierung und zum Stoff des Bildermachens, in einer Szene am Sarge der toten Freundin Anna. Dort wird dem Helden die Tote, gebannt in einen Sarkophag mit gläserner Öffnung, zum ästhetischen Bild, und erst in dieser ästhetischen Neutralisierung wird die Erfahrung des Todes dem grünen Heinrich zuteil. Reliquienartig gerahmt und verdinglicht zu zeitloser Gegenwärtigkeit, als gegenständlicher Schein, bemächtigt die Verstorbene sich seiner Phantasie:

„Der letzte Sonnenstrahl leuchtete nun durch die Glasscheibe in das bleiche Gesicht, das darunter lag; das Gefühl, das ich jetzt empfand, war so seltsam, daß ich es nicht anders als mit dem fremden, hochtrabenden und kalten Wort ‚objektiv' benennen kann, welches die deutsche Ästhetik erfunden hat. Ich glaube, die Glasscheibe tat es mir an, daß ich das Gut, was sie verschloß, gleich einem in Glas und Rahmen gefaßten Teil meiner Erfahrung, meines Lebens, in gehobener und feierlicher Stimmung, aber in vollkommener Ruhe begraben sah; noch heute weiß ich nicht, war es Stärke oder Schwäche, daß ich dies tragische und feierliche Ereignis viel eher genoß als erduldete und mich beinahe des nun erst werdenden Wechsels des Lebens freute."[69]

Und an anderer Stelle: „Ich sah alles wohl und empfand beinahe eine Art glücklichen Stolzes, in einer so traurigen Lage zu sein und eine so poetische, schöne, tote Jugendgeliebte vor mir zu sehen".[70] Auf diese kalte Ataraxie eines das Leben in Phantasien verdinglichenden Ästhetizismus[71] bezieht sich Heinrichs späteres Selbstdementi seines dilettantischen Künstlertums. Er verwirft am Ende seiner Wanderjahre den mortifizierenden Blick seiner Jugend, der imstande war, „dem traurigen Ereignis (Annas Tod, B.S) so künstlerisch zuzusehen und es zu beschreiben"[72]. Dagegen setzt der grüne Heinrich dann das Programm seiner Reintegration in die lebendige Gemeinschaft des Volkes als Antithese zur Herzenserkaltung. Zwei Verse aus Angelus Silesius' *Cherubinischem Wandersmann* bilden das Motto jenes Kapitels, das Heinrichs Heimkehr einleitet:

„Blüh auf, gefrorner Christ!
Der Mai ist vor der Tür,
Du bleibest ewig tot,
blühst du nicht jetzt und hier!"[73]

Implizit enthüllt bereits die Tellfeier die leblose Scheinhaftigkeit seiner jugendlichen Daseinsführung. Im Austausch der ersten Küsse während des

Tellfestes verwirren sich auf eine für Anna und den grünen Heinrich verhängnisvolle Weise Wirklichkeit und Schein, Leben und Illusion. Als das Bühnenpaar Bertha und Rudenz aus Schillers *Tell* sind beide in die historischen Kostüme jenes Schauspieles gehüllt, dessen volksfesthafte, ins Leben entgrenzte Inszenierung die Bereiche der Imagination und der Realität gründlich durcheinanderwirbelt. Nur in scheinhafter Anverwandlung an die literarische Vorlage des klassischen Liebespaares vermögen die jungen Liebenden, Anna und Heinrich, sich einander zu nähern. Dann aber geht während des Herzens und Küssens eine sonderbare Verwandlung in ihnen vor. Der Einbruch unverstellter Wirklichkeit, der das Scheinhafte wechselseitiger Projektionen (Bertha und Rudenz) zur Auflösung bringt, läßt die Liebenden gleichwie durch einen Erfrierungstod ihrer Herzen frostig erstarren. „Plötzliche" „eisige Kälte"[74] überfällt sie. Totenbleiche legt sich auf die Gesichter. Nicht in der Nähe der Lebensunmittelbarkeit, sondern erst in der Wiederherstellung der Mittelbarkeit, im Medium des Ästhetischen, können Kälte und Angst von den einander entfremdeten Herzen weichen. Anna und Heinrich erblicken, in stummer Melancholie am Rande des Bergbachs sitzend, auf seinem Grund ihr Spiegelbild. Sein Schimmer bringt ihre Starre zur Lösung, aber um den Preis des Verzichts auf die Unmittelbarkeit der Liebeserfüllung. Die Annäherung der beiden ist gescheitert, und zu einer Verbindung wird es nicht mehr kommen. Über die Negativität wechselseitiger Fremdheit breitet die reflektierende Wasserfläche erneut den tröstenden Schein zur Versöhnung, der „an eine andere Art von schönem Glück streift"[75], nicht aber die Herzen zueinander bringt. So erweist sich, vergleichbar dem Illusionären der Bühnenkostümierung, die Spiegelung des Gewässers, die die gescheiterten Liebenden mit dem Leben versöhnt, als trügerisches Spiel der Scheinhaftigkeit vor der Wirlichkeit des verlorenen Liebesglückes und der im Eis der Vereinsamung erstorbenen Herzen. Hier bewirkt der Schein, sei es des täuschenden Gewässers, sei es der ästhetischen Veranstaltung und Bühnenkostümierung, eine Abtötung der Lebensunmittelbarkeit und eine das Leben verfehlende Absonderung in einen Bereich des Unwirklichen. Beim Verfassen des ersten Lebensrückblickes ist der Held sich dieses Zusammenhangs bewußt, durchschaut er die bildhaft vermittelte Art seines Verhältnisses zu Anna, indem er bekennt, „daß unsere Küsse in den seltsamen Kleidern (den Theaterroben, B. S.) wohnten, welche wir anhatten"[76], und begreift diese Entwertung der Lebensunmittelbarkeit als „Schuld"[77].

Kellers Gestaltung der Tellfeier birgt in der metaphorischen Hülle des Kälte-Leben-Gegensatzes eine immanente poetologische Reflexion des dissonanten Verhältnisses von Lebensunmittelbarkeit und ästhetischem Schein. Heinrichs Selbstdementi seines gefrorenen Künstlertums und sein (in der Erstfassung mißlingender, weil zu spät gefaßter) Vorsatz der Reintegration in den Lebenszusammenhang seines Volkes zeugen von jener gänzlich unnaiven, programmatischen Bewußtheit des Romanciers Keller, die gegen die Defizite eines sich selbstgenügsam abkapselnden, in der Scheinhaftigkeit von Masken und Kostümen verharrenden Bohème-Künstlertums die Gemeinschaftszugehörigkeit ersehnt und propagiert. Als deren Vorbild hat sowohl die altdeutsche Welt des Nürnberger Künstlertums zu gelten wie auch das organische Verhältnis von Darsteller und Rolle, von Wirklichkeit und Kostüm, das der Münchner Festinszenierung zugrundeliegt. Das, was die Legende vom Handwerkerkünstler und bürgerlichen Meistersänger als Realität im Leben des Autors unterstellt, ist in Wahrheit dessen fiktionales Programm. Dieses wird nur aus Kellers Kritik an den Tendenzen seines Zeitalters verständlich. Es richtet sich gegen die seelenlose Mechanisierung der Kunstproduktion (im kommerziellen Kunstbetrieb), gegen solipsistische Gemeinschaftsentfremdung sowie gegen Dilettantismus und Traditionsverlust handwerklich ungeschulter Phantasterei (Heinrich Lee). Im Gegensatz zu diesen Vereinseitigungen verbindet[78] Kellers Künstlerideal handwerklich-technische Tüchtigkeit, kollektive Gebundenheit und subjektiv-„romantische Phantasie" zu einer Einheit. Er kann dabei an die romantische Selbstkritik anknüpfen, die Wakkenroder, Tieck und Hoffmann bereits ebenfalls bis hin zum Entwurf von Gegenbildern altbürgerlicher Kunst-Leben-Harmonie vorangetrieben haben.[79]

## III

Wenn aber – wie deutlich wurde – das idealische Bild vom Handwerkerkünstler ein reaktives ästhetisches Programm Kellers sichtbar macht, das Lukács und Marcuse nur irrtümlich als die Realität des Lebens, des Schaffens und der Zeit seines Autors wahrhaben wollen, so gilt Gleiches für das Bild Kellers als des Epikers der bürgerlich-handwerklichen Welt, der gleichsam homerischen Schweiz, – ein Bild, das nicht nur die frühen Arbeiten Lukács', sondern noch dessen marxistische Spätwerke entwerfen.[80] Auch hier wird von dem Erdichteten auf die Realität geschlossen. Wie nun in einem zweiten Schritt gezeigt werden soll, überhöht Kellers Gestaltungsweise die vorgefundene Wirklichkeit seiner Zeit nach alt-epischen Mustern, so daß im *Grünen Heinrich* noch einmal wenigstens die Konturen einer abgerundet-epischen Welt sichtbar werden. Aber diese Roman-Totalität ist nicht ein „homerisches" Abbild der Wirklichkeit, sondern Resultat des ästhetischen Stilisationsprinzips. Die Lebensverhältnisse der Schweiz zu Zeiten Kellers sind stärker der Industrialisierung und kapitalistischen Mobilisierung ausgesetzt als etwa die der deutschen Teilstaaten. Sie sind ebensowenig episch-homerisch, wie die individuellen Entstehungsvoraussetzungen des Romans vom *Grünen Heinrich*, der in Kellers einsamen Berliner Exil- und Hungerjahren geschrieben wird, von meistersingerlicher Gemeinschaftszugehörigkeit zeugen. Entsprechend registriert Kellers Realismus die negativen, den Einzelnen erdrückenden Züge der gesellschaftlichen Entwicklungsdynamik des

19. Jahrhunderts (die Vermarktung der Kunst). Indes neutralisiert Keller die desillusionierenden Erfahrungen seines Helden unter dem Begriff der persönlichen „Schuld" zu individuellen Fehlhandlungen und Versäumnissen. Einmal, wenn er – wie gezeigt – im kollektiven Lebenszusammenhang die Möglichkeit eines altbürgerlichen Meistertums jenseits des Kunst-Leben-Risses unterstellt, zum anderen, wenn er – wie nun gezeigt werden soll – die Biographie des Romanhelden nach alt-epischen Formprinzipien aufzubauen sucht.

Die folgende Analyse soll demonstrieren, daß dem Erzähler – dem Scheitern seines Helden zum Trotz – die traditionellen Wege des ausfahrenden und heimkehrenden Handwerksgesellen innerhalb eines episch-statisch geordneten Gemeinschaftsgefüges begehbar scheinen und daß die Unterstellung dieser positiven Möglichkeit im formalen Aufbau des *Urheinrich* seinen Niederschlag gefunden hat. Ist sie zutreffend, dann wird im Scheitern des Helden, im Modus des Versäumens, eine doppelte Positivität sichtbar. Heinrichs Lebensende beinhaltet dann das Verfehlen der „Kunstmeisterschaft" u n d z u g l e i c h das Verfehlen des dem Helden zubestimmten sinnbergenden heimatlichen Obdachs. Das traurige Ende des Helden wäre in zweifacher Hinsicht nicht repräsentativ für die Stellung des Künstlers bzw. des Subjekts in der gesellschaftlichen Ordnung seiner Zeit. Die doppelte Folie einer intakten handwerklichen Lebenswelt und des Idealbildes handwerklicher Kunstmeisterschaft – sie wäre es, worauf die Legende vom „Meister Gottfried" und vom „volkhaft gebundenen" Epiker sich irrtümlich stützen konnte, indem sie fiktive Entwürfe und ideelle Postulate mit dem Leben und Lebensraum ihres Autors identifiziert.

Damit die objektive Lebensordnung, in die der Held Heinrich Lee gestellt ist, im Lichte der Rechtmäßigkeit erscheinen kann, muß zunächst die Schuld des gestrandeten Helden zutage treten. Explizit erläutert der Erzähler das unglückliche Lebensende seines Helden als Konsequenz einer Schuld-Verstrickung, die den Helden des legitimen Anspruches auf ein Leben in der Gemeinschaft beraubt habe: „Denn da er die unmittelbare Lebensquelle, welche ihn mit seinem Volke verband, vernichtet, so hatte er kein Recht und keine Ehre, unter diesem Volke mitwirken zu wollen."[81] (Keller gestaltet – worauf schon hingewiesen wurde – als Ursache dieser Absonderung Heinrichs die „Unverantwortlichkeit" seiner Einbildungskraft.)

Wie schon zuvor am Tode des Freundes, so trägt er zuletzt Mitschuld am Sterben seiner Mutter: Symbole seines lebenszerstörenden Subjektivismus, seiner Selbstabkapselung in Phantasie und Traumtätigkeit und seiner Entfernung vom „Lebensgrund"[82]. Schon am Romanbeginn kündigt ein Wink des Erzählers die Lebensgeschichte seines Helden an als die einer Verfehlung: er werde das wenige, das er besitzt, „vergeuden": „seines und seiner Mutter Leben".[83] In einem Brief an Vieweg spricht Keller von Heinrichs Verschulden als der eigentlichen Grundidee und Moral des Romans, dergestalt daß derjenige, dem es nicht gelingt, die Verhältnisse seiner Person und seiner

Familie in sicherer Ordnung zu erhalten, auch unbefähigt ist, im bürgerlichen Leben seine wirksame Stelle einzunehmen. „Die Schuld (...) liegt (...) größtenteils im Charakter (...)."[84] Diese Einsicht in die Notwendigkeit und Rechtmäßigkeit des strafenden Schicksals bleibt nicht die dem Helden überlegene des Erzählers, dieser läßt sie vielmehr jenem selbst zuteil werden, denn Heinrich fühlt, „daß eher ein Berg einstürzt als ein Menschenwesen ohne angemessene Schuld zugrunde geht"[85]. Im Bewußtsein Kellers und seines Helden ist der Anspruch auf Glück gebunden an moralisch-bürgerliche Bewährung des Einzelnen und dessen Unglück an ein persönliches Versagen im Sittlichen. Vorausgesetzt ist die Möglichkeit einer intakten Lebensbiographie, die an den Weltläuften nicht scheitern muß, vielmehr an ihnen sich bewähren kann. Vorausgesetzt ist die Lebensgegenwärtigkeit des Sinns, so daß in jedem Weltzerwürfnis des Helden nichts anderes sich bekundet als ein Mangel an Maß oder Einsicht (wie sehr dieser Mangel auch durch die Ungunst der Lebensumstände, man denke an Heinrichs Elternhaus, begünstigt werde). Dem gescheiterten Helden Heinrich Lee werden dergestalt am Lebensende das Eingeständnis und die Korrektur seiner Maß- und Einsichtslosigkeit sowie die Affirmation des Weltzustandes vom Erzähler verordnet; es

> „erschien ihm dies Leben wie eine abscheuliche, tückische Hintergehung, wie eine niederträchtige und tödliche Narretei und Vexation, und er brauchte alle Mühen seiner ringenden Vernunft, um diese Vorstellung zu unterdrücken und der guten Meinung der Welt ihr Recht zu geben."[86]

Die harmonistische Weltsicht des Romanautors bekundet sich indes nicht allein in begleitenden Erzählerkommentierungen und Wertungen oder in Heinrichs reuigem Schuldbewußtsein um die Verfehlung des zubestimmten Lebenszieles. Die Prämisse der Harmonisierbarkeit von irrender Seele und heimatlichem Obdach drückt darüber hinaus der formalen Struktur und dem symbolischen Haushalt des Romans gleichsam inwendig sich ein: Sie zeigt sich in der kreisförmig-geschlossenen Form der Lebensbiographie nach dem Muster der Handwerksburschenwanderschaft und in der Symbolik einer intakten und heilen, handwerklich geprägten Lebenswelt. Der Erzähler begnügt sich nicht damit, vom „Lebensgrund" und „Lebensquell", gegen den sein Held in übersteigerter Ichbezogenheit sich versündigt habe, nur reflektierend und kommentierend zu sprechen, er macht ihn gestalterisch sichtbar. Er erscheint, wie nun gezeigt werden soll, am Beginn und am Ende des Romangeschehens als an den symbolischen Marksteinen des zu gestaltenden Held-Welt-Verhältnisses.

Diesen heilen, heimatlichen Ort: Ausgangs- und Zielpunkt der Lebenswanderung, beschreibt Keller als Enklave geschichtslos-überzeitlicher Lebensformen, eingebettet in unveräußerliche Substanzen des kollektiven Geistes. Herausgehoben aus dem Fluß der Geschichtlichkeit (aus der im

19. Jahrhundert rapide beschleunigten kapitalistischen Mobilisierung aller Lebensverhältnisse, die den Desillusionsroman als die neue Gattung und Äußerungsform des subjektfremd verrinnenden Zeitablaufs und der sinnlosen Lebenskontingenzen auf den Plan ruft) ruht der objektive Geist der Kellerschen Schweiz in epischer Zeitlosigkeit. Der heimkehrende Heinrich wird in Ansehung des Volksfesttreibens der Basler mit dieser Zeitstruktur in den Schweizer Lebensverhältnissen konfrontiert: Er erfährt, daß die Basler noch eben dieselben seien, die sie bereits vor Dezennien und Jahrhunderten waren, „daß also deswegen (während seiner Abwesenheit, B. S.) kein Verfall eingetreten und die Schweizer Schützen immer noch die seien, deren Vorfahren vor Jahrhunderten die Straßburger besucht, wenn diese schossen", daß also das Getöse und Geschrei der Männer „nicht etwa ein Zeichen des Verfalls sei".[87] Hier, im Baseler Festtreiben, gewinnt der Held das Bewußtsein von der zeitlosen Substanz des Volksgeistes und das Gefühl seiner Einheit mit dem angestammten Volk und seiner Kultur, eine Erkenntnis, die der Anblick der in Tradition und Volksgeist gründenden „Meisterschaft" der Münchener Künstler vorbereitet hat. Der Held wird hier des ihm zubestimmten Obdachs ansichtig und entwickelt den Wunsch der Reintegration ins Volksganze.[88]

Daß die Schweizer Lebenswelt historischer Prozessualität entrückt ist, wird nicht allein durch die Erfahrung des rückkehrenden Helden beim Anblick des Baseler Volksfestes bestätigt. Das erzählerische Formgebaren, das die Exposition des heimatlichen Lebensgrundes am Romaneingang bestimmt, ist bereits episch-objektivistisch. Die Schweiz erscheint als epische Totalität, losgelöst von der subjektiven und zeitgebundenen Perspektive eines Betrachters. Nur scheinbar exponiert Kellers Eingangskapitel die darzustellende Welt und ihr Geschehen nach dem realistischen Muster der europäischen Romane seiner Zeit, die der Einführung der persona activa die Beschreibung einer exakt datierbaren und lokalisierbaren, je historisch besonderen Umwelt vorangehen lassen. Zwar präludiert auch Keller das Auf-den-Plan-Treten des Romanpersonals durch die vorweggenommene Gestaltung ihrer objektiven Lebensvoraussetzungen – es sind die der Stadtrepubliken der Schweizer Vorgebirge. Während aber der realistische Roman die Bürgschaft seines geschichtlichen Wirklichkeitsgehaltes in der sozialen und historischen Genauigkeit der Gegenstandserfassung findet, sucht Keller die Realität einer Lebensordnung zu beglaubigen, als deren Hauptmerkmale ihre Jederzeitlichkeit und ahistorische Typik gelten müssen. Er introduziert diese Welt in einer fiktiven Aufforderung an die Leser, auf eigene Faust Einblick in sie zu nehmen, eine Aufforderung, die an keine Zeitbestimmung gebunden ist: „Man besteige das Schiff zu Rapperswyl (...) (und) fahre (...)" – so der Erzähler – „von da ab vom Zürichsee die Limmat bis Baden hinauf".[89] Aus dem Blickwinkel solch eines Reisenden wird im folgenden die Romanwelt entdeckt und sichtbar gemacht. Ist in der Aufforderung: „man besteige das Schiff (und) fahre" der Entdeckungsvorgang als wiederholbar gekennzeichnet, so ist die Perspektive des Sehenden (die mit der des Erzählers verschmilzt) nicht die subjektive und zeitverhaftete momentanen Anschauens im Hier und Jetzt, sondern eine überindividuell gültige. Es ist das epische Erzählprinzip der objektiven Erfassung einer ahistorischen Welt, das in der Fiktion des durchreisenden Jedermanns sich nur verkörpert.

Die Erfahrungsweise des Reisenden ist nicht nur zeitlich, sie ist auch perspektivisch ungebunden. Denn das, was der Erzähler ins Gesichtsfeld des Reisenden rückt, sind nicht allein die äußeren Erscheinungen des sichtbar Gewordenen, sondern zugleich dessen gültige Interpretation sowie das Innere der geschauten Menschen selbst. Beliebig wiederholbar ist nicht allein die Wahrnehmung äußerer Erscheinungsbilder (jenes ländlichen und städtischen Szenariums, das uns die Dampferfahrt enthüllt), sondern auch die durch den Erzähler vorgenommene Deutung und die moralischen und ästhetischen Wertungen, die in die Wahrnehmung der Landschaft und der Menschen geflochten sind. Von den deutschen Gelehrten, die er im Gewühl der Menge treffsicher ausmacht, weiß der Reisende sogleich, wie sonst nur der allwissende Erzähler: ihr „Herz ist nicht hier, es weilt im Norden"; vom Volk weiß er, daß es „emsig" sei und daß es durch den Anblick von Fremdlingen „ergötzt" sei. Auf den Gesichtern der Volksvertreter liest das flüchtige Auge des reisenden Jedermann „weder elegante Beredsamkeit noch große Belesenheit", aber „Besonnenheit, Erfahrung und das glückliche Geschick, mit einfachem Sinn das Rechte zu treffen".[90]

An die flüchtig erhaschende Wahrnehmung des Schiffspassagiers knüpft der Erzähler Deutungen und Wertungen des Angeschauten, die durch das Hier und Heute des momentan Sichtbaren nicht abgedeckt werden können. Gleichwohl ist dessen allwissend-allverstehende Interpretation nicht das Privileg des auktorial thronenden, omnipräsenten Erzählers. So fraglos ist diese, daß sie für jedermann an der Fassade äußerer Erscheinungen ablesbar ist und als gültig beliebigen Reisenden zufallen kann. Die Welt, die dergestalt ihr Wesen enthüllend vor dem Betrachter liegt, ist wie die des Epos in sich symbolisch strukturiert, so daß sie in jedem Sinnfällig-Einzelnen zugleich ein Allgemeines zum Aufscheinen bringt. Sie liefert dem ephemeren Blick des Durchreisenden im Individuellen zugleich die symbolisch verallgemeinernde Deutung mit. Durch die Fiktion des fahrenden Jedermann soll eine episch-objektivistische Weltsicht subjektiv beglaubigt werden. Ausgespart ist aus der Route des fahrenden Passagiers das Zufällige, Sich-nicht-Wiederholende, Nicht-Repräsentative, Nicht-Deutbare, Am-Rande-Liegende, das die epische Welt nicht kennt.[91] Alles, was der Dampfer auf seiner Route passiert, sind repräsentative Zeichen eines episch-ganzheitlichen Lebenszusammenhanges. Es erscheinen die Symbole der Tradition, der nationalen Vergangenheit, die Institutionen des ökonomischen und politischen Lebens, das einfache Volk ebenso wie die Patrizierwelt. Und der Erzähler will mit dieser zeitlos-typisierenden Beschreibung Zürichs und seiner Lebensordnung nur ein allgemeingültiges Beispiel vor Augen führen, von dem andere Städte der Schweiz sich in keinem Punkte unterscheiden. So erklärt er es für legitim, die Zahl dieser Städte um beliebig andere und eben auch um eine gleichermaßen geartete, nicht minder typische fiktive Lokalität zu vermehren, um auf ihrem Boden das Romangeschehen Platz greifen zu lassen. Weil dergestalt der heimatliche Grund des Romanhelden als zeitlos-typisch und somit als unverlierbar ausgewiesen ist, kann darüber hinaus sein Lebensgang dem altepischen Schema der zirkulär-zielgerichteten Reise folgen, das das Umherirren nur als verzögerte Heimreise, als Aberration vom unverlierbaren Ausgangsort gestaltet.

Im epischen Sinne vor aller Individuation liegend, behauptet sich in Heinrichs Lebensgang das zirkuläre Muster gegen alle Wahrscheinlichkeit. Trotz winkenden Liebesglücks, gar noch unerwartet zufallender Erbschaft, die ihm neben der Ehe mit Dortchen zugleich den Besuch seiner alten Mutter gestattet hätte, steht der Held unter dem Drang zur endgültigen, irreversiblen Heimkehr. Er ist als Wesenskonstituens des *Grünen Heinrich* apriorisch. Dies bezeugt nicht allein der wortarme und vom Erzähler nicht eigens motivierte Abschied vom geliebten Dortchen, der ohne allen Ausdruck einer Wiedersehenshoffnung bleibt. Keller hat das altepische Formschema in die Psychologie des Helden gleichsam eingesenkt. Der Drang zur Rückkehr ist ein epischer Grundzug wie der Drang Odysseus' nach Ithaka, verwurzelt im kollektiven Geist. Heinrichs Ankunft auf dem Grafenschloß ist eine Nachbildung der Phäakenepisode der Odyssee.[92] Nicht anders der Aufbruch von dort: Solange es die Fremde ist, wo ihm Liebesglück und Wohlstand begegnen, erscheinen diese als bloße Verzögerungen der Heimreise, nach odysseischem Muster: „Nun hätte Heinrich endlich ohne Hindernis nach seiner Heimat und zu seiner Mutter eilen können, allein, wie er sich dazu anschickte, begegneten ihm noch zwei Abenteuer“[93], so heißt es exemplarisch, nachdem seine letzten Bilder mit Hilfe des Grafen beifällig aufgenommen und verkauft worden waren. „Die verlassene Mutter und Heimat bildeten wohl eine zarte und weiche Grundlage in seinem Gemüt (...).“[94]

Ein warnender Wink des Grafen deutet Heinrichs Ausfahrt in die Fremde als „Abschweifung“ und „Irrfahrt“[95], die durch die Rückkehr zum Ursprungsort als dem Zielpunkt korrigiert und aufgehoben werden müssen. Die Metaphorik des Erzählers verbildlicht das Vaterland des Helden als dessen Behausung, seine Entfernung als Durchschreiten von „Schwelle“ und „Tür“.[96]

„Und wie die Familie die sicherste, trostreichste Zuflucht ist nach jeder Abschweifung und Irrfahrt, so ist das Vaterland, wenn seine Grenzen einen natürlichen Zusammenhang haben und wenn es zudem noch den sicheren Schoß eines aufgeweckten und vergnüglichen bürgerlichen Lebens bildet, der erste und letzte Zufluchtsort für alle seine besseren Kinder (...)“[97]

– dies ist die Zuversicht des gräflichen Freundes, die durch den Handlungsgang und Erzählerkommentar ihre Bestätigung erfährt. Der grüne Heinrich indessen vernachlässigt diese Einsicht, ignoriert die Notwendigkeit der rechtzeitigen Heimkehr und korrigiert seine Abschweifung zu spät. Darin liegt – wie gezeigt wurde – seine Verfehlung, seine persönliche „Schuld". Deutlich interpretiert der Erzählerkommentar den Aufenthalt in der Fremde als „Abfall" von einem heimatlich-integralen Lebenszusammenhang. Von den drei Freunden, dem Holländer Lys, dem Dänen Erikson und dem Schweizer Romanhelden heißt es:

„Jeder von ihnen stammte aus einer Heimat, wo germanisches Wesen noch in ausgeprägter und alter Feste lebte in Sitte, Sprachgebrauch und persönlichem Unabhängigkeitssinne; alle drei waren von dem Sonderleben ihrer tüchtigen Heimat abgefallen (...)."[98]

Die Rückkehr ist für den Helden im strengen Sinne Heimkehr, nicht anders als für Odysseus das Ankommen auf Ithaka. Den antikisierenden, ins Epos hinüberspielenden Zug des Kellerschen Œuvres hat Walter Benjamin notiert: „Oft glaubten in der beginnenden Renaissance Maler und Dichter die Antike darzustellen und charakterisierten doch nur ihre Zeit. Für Keller gilt beinah das Umgekehrte: er glaubte seine Zeit zu geben und in ihr gab er Antike" – wie sehr auch stellenweise nurmehr „verhutzelte Antike".[99] „Seine Erde hat zur homerischen Schweiz sich zusammengezogen (...). Dem Dichter ist die Odyssee das geliebteste Werk gewesen."[100] Nach deren Art dachte sich Keller die Irrfahrt unter der altertümlichen Form der Aberration in die Fremde und der – wenn auch verzögerten – Heimreise und nicht als das moderne Suchen des Sinns und sein Nichtfindenkönnen, nicht als eine Notwendigkeit des modernen Daseins. In der Heimat wurzelt der Held seinem Wesen nach, sie ist Ursprung und bei aller Aberration dauernder Wohnsitz, ein dem Helden zubestimmtes Heim und Obdach, wo sein Selbst zuhause ist. Die Lebensreise kann das altepische Muster der Zirkularität und Zielgerichtetheit wiederholen.[101]

Dieses nun wird, um als literarisch konventionelles Schema nicht sichtbar zu werden, angefüllt mit den Realien oder symbolischen Attributen der Handwerksburschenwanderung (die in der alten zirkulären Form realhistorisch im 19. Jahrhundert längst im Verfall begriffen war und die Form erzwungener Marktmobilität arbeitssuchender Handwerker angenommen hat) sowie mit einer charakteristischen psychologischen Ausstattung des Helden, die ihm das Heimkehrenmüssen zum introjizierten bürgerlichen Gewissenszwang werden läßt. Des grünen Heinrich Aufbruch aus der Heimat erfolgt nach dem altständischen Muster der Gesellenausfahrt im Zeichen handwerklich-bürgerlicher Sitte: Verabschiedung von den Handwerkerfamilien, die das Vaterhaus bewohnen, Schenkung eines Talers als Wegegeld durch die Hausväter, Warnung vor der Fremde und Ermahnung zu baldiger Rückkehr. Daß der Held seine Lehrjahre in der Fremde vergeudet, setzt das Schema der Gesellenreise nicht außer Kraft. In Heinrichs Schuldgefühlen und Gewissensbissen bleibt sein Selbstverständnis als das eines ausfahrenden „Burschen", der einen ordentlichen Beruf erlernen will (eben den eines Künstlerhandwerkers), um Familie und Mutter zu ernähren, bis zuletzt lebendig. „Der grüne Heinrich stellt sich vor den andern, aber auch vor sich selber so, als wolle er nur Handwerker werden, wie sein Vater einer gewesen ist, der Spezialfall eines Geschäftsmannes."[102] „Er statuiert im Grunde den Begriff seines Vaters von der Kunst: daß sie gelernt und geübt sein müsse, daß sie Brot schaffen und andere ins Brot setzen soll."[103] Die Verinnerlichung des Vater-Handwerker-Ideals scheint auch dann noch ein übermächtiger Gewissenszwang zu sein, wenn der Held an dem Scheidewege steht, entweder als Gescheiterter nach Hause zu kehren, oder mit Dortchen[104], zugefallenem Vermögen und – auch hier noch eine Wende zum Guten – neubelebtem Malertalent sich in der „Fremde" niederzulassen. Das Urschema von Ausfahrt und Heimkehr ist seiner Psyche gleichsam eingeprägt. Dem Konservatismus der ins Epische transzendierenden Romanform entspricht – und dies macht das Rührende des Romanfinales aus – der Konservatismus in der Seele des Helden.[105]

Als positives Gegenstück ist den mißlungenen Wanderjahren des grünen Heinrich die lehrreiche Burschenwanderung eines jungen Handwerkers kontrastiert, den der Erzähler an zwei entscheidenden Marksteinen die Lebenswege Heinrich Lees kreuzen läßt. Beide brechen am gleichen Tag in die „Fremde" auf; Heinrich im Postwagen, der junge Bursche zu Fuß, ein schweres Felleisen tragend und von seiner armen Mutter begleitet. Nach Abschluß der Gesellenjahre zum erfolgreichen Bürger avanciert, trifft dieser während seiner Hochzeitsreise auf den verbummelten und abgebrannten grünen Heinrich und überbringt die Mahnung der Mutter zur Heimkehr. Die „Sprache des stattlichen jungen Bürgersmanns", der mit „seiner fleißigen und geschickten Hand" ein erfolgreicher Schmied seines Glücks geworden war, erscheint Heinrich wie ein „Laut aus besserer Welt" im „Rauschen und Dröhnen der fremden Stadt".[106] Die Grundzüge der Lebensreise Heinrichs werden durch diese Kontrastgestalt noch einmal deutlich hervorgehoben: Die Ausfahrt in die Fremde als Aberration in die „rauschende", „dröhnende Zivilisationssphäre", die Heimat als die winkende „bessere Welt" und als der dem Einzelnen zubestimmte Ort. Auch hier zeigt sich die Doppelperspektive in Kellers kulturkritischer Optik. Er beschreibt die Anfänge eines eintretenden Kulturverfalls sowohl in der Schweiz (Habersaat) als auch in München („Rauschen" und „Dröhnen" der „fremden" Stadt und ihres kommerziellen Kunstbetriebs). Zugleich huldigt er den Manifestationen des vielgestaltigen Münchner Kunstlebens und seiner in großen Überlieferungen wurzelnden „Meisterschaft", postuliert er die Reintegration des Romanhelden in den substantiellen heimatlichen Lebenszusammenhang des Schweizer Volkes. Die Doppelgesichtigkeit der Kellerschen Zeitdiagnose hat darin ihren Sinn, daß die Kulturdepravation als Abfall vom substantiellen Überlieferungszusammenhang und Lebensgrund des Volkes begriffen wird. Reziprok ist die Einheit des Einzelnen mit dem angestammten Traditionszusammenhang, die konkrete Kollektividentität, der Garant gelingender Kultur. Diese Einsicht wird dem ausfahrenden Helden, gleichsam als warnender Wink, vom Grafen mit auf den Weg gegeben:

„Sie würden vielleicht umkehren, junger Mann, wenn sie wüßten, wie sich bei uns großen Nationen die Bildung im ewigen Kreise herumdreht, wie einflußlos unsere Heroen, die in jedermanns Munde sind, an unserm innersten Herzen vorübergehen und wie bis zur dumpfen Verzweiflung sich Ungeschmack und Unsinn jeden andern Tag wieder so breit macht, als wäre er nie überwunden worden“[107],

– eine Warnung vor der Fremde, an die der Graf vorausdeutend jene Einsicht anschließt, die dann im Münchner Künstlerfest ihren sichtbaren Ausdruck findet: daß jede Kultur aus ihren eigenen organischen, volkhaften Voraussetzungen aufblühen muß: „daß ihr“ – so die Forderung an die Schweizer –

„daß ihr es einmal versuchsweise darauf anlegtet, in allen Dingen ganz naturwüchsig und selbständig zu sein und ganz auf eurem Boden eine eigene Weisheit zu pflegen. Dem Lande wie seiner Verfassung eigenst angemessen, müßte gewiß etwas Frisches und für uns andere Erbauliches zustande kommen.“[108]

In Ansehung dieses Glaubens an die von Keller unangezweifelten Substanzen des Volksgeistes kann trotz des traurigen Endes der ersten Romanfassung und des resignativen Ausgangs der zweiten von einem desillusionierenden Gehalt des Werkes nicht gesprochen werden. Die Behauptung der Substantialität eines unvergänglichen Lebensgrundes liegt ebenso den eingelagerten Erzählerkommentaren zugrunde wie der Formkonstruktion des Romanganzen. Das sinnbergende Obdach steht dem Romanhelden prinzipiell offen. Daß der Erzähler dem Helden der Erstfassung dennoch die soziale Reintegration mit dem Argument verweigert, er habe „das Recht, unter den Menschen mitwirken zu können“, verwirkt, stellt die Substantialität des Kollektivlebens nicht in Frage. Lukács hat mit gutem Grund gegen den Ausgang des *Urheinrich* eingewandt, er sei zum Grundgehalt des zuvor Erzählten nicht organisch-stimmig vermittelt. Es äußere sich darin ein gutes Stück episodisch-stimmungshafter Subjektivität des Autors.[109]

Nicht anders hat Storm in Bezug auf die Zweitfassung in einem Brief an Keller von den „lyrische(n), ich möchte sagen, biographische(n) Ausgänge(n)“ im Werk Kellers gesprochen, die gerade dort Resignation walten ließen, wo „die späte Stunde des Glücks endlich da ist“.[110] Es klafft ein Widerspruch zwischen Kellers in der eigenen Lebensgeschichte begründeten resignativ-biographischen Stimmungen und der rückblickenden Positivität seiner Gesinnung in weltanschaulichen ebenso wie in Formfragen. In den von Storm und Lukács diagnostizierten Brüchen bekundet sich der Widerstreit zwischen den eigenen modernen Lebenserfahrungen des Autors Keller einerseits und seinem retrospektiv gerichteten epischen Formgebaren andererseits. Der *Grüne Heinrich* konnte kein Epos werden. Der Held ist in einem durchaus modernen Sinne ausgezeichnet durch eine entwickelte, problematische Subjektivität, die ihn die Außenwelt als fremd erfahren läßt. In ihm spiegelt sich des Autors eigene Sonderlingsexistenz. Aber Kellers Sehnsucht richtet sich zugleich auf eine intakte und geschlossene Welt. Für sie steht idealtypisch die handwerkliche, die mit der ‚imago' seines früh verstorbenen Vaters, eines Handwerksburschen und erfolgreichen Baumeisters verschmilzt. So wie bereits hinter den Nürnberger Idealgestalten die Umrisse des Vater Lee sichtbar werden, so steht auch hinter dem positiv-biographischen Formapriori des Romans (der kreisförmig-geschlossenen Lebensreise) die einstmalige Burschenwanderung des Steinmetzgesellen Lee, „welcher seine lange Wanderschaft (!) ruhmvoll beendet hatte"[111], um „in der Hauptstadt seiner Heimat (!) ein wackerer städtischer Bau- und Maurermeister (!) zu werden"[112]. So erscheint der Vater Lee auf beiden in den Roman eingelagerten utopischen Folien.

Zusammenfassend kann festgestellt werden, daß die Welt der Handwerkerkünstler, die Lukács und Marcuse als den realen Lebensgrund Kellers unterstellen, sich als ein aus der Vergangenheit (Nürnbergs und der Schweiz) herbeizitiertes, fiktives Gegenbild des Romans erweist, das den Defiziten und Sehnsüchten des Lebens und der Gegenwartszeit Gottfried Kellers entspringt. Das Bild des Dichters als des volkhaft-gebundenen Repräsentanten einer episch-geschlossenen Welt identifiziert seine fiktionalen Stilisationen mit der Realität. Die Topoi, die Lukács' oder Marcuses Beschreibungen der vermeintlich integralen Lebenswelt Kellers durchziehen, konnten so in den Utopien des Dichters wiedergefunden werden. Somit erweist sich die Legende vom Meistersinger und Dichter der „homerischen Schweiz" als ebenso unzulässig wie der neuere Versuch, ihn zum Autor der „großen Desillusionierung" zu erklären. Diese Lesart projiziert die dissonanten Züge seines Lebens in das Werk und übersieht die dessen Form und Botschaft prägende retrospektive Gesinnung. Jene Lesart projiziert den harmonisierenden, idealisierenden Zug des Œuvres in die Biographie und in den Lebensraum Kellers und übersieht deren Pathologien. Beide verfehlen die Wahrheit.

## 3. Meister *Hadlaub* (1878)

Zu der Zeit, als Gottfried Keller von seiner Staatsschreibertätigkeit Abschied nimmt, erkundet er mit seinem Werk *Hadlaub,* der ersten der fünf *Züricher Novellen,* noch einmal die Möglichkeit einer Kunst-Leben-Versöhnung im Zeichen bürgerlichen Meistertums. Keller schreibt den Züricher Novellenkranz in pädagogischer Absicht, wie er in einem Brief an Berthold Auerbach erläutert: Es gehe ihm darum, „daß das Volk das, was es sich gutmütig einbildet zu sein und der innerlichen Anlage nach auch schon ist, zuletzt in der Tat und auch äußerlich wird“[113]. Hatte der Erzähler des *Grünen Heinrich* in der Wiedererweckung Alt-Nürnbergs durch die Münchner Kunsthandwerker den sichtbaren Ausdruck einer zumindest latenten Wesensidentität von Vergangenheit und Gegenwart erblickt und die Erkenntnis gestaltet, daß jede Kultur aus ihren organischen Lebensvoraussetzungen im Volk aufblühen müsse, so versucht er mit seinen pädagogischen Novellen zu dieser Einsicht das praktische Beispiel zu geben. Sie sollen die Schweizer lehren, sich ihrem eigenen Wesen gemäß zu verhalten und ihre latenten Möglichkeiten nach außen zu kehren. Mit den *Züricher Novellen* realisiert Keller sein eigenes Postulat einer Kunst, die – wie den Münchnern das Künstlerfest von 1840 – dem „allzeit trächtigen Nationalgrundstock“[114] seine besseren Anlagen vor Augen führt.

Die Novelle *Hadlaub* erzählt die Geschichte eines jungen Bauernsohnes, des Titelhelden, der als eifriger und gelehriger Schüler bei Meister Konrad von Mure, dem Vorsteher der Singschule am Züricher Großmünster, eine Schreiberausbildung erhält, der später von der Familie Manesse und dem Konstanzer Bischof mit dem Kopieren und Sammeln alter Minnelieder beauftragt wird, darüber selbst zum Dichter heranwächst, um schließlich als bewährter Minnesänger zum „Meister“ und in den Stand der Züricher Bürger erhoben zu werden. Seine solid-handwerkliche Ausbildung steht in denkbar stärkstem Kontrast zum Dilettantismus des teils fehlgeleiteten, teils autodidaktisch sich absondernden grünen Heinrich. Hadlaubs Erziehung liegt in der Hand bedeutender geistlicher und weltlicher Autoritäten Zürichs. Der Meister der Singschule sowie der Scholaster der Probstei weisen ihn in die Anfangsgründe der Schreibermaterie ein, indem er „nach Brauch und Art des Handwerks (...) sobald als möglich Nützliches hervorbringen (mußte), was an seiner Stelle in sauberer und genauer Abschrift“[115] zunächst von gelehrten Abhandlungen, dann von Rittergedichten und Minneliedern besteht. Später wird seine Bildung durch den Bischof und durch den gelehrten Patrizier Rüdiger Manesse vervollkommnet. Hadlaub widmet sich seiner Aufgabe mit „Ehrerbietung“ und „Gelehrsamkeit“ und verkörpert kraft dieses seines Naturells abermals einen Gegensatz zum ungebärdigen Phantastentum des Heinrich Lee. Da sein dichterischer Rang sowohl durch die in die Novelle eingestreuten Verse Hadlaubs als auch – außerhalb des literarischen Fiktionszusammenhangs – vorab durch den berühmten Namen eines historisch realen Dichters verbürgt ist, liegt mit dieser Novelle die einzige Dichtung Kellers vor, die die Kunst-Leben-Problematik anhand einer echten Poetenexistenz zur Darstellung bringt. Im *Grünen Heinrich* war das Idealbild gelingenden Kunstmeistertums in gegenbildlicher Funktion in die Romanerzählung eines gescheiterten Dilettantenlebens eingelagert, – hier verkörpert es sich positiv im Helden der Novelle. Andererseits verbindet diese und den Roman eine Gemeinsamkeit: bei aller Verschiedenheit des erzieherischen Milieus ist das Weltverhältnis Heinrichs und Hadlaubs in entscheidender Weise vom Eigensinn ästhetischer Imaginationen geprägt: Beide leben eher in einer Welt der Literatur und der Phantasie als im Kontakt mit der Realität. Für den grünen Heinrich ist – wie wir gesehen haben – diese Neigung der Keim seiner Flausen, seines Weltverlustes und seiner kalten Ich-Bezogenheit. Am konzentriertesten zeigt sich – wie wir gesehen haben – die ästhetizistische Ataraxie seiner Lebenshaltung beim Tod seiner Freundin Anna. Der Reiz des ästhetischen Scheins verstellt ihm den Weg zur Liebe und zur Gemeinschaft, bedingt sein Scheitern in der Freundschaft und im bürgerlichen Berufsleben. Auch der Minnesänger Hadlaub lebt – zunächst sogar noch ausschließlicher als Heinrich – in und aus der Literatur. Der Jüngling kennt kaum mehr von der Welt als das, was die Bücher, die er zu kopieren hat, ihn lehren. Seine Liebe zu dem adeligen Fräulein Fides entzündet sich eigentlich erst im Umgang mit der Liebesliteratur, erst mit deren Hilfe wird eine zunächst „unschuldige kleine Anbetung“[116] zur „Leidenschaft“[117].

„Der jugendliche Nachahmungstrieb, der ihn anfänglich bewegte, wandelte sich unvermerkt in ein bewußtes Tun; er lernte die Natur, Erde und Luft, die Jahreszeiten und Menschen darin (in der Literatur, B. S.) wirklich schauen und gleichzeitig verwandelten sich die nachahmenden Anfänge der Frauenverehrung in die angehende Leidenschaft.“[118]

Auf dem Weg der Imitatio seiner literarischen Vorlagen, in der kopierenden Aneignung präformierten Lebens wächst er zum Liebhaber und zum Dichter heran, der bald für seine Geliebte eine eigene Liebeslyrik produziert und „mit einem Minimum an Erlebnissen (...) ein Maximum an Erschreibnissen“ erzielt[119], – eine Dichtung, die sich aus der Dichtung speist, so wie des grünen Heinrichs Münchener Malerei nicht aus Naturanschauung, sondern gleichsam aus zweiter Hand entsteht. Der Leser, dem das Künstlerschicksal Heinrich Lees in Erinnerung ist, wird für die Zukunft Hadlaubs zunächst Befürchtungen hegen, zumal dessen Verhältnis zur äußeren Welt weniger spontan als das des grünen Heinrichs ist, vielmehr ganz den Imperativen seiner Schreiberaufgaben unterliegt. „Um die neuen Kunstverse (Neidharts von Reuental, B. S.) recht akademisch und epigonenhaft zu studieren, ging er sowohl in die Stadt als auch in den schönen Landschaften Wiens den Vergnügungen des Volkes nach."[120] Trotz dieser zweckhaften Verengung seiner Existenz, die ihm nur wenige Erlebnisse ermöglicht, wird sein produktives künstlerisches Vermögen keineswegs ärmer, sondern blüht reicher als das des grünen Heinrich, der sich in ungezügelte Spintisiererei verliert. Gerade diese Restringierung der Imaginationskraft wird Garant ihrer positiven und produktiven Nutzung. Gerade die Disziplinierung von Hadlaubs Phantasie belebt nach Kellers Idee die dichterische Potenz. Die gelehrige Aneignung der Dichtungstradition, nicht die ungebändigte Einbildung, ermöglicht neue Dichtung. Keller konstruiert die Novelle nach einem vorgängigen Kalkül auf ein positives Ende hin. Vorgeführt werden soll ein Künstlerleben, das nicht wie das Heinrich Lees an der „Unverantwortlichkeit der Einbildungskraft" scheitert, sondern in der Traditionsaneignung sich bereichert und intensiviert. Es geht um die Möglichkeit legitimer Originalität jenseits eines solipsistischen Originalitätswahns und eines sturen Traditionalismus und um die Möglichkeit, die Vergangenheit fruchtbringend mit dem Gegenwärtigen zu vermitteln. In einer vom Erzähler als vorbildlich verstandenen Weise vollbringt Hadlaub diese Synthese sowohl hinsichtlich seiner ästhetischen Produktivität als auch in sozialer Hinsicht.

Die überlieferte Dichtung, die Hadlaub sammelnd und kopierend sich aneignet, ist die klassische höfische Minnelyrik. Sie ist gekennzeichnet durch Konventionalität, zeremoniöse Selbstgenügsamkeit und enthält in der überlieferten Form ein denkbar geringes Quantum an vitalisierenden Energien: Der Minnesang ist nicht Ausdruck „gemeinschaftlicher oder zur Gemeinschaft drängender Liebeserfahrung; vielmehr (kann) umgekehrt der Minnedienst mit dem Andichten der Dame als Veranstaltung zur Erzielung von Minnelyrik erscheinen"[121]. Kraft des erzählerischen Zauberschlages gelingt es Hadlaub jedoch, gerade aus dieser Manifestation eines lebensmortifizierenden Formkultes die Funken einer darin keineswegs angelegten Leidenschaftlichkeit, Liebeserfahrung und produktiven Phantasie zu schlagen, und er erliegt nicht wie der grüne Heinrich dem schönen Schein der Poesie. Er überläßt sich nicht der von der Kunst angefachten Phantasietätigkeit, sondern gewinnt aus ihr Lebens- und Liebesenergie. Der Idee der hohen Minne zufolge muß die Angebetete ewig unerreichbar bleiben und in der Regel eine verheiratete Frau sein. Hadlaub dagegen gelingt es, die höfisch-zeremoniellen Spielregeln umzufunktionieren und seinen Eroberungsabsichten dienstbar zu machen: Zwar glaubt er zunächst, gemäß der konventionellen Schablone, um eine „hartherzige" und „spröde Schöne"[122] zu werben, aber „daß keine Anzeige oder Untersagung seines Vorgehens erfolgte"[123], ist für ihn bereits Anlaß zur Hoffnung und zu einer Anstrengung, die mit den höfischen Konventionen keineswegs vereinbar wäre. Zugleich überlisten seine naive Naturhaftigkeit und seine eigenwillige Aneignung literarischer Traditionen das Kalkül des alten Manesse, der ihm das Ziel seiner lyrischen Bemühungen, die Liebeserfüllung mit Fides, keineswegs zugestehen will, der vielmehr – vom „Dämon aller Sammler“[124] besessen – eine Anthologie der Hadlaubschen Liebeslieder sich ergattern möchte und deshalb des Jünglings Liebessehnsucht und Hoffnung gleichsam als Nährboden dichterischer Produktivität künstlich zu erhalten sucht, ohne die Heirat zwischen Freifräulein und Bauernsohn – es wäre für ihn eine Mesalliance – überhaupt in Erwägung zu ziehen. Manesses archivalische Sammelwut instrumentalisiert Hadlaubs Lebenskräfte für seine antiquarischen Zwecke. Es liegt ein Schatten bibliomaner Exzentrizität über der Gestalt des alten Herrn, und man wird einen leisen Vorbehalt anmelden müssen, wenn Jochen Schmidt schreibt:

„Hadlaub und Rüdiger Manesse, die Hauptgestalten der Erzählung, repräsentieren einen nobel-bürgerlichen Gemeinsinn, ein Patriziertum, dem es nicht auf das Außerordentliche einer individuellen und neuen Leistung, sondern auf die gültige Bewahrung und Vermittlung der allen gemeinsamen kulturellen Werte ankommt. Diese dienen als Medium des Selbstverständnisses und einer entsprechenden gesellschaftlichen Verständigung.“[125]

Manesse verkörpert m. E. – vergleichbar den Meistern im 1. Akt der Wagnerschen *Meistersinger* – einen hermetischen, unbeweglich lebens- und liebesfeindlichen Kunstakademismus. Erst Hadlaub gelingt es, Tradition und Originalität zu einer Synthese zusammenzuführen: Er produziert neuartige Minnelyrik und gewinnt die Geliebte. Auch in sozialer Hinsicht realisiert er eine positive Synthese: Hadlaubs Ehe mit Fides bedeutet eine Versöhnung von adeligem, bürgerlichem und bäuerlichem Dasein, wobei „nicht mehr Standesgemäßheit, sondern menschliche Bewährung den Ausschlag gibt. Dies sind ‚originale', weil ‚rechte' Leistungen im Sinne der politischen Ganzheit“[126]. Die Züricher Stadt- und Kulturgemeinschaft der Hadlaubzeit präsentiert sich – vergleichbar dem Nürnberg des *Meister Martin,* der *Norica* und des Maskenzuges im *Grünen Heinrich* – als eine organisch in sich differenzierte Solidargemeinschaft verschiedener Stände.

Gelingt in der Novelle auch die Synthese aus Künstlertum und Bürgerlichkeit, die Keller im *Grünen Heinrich* scheitern ließ und nur unter der Form der karnevalistischen Alt-Nürnberg-Evokationen zuließ? Schmidt bejaht diese Frage und urteilt, Keller habe in *Hadlaub* Poesie und Realität in einem substantiell ‚poetischen Realismus' zu versöhnen gesucht.[127] Er übersieht indes eine Dissonanz am Ende der Novelle, die darin liegt, daß der zum Bürger, zum Besitzer des steinernen Hauses am neuen Markt zu Zürich und zum Ehegatten gewordene Johannes Hadlaub nicht länger Dichter bleibt. Dieser „schrieb noch die wenigen Lieder, die man von ihm besaß, in das Buch und widmete ihm ein tapferes Schlachtenbild; dann schloß er endlich die Sammlung (...)“[128]. Der bürgerliche Pragmatismus, zu dem er am Ende bekehrt wird, verträgt nicht den Einschlag künstlerischer Unbürgerlichkeit. Am Ende wird die gesunde Ansicht der Hausfrau Manesse partiell ins Recht gesetzt, die für adeligen Firlefanz und Minnesang in der bürgerlichen Lebensordnung keinen Platz sieht:

„Das fehlte uns, daß wir dergleichen Mummenschanz in unserem Hause aufführen! Wir leben hier in der Stadt bei Handel und Wandel und nicht auf Hofburgen und in Zaubergärten. Alte Mären lesen wir in den Büchern, aber wir spielen sie nicht selbst wieder ab; denn wir Bürgerinnen müssen für Kraut und Gemüse sorgen und an Haber und Hirse denken für das Gesinde!"[129]

Immerhin läßt die Novelle *Hadlaub* solchen Pragmatismus nicht ungehindert ins Kraut schießen; ihr Held realisiert, wenn auch nicht eine Synthese, so doch im zeitlichen Nacheinander ein Äquilibrium von jugendlicher Genialität und einer den reiferen Jahren obliegenden bürgerlichen Praxis: immerhin also ein Verhältnis organologischer Fortentwicklung und Bereicherung der einen durch die andere.[130] Tiecks *Tischlermeister,* Wagners *Meistersinger*-Oper und Kellers *Hadlaub* ähneln einander, insofern in ihnen die bürgerlichen Lebens- und Kunstformen anfänglich durch Erstarrungserscheinungen gekennzeichnet sind, die es durch Spontaneität der Jugend zu beleben gilt, um diese schließlich in eine erneuerte Bürgerlichkeit einzufrieden.

## Zwischenbetrachtung

Kellers Darstellung und Kommentierung des Münchener Dürerfestes im *Grünen Heinrich* preist die Welt des alten Nürnberg und seiner Handwerkerkunst in romantischer Tradition als Ideal eines harmonischen Kulturzustandes. Er begreift dessen Wiederbelebung durch die Festinszenierung von 1840 als Indiz einer latenten Wesensidentität von Dürerzeit und 19. Jahrhundert, und er imaginiert das Kunstmeistertum sowohl der alten Nürnberger wie auch der zeitgenössischen Münchener Festteilnehmer als Gegenbild zu dem verfehlten, subjektivistischen Phantastentum des grünen Heinrich und seiner Malerfreunde. Anders indes als die Romantiker will Keller sich nicht damit begnügen, die Schmerzen an den Entzweiungen der modernen Kultur nurmehr erinnernd zu kompensieren. Er spricht der Aktualisierung idealer Vergangenheiten die katalytische Kraft zu, die modernen Subjekte aus solipsistischer Verstrickung zu lösen und mit der organologisch vorausgesetzten sittlichen Totalität des Volkslebens zu versöhnen. Hinsichtlich dieser Funktion und Gegenwärtigkeit unterscheidet Keller die Münchener Handwerker, die das Dürerfest veranstalten, von den „frömmelnden Romantikern in ihren unkundigen und siechen Schilderungen des Mittelalters".[131]

Die Positivität von Kellers Roman erschöpft sich nicht in jenem ihm eingelagerten Bild bürgerlicher Handwerkerkunst. Er fingiert darüber hinaus sowohl mittels der Erzählerkommentare als auch in seiner Symbolik und Formkonstruktion ein unvergängliches, sinnbergendes „Obdach“, das dem leidenden und umherirrenden Helden prinzipiell offen steht. Auch durch das Scheitern des grünen Heinrich – das nicht umsonst als „schuldhaft“ dargestellt wird – ist die Substantialität des unverlierbaren heimatlichen „Lebensgrundes“ nicht in Frage gestellt. Vielmehr werden analog dem Tieckschen *Tischlermeister* die traditionellen Lebenswege des ausfahrenden und nach Hause zurückkehrenden Handwerksgesellen als begehbar erachtet.

Kellers Wunschbild der ästhetisch-moralischen Lebenswelt der Handwerkerbürger und -künstler antwortet auf die Pathologien der Moderne; auf die seelenlose Mechanisierung der Kunstproduktion (im kommerziellen Kunstbetrieb Habersaats); auf die Gemeinschaftsentfremdung des „Genies“ sowie auf Dilettantismus und Traditionsverlust handwerklich ungeschulter Phantasterei (Heinrich Lee). Keller will sichtbar machen, daß der Subjektivismus der modernen Künstler sowohl gegen die bürgerliche Moralität als auch gegen die ästhetische Produktivität selber ausschlägt. Sein Artisten-Ideal knüpft handwerklich-technisches Können zwar immer auch an subjektive „romantische Phantasie“ (Keller), aber zugleich auch an sittliche Gebundenheit – eine Konnotation, die sich schon in Wackenroders Bild vom altdeutschen Künstler abzeichnet. Der Dürer der *Herzensergießungen* fertigt „mit emsigem mechanischem Fleiße gar seelenvolle Kunstwerke“ und unterscheidet sich darin vom Exzentriker Berglinger. Ebenso verkörpert beim späten E. T. A. Hoffmann die Gestalt Dürers eine Einheit von bürgerlich-frommer Gesinnung, Subjektivität und formaler Meisterschaft im Kontrast zum Unvermögen und zur Asozialität der Verbrecherkünstler Solfaterra und Irmshöfer. Ähnlich repräsentiert Richard Wagners Hans Sachs die Synthese von romantischem Subjektivismus mit bürgerlicher Sittlichkeit und künstlerischer Metierbeherrschung. Und in Lukács’ oder Manns Künstlerporträts ist diese Synthese dann in Keller selber verkörpert.

In solchen Entwürfen wird das auf Tieck und Hoffmann selber zurückgehende romantische Selbstverständnis kritisiert, das gerade in der ich-bezogenen Isolation, „Kälte“ und Außenseitersituation des Künstlers seine schöpferische Potenz und Produktivkraft zu fundieren suchte und das (konträr zu Keller) in den Formen des geselligen, gemeinschaftsgebundenen und „herzenswarmen“ Künstlertums nur Dilettantismus erblicken will (so „Kreisler“, so auch „Leverkühn“). In dieser Tradition ist der künstlerisch Schaffende ein „Monstrum“ (Flaubert), ein „Verbrecher“ – prinzipiell unfähig zu Freundschaft, Liebe und zu sozialer Bindung. Keller gerät zu dieser Richtung künstlerischer Selbstauslegung in Opposition, wenn er die gefährliche Nähe ästhetizistischen Autonomiestrebens zum Weltverlust des Dilettanten hervorkehrt. Er kann dabei an die romantische Selbstkritik anknüpfen, die Wackenroder, Tieck und Hoffmann bereits ebenfalls bis hin zum Entwurf altbürgerlicher Gegenbilder vorangetrieben haben. Er beargwöhnt – da er selber dem drohenden Dasein des Dachstuben-Genies in die Amtstätigkeit entflieht – die aus der Berufsroutine und Alltagskonvention ausscherende Lebensweise des ich-zentrierten modernen Ästheten. (Für die unbürgerlichen Künstlermaskeraden und -eskapaden Wagners hält er die Hohnworte „Friseur und Scharlatan“ bereit.) Jedenfalls sind für ihn Lebensnegation und Lebensentfremdung keine notwendigen Konstituentien des Künstlertums. Er radikalisiert die Selbstkritik der Romantiker auf der Linie des späten Hoffmann, indem er die Selbstgenügsamkeit der artistischen Lebensweise nicht nur als Schuld und Verfehlung im Sittlichen begreift, sondern zugleich mit künstlerischem Unvermögen und mit der Gefahr des Dilettantismus konnotiert. Nicht mehr nur die Moralität des modernen Künstlers, sondern auch sein Können verblaßt vor dem Ideal des altbürgerlichen Handwerkerkünstlers. Keller löst den seit der Frühromantik topisch gewordenen Gegensatz von Künstlertum und Bürgerlichkeit, von Ästhetik und Moral auf in die Dichotomie von Unsolidität und Meisterschaft. Der durch handwerkliche Tugenden, Übung und Moralität als Meister ausgezeichnete Künstler unterscheidet sich nicht länger vom Bürger; der Solipsismus des „genialischen“ Dilettanten unterscheidet sich nicht länger vom Egoismus und mangelnden Qualitätsbewußtsein des modernen „bourgeois“.

Die Nachwelt wird eine Zeitlang dieses Kellersche Selbstverständnis und Künstlerideal mit der Realität seines Daseins und Lebensraumes in eins setzen. Sie wird daher in dem Staatsschreiber das Exempel eines „Handwerkerkünstlers“ und letzten „Meistersängers“ sehen. Aus der Perspektive des 20. Jahrhunderts wird sie ihm die gleichen Wesensmerkmale zusprechen, die er bereits selber in der Nachfolge der Romantiker den Künstlern der Dürerzeit beigelegt hatte. Sowohl die Motive als auch die Denkfiguren dieser jeweiligen Legendenbildungen gleichen sich. Wenn Keller in einem ästhetischen Akt, nämlich in der Inszenierung des Münchener Dürerfestes, die Gewähr für die Wiederkunft eines neuen Zeitalters erblickt, so bedient er sich jener charakteristischen Argumentationsfigur einer ästhetischen Geschichtsphilosophie, die die Auffassung der Vergangenheit und insbesondere das Bild des 19. Jahrhunderts auch beim jungen Lukács und (in dessen Spuren) bei Thomas Mann bestimmen wird. Und wenn das sentimentalische Bild des Handwerkerkünstlers seit den Tagen der Romantik sein Hauptkennzeichen darin hat, daß die „Seele“ des Künstlers, auch wo diese schon Züge moderner Innerlichkeit trägt, mit der Objektivität des ästhetischen Materials und dem Geist der Allgemeinheit versöhnt bleibt, so bezieht sich Lukács auf diese Vermittlungsproblematik bereits im Titel seiner ersten Essaysammlung *Die Seele und die Formen*, in die er seinen berühmten Versuch über *Bürgerlichkeit und l'art pour l'art* aufnimmt, jenen Essay also, der das hier thematische Künstlerbild der Romantik allererst auf den Namen des „Handwerkerkünstlers“ tauft.

Viertes Kapitel

# Georg Lukács: Die „Handwerkerkünstler" des 19. Jahrhunderts und die „organische Fortsetzung" der bürgerlichen Lebensform im Sozialismus

## 1. *Bürgerlichkeit und l'art pour l'art* (1909)

In der feindlichen Dualität von „Seele und Formen" erblickt der junge Georg Lukács das Signum des posthomerischen Weltzustandes, den er in seiner *Theorie des Romans*[1], anknüpfend an das triadische Schema klassisch-romantischer Geschichtsphilosophie[2] und in lebensrekonstruierender Ausdeutung der Formenentwicklung großer Epik, als sinnverlassen und transitorisch zugleich bestimmt. Die seligen Zeiten der Lebensimmanenz des Sinns im homerischen Griechenland liegen voraus, die neue Welt der wiedergewonnenen Daseinstotalität prozessiert sich aus ihm hervor. Lukács beschreibt den Zustand dieses Zeitalters als den der Entfremdung der Seele von ihrer selbstgeschaffenen Umwelt, als den „transzendentaler Obdachlosigkeit". Die Menschengebilde sind zur „zweiten Natur", zu sinnesferner, „die Innerlichkeit nicht mehr erweckender"[3] Objektivität erstarrt. Ihre Fremdheit kann, anders als bei Hegel, nicht getilgt werden in ihrer Erkenntnis als einer Außenwelt, die der Geist aus sich hervorbrachte und in der der Wissende als bei dem Seinigen immer bei sich selbst ist.[4]

„Wenn das Seelische der Gebilde nicht mehr unmittelbar zur Seele werden kann, wenn die Gebilde nicht mehr nur wie Ballung und Stauung von Innerlichkeiten erscheinen, die jeden Augenblick in Seele rückverwandelt werden können, müssen sie eine die Menschen wahllos, blind und ausnahmslos beherrschende Macht erlangen, um bestehen zu können. Und die Erkenntnis der Macht, die sie knechtet, nennen die Menschen Gesetze. . ."[5]

Soziologisch genauer hat Lukács in seiner frühen Arbeit zur *Entwicklungsgeschichte des modernen Dramas* (1909) im Anschluß an Simmels und Webers Rationalitätskritik die Entfremdungserscheinungen seiner Zeit, die hier als spezifisch moderne datierbar werden, analysiert. Er teilt die Auffassung von der Atomisierung des traditionellen Gemeinschaftslebens, denn die in personalen Bindungen gründenden „organischen" Gemeinschaften lösen sich auf in individualistische Formen der Vergesellschaftung, in Konkurrenz und Anonymität. Damit einher geht ihre „Entpersönlichung" und „Versachlichung".[6] Das „Geldwesen" tritt an die Stelle des alten Personenverbandes. In der Sprache gegenwärtiger Soziologie würde man sagen: Die gesellschaftliche Integration erfolgt nicht mehr vermittels einer an Normen orientierten, personengebundenen sprachlichen Verständigung (Meister–Geselle, Feudalherr–Leibeigener),[7] sondern vermittels entsprachlichter Steuerungsmedien (z. B. Tauschwert), die Subsysteme erfolgskontrollierten Handelns ausdifferenzieren (Wirtschaft und Verwaltung).[8] Lukács registriert sodann den Zerfall der sinnverbürgenden Einheit metaphysischer Weltbilder zu einer heterogenen Vielfalt von Wertsphären und entsprechenden Lebensstilen (er faßt dies als Ende des Monoethismus).[9] Er folgt schließlich, salopp gesprochen, der Simmelschen These vom Freiheitsverlust, denn das Geltendmachen der individuellen Persönlichkeit wird innerhalb des versachlichten modernen Institutionensystems erschwert. Früher bot den Menschen „jede Einzelheit des konkreten Lebens Gelegenheit, ihre Persönlichkeit durch ihre Taten in die Dinge einströmen zu lassen“,[10] heute – so klagt er in Simmels Worten – werden die Einzelnen „immer abhängiger von Ganzheiten und Allheiten“.[11] Früher „war das Leben selbst individualistisch, jetzt sind es die Menschen, oder mehr noch ihre Überzeugungen, ihr Lebensprogramm“.[12]

Die Problematik der Lebensführung und Lebensleistung des Künstlers bzw. des Intellektuellen unter diesen Bedingungen der Entfremdung von Seele und moderner Außenwelt thematisiert Lukács' erste große Essaysammlung *Die Seele und die Formen* (1911). Lukács nennt sie ein Buch über „das Problem der Lebenskunst; das Verhältnis von Form und Leben“[13]. Jedem seiner Versuche über europäische Dichter und Kritiker des 19. und des frühen 20. Jahrhunderts liegt die Frage zugrunde: Kann das Verhältnis von Leben und Werk als ein organisches wechselseitiger Bereicherung begriffen werden, oder ist es heute das einer wechselseitigen Negation und Ausschließung? Lukács' frühe philosophische Befunde der radikalen Einsamkeit des Individuums, der Unmöglichkeit, einen Weg von Seele zu Seele zu finden, seine Diagnose vom Zeitalter der „vollendeten Sündhaftigkeit“[14] und des Risses zwischen der Substantialität der Seele und dem Leben als dem Inbegriff einer sinnfernen zweiten Natur lassen eine positive Beantwortung der Frage nicht zu. „Das Leben ist das Unwirklichste und Unlebendigste alles denkbaren Seins; nur verneinend kann man es beschreiben . . ., man muß das Leben verleugnen, um leben zu können.“[15] Auf der Grundlage dieses Urteils geraten die frühen Essays zu einer Zusammenschau der brüchigen Lebensformen, innerhalb derer das Leben negiert werden kann:[16] die Maske Kierkegaards, der in den Tod mündende Panpoetismus Novalis', das Anachoretentum Flauberts, die Gefaßtheit Georges, die Sehnsüchtigkeit der Romanen, die Entsagung Goethes, die dezionistische Ethik Gregor Werles – oder, am anderen Pol des unauflöslichen Gegensatzes von Seele und Lebensformen: die Gefühlsanarchie, der Episodismus, die Formlosigkeit im Dasein Sternes.

Reziprok zu diesen Defizienzen der eigenen Zeit entwirft Lukács in seinem Essay über Storms und Kellers „Bürgerlichkeit“ das Sehnsuchtsbild einer Totalität, in der die objektiven kulturellen und sozialen „Gebilde“ der Innerlichkeit angemessen sind und in der die Kunstproduktion in die Gemeinschaftlichkeit des bürgerlich-praktischen Lebenszusammenhangs organisch eingebunden ist. Noch in der Mitte des 19. Jahrhunderts, in der Welt Storms, ja Kellers und Mörikes, entdeckt Lukács die Züge eines solchen Zustandes der Harmonie des Individuums mit der in „Gebilden" sich objektivierenden Gesamtkultur, in welchem für die Einzelnen „Heimat, Stamm, Klasse (das) ... alles bestimmende Erlebnis"[17] sind und in welchem der Dichter sein Weltgefühl und Wertdenken aus der Außenwelt unmittelbar zu empfangen vermag. Keller war Staatsschreiber, Mörike Pfarrer, Storm war Richter. Hier kann auch für den Künstler die Lebensform des Husumer oder Züricher Bürgertums bestimmend, sein Schaffen eine Form bürgerlicher Berufserfüllung werden, indem er deren ethische Merkmale: Ordnung, Treue und Handwerksfleiß in die Kunstübung und in die Werkbeschaffenheit überträgt. Hier ist die aus dem Mittelalter tradierte Welt des bürgerlichen deutschen „Handwerkerkünstlers"[18] noch in einem substantiellen Sinne lebendig. „In dieser Welt gibt es keine inneren Kämpfe zwischen widerspruchsvollen Gewalten in eines Menschen Seele"[19]. Hier ist die Kunst nicht Resultat „einer gewaltsamen Loslösung vom Leben", sondern „um ihrer selbst willen da, so wie jede ehrliche Arbeit um ihrer selbst willen da ist"[20]. Sie bringt noch keine einzigartige Vision, ästhetische Revolte oder Utopie zum Ausdruck, sondern gibt dem bürgerlichen Gemeinbesitz an Sinn und Glauben die schöne Deutlichkeit der Form. Sie ist das „bürgerliche l'art pour l'art".

Diese altbürgerliche Gemeinschafts-Welt aber, der Keller, Storm und Mörike als die „letzten, innerlich noch ungebrochenen"[21] Bürger-Dichter angehörten, sagt Lukács, ist untergegangen. Sie hatte ihren sozialen Garanten in dem traditionalen, moral- und bedarfsorientiert wirtschaftenden Stadtbürgertum, das der denkbar „stärkste Gegensatz des heutigen ist"[22] und dessen Schilderung durch Storm bereits von einer „Stimmung des Verfalls"[23] umgeben ist. Den wahrhaft zeitgemäßen Antipoden zu dem älteren Handwerkerkünstler, der an der Arbeits- und Daseinsform der Bürger teilhatte, erblickt Lukács in Gustave Flaubert: einem egozentrisch-vereinsamten, asketischen Artisten, dessen pseudohandwerkliches Arbeitsethos nur hygienisch-diätetische Ich-Abtötung im Dienste des Werks ist; einer Pendantfigur zum kapitalistischen „Bourgeois", der alles Lebendige für seine Zwecke instrumentalisiert. Lukács' Essay konturiert die Grundzüge des naiven bürgerlich-handwerklichen Künstlertypus durch diese Konfrontation mit dem „zu spät gekommenen Romantiker"[24] als seinem denkbar schärfsten Gegensatz: hier Handwerkertüchtigkeit bei Keller und Storm, – dort von Sensationen gespeiste „Genialität" bei Flaubert. Hier Gemeinschaftsgebundenheit, positive Soziabilität und ethische Ausrichtung der Kunst, – dort egozentrische Einsamkeit, anachoretische Selbstabschließung, Monomanie und „anarchischste Beschäftigung mit dem eigenen Ich"[25]. Hier die Arbeit als Mittel zum Leben, als Weg zur Ausnutzung aller Daseinsmöglichkeiten, – dort das Leben als Mittel zur Arbeit, als Instrument zur Erreichung des Kunstideals. Hier die Kunst als Äußerungsform des bejahten und gelebten Lebens, – dort Lebensverneinung, Lebensverarmung, die „Impotenz des Herzens“ (Flaubert). Hier „milde Demut“ und das Genügen im ehrlichen und tüchtigen Vollbringen dessen, was zu schaffen einem gegeben ist, – dort eine das Maximum überschreitende, hysterische Kraftanspannung im alleinigen Dienst am Werk. Hier ruhige Tüchtigkeit und Geradlinigkeit der Lebensführung – die die Kräfte der inneren menschlichen Natur mit den Forderungen der „Pflicht“ zum Ausgleich bringt, – dort pathologische Instabilität und Hin- und Hergeworfensein zwischen Ekstase und Depressivität, Haltung und Gefühlsanarchie, Askese und Orgiastik, neurotischer Zucht und konvulsivischem Rausch, Fiebern der Produktivität und Frösten der Gefühlserstarrung.

Lukács' Essay knüpft an die romantische Überlieferung ebenso an wie an die Tendenzen des Zeitgeistes. Zum einen bewegen sich die Charakterisierung der l'art pour l'art-Artistik Flauberts und der Versuch, ihn zur Symbolfigur eines lebensmortifizierenden Formkultes zu stilisieren, weitgehend auf den im Begriffs- und Wertsystem der Ästhetizismuskritik um 1900 vorgezeichneten Bahnen. Nietzsches Dekadenzanalyse, seine Kritik des lebensverneinenden Romantikertums und der symbolistischen Werkabsolutheit[26] sind hier ebenso einschlägig wie Webers Analyse des Lutherschen Berufsgedankens[27] und Thomas Manns Frühwerk, das um das Thema der Dekadenzüberwindung im Zeichen bürgerlicher Berufserfüllung[28] zentriert ist.

Zum anderen erneuert Lukács' Zeichnung des bürgerlichen Handwerkerkünstlers den topischen Vorrat, der seit Wackenroder tradiert wurde. Lukács stattet die Dichter des vorangegangenen Jahrhunderts und ihre Welt mit denselben Wesensmerkmalen aus, die die Literatur dieses 19. Jahrhunderts, von Wackenroder bis Keller selbst, dem sogenannten „Mittelalter“ zugesprochen hatte. Schon bei Wackenroder wie dann bei Hoffmann, Keller und Wagner (oder später bei Thomas Mann) sind die Bilder handwerklichen Meistertums antithetisch zum Typus des solipsistischen und geniehaften Außenseiters entworfen. Diese antithetischen Konstruktionen sind seit dem ausgehenden 18. Jahrhundert konstitutiv für die romantische Auffassung vom Künstler, der sich programmatisch als asozialer Ausnahmemensch, Exzentriker, „Monstrum“ (so Flaubert über sich selbst) und Verbrecher begreift; der in diesen Wesenszügen das notwendige Komplement ästhetischer Produktivität erblickt (von Kreisler und Cardillac bis Leverkühn); der zugleich aber diese eigene egomane Lebens- und Schaffensweise dem Verdacht des Weltverlustes, des Wahnsinns, der Unfruchtbarkeit, der Inhumanität aussetzt und das Gegenbild des gemeinschaftsverbundenen Handwerkerkünstlers entwirft. Lukács sucht die Spannung zwischen diesen heterogenen Idealen des Künstlerselbstverständnisses historisch aufzulösen, indem er den Typus des „Handwerkers“ einem vergangenen, bis ins späte 19. Jahrhundert währenden Zeitalter, den Typus des „exaltierten“ Ästheten der Gegenwart zuordnet. Insofern entwirft der *Bürgerlichkeit*-Essay ein in der Jetztzeit unrealisierbares Sehnsuchtstableau.[29]

Daß er in einer biographischen Ausnahmesituation entsteht, die seinem harmonisierenden Grundzug korrespondiert, enthüllen Lukács' *Tagebücher.*[30] Vielleicht deshalb nennt Lukács ihn „das leichteste und exoterischste, was ich geschrieben habe".[31]

Was ist dieser von Lukács als exoterisch bestimmte Gehalt seines Gemeinschaftsentwurfes? Läßt er sich auf einen geschichtsphilosophischen Begriff bringen und wie bildet er die überlieferte Idee des Handwerkerkünstlertums fort? In Lukács' Entwurf ist die Einheit, zu der Innenwelt und Außenwelt, Seele und Formen im Leben Kellers und Storms zusammengeschlossen sind, nicht der freie Zusammenklang, wie ihn der epische Weltzustand Hegels gewährt, sie ist vielmehr vermittelt durch Pflichterfüllung, durch bürgerliche Ethik. „Bürgerlicher Beruf als Form des Lebens bedeutet in erster Linie das Primat der Ethik im Leben."[32] Pflicht und Beruf gehören zunächst in die Sphäre des „Außen"; dessen, was von uns unabhängig und fremd ist, was „vielleicht der Seele gar keine Nahrung geben" kann[33], denn die „Ethik zwingt jedem Menschen das Gefühl der Gemeinsamkeit auf". So ist die Einheit von Einzelnem und Allgemeinheit nicht die zwanglose, freie Lebendigkeit des klassischen Künstlers, wie sie der deutsche Idealismus erträumt, sondern Resultat der Pflichterfüllung und „Hingabe" an etwas, was „dem Inneren nichts bieten"[34] kann. Gleichwohl aber, sagt Lukács von Keller, werde dieser von dem Gefühl geleitet, „daß seine Arbeiten doch ihm zuliebe da sind, damit all seine Energien in ihnen zum Ausdruck kommen".[35] Die klargeschnittene Kollektividentität der Einzelnen und der Zustand existentieller Sicherheit innerhalb eines geordneten, sozialen Lebenszusammenhangs sind hier nicht Folge einer Beraubung oder Entsagung, eines Unterdrückungsverhältnisses, in dem Individualität, Leidenschaft, Sinnlichkeit, Poesie und Glück unterm Diktat der bürgerlichen Berufsarbeit geopfert werden. (So erscheint die Welt der Handwerker und Handwerkerkünstler in Goethes *Wanderjahren.*[36]) Lukács' Harmonie-Entwurf kennzeichnet vielmehr die Verknüpfung des Heterogenen: Die natürlichen inneren „Energien" des Künstlers finden im Kunstwerk, ja sogar im Arbeits- und Lebensprozeß, ihren uneingeschränkten Ausdruck, und gleichwohl bleiben diese Objektivationen innerer Natur im Einklang mit den ethischen Anforderungen, die die Gemeinschaft stellt. In Lukács' Augen lebt Storms und Kellers Künstlertum bei aller sozialen Gebundenheit aus einer ungefesselten Natürlichkeit und einer reich entfalteten Innerlichkeit. Von Storm bemerkt er: „Er war empfindlich, sensitiv, die kleinsten äußeren Anlässe bewegten ihn tief, aber seine Empfindlichkeit konnte nie die festen, geraden Richtlinien seiner Lebensführung beeinflussen. Seine ganze Gefühlswelt war mit seiner Heimat aufs Innigste verwachsen ..."[37]

Sah Hegels Traum vom epischen Zeitalter in der Antike jenen Geist glücklicher Harmonie objektiviert, der dem Einzelnen erlaube, in freier Lebendigkeit mit der substantiellen Allgemeinheit, dem Lebenszusammenhang der

Polis, sich in lebendiger Ganzheit zusammenzuschließen, und galt ihm diese Welt als die schönste, so hat er doch den Preis eingestanden, daß in der antiken Totalität die Rechte der Subjektivität noch nicht zur Geltung gebracht seien. Sah Hegel umgekehrt die Ansprüche der Subjekte in der Moderne ausdifferenziert und schließlich zur Übereinstimmung mit dem Allgemeinen der Vernunftordnung des bürgerlichen Verfassungsstaates gebracht, so hat er doch auch hier die Kosten benannt und gezeigt, daß diese moderne Welt zwar vernünftig, aber poesielos, das heißt nicht länger „schön" und „lebendig" sei. Innerhalb der wie immer auch sinnvollen Objektivität eines bürokratisch geordneten, vom Einzelnen abgelösten Institutionensystems geht die epische Unabhängigkeit der griechischen Heroen und damit die Schönheit ihrer Welt verloren.[38] Lukács nun überbietet sowohl das antike als auch das moderne Ganzheitsbild Hegels (das der antiken Schönheit und das der modernen Vernünftigkeit) in dem überschwenglichen Entwurf einer ins 19. Jahrhundert projizierten epischen Lebenswelt, in der sowohl die Subjektivität in ihren Eigenrechten historisch freigesetzt ist als auch die nach klassizistischen Maßstäben als schön empfundene Einheit des Individuums mit den substantiellen Zwecken der Allgemeinheit im Zeichen bürgerlich-handwerklicher Ethik und Berufserfüllung noch ungebrochen ist. Das heißt, Lukács visiert die Utopie eines Zustandes an, der frei ist von den Lasten ungeschützter Individuation ebenso wie von den ich-fremden Zwängen der Gebundenheit. Im beseelten und sensitiven Handwerkerkünstler löst sich die im Frühwerk Lukács' tragende Antinomie von Seele und Leben. Ähnlich paradox verknüpft bereits Wackenroders Porträt[39] des Handwerkerkünstlers Dürer das Lob der Heteronomie (der Arbeits-„Zelle", des „mechanischen Fleißes") mit dem empfindsamen Lob seiner „gar seelenvollen" Kunstwerke zu der Vision eines Gleichgewichtes von Pflicht und Innigkeit[40]. Ebenso verbindet Keller die Affirmation der bürgerlichen Arbeitstugend mit der Anerkennung romantischer Innerlichkeit und Phantasie zum Lob einer Kunstproduktion, welche die ethisch-gemeinschaftsgerichteten Bestandteile noch nicht in der l'art pour l'art einer herzenskalt um die eigene Subjektivität zentrierten Produktivität ausgeschieden hat; welche nicht esoterischer Expertenschaft überlassen bleibt, sondern Gemeinschaftsbesitz ist. Lukács' Nähe zu diesen Konzeptionen verrät seine Teilhabe am romantischen Erbe, die gerne über seiner Wahlverwandtschaft mit dem klassischen objektiven Idealismus übersehen wird.

Er überhöht und stilisiert die Dichter des 19. Jahrhunderts nach dem Muster, das die Romantiker (bis hin noch zu Kellers *Grünem Heinrich*) in der idealisierenden Deutung der „altdeutschen" Künstler des 16. Jahrhunderts herausgebildet hatten, – einen Topos begründend, der keine Entsprechung in der Realität besitzt. Wenn Lukács beispielsweise Keller als den „naiven" Handwerker feiert, so hat dieser selber bereits sentimentalisch in romantischer Tradition die altdeutschen Künstler Sachs, Dürer, Peter Vischer etc. als

Symbolfiguren vergangener Kunst-Leben-Harmonie gepriesen. Und wie der avancierte Renaissancekünstler Dürer kein werkstattgebundener Handwerker war, ebensowenig war dies – wie wir gesehen haben – der nach Handwerkertüchtigkeit sich sehnende Keller. Die neuere Biographik beschreibt ihn konträr zu Lukács als Vagabunden, gesellschaftlichen Außenseiter und Sonderling[41], der die künstlerische Produktivität und die bürgerliche Berufserfüllung nie hat vereinbaren können. Und ebensowenig wie Keller der Handwerkerkünstler war, kann seine Lebenswelt als ein vorkapitalistischer, epischer Randbereich des industriellen 19. Jahrhunderts beschrieben werden. Die neuere Sozialgeschichtsschreibung hat konstatiert, daß die Schweizer Alpenvorlande seit dem ausgehenden 18. Jahrhundert neben England den vorgeschobensten Posten der industriellen Revolution bildeten.

Auch Mörike und Storm fügen sich schwerlich dem Topos vom gemeinschaftsgebundenen Bürgerkünstler. Gewiß – der eine war Pfarrer, der andere Richter. Aber Mörike wurde früh pensioniert, weil er sich seiner kleinen Pfarrei nicht gewachsen fühlte und auf der Kanzel Angstzustände bekam[42]; und Storm war in der Herstellung einer Balance zwischen künstlerischer Produktivität und bürgerlicher Amtstätigkeit zwar glücklicher, aber auch wieder gefährdet[43] genug, um gelegentlich der Schikanen seiner vorgesetzten Justizbehörde einmal pathetisch zu bekennen: „Und die Literaturgeschichte wird eine Mißhandlung mehr zu verzeichnen haben, deren der Genius schon so manche von dem Stockbeamtenthume zu erdulden hatte.“[44]

Wie kommt Lukács' Idealisierung dieser an Dissonanzen so reichhaltigen Dichterbiographien zustande? Im Falle Kellers dadurch, daß er dessen fiktive Entwürfe und poetische Ideen (wie die im *Grünen Heinrich* unter Adaptation romatischer Topoi verklärten Nürnberger Handwerkerkünstler oder den in den *Züricher Novellen* gestalteten bürgerlichen „Meister“ Handlaub) in eins setzt mit dem realen Künstlertum ihres Autors. Hier kann Lukács also die Topoi, die ihm zur Beschreibung des Handwerkerkünstlers dienen, unmittelbar in dessen Werk auffinden. Aber auch im Falle Storms, der – anders als Keller – die altdeutsche Welt nirgendwo gestaltet hat, findet sich eine erstaunliche Kongruenz zwischen Lukács' Bild von der realen Husumer Lebenswelt einerseits und seiner Deutung des Stormschen Œuvre andererseits. Folgt man Lukács' Interpretation der Novellen, ihrer Gestalten und Schauplätze, so findet man Zug um Zug sie mit jenen Wesenszügen und Attributen ausgestattet, die er zuvor der realen Daseinsordnung Storms, aber auch Kellers und Mörikes zugesprochen hatte: der Harmonie von Pflichterfüllung und Innerlichkeit, denn Storms Kunstfiguren „wollen ohnehin nur das, was ihnen gewährt ist“[45]; dem in den Einzelnen verwurzelten kollektiven Wertbewußtsein, denn Storms Gestalten eignet ein „mit unfehlbarer Sicherheit wertendes sittliches Gefühl“, und „die Ethik ist hier für jeden Menschen eine so natürliche Lebensfunktion wie das Atmen“[46]; der Geradlinigkeit der bürgerlichen Lebensführung, denn in „der Welt Storms gibt es keine inneren

Kämpfe zwischen widerspruchsvollen Gewalten in eines Menschen Seele"[47]. Lukács deduziert aus diesen vormodernen Zügen der Stormschen Novellistik, die einer sinnerfüllten „epischen"[48] Welt anzugehören scheint, „die Realität" eines epischen Lebensraumes im 19. Jahrhundert. Er setzt Fiktion und Wirklichkeit in eins. Ebenso schließt er unausgesprochen aus den Handwerkeridealisierungen Kellers oder aus Mörikes sentimentalischer Pfarrhausidyllik[49] auf die historische Realität solcher poetischen Gestaltungen und Entwürfe. Jenseits kultur- und sozialgeschichtlich aufgeklärter begrifflicher Erkenntnis wird ihm die Kunst zum Offenbarungsorgan eines vergangenen, bis ins späte 19. Jahrhundert währenden Zustandes der Harmonie von Seele und Außenwelt.

EXKURS: Die Idee der „craftsmanship" im englischen „medievalism": Ruskin, die Präraffaeliten, Morris

Lukács unterscheidet das naive Handwerkerkünstlertum, das im deutschen 19. Jahrhundert noch lebendig gewesen sei, von der sentimentalischen Rückwendung auf „Middle Ages" und „craftsmanship" innerhalb der westeuropäischen Romantik. Leibl sei „noch ganz in die Nähe von Holbein" gelangt, „so nahe, wie man ihm nur kommen kann", „die englischen Präraffaeliten" dagegen seien „soweit als nur irgend denkbar von den Florentinern entfernt."[50] Lukács' Essay selber partizipiert – natürlich – an jenem artifiziellen Geist einer sentimentalischen Rückbesinnung auf Formen handwerklicher Kunstproduktion, die um 1900 sich nicht nur aus der deutschen Romantiker-Tradition speist, sondern vor allem von England aus – in der Nachfolge von Carlyle, Ruskin und der Präraffaeliten – durch Morris und seine Schüler Crane und Ashbee neu belebt und als eine Modewelle auch auf den Kontinent hinübergetragen wird. Die internationalen Ausstellungen der *Arts and Crafts Exhibition Society* machen gegen Jahrhundertende die kunsthandwerklichen Arbeiten der Engländer und ihr Programm einer Wiederversöhnung von „beauty, morals and utility" populär. Der Jugendstil und die Buchkunstbewegung, die mit den Zeitschriften *Pan* und *Blätter für die Kunst* hervortreten, sind ohne den Einfluß der englischen Unternehmungen, vor allem der Morris'schen *Kelmscott Press,* undenkbar.[51] Ende 1914 beginnt Gropius die Neuorganisation der Weimarer Kunstschule nach dem Vorbild der mittelalterlichen Werkstatt (Einführung des Meister-Gesellen-Verhältnisses) vorzubereiten und sich explizit auf Ruskin und Morris zu berufen.[52] Lukács wird mit dieser Sphäre „der sich nach Handwerkertüchtigkeit sehnenden Romantiker"[53] durch Kassner bekannt, der wenige Jahre vor ihm über Rossetti und Morris geschrieben hatte.[54]

Es ist hier nicht der Ort, die Gesamtheit der kunstpraktisch-konstruktiven Aktualisierungen der älteren handwerklichen Arbeitsformen zu untersuchen. Lukács geht es auch nicht um deren produktionstechnische Seite, sondern um die Evokation integraler Lebenswelten. So zeigt sein Essay denn auch vor allem die Spuren des Mittelalterbildes von Ruskin und den Präraffaeliten. (Auf den Einfluß der deutschen Romantik haben wir bereits hingewiesen.) Seine Storm- und Kellercharakterisierungen bedienen sich teilweise jener Attribute, die fünfzig Jahre vorher *The Germ*, das Organ der *Pre-Raphaelite Brotherhood* (in seinen aus mittelalterlich-handwerklichem Kooperationsgeist anonym verfaßten Gemeinschaftsschriften) der „early christian" und „early italian art" zugesprochen hatte. Spricht Lukács von der „milden Demut" und „Hingabe", von der „ehrlichen und tüchtigen Arbeit" der Handwerkerkünstler im Gegensatz zur modernen Artistenvirtuosität – so ist dort bei den Engländern nicht anders die Rede von „patience", von „devotedness" und von Werken „more true and less artificial"[55]; spricht Lukács von der primär ethischen Intention der Handwerkerkünstler, so inthronisieren nicht anders die Engländer den Künstler als „moral guide".

Allerdings erscheint das Ideal der „moralischen Kultur" im „medievalism" der Engländer, dem Coleridge, Carlyle und Ruskin unter dem Einfluß der Deutschen huldigten, stärker als bei diesen selbst in einer paradoxen Mischung aus ästhetizistischen und sozialkritischen Motiven. Ruskin kristallisiert seine Kritik an der verhäßlichten Lebenswelt der Moderne um den Vergleich der Arbeitsverfassung mittelalterlicher Werkstätten mit der kapitalistischen Industrie; der gotikzeitlichen Bauhütten mit den modernen Bau- und Fabrikationsbetrieben. So soll in der Konfrontation einer Bauweise, die – wie Ruskin am Londoner Crystal Palace zeigt – auf Arbeitsteilung, Vorfabrikation und abstrakter Befehlshierarchie beruht, mit der Bauweise und -Organisation aus der Zeit der italienischen Gotik ein Verlust an Sittlichkeit sowie an Arbeitslust erkennbar werden, und Ruskin betont, daß im Mittelalter die Moralität, aber auch die Freiheit und „das Glück" jedes einzelnen Handwerkers allererst über das ästhetische Gelingen der großen gotischen Bauten und Kunstwerke entschieden.[56] Ruskin begreift den Verfall des Schönen in der modernen Industriewelt als Resultat eines Niedergangs des Guten und Gerechten. Er propagiert die Moralität des Künstlers und die Sittlichkeit einer Kultur als Voraussetzungen der Werk-Qualität.

> „The art of any country is the exponent of its social and political virtues. The art, or general productive and formative energy, of any country, is an exact exponent of its ethical life. You can have noble art only from noble persons, associated under laws fitted to their time and circumstances."[57]

Zugleich dreht Ruskin dieses Argument um die eigene Achse und gelangt zu dem ästhetizistischen Schluß, daß sich Sittlichkeit immer als Schönheit zu erkennen gebe. Williams beschreibt daher Ruskins Idee von der moralischen Qualifikation des Künstlers als ambivalent: „At times, he (the artist, B. S.) must be good in order to reveal essential Beauty; at other times he is good b e c a u s e he reveals essential Beauty – other criteria of goodness are irrelevant.“[58] Diese Paradoxie erklärt, warum Ruskin zugleich die moralische Führerschaft des Künstlers propagiert und im selben Atemzug, wenn es nämlich um die techné der Kunstproduktion geht, die Anweisung erteilt: „Does a man die at your feet, your business is not, to help him, but to note the colour of his lips; does a woman embrace her destruction before you, your business is not to save her, but to watch how she bend her arms.“[59] Das moralisch Gute ist die Voraussetzung des Schönen, aber es wird auch hinlänglich erkennbar als das Schöne, so wie das moralisch Schlechte erkennbar wird als das Häßliche.

Ruskins Reizbarkeit für die soziale Frage durchdringt sich mit seiner Sensibilität für die Häßlichkeit der modernen Welt, die er mithilfe einer Regenerierung des Schönheitssinnes moralisch verbessern will. Auf dieser Linie einer ästhetisch inspirierten Gesellschaftskritik suchen Ruskins Nachfolger, zumal sein sozialistischer Schüler Morris[60], die Kunst für die alltägliche Arbeis- und Lebenswelt zurückzugewinnen und aus dem Arbeiter wieder einen Künstler zu machen. Die Verschränkung von Ästhetizismus und Sozialkritik in diesem Programm beschreibt Karl-Heinz Bohrer:

„Morris hat eine Gesundung der von Carlyle attackierten frühen Industriegesellschaft nur in einer Restauration von solchen handwerklichen und künstlerischen Techniken gesehen, welche die mittelalterliche Gotik zur Voraussetzung hatte. Diese Utopie würde nach Morris möglich werden, wenn die Kunst Bestandteil des Alltäglichen geworden sei und nicht mehr isoliert in den Ateliers der Künstler entstehe, die sich in Träume von Griechenland und Italien flüchteten. Es ist die Paradoxie dieser sozialreformerischen Kritik, daß sie nicht, wie sie vorgab, die Kunst sozialisierte, sondern das soziale Leben zu ästhetisieren versuchte. Wenn Morris vorgab, daß es unmöglich sei, Kunst, Moral, Politik und Religion zu trennen, dann knüpfte er an den Ganzheitsbegriff von Ruskin und der Präraffaeliten an. Aber die Art, wie er die Verknüpfung des sozialen und des ästhetischen Faktors betrieb, lief auf eine Panästhetisierung beider Teile hinaus. Wenn Carlyle, partiell auch Ruskin, den kritischen Kulturbegriff aus einer moralischen und geschichtsphilosophischen Analyse der Gegenwart gewannen, so hat Morris vor diesem Hintergrund aus dem ästhetischen Argument ein eigentlich wahrnehmungsästhetisches gemacht: nunmehr trat als einziges und ausschlaggebendes Beobachtungsfeld die Verhäßlichung der Welt in den Vordergrund, von der man alle anderen intellektuellen und seelischen Defizite ableiten konnte. Eine Verschönerung der Welt, so lautete umgekehrt der Schluß, muß logischerweise auch dies Defizit beseitigen.“[61]

Mithilfe der Kunst soll eine Sittlichkeit regeneriert werden, deren Absens gerade die ästhetische Produktion verunmöglicht.[62] Indem die Gegenwartskritik des englischen „medievalism“ aus ästhetizistischen Motiven die soziale Frage aufwirft, unterscheidet er sich von der deutschen Tradition. Diese bewegt sich im Medium der Selbstreflexion und Selbstrelativierung moderner Künstlersubjektivität, die von ihrer Außenseiterstellung und ihrem sozialen

Funktionsverlust beunruhigt ist, sich im idealisierenden Blick auf Handwerkerkünstler vergangener Jahrhunderte (von Dürer und Sachs bis Leibl und Keller) eines Modells der Integration von Kunst und Sittlichkeit zu vergewissern sucht und diese konkrete Sittlichkeit unter Abstraktion von den sozioökonomischen Verhältnissen im organologischen Begriff des „Volkes" bereits vor sich zu haben meint.[63] Indem die Engländer dagegen, denen die ästhetische Selbstauslegung einer problematischen Künstlersubjektivität, wie Wellek gezeigt hat,[64] fremd ist, die Lage der arbeitenden Klasse zum treibenden Ferment ihrer ästhetischen Opposition und Gegenbildproduktion machen, sind sie der romantischen deutschen Kulturdiagnostik „an Modernität des Bewußtseins überlegen"[65]. Andererseits bleibt die deutsche Tradition – dies ist ergänzend zu Bohrers Diktum festzuhalten – radikaler hinsichtlich der Erkenntnis der spezifischen kulturellen Eigenleistungen der Moderne, indem sie die ästhetischen Erfahrungen einer moralisch dezentrierten und gesellschaftlich dissoziierten Künstler-Subjektivität zum Ausgangspunkt ihrer Überlegungen wählt.

## 2. Der späte Lukács und Thomas Mann

Lukács legt in den dreißiger Jahren, nach seiner Wendung zum Marxismus-Leninismus, noch einmal Studien zu Keller und Flaubert vor, wobei er sowohl ältere Argumentationsfiguren als auch materiale Inhalte seiner Frühschriften neu aufgreift. Dies gilt zunächst für seine frühe antithetische Begriffs- und Bewertungsstrategie („Bürgerlichkeit" versus „l'art pour l'art"-Virtuosität). Nach wie vor erscheint Kellers Kunst als die unmittelbare Äußerungsform des ihr zugrundeliegenden Lebens, der Dichter als das epische Sprachrohr der ihn umgebenden Welt, inzwischen allerdings gefaßt als der volkstümliche Sänger „urwüchsig-demokratischen Volkslebens". Lukács schreibt: Kellers

> „Art des Anschauens der Welt, das (sic!) aus dem festen Verwurzelt-Sein ... in der Schweizer Demokratie stammt, macht in seiner Gestaltung jene naive epische Größe möglich ..., die er seiner nahen Verbundenheit mit den noch lebendigen, urwüchsigen Kräften der Schweizer Demokratie"[66]

verdanke. Die Gemeinschaftsverbundenheit seiner Kunst beuge einem tragischen Riß zwischen Kunst und Leben vor.[67] Kellers „erdgebundene"[68] Epik sei dort bei sich selbst, wo sie wie beispielsweise im *Grünen Heinrich* die „Lebendigkeit" des Volkslebens abbilde. Vergleichbar dem frühen *Bürgerlichkeit*-Essay, der die vormodernen Züge der Stormschen Novellistik festhielt, registriert Lukács hier die vorromanhaften, ins Epische hinüberspielenden Züge des *Grünen Heinrich*. Er spricht von einem die Handlung „tragenden Gefühl der innerlichen, der sozialen Unerschütterlichkeit der urwüchsigen Demokratie"[69]; er sieht im *Grünen Heinrich* die organische Totalität substantiellen Volkslebens gestaltet, in das die „fast märchenhaft heitere Schönheit"[70] der Schweizer Jugendjahre des Helden verwoben ist; er glaubt, eine „naturwüchsige Gemeinschaft der Künstler, später der Handwerker und Arbeiter in München"[71] zu erkennen; – Züge einer epischen Welt, in die Lukács zufolge erst schwache Schatten kapitalistischer Zersetzung fallen. Aber in dieser Keller-Deutung wie bereits in der Storm-Studie übersieht er den sentimentalischen, wirklichkeitsselektierenden und künstlichen Charakter des „poetischen Realismus". Lukács schließt aus einer literarischen Gestaltungsweise, die den Realitätsstoff zu einer epischen Totalität abrundet[72], unmittelbar auf die der Kunst vorausliegende Wirklichkeit, und so erscheint ihm Kellers Lebenswelt – ohne jeden historischen Beleg dieser für einen Marxisten peinlich falschen Behauptung – im Gegensatz zu derjenigen Balzacs oder Dickens' als „urwüchsig" und „urdemokratisch" (trotz Vermögens-Zensus und Frauendiskriminierung), als eine Welt, die noch nicht die „Prosa des kapitalistischen Lebens" kenne[73], und Kellers Künstlertum hält er für „erdhaft" und episch-naiv.

Auch in Lukács' Spätwerk fungiert als Antipode zum dergestalt stilisierten Epiker Keller der Romancier Flaubert. Das Frühwerk begriff den Gegensatz zwischen beiden primär als einen künstlerischer Lebensführung und Lebensleistung, der in unterschiedlichen historischen Lebensräumen seine Voraussetzung hatte. Das Spätwerk verlagert[74] diesen Gegensatz in die Werkbeurteilung. Lukács' frühe Philosophie des Risses zwischen Werkformung und Lebensformung war im Blick auf Flaubert in die beiden äußersten Extreme auseinandergetreten, indem sie bei dem französischen Dichter höchstes Gelingen der ästhetischen Werkformung der formlosen Exzentrik seiner teils asketisch-methodischen, teils ekstatisch-episodischen Lebensführung gegenüber sah.[75] Anders als Keller schien ihr Flauberts Künstlertum nicht im kollektiven Leben seines Volkes verankert. Im Jargon des späten Lukács heißt das: Flaubert habe „keine Wurzeln in den großen volkstümlichen und demokratischen Traditionen der Vergangenheit oder Gegenwart."[76] Die daraus resultierende Haltlosigkeit tangiere den ästhetischen Rang seines Œuvres, das in „Brutalität" und „Atrozität" abgleite.[77] In seinen Gesellschaftsromanen schildere er mit asketischem Ethos das triste „Grau in Grau" der Gegenwart, in seinem historischen Roman dagegen suche er den Fesseln solch monotoner Plattheit sich zu entwinden. „Alles, was er sich als Darsteller der zeitgenössischen Wirklichkeit ... versagen mußte, soll sich hier ausleben"[78]: das Exotische, Exzentrische und Perverse. Die Askese schlage um in die Orgiastik und die „unmenschlichen Exzesse ... einer wild und sinnlos gewordenen Phantasie", und damit werde Flaubert „einer der wichtigsten Vorläufer der Enthumanisierung der modernen Literatur"[79] und implicite zum Vorläufer des spätbourgeoisen, imperialistischen Sozialcharakters, dessen Phänomenologie

Lukács als ein Zugleich von asketischem Haltungsformalismus und orgiastischem Rauschverlangen beschreibt.[80] Als die positive Folie dieser Kritik, die der Begriffsstrategie des frühen *Storm*-Essays eng benachbart bleibt, erweist sich abermals ein Ideal altbürgerlicher Lebensführung, das Lukács – wie zuvor Marcuse – im 20. Jahrhundert noch einmal in Thomas Mann verkörpert sieht. Dessen künstlerische Hauptanstrengung gelte der „Suche nach dem Bürger"[81] als dem Inbegriff und nach wie vor aktuellen Vorbild einer Daseinsformung jenseits des (bourgeoisen-dekadenten) „Dilemmas von ‚Haltung' oder Gefühlsanarchie"[82]. Die bürgerliche Berufserfüllung gewinne hier die Vorbildlichkeit einer Lebensführung im Gleichgewicht der Lebenskräfte. In ihrem Zeichen sei es Thomas Mann gelungen, die „Gefühlsanarchie" zu bändigen, und er sei zum „Erzieher seines Volkes geworden"[83], dessen ethisch-gemeinschaftsgerichtetem Werkschaffen etwas „Beispielgebendes"[84] eigne. Lukács' vornehmstes Interesse muß sich daher auf jene Teile des Mannschen Œuvres richten, die noch einmal die Sphäre des Altbürgerlichen herbeizitieren.[85]

Dies gilt zunächst für die *Buddenbrooks.* Diese seien

„nicht einfach ein untergehendes Geschlecht, sondern – mit allen ihren in die Dekadenz hinüberschillernden Zügen – die Träger einer bürgerlichen Kultur, die einst Deutschlands Stolz gewesen und in der Gegenwart die Quelle seiner Erneuerung, der organischen Fortsetzung des glorreichen Alten sein sollte."[86]

Dies gilt sodann für Thomas Manns Goethe-Roman *Lotte in Weimar.* Dieser greife

„in die Vergangenheit zurück, um eine lichte Zukunft zu zeigen; das dichterische Aufweisen der höchsten Vollendung, die der deutschen Bürgerlichkeit bisher gegeben war, ist zugleich ein Mahnruf zur Erweckung ihrer verschütteten, irregegangenen, verwilderten Möglichkeiten, ein Mahnruf mit dem Pathos des uralten moralischen Optimismus, daß das, was einst möglich war, einst wieder wirklich werden könne"[87].

Diese Rückwendung auf substantielle Traditionen ist es, die Lukács veranlassen, Thomas Mann als einen „Erzieher im Sinne der platonischen Anamnesis"[88] zu charakterisieren.

Die Zitation des Altbürgerlichen entdeckt Lukács schließlich im Schlußmonolog des *Doktor Faustus.* Leverkühns große Selbstabrechnung mit dem eigenen ästhetizistischen Künstlertum, „das sich allein noch abgab mit figuris, characteribus, formis coniurationum"[89] und das in romantisch-symbolischer Tradition des Absoluten durch die Macht konstruktivistischer Formimmanenz teilhaftig zu werden wähnte, kleidet das neugewonnene Postulat sozialer Verantwortlichkeit der Kunst in jenes altfränkische, bürgerlich-handwerklichen Tugendsystemen entlehnte Vokabular, das Thomas Mann aus Lukács' früher Storm- und Keller-Charakteristik vertraut ist. Adrian tituliert seine Zuhörer als „liebe Gesellen“ und „liebe Brüder“ (– auch dies eine Anrede aus der Sphäre der traditionellen Handwerksburschensprache). Er fordert, „nüchtern“ und „klug“ „zu sorgen, was vonnöten auf Erden, damit es dort besser werde, und besonnen dazu zu tun, daß unter den Menschen solche Ordnung sich herstelle, die dem schönen Werk w i e d e r Lebensgrund und ein redlich Hineinpassen bereiten“[90]. Wie Lukács' *Bürgerlichkeit*-Essay an Keller hervorhebt, daß seine Ethik sowohl „künstlerische Tüchtigkeit“ einschloß als auch „die Überlegung, ob die Kunst der Menschheit Nutzen oder Schaden bringen wird“[91], so fordert Leverkühn im Rekurs auf Lukács' geschichtsphilosophische Trias („wieder“), auf seine frühe Physiognomik des Bürgerlichen („redlich“, „besonnen“)[92] und in Anwendung des Kellerschen Begriffs des „Lebensgrundes“ die Wiedergewinnung bürgerlicher Lebensregularität und ethisch-praktischer Valenz der Kunst.

Lukács erblickt in diesem Schlußmonolog nicht nur die positive Botschaft des Romans, er sieht darin einen „Prolog“ des zukünftigen Ganges der Geschichte. Er nennt diesen Epilog/Prolog den Weg zu einer Welt, „in welcher w i e d e r eine neue, volksverbundene ... Kunst möglich sein w i r d“.[93] Anhand der Thomas Mannschen Dichtung sucht der späte Lukács seine geschichtsobjektivistische und triadisch-teleologische Grundannahme der Wiederkehr einer harmonischen Welt zu beglaubigen. Das ästhetische Werk wird ihm zur Gewähr der sinnhaltigen Totalität des zielgerichteten historischen Prozesses.

Indem Lukács die in den ästhetischen Gebilden der alten Handwerkerkünstler oder epischen Realisten sich offenbarenden (vergangenen oder zukünftigen) Zustände einer wirklichen Lebenstotalität deutend zur Sprache bringt, strebt er über die moralische und lebenspraktische Unverbindlichkeit der Kunst hinaus. Er sucht die an den älteren Epikern und Bürgerkünstlern veranschaulichten Exempel einer ethischen, gemeinschaftsbezogenen Kunst, d. h. einer praktischen Valenz des Ästhetischen, im Akt der Kunstinterpretation selber zu realisieren. Mithilfe einer in theoretischer und moralisch-praktischer Hinsicht folgenreichen Kunstexegese will er als Literaturhistoriker der modernen Abgeschiedenheit des nur ästhetischen Geltungs- und Handlungsbereiches entkommen. Er macht sich selber zum Bestandteil jener ästhetisch-moralischen Totalität, die er zugleich in den Sujets Storms, Kellers oder Manns vor sich zu haben glaubt.

## Zwischenbetrachtung

Wenige Jahre nach Erscheinen von *Die Seele und die Formen* nimmt Thomas Mann Lukács' Idee des bürgerlichen „Handwerkerkünstlers“ zum Maßstab, um mit seinem „ästhetizistischen“ lebens- und gemeinschaftsnegierenden Jugendselbstverständnis abzurechnen und um sich als Nachfahr jener Ahnenreihe deutscher „Handwerkerkünstler“ zu stilisieren, die von „Meister Erwin“ bis Gottfried Keller reiche und deren Hauptwesenszug die Verbindung von Artistik und bürgerlicher Lebensregularität sei. Er beschreibt sein Verhältnis zum jungen Lukács als das eines Vaters, der sich von seinem eigenen Sohn belehren lasse, und spricht dem *Bürgerlichkeit*-Essay das Verdienst zu, das den Deutschen wesenhafte Künstlertum in ihm freigesetzt und ins Bewußtsein gehoben zu haben. Gleichwohl differiert Manns Bild des Handwerkerkünstlers von demjenigen Lukács'.

Lukács zufolge gehören Mörike, Storm und Keller einer vergangenen Welt an. Seine Diagnose der „neuen Einsamkeit“ des Individuums; der Unmöglichkeit einen Weg von Seele zu Seele zu finden; des Zwiespaltes zwischen der Seele (als dem Ort substantieller Ideale) und dem Leben (als dem Ort sinnferner zweiter Natur) lassen – anders als Mann es wahrhaben will – die Möglichkeit einer Wiederholung des älteren Handwerkertums, in welchem Werk und Leben in einem organischen Verhältnis wechselseitiger Bereicherung standen, nicht mehr zu. Der junge Lukács erblickt daher im Artistendasein Flauberts oder auch Georges den zeitgemäßen Ausdruck echten Künstlertums, und er entwirft das Bild der Handwerkerdichter als eine in die Vergangenheit gerichtete Rückphantasie, der in der Gegenwart die produktive Notwendigkeit und Unausweichlichkeit der „neuen Einsamkeit“, der aparten Lebens- und Schaffensform entspricht.

Sodann sieht Lukács den Hauptwesenszug des älteren Bürger-Künstlertums in der ethischen Ausrichtung und Wirkung von dessen Werk. Auch dieses Moment ignoriert Thomas Mann. Für ihn konstituiert sich der als zeitlos vorgestellte Typus des Handwerkerkünstlers in der paradoxen Leistung einer amoralischen, abenteuernden, „widervernünftigen“, zum „Gefährlich-Schädlichen“ geöffneten Geistigkeit, die sich vor Selbstzerstörung bewahrt, indem sie sich den bürgerlichen Lebensformen unterwirft. Von dieser Paradoxie soll im folgenden die Rede sein. Im Zentrum meiner Überlegungen stehen die beiden größten Künstler-Konfessionen Thomas Manns: die *Betrachtungen eines Unpolitischen* sowie der *Doktor Faustus.* Anknüpfend an Thomas Manns Diktum „Ethik, Bürgerlichkeit, Verfall: das gehört zusammen, das ist eins“[94] möchte ich in thesenhafter Vorwegnahme den Kern zunächst jener Kunst- und Künstlerauffassung resümieren, die er in den *Betrachtungen* und einigen Nachfolgeschriften expliziert:

— „Verfall“: Thomas Mann bejaht und übernimmt Nietzsches Idee einer ungebundenen, von allen Belastungen der Moral, Zwecktätigkeit und Kognition befreiten Kunst und apostrophiert die Tätigkeit des Künstlers als die eines Gauklers, Vaganten und Scharlatans, auch als die eines Verbrechers und Wahnsinnigen. (Aus dieser Perspektive polemisiert er gegen die Moralisierung der Dichtung durch die „Zivilisationsliteraten“.) Im Gegensatz zu Nietzsche aber erachtet er die Kunst nicht als einen hilfreich illusionierenden, die Abgründe des Seins verhüllenden Schleier, sondern als eine lebensabträgliche, gefährliche, „todesverbundene“ Macht, welche die Maßstäbe einer stabilen Lebensführung unterminiert. Der Bürger wird zum „Verfallsbürger“[95], der Künstler zum „décadent“ sowohl, wenn sie sich den fatalen Seins-Wahrheiten (die der Schopenhauerianer Mann ontologisch hypostasiert) illusionslos ausliefern, als auch, indem sie ihnen mit Hilfe der ästhetischen Illusionen entfliehen. (Dies zeigen Manns spätere Ausführungen zum falschen Meistertum Gustav von Aschenbachs, dem Schauspieler seiner Bürgerlichkeit.)

— „Ethik“: Thomas Mann versucht dieses Dilemma zu lösen und der Lebensführung des Künstlers doch noch ein stabiles Korsett zu verleihen, indem er sie der Ethik unterstellt. Diese fordert zunächst das Eingeständnis der Vernunft- und Lebenswidrigkeit der Kunst, d. h. deren Beschränkung und Relativierung an den Maßstäben der Moral und der Erkenntnis. Damit opponiert Thomas Mann Nietzsches Pauschal-Verdächtigungen und Dekonstruktionen der Moral sowie der Ästhetisierung aller Lebensphänomene. Während Nietzsche alle Moralsysteme zur Sphäre der Fiktion, der Täuschung, des Scheins schlägt, statuiert Thomas Mann die bürgerliche Sittlichkeit des Künstlers als die den Schein transzendierende Instanz, von der aus jeweils die Moraljenseitigkeit, Unverantwortlichkeit und Scheinhaftigkeit der Kunst als solche erkannt, bejaht und in Grenzen gehalten werden können. Daher Manns Polemiken gegen eine in die Lebenswelt expandierende ästhetizistische Verherrlichung „ruchloser Schönheit“ (etwa bei d'Annunzio) und gegen die Ästhetisierung der Ethik (im Stile Thomas Buddenbrooks und Aschenbachs).

— „Bürgerlichkeit“: Thomas Mann faßt Ethik nicht nur als Relativierung der Kunst, sondern darüber hinaus als bürgerliche Pflichterfüllung und Lebensregularität, die in seiner „dürerisch-nürnbergisch-bürgerlichen“ Heimatsphäre objektive Gestalt annehme. Im Rekurs auf deren Ikonographie beim jungen Lukács stilisiert er seine Lebensführung nach altbürgerlichem Muster und begreift sich als Nachfahren der deutschen Handwerkerkünstler. Im Zeichen dieser idealen Daseinsform sollen sich die oben genannten Vereinseitigungen einer Moralisierung der Kunst oder Ästhetisierung der Lebenspflichten auflösen. Thomas Mann rekurriert also auf den Topos vom altdeutschen „Handwerkerkünstler“, um sich des Vorbildes einer ethischen Lebensführung zu vergewissern, nicht aber um – wie noch Wagner, Keller und Lukács – eine Kunst herbeizusehnen, die im Horizont bürgerlichen Gemeinsinns mit dem Wahren und Guten zu versöhnen wäre.

Diese Rehabilitierung und Resubstantialisierung bürgerlicher Sittlichkeit, die der Dichter im Gegenzug zum Frühwerk seit den *Betrachtungen* – zumindest auf der Ebene der künstlerischen Selbstauslegung in seinen Konfessionen, Reden und Aufsätzen – unternimmt, wird im *Faustus* erneut ins Zwielicht gerückt. Hier zeigt sich Thomas Mann von einem unbürgerlichen und vernunftkritischen Impuls geleitet. Weil er sich versteckt im Dickicht der ironischen Brechungen und hinter der Maske eines fiktionalen Erzählers, von dessen Intelligenz und Überzeugungen abzurücken jederzeit erlaubt ist[96], kann er umso stärker den pathologischen Zug der bürgerlichen Lebensformen zutage treten lassen, der altdeutsch-meisterlichen ebenso wie der modernen. Sie erscheinen unterschiedslos geprägt von „neurotischer Verstrickung" und „stillem Satanismus". Die Alternative zu dieser Welt wird im Symbolgeflecht des Romanganzen nur als ästhetische Chiffre sichtbar. Zeitblom deutet nämlich Leverkühns Kunst als mimetischen Ausdruck des realen, unverklärten Leides und dergestalt als Kryptogramm des versöhnten Zustandes modo negativo. Und der Held des Romans träumt von einer Ablösung der Kunst- und Künstlereinsamkeit, die seine eigene ist, zugunsten eines vitaleren, freieren ästhetischen u n d moralischen Kulturzustandes der Zukunft, dessen Bild nicht mehr länger einer exemplarischen Vergangenheit entlehnt ist. Zu dem gleichschaltenden Zwang der bürgerlichen Vernunftordnung, in der die natürlichen Energien sich nurmehr konvulsivisch in Massenwahn oder Hysterie ausagieren (in den „Veitstänzen" und Bücherverbrennungen Kaisersascherns) lassen, entwirft Thomas Manns *Faustus*-Roman eine alternative Perspektive, indem er unter Adaptation von Adornos Idee des „Mimetischen" und „Nichtidentischen" noch einmal Nietzsches Programm der dionysischen Identitätslockerung in einer Form auftreten läßt, die seine barbarischen Implikationen vermeidet. Allerdings gelingt die Einlösung dieses Programms nur stellvertretend in Leverkühns Œuvre, das das „Andere" der Vernunft im mimetischen Impuls des Komponierens zur Geltung bringen kann, andererseits aber in der Einsamkeit einer hermetischen Esoterikerkunst verschlossen bleibt. Und Leverkühns über sein eigenes Werk hinausgehendes Kulturprogramm, das das Ästhetische und Nichtidentische in eine erneuerte Gemeinschaftlichkeit hinüberretten will, bleibt Vision.

Fünftes Kapitel

# Thomas Mann. Die Vernünftigkeit der bürgerlichen Lebensform und die Verwegenheit der Kunst. Entwurf und Zurücknahme des Ideals vom deutschen „Handwerkerkünstler"

## 1. *Betrachtungen eines Unpolitischen* (1919)[1]

### I

Der im Umkreis der „Warburg-Bibliothek" geschulte Kulturwissenschaftler Ernst Kris hat die Einsicht formuliert, daß das Leben des Künstlers bis in seine tiefsten psychischen Regungen hinein ebenso stark geprägt sei durch unverwechselbar individuelle Elemente wie durch den quasi mythischen Zwang zur Wiederholung älterer Künstlerviten und typischer formelhafter Motive überlieferter Artistendarstellungen und -biographik.[2] Thomas Mann hat diese Erkenntnis gern zitiert und sich zu eigen gemacht.[3] Er verstand sein eigenes Schriftstellertum genau in diesem Sinne als ein „In-Spuren-Gehen" und sein autobiographisch getönter Musikerroman *Doktor Faustus* verwebt bis zur Ununterscheidbarkeit subjektive Konfession mit einer entpersönlichenden, die Grenze der Ich-Auflösung ins nurmehr Typische berührenden Zitiertechnik, die nahezu sämtliche Motive neuzeitlicher Künstlerselbstauslegungen und Künstlertypologien in die Vita des Romanhelden konzentriert. (Kretzschmars kunstphilosophische Vorlesungen im *Doktor Faustus* liefern gleichsam die immanente Ästhetik dieser Zitierstrategie.) Einige dieser Identifikationen hat Thomas Mann deutlich ausgesprochen. Er sah sich als den geistigen Nachkommen einer Folge von Wahl-Ahnherren, die, wie er selber formulierte, „von Meister Erwin bis Theodor Storm"[4] sich erstreckt und die Namen eines Dürer, Goethe, Schopenhauer oder Nietzsche einbegreift. Andere dieser Nachfolgebeziehungen blieben kryptisch, und eine von ihnen verband Thomas Mann mit der Gestalt des Nürnberger Schusterpoeten Hans Sachs. In verschlüsselter Form spricht er von ihm in den *Betrachtungen eines Unpolitischen,* als es ihm darum geht, einen Wendepunkt seines Künstlerselbstverständnisses zu markieren: „Es war eine romantische Jünglingstäuschung, ... wenn ich der Kunst, dem ‚Werk' vor dem Leben den Vorrang gab."[5] Mann beschreibt dann eine „innere Vision" des idealen Bildes „bürgerlicher Geistigkeit", die ein „mittelalterlich-nürnbergisch Gesicht" vor seines „Geistes Aug'" erscheinen lasse:

„Ich sehe ein etwas seitlich- und vorgeneigtes Antlitz von unvergleichlichem und unverwechselbarem nationalen Gepräge, irgendwie altertümlich holzschnitthaft, nürnbergisch-bürgerlich, menschlich in einem unerhörten und einmaligen Sinne, sittlich-

Jost Ammann: Hans Sachs (Holzschnitt 1576)
Bildarchiv Foto Marburg im Kunstgeschichtlichen Institut der Philipps-Universität Marburg

geistig, hart und milde zugleich, – ein hinein- und hinüberschauendes, nicht ‚feuriges', eher ein wenig welkes Auge, einen verschlossenen Mund, Zeichen der Anstrengung und Ermüdung auf der besorgt, doch ohne Grämlichkeit gefalteten Stirn ...“[6]

Thomas Mann unterstreicht seine Selbstidentifikation mit diesem altdeutschen Typus, diesem „metaphysischen Handwerker“[7], indem er beteuert, selber von Nürnberger Handwerkern abzustammen.[8] Er verrät nirgendwo den Namen desjenigen, dessen Porträt ihm hier vorschwebt, und gibt keinen Hinweis auf eine reale Bildvorlage, so daß die Forschung diese bis heute nicht ausmachen konnte oder das Ganze für eine Phantasie hielt. Kann aber bezweifelt werden, daß Zug um Zug eine Identität besteht zwischen der von Mann beschriebenen Physiognomie und dem umseitig abgelichteten Sachs-Bildnis des Nürnberger Künstlers Jost Amman aus dem Jahre 1576?

‚Welkheit', ‚Ermüdung', Lebenspessimismus und zugleich die in die Gesichtszüge eingegrabene „Anstrengung“ zu ihrer Überwindung; „hineinschauende“ Lebensdistanz und „hinüberschauende“, „sittlich-geistige“, handwerklich-bürgerliche Bejahung des Daseins; ‚Härte' und ‚Milde' zugleich, – Thomas Mann liest einen dualistischen Zug, eine Zwiespältigkeit und Gebrochenheit aus Sachsens Physiognomie. In ihr drücke sich die „Paradoxie“ einer Existenzform und Geistigkeit aus, die künstlerisch und bürgerlich zugleich ist. Wo immer Thomas Mann auf sein Ideal des deutschen Menschen in den *Betrachtungen* zu sprechen kommt, bedient er sich zu dessen Charakterisierung einer dualistischen Begriffsbildung: Rittertum zwischen Tod und Teufel, die Gleichzeitigkeit von Problematik und meisterlicher Würde, von Gefährdung und Tapferkeit, von Lebensschmerz und Lebensbejahung, von „Sympathie mit dem Tode“[9] und der „Liebe zum ‚Trotzdem'“[10], von „Kreuz, Tod und Gruft“ und „ethischer Luft“[11]. Es sind dies Merkmale einer Geistigkeit, die sich sowohl im deutschen Bürger wie im deutschen Künstler auspräge: „Ethik, Bürgerlichkeit, Verfall: das gehört zusammen, das ist eins.“[12] Die deutschen „Meister“ sind „problematische Meister“.[13]

Zwar bezieht Thomas Mann in der Entfaltung seiner „Bürgerlichkeits“-Idee, die das oben genannte Sachs-Porträt illustrieren soll, sich ausdrücklich auf Georg Lukács' lebensphysiognomische Studien über die „Handwerkerkünstler“ des 19. Jahrhunderts: die Theodor Storm, Gottfried Keller und Eduard Mörike. Er erklärt, in Lukács' Spuren, gerade diese Dichter zu seinen geistigen Ahnherren und Vorbildern. Gleichwohl ist sein eigenes Bild bürgerlicher Meisterlichkeit, wie zu zeigen sein wird, allzu sehr von dem seines Gewährsmannes Lukács verschieden, als daß wir an dieser Stelle Manns Selbstexplikationen einfach folgen könnten. Es soll daher versucht werden, die Meisterphysiognomien Thomas Manns zu sammeln, zu beschreiben, zu deuten und mit ihrer Hilfe eine Handhabe nicht nur zum Verständnis der oben zitierten „Vision“, sondern insgesamt zum Verständnis der Mannschen Künstlerikonographie und -selbstauffassung zu gewinnen.

In einer Rede auf Dürer aus dem Jahre 1928 evoziert Thomas Mann Idee und Begriff deutscher Kunstmeisterlichkeit und beschreibt sie als eine zeitlose und überpersönliche nationale Lebensform. Als ihre Grundzüge nennt er „Biederkeit", „Werktreue", „Echtheit", „Kunst- und Lebensreife", „sittlich-geistige Führerschaft".[14] Mit diesen Bestimmungen übernimmt er zunächst die auf Wackenroder zurückgehende und von Lukács neu belebte und weiterentwickelte Legende von der Lebensweise und Schaffensform der bürgerlichen Handwerkerkünstler.[15] Dann aber läßt Thomas Mann Bestimmungen folgen wie „Verwegenheit", „Problematik", „Hochbedürftigkeit, welche die Tapferkeit zeitigt".[16] Sie weisen in eine andere Sphäre: in die eines zwiespältigen, gebrochenen und problematischen Handwerkertums, wie Wagners *Meistersinger*-Oper es gestaltet. Von „hochbedürftigen Meistern" spricht schon Wagners Sachs in der großen Unterweisungsszene, als er dem Ritter von Stolzing Wesen und Gepräge des Meistergesangs zu enträtseln sucht:

> „Das waren hochbedürft'ge Meister,
> von Lebensmüh' bedrängte Geister:
> in ihrer Nöten Wildnis
> sie schufen sich ein Bildnis"[17].

Kunst wird hier aufgefaßt als Gegenwelt zur Plackerei des Daseins, als Entlastungs- und Erlösungssphäre. Wie bereits gezeigt wurde, handelt es sich um einen Schopenhauerischen Einschlag in der Ästhetik Sachsens, der sich noch deutlicher in seinem Schusterlied und im Wahnmonolog bemerkbar macht.[18] Dort erweist sich der „Meister" als ein moderner romantischer Außenseiterkünstler, der zur Sozietät und zur „Welt des Willens" insgesamt in einem problematischen, gespaltenen Verhältnis steht, der eher in der Welt der Vorstellungen, der künstlichen Paradiese zu Hause ist denn in seiner Schusterstube. Erst in einem lehrstück- und lustspielhaften Entwicklungsprozeß, der ihn über Schopenhauer hinaus- und zum bürgerlichen Meistertum zurückführt, überwindet Wagners Sachs seine romantizistischen Neigungen und Gefährdungen, seine Gemeinschaftsentfremdung und seinen anfänglichen Vorbehalt gegen die mechanisch-regelhaften, handwerklichen Voraussetzungen der Kunst.

Über die typologische Vermittlungsinstanz des Wagnerschen Sachs weist Thomas Manns Künstlervision – da sie eine Duplizität von Lebensdistanz und Lebensbejahung festhält – zurück auf Dürers Stich *Melencolia. I.* Ihn hat Aby Warburg als ein „humanistisches Trostblatt wider die Saturnfürchtigkeit" gedeutet. Der Dämon werde „unschädlich gemacht durch denkende Eigentätigkeit der angestrahlten Kreatur". „Der finstere Trübsinn des Saturn ist humanistisch vergeistigt in menschliche Nachdenklichkeit."[19] Bereits die Monolog-Szene des ersten Aktes der *Meistersinger* kann als topisches Nachbild der Dürerschen *Melencolia* aufgefaßt werden. Sie zeigt den „sinnenden" Schuster in der „Melencolia"-Pose: Sachs lehnt sich „mit untergestütztem

Arm" „sinnend"[20] auf einen Folianten. Zugleich hält diese Körperhaltung den Umschlag fest von Sachsens melancholischem Pessimismus in eine neue Lebensbejahung, den seine monologischen Reflexionen artikulieren.[21] Einiges von dieser Attitude der *Melencolia* scheint wie in Wagners Wahnmonologszene, so auch in der gebrochenen Optik des Ammanschen Sachsporträts und in Thomas Manns Künstlervision wiederzukehren.

Der romantizistische melancholische Zug in Manns Sachs-Deutung ist es, der zudem verständlich macht, warum dem Schuster eine prima facie gänzlich inkommensurabel erscheinende Idealgestalt deutschen Künstlertums in den *Betrachtungen* zugesellt werden kann: die des Eichendorffschen Taugenichts. Auch dessen „Reich ist nicht von dieser Welt!"[22], auch er hat „in der Regel nicht teil an dem Glücke derer, die sich in ihr zu Hause fühlen"[23]. Zugleich aber ist – so Thomas Mann – „sein Romantizismus" bar jeden Einschlags von Bohème und Exzentrizität, von Dämonie und Krankhaftigkeit. Er ist vielmehr „gesund" und „unentgleist", „weder hysterisch, noch phthisisch, noch wollustig, noch katholisch, noch phantastisch, noch intellektuell" – sein Grundton ist „melancholisch-humoristisch".[24] So ist die „Paradoxie" dieses gesunden Romantizismus die glückvollere und ausnahmehafte Variante jener „Zwiespältigkeit" und „Doppeltheit" deutschen Künstlertums, die in der Gestalt des Sachs – wie bei Wagner so in Manns Kryptogramm – eine radikalere und dissonantere, aber immer auch daseinstaugliche, die Gesamtharmonie der Lebenskräfte nicht gefährdende Ausprägung erfährt.

Sucht man weitere reale oder fiktionale Vorbilder, deren geistige Physiognomie Manns Auslegung des Ammanschen Sachs-Porträts bestimmen, so erscheinen die Züge des „mittelalterlichen Meisters"[25] Palestrina aus Pfitzners gleichnamiger musikalischer Legende, die Mann bewundert und in den *Betrachtungen* eindringlich würdigt. Er versteht diesen fiktionalen Palestrina wie Wagner seinen Sachs als „problematischen Meister"[26]. Er nennt ihn einen Künstler, „wie populäre Romantik ihn keineswegs sich erträumt"[27], und errettet ihn damit von dem Mißverstehen durch schlichte Handwerkerlegenden Wackenroderscher oder auch Lukács'scher Provenienz; rückt ihn stattdessen in die Nähe zur „Meisterschule"[28] Wagners, an der Pfitzners Imagination sich entzündet habe. Zwar ist dieser Palestrina durchaus noch ein „still-frommer" Handwerker, wie die populär-romantische Überlieferung es will. Aber während diese die Krisenhaftigkeit und die Leidenswege ihrer altdeutschen Idole verschweigt, ist Pfitzners Held „im Inneren wund", „leidend", „schwermütig" und „melancholisch"; die Inkarnation „einsamen", „schmerzhaften Künstlertums"[29], ein „Erwählter", d. h. ein über die Allgemeinheit herausgehobener Genius; das Gegenteil gemeinschaftszugehöriger Handwerker-Bürgerlichkeit (mit Ehe und Meisterwerden – wie es bei Hoffmann heißt, mit frühbürgerlicher Tugendausstattung – wie Keller sie bewundert, mit Berufserfüllung und moraldidaktischer Schaffensausrichtung – wie Lukács es imaginiert); eine pessimistische, dem Tode zugeneigte Gestalt vielmehr (denn es ist eine Tote, die Palestrina das Werk eingibt, und er hätte es kaum vermocht, „eine Lebende so zu lieben, wie er die Tote liebt"[30]; aber auch wiederum kein Exzentriker, Entgleister, dem Tode Verfallener, sondern ein „Mann des pessimistischen Ethos", dessen Pflichtbewußtsein gebietet, „auszuhalten"[31] und „das Erdenpensum" zu fristen. Auch hier also „Zwiespältigkeit", „Doppeltheit" von Lebensnegation und -bejahung, gebrochene Optik!

Und reflektiert sich in Thomas Manns Auslegung der Dualität und Zwiespältigkeit, die er in der Physiognomie des altdeutschen Porträts ausmacht, nicht auch die Gespaltenheit und die schillernde polyperspektivische Geistigkeit eines Ahnherrn, der für ihn in den Jahren der *Betrachtungen* übermächtiges Leitbild war – keinen Gewährsmann finden wir dort häufiger zitiert. Ich meine die Gestalt Nietzsches. Dessen Philosophie ist gekennzeichnet durch ein Wechselspiel zwischen einem quälenden Scharfblick in die Absurdität des Seins und lustvoller Bejahung der Täuschung, der lebensbrauchbaren Illusion; zwischen „Ekelgedanken" im Anblick der Welt und freudigem „amor fati"; zwischen „schrecklicher Tiefe der Weltbetrachtung" und der Absage an die „Wahrheit um jeden Preis"; zwischen reizbarster Leidensfähigkeit und einer Botschaft heitersten Lebensvertrauens; zwischen ungeschmückter Einsicht in die Einheit des Wahren und Grauenvollen und der Anbetung des schönen Scheins. Nietzsche sieht, daß eine redliche Welterkenntnis „den Ekel und Selbstmord im Gefolge haben"[32] würde; daß der „schneidige" Blick in „das furchtbare Vernichtungstreiben der sogenannten Weltgeschichte, ebenso wie in die Grausamkeit der Natur"[33] jedwede Lebenstauglichkeit untergraben würde und daher der kräftigenden Wahnbilder, der Fiktionen und Täuschungen zu seiner Entlastung bedarf.[34] Nietzsche ist Schüler Schopenhauers. Nicht nur, indem er die romantische Grundannahme von der schlechten Verfaßtheit des Seins in einer enthistorisierenden Version teilt, sondern ebenso – wie Thomas Mann betont – in der romantischen Auffassung, daß „das Leben als Vorstellung allein, rein angeschaut oder durch die Kunst wiederholt, ein bedeutsames Schauspiel ist"[35], daß nur als ästhetisches Phänomen das Leben zu rechtfertigen ist. „Wer wäre romantischer gewesen als er!"[36]

Kann aber der Romantizist Nietzsche Modell stehen zu einer imaginären Künstlerphysiognomie, deren hervorstechendster Zug die „sittlich-geistige", „nürnbergisch-bürgerliche" „Anstrengung", kurz: der Ausdruck von Ethik ist? Immer wieder in seiner Essayistik spricht Thomas Mann von einer Paradoxie in der Geistigkeit des Künstlerphilosophen, die er als „Selbsthenkertum" charakterisiert, als eine intellektuelle Verneinung seiner selbst[37], womit gemeint ist, daß Nietzsche der theoretische Mensch par excellence gewesen sei, obwohl er den theoretischen Menschen als décadent verdammt und das tragisch-heitere „Poetenvolk" der Griechen gefeiert habe; daß er in der Unbedingtheit seines Erkenntniswillens, der vor Selbstentlarvung und Selbstzüchtigung nicht halt machte, „der fanatischste Asket der Geistesgeschichte" gewesen sei, und dies, obwohl er „schweflichte Blitze“ gegen das asketische Ideal geschleudert[38] und der „Lust an der Lüge“[39] das Wort geredet habe. Der protestantische Pastorensohn habe – entgegen seinen Postulaten – weder von christlicher Moral noch von sokratischer, lebensabträglicher Erkenntnistätigkeit sich entlastet. Sein Moralismus sei Erbteil „jeder nordisch-deutschen, bürgerlich-dürerisch-moralistischen Sphäre“, in welcher auch Dürers „Griffelwerk ‚Ritter, Tod und Teufel' steht, und die immer die Heimatsphäre dieser strengen, durchaus nicht ‚südlichen' Seele geblieben ist“.[40] Thomas Mann sieht in Nietzsches – auch in Dingen der Ich-Analyse ungeschmälertem – Wahrheitswillen einen genuin bürgerlichen und protestantischen Zug. Es sei die psychologische „Reihe Calvinismus-Bürgerlichkeit-Heldentum“, derer er „durch das Mittel Nietzsche“[41] allererst innegeworden sei.

Wie eine literarische Variation auf das Grundmotiv der Mannschen Nietzsche-Auffassung erscheint das Bild des Schweizer „Meisters“ Conrad Ferdinand Meyer in den *Betrachtungen.* Thomas Mann stellt ihn zunächst in eine Reihe mit den bei Lukács idealisierten Handwerkerkünstlern, ja er ergänzt dessen Meister-Galerie, die nur die Namen Kellers, Storms und Mörikes aufweist, um das Porträt des Schweizer Patriziers.[42] Es fällt jedoch gegenüber Lukács eine pessimistischere, schopenhauerisch-nietzscheanische Färbung der Züge auf, ja Meyers geistiges Konterfei erscheint nachgerade als Nietzsche-Dublette. Eine fiktionale Welt amoralischer Schönheit werde hier „mit protestantischem Geist“[43] durchdrungen. Wie Nietzsche habe Meyer

> „sich nicht verwechselt mit dem, was darzustellen er sich sehnte: dem ruchlos schönen Leben; er wahrte Treue dem Leiden und dem Gewissen. Christlichkeit, Bürgerlichkeit, Deutschheit, das sind trotz aller romanisierenden Neigung im Artistischen, wenn nicht die Bestandteile, so doch Grundeigenschaften seines Künstlertums, und das Merkmal von allen dreien ist Gewissenhaftigkeit, dies Gegenteil der Leidenschaft.“[44]

Thomas Mann sieht in ihm den „verirrten Bürger“ und einen „Künstler mit schlechtem Gewissen“[45] und beruft sich auf Baumgarten, der unter Adaptation von Tonio-Kröger-Motiven schrieb: „Die im Blut sitzenden Vorurteile des Bürgers verdarben ihm die Künstlerfreiheit, und die Verführungen des Künstlerblutes machten dem Bürger des Gewissen schwer.“[46] Conrad Ferdinand Meyer verbinde den Kultus der schönen Illusion und die ‚ruchlose'[47] literarische Evokation vernunftwidriger, dionysischer Gewalten mit einem skeptischen, am Leitfaden bürgerlicher Ethik orientierten Vorbehalt gegen die Amoralität der Kunst. Er repräsentiert hier also, trotz Thomas Manns Versuch, ihn in eine Reihe mit den Lukács'schen Meistern zu stellen, nicht den naiven, gemeinschaftsgebundenen Künstler im Sinne des *Bürgerlichkeit*-Essays, aber auch nicht dessen ästhetizistischen Gegentypus. Das Merkmal seiner Produktion ist jene nietzscheanische Bejahung apollinisch entlastender oder dionysisch aus der Bahn jagender Erfahrungen, die keine Kunst abschütteln kann; aber seine bürgerliche Gewissenhaftigkeit verursacht ihm Selbstzweifel an dieser Voraussetzung jedweden Künstlertums. „Er wahrt Treue dem Gewissen und dem Leiden“[48], indem die Schönheiten seiner Kunst dieses nicht vergessen machen, sondern in der „analytischen“[49] Selbsterhellung und moralischen Selbstbegrenzung des Ästhetischen bewußt halten. Die Lebensbejahung liegt hier nicht in einem ästhetizistischen Kult der „prangenden Unbedenklichkeit“, der das Leiden verdrängt oder betäubt; nicht in jener mit den Entzweiungen des Daseins versöhnenden „Lust“, die Nietzsche als „metaphysischen Trost“ aus der „dionysischen“ Enteignung moralisch verhärteter Subjektivität hervorgehen sieht, sondern in schmerzlicher „Treue“ zur physiologisch bedingten Endlichkeit des Lebens: in bürgerlicher „Gewissenhaftigkeit“, die Ethik mit Erkenntnistätigkeit verknüpft, ohne dem „Ressentiment“ gegen das Leben zu verfallen.[50] Auch dies eine motivische Parallele zu den „müden“ und „welken“, aber auch „milden“, in einem „sittlich-geistigen“ Sinne „besorgten“ und „angestrengten“, aber keineswegs „grämlichen“ Zügen des oben zitierten Sachs-Kryptogramms.

## EXKURS: Das „Meistertum“ Gustav von Aschenbachs

Die germanistische Forschung hat Aschenbachs venezianischen Zusammenbruch immer wieder als Revolte der gewaltsam unterdrückten inneren Natur des Helden, als Aufstand der ins Unbewußte verdrängten dionysischen Kräfte gegen den falschen Schein der apollinisch-rationalen Sphäre[51] verstanden, eine Lesart, die durch die Textanlehnungen an Nietzsches Tragödienschrift deutlich gestützt wird. Thomas Mann allerdings trägt in den *Betrachtungen* eine abweichende Selbstauslegung vor. Sie bewegt sich weniger im Bezugsrahmen von Nietzsches Philosophie (in diesem Zusammenhang erschiene Aschenbachs Scheitern als Folge einer Unterdrückung des Dionysischen durch apollinische „Zucht“), sondern eher in protestantisch-ethischer Begrifflichkeit. Auf deren Folie erscheint dann Aschenbachs Kollaps als die Quittung für seinen „Entschluß“, „das Wissen zu leugnen“ und zugunsten schöner Gesten der Selbsterkenntnis und der moralischen Selbstbezweiflung zu entsagen. Ist die „Geistigkeit“ der echten „Meister“ dadurch gekennzeichnet, daß sie „Treue dem Leiden und dem Gewissen“ „wahrten“ und den dionysischen Lebenskräften mit protestantischem Wahrheitswillen unerschrokken ins Auge schauten, ohne ihnen zu erliegen und ohne sich apollinisch zu betäuben[52], so versucht Aschenbach aus „moralischer Gleichgültigkeit“, das Moralische unter das „stolze und unumschränkte Zepter“ der schönen Lebens- und Kunstform zu beugen[53] und den „Weg zum Geiste“ über die „Sinne“ zu nehmen.[54] Bei aller Sympathie, die der Thomas Mann der *Betrachtungen* für die Haltungsethik seiner literarischen Geschöpfe bekundet – nicht nur Aschenbachs, sondern auch Buddenbrooks oder Überbeins[55] –, so sind also die Ethik und die Bürgerlichkeit dieser – katastrophal scheiternden –

Mannschen Gestalten von anderer Art als die des oben charakterisierten „Meister"-Typus. Ihre Grundmerkmale sind – wie ich im folgenden genauer zeigen möchte – nicht die ethisch geprägte „Treue" zum „Leiden" und „Wissen", nicht die protestantische Selbstbezweiflung und Relativierung des Ästhetischen, sie sind von „Gewissenhaftigkeit"[57] gänzlich unberührt und folgen stattdessen einer Flucht- und Betäubungsstrategie, die sich vor der Welt- und Selbsterkenntnis mithilfe von illusionierenden Schutz- und Heilmitteln vergeblich in Sicherheit zu bringen sucht.

Zunächst zu Thomas Buddenbrook. Er ist ein Wissender, er hat „Einblikke" getan, hat auf dem Grund „der grausamen Brutalität des Geschäftslebens" den „nackten herrischen Instinkt der Selbsterhaltung" wahrgenommen[58]; er hat erkannt, daß der „rücksichtslose Verlauf" des Geschäftslebens „Abbild" ist „des großen und ganzen Lebens"[59], und sich „voll Ekel und unheilbar verletzt gegen die häßliche und schamlose Härte des Lebens aufgelehnt"[60]. Die Konsequenz seiner Einsicht in die Absurdität und Sinnlosigkeit des Daseins ist eine „Verarmung seines Inneren", – „eine Verödung so stark, daß sie sich fast unablässig als ein unbestimmt lastender Gram fühlbar machte".[61] „In ihm war es leer."[62] Bürgerliche Aktivität, zu einem ruhelosen, „rauschartigen"[63] Tätigkeitstrieb gesteigert und begleitet von zunehmender Betonung des „Geschmacks", des „Stils", des „Rituals" wird – im Gegensatz zur „natürlichen und durablen Arbeitslust der Väter"[64] – zum „Betäubungsmittel"[65] der Leere. Das Gefühl der Sinnlosigkeit kann nur ausgeglichen werden durch den Selbstgenuß der eigenen schauspielerischen Leistung, die den patrizischen Habitus aufrechterhält. Bürgerliche Ethik erscheint hier in nietzscheanischem Licht als Schutzmittel im Dienste der Selbsterhaltungs- und Heilinstinkte eines von Verfall bedrohten Lebens. Wahrheitsansprüchen kann sie nicht genügen, denn sie ist an externe Geltungsmaßstäbe des Ästhetischen assimiliert. Hierin unterscheidet sie sich von dem emphatischen Ethikbegriff, der – den Betrachtungen zufolge – die Geistigkeit der „Meister" prägt. Allenfalls ist sie pragmatistisch zu beurteilen hinsichtlich ihrer lebensstabilisierenden Wirkung.[66]

In einer frühen Rezension zum Mannschen Œuvre beschreibt Georg von Lukács diese „sittliche" Lebenshaltung als einen Ästhetizismus der Pflichterfüllung, der notwendig den Verfall nach sich zieht. Wo man den bürgerlichen Beruf stilisieren und schön finden muß, um ihn akzeptieren zu können, ist es nur noch ein Schritt zum Verlieren der Pflichthaltung.[67] Eindringlich analysiert er diesen Zusammenhang am Beispiel von *Königliche Hoheit.* Albrecht „der Klügere" ahnt die Lügenhaftigkeit der insubstantiell gewordenen Prinzen-Gesten und Symbole, will aber gleichwohl die hinter ihrem Schleier verborgenen Wahrheiten nicht zur Kenntnis nehmen. Er zieht sich aus dem Leben zurück. Klaus Heinrich ist seinem Naturell nach lebenszugewandt. Er „stöbert", blickt hinter die täuschenden Fassaden und gewinnt „Einblicke" in den Leidens- und Schreckensuntergrund der Welt. Sein Versuch, die Maske abzustreifen und mit dem wahren Leben Kontakt aufzunehmen, endet in der Anarchie der Bürgerball-Episode. Begehren nach Ich-Auflösung und Destruktionslust werden hier als die den Schutzwall des Dekorum gefährlich durchdringende Wirklichkeit laut.[68] „Das grausame Leben zwingt" – so Lukács – den Prinzen in das ihm „als Schicksal bestimmte Glänzen zurück".[69] Er akzeptiert also seinen hohen Beruf gemäß dem Pflichtbegriff seines Mentors Dr. Überbein, aber seine Pflichterfüllung ist nichts anderes als eine Fiktion, eine Täuschung seiner selbst und der anderen, sie wird, wie Lukács treffend interpretiert, zu einem ästhetizistischen „Genießen ... seiner eigenen dekorativen Wirkung"[70]. Sie „isoliert noch mehr vom Leben als ihr Versäumnis"[71]. Auch hier müssen, wie im Falle Thomas Buddenbrooks, die Pflichten allererst „als schön" erscheinen, bevor sie als erfüllenswert empfunden werden. In beiden Prinzen zeichnen sich infolgedessen, so Lukács, „klar die Konturen zweier Typen des Niedergangs ab"[72], und da aus der Immanenz des Gestalteten nicht ersichtlich ist, wie – im Falle Albrechts – aus dem Durchschauen der Gesten und – im Falle des Bruders – aus dem Vor-der-Wahrheit-in-die-Geste-fliehen-Müssen eine substantielle Lebensform gewonnen werden soll, so sind wir, wie Lukács sagt, zu sehen gezwungen, „daß immer nur erwartete Dinge passieren, daß es keine neuen Wendungen und Möglichkeiten gibt": nur das langsame „Welken"[73] – oder wie im Falle Überbeins: der Kollaps, so daß der versöhnliche Ausgang aufmontiert bleibe (d. h. ein Ende à la *Buddenbrooks* und *Tod in Venedig* organischer gewesen wäre). Der Verfall ist unausweichlich, weil sowohl die lustvoll-selbstentgrenzende dionysische Erkenntnis der leidvollen Seinsverfassung wie auch die illusionierende Flucht in Geste und Spiel die Stabilität der Lebensführung untergraben. Gegen diese Verfallsontologie, die das Mannsche Frühwerk prägt und aus der es keinen Ausweg sichtbar werden läßt, suchen die *Betrachtungen eines Unpolitischen* einen substantiellen Begriff nicht-scheinhafter bürgerlicher Sittlichkeit zu setzen, um der lebensgefährdenden Doppel-Bedrohung durch vernichtende Wahrheitseinsichten und illusionierenden Selbsttäuschungen zu entgehen.

Für die „Meister" jedenfalls sind bürgerliche Ethik und Lebensform mehr als nur täuschende Gesten. Und sie vermögen auch der Erkenntnis des Schreckensuntergrundes ohne Selbstillusionierung standzuhalten. Buddenbrooks, Überbeins und Aschenbachs „Bürgerlichkeit" und „Meisterhaltung" dagegen sind ästhetische Fluchtbewegungen, die sie vor der gefährlichen Erkenntnis abgründiger Wahrheiten in Sicherheit bringen sollen. Sie sind daher weit entfernt von dem Ideal, das Manns kryptische Meisterdeutung im Blick auf Sachs, Dürer, Meyer oder den „protestantischen" Ethiker und Selbsterkenner Nietzsche entwirft.

Die Nietzsches geistiges Profil prägende Aporie von analytischer und moralischer Kompetenz einerseits und seiner ausschließlichen Bejahung ästhetischer Werte andererseits – eine Aporie, die Manns *Betrachtungen* immer wieder zur Sprache bringen – ist in Aschenbach aufgelöst zu einer nicht nur theoretischen, sondern auch lebenspraktischen Verabsolutierung von Täuschung, Form und kultureller Verbindlichkeit auf Kosten moralischen Wahrheitswillens und Zweifelsinns. Aschenbachs späte Meisterlichkeit ist nicht Reflex von Nietzsches Existenz als ganzer, wie etwa die oben zitierten Meisterbeschreibungen, sondern von dessen späten Postulaten. Sie ist mit der altstädtisch-handwerklichen Bürgerlichkeit, deren „Wissen“ und deren „Sinn für das Leiden“ noch der Erzähler des *Doktor Faustus* betont[74], nicht zu verwechseln. Aschenbachs Meisterhaltung ist nicht – wie die der späteren Mannschen „Meister“ – geprägt durch bürgerliche Sittlichkeit, durch protestantisch-ethische Selbsterkenntnis, Kritik des Ästhetischen und Bejahung des Lebensschmerzes, sondern durch deren planvolles Vergessen. Sie ist „Betäubungsmittel“. Auch seine Ethik geht, wie diejenige Thomas Buddenbrooks und des Prinzenerziehers, in ästhetischen Imperativen auf. Ob seine Geistesart philologisch korrekterweise mit Nietzsches „Experimentalphilosophie“ in eins gesetzt werden darf (dies erscheint schon wegen des damaligen Standes der Nietzsche-Edition als fraglich) oder möglicherweise doch eher die vitalistische und klassizistische[75] Rezeption Nietzsches spiegelt, ist hier nicht zu entscheiden. Thomas Mann jedenfalls stellt einen Zusammenhang zwischen Aschenbach und Nietzsches Philosophemen her: in der Novelle implizit und in den *Betrachtungen* explizit. Werfen wir einen raschen Blick auf diese intendierte Gemeinsamkeit.

Der junge Nietzsche hatte in den frühen Aphorismen-Büchern – bevor er dann wie sein literarisches Nachbild Aschenbach der „Verneinung des Geistes“ geistreich das Wort redete – mit „wissenschaftlichem“[76] Anspruch eine psychologische Deutung des Künstlers vorgeschlagen, die den Verdacht beinhaltete, daß dieser ein „über alle Maßen eitler Affe“ und Schauspieler sei, es mit dem Wissen nicht genau nehme, nichts anderes suche als die „wirkungsvollsten Voraussetzungen“ seiner Produktion und deswegen in der Behandlung seines Materials immer eher nach den Extremen des Mythischen, Phantastischen, Wunderartigen Ausschau halte als nach dem „Wahren in jeder Gestalt, erscheine diese auch noch so schlicht“[77]. Später hat Nietzsche seinen psychologischen Verdacht zugespitzt zu der These, daß das artistische Talent eine reaktive Begabung sei, die aus einer vitalen Schwäche geboren werde; daß der Künstler als ein Schlechtweggekommener, Angekränkelter, an einem Mangel Leidender und irgendwie Verunglückter ein Racheverlangen gegen die Starken, Glückhaften, Bevorrechteten und Gesunden hege. Auch Aschenbach hatte als jugendlicher Künstler „durch seine Zynismen über das fragwürdige Wesen der Kunst, des Künstlertums selbst“[78] seine Leser in Atem gehalten. Seine Artistik war zur Selbsterkenntnis hin geöffnet gewesen. „Er hatte dem Geist gefrönt, mit der Erkenntnis Raubbau getrieben, Saatfrucht vermahlen, Geheimnisse preisgegeben, das Talent verdächtigt, die Kunst verraten.“[79] In seinen Mannesjahren faßte er jedoch den Entschluß, sich vom

„Abgrund" der „Analyse" zu entfernen und „das Wissen zu leugnen"[80]. Auch diese Wende ist in Nietzsches philosophischer Spät-Programmatik vorgebildet. Thomas Mann intendiert diese Gemeinsamkeit[81] bewußt, und er belegt in den *Betrachtungen* Aschenbachs Nähe zu Nietzsche mit dessen Diktum:

„Mit den höheren Künstlern steht es heute schlimm: gehen sie denn nicht fast alle an innerer Zuchtlosigkeit zugrunde? Sie werden nicht mehr von außen her durch die absoluten Werttafeln einer Kirche oder eines Hofes tyrannisiert: so lernen sie auch nicht mehr ihren ‚inneren Tyrannen' großziehen, ihren Willen."[82]

Thomas Mann charakterisiert in den *Betrachtungen* Aschenbachs Haltungsformalismus und seinen Willen zu einer neuen „Unschuld", „Vereinfältigung" und „Klassizität" als literarische Nachbildung dieser Sympathie Nietzsches für „absolute Werttafeln"[83] und neue „Einfachheit". Der „Schein", die „Maske", der „Kultus der Lüge", die „Vereinfachung" und „Täuschung" sind bekanntlich für den späteren Nietzsche Stimulantien des aktiven Willens zur Macht. In der Tat zeigt ein einflußphilologischer Vergleich, daß die Beschreibung des geistigen Habitus Aschenbachs durch den Erzähler des *Tod in Venedig* Paraphrasen aus dem Prosastück *Nietzsche contra Wagner* enthält, in dem der Philosoph die Rückkehr aus dem „Abgrund" der Selbsterkenntnis fordert, einer „zweiten gefährlicheren Unschuld" das Wort redet, das Prinzip „tout comprendre" sowie den „Jünglings-Wahnsinn" „in der Liebe zur ‚Wahrheit um jeden Preis'" als „unschicklich", als „unanständig" verwirft, zur Selbstsuspension des „Wissens" schreitet und die griechische Liebe zur schönen „Oberfläche"[84] progagiert[85], was in künstlerischer Hinsicht die Recreation der Verbindlichkeit und Selbstverständlichkeit der Formkonvention impliziert.[86]

Durch den Verlauf seiner Novelle sucht Mann die „katastrophalen"[87] Konsequenzen dieses nietzscheanisch-Aschenbachschen Willens zu einer neuen „Gebundenheit"[88] und „Unschuld" sichtbar zu machen. Nietzsche selber hatte sie in dem Beiwort „gefährlich" – allerdings mit affirmativem Vorzeichen – schon angedeutet. Die um 1910 modischen Tendenzen der einseitigen ästhetizistischen Nietzsche-Aneignung dagegen wollen sie nicht wahrhaben. Der *Tod in Venedig* sollte dieser Rezeptions-Strömung gegensteuern, indem er – so beteuert Mann retrospektiv in den *Betrachtungen* – dem „Sehnen, Trachten und Suchen" des „Zeitwillens" (gemeint ist der Zeitgeist) nach Gebundenheit und Unfreiheit mit Skepsis begegnete. Ein erster Wink des Erzählers zu Beginn der Novelle prophezeit vorab:

„Aber moralische Entschlossenheit jenseits des Wissens, der auflösenden und hemmenden Erkenntnis, – bedeutet sie nicht wiederum eine Vereinfachung, eine sittliche Vereinfältigung der Welt und der Seele und also auch ein Erstarken zum Bösen, Verbotenen, zum sittlich Unmöglichen? Und hat nicht Form zweierlei Gesicht? Ist sie nicht sittlich und unsittlich zugleich, – sittlich als Ergebnis und Ausdruck der Zucht, unsittlich aber und selbst widersittlich, sofern sie von Natur eine moralische Gleichgültigkeit in sich schließt, ja wesentlich bestrebt ist, das Moralische unter ihr stolzes und unumschränktes Zepter zu beugen?"[89]

Und am Ende stellt der Erzähler der Novelle Aschenbachs Kollaps auf Rechnung seiner neuen Unschuld, seiner Abneigung gegenüber Selbstanalyse und -erkenntnis. Das katastrophale Ende resultiere folgerichtig aus jenem Entschluß „des Meister gewordenen Mannes"[90], „das Wissen zu leugnen" und der „Ironie" zu „entwachsen".[91]

## II

In den *Betrachtungen* resümiert Thomas Mann das fabula docet des *Tod in Venedig* wie folgt:

„Ein Künstlerleben ist kein würdiges Leben", und ob „jemand Weisheit und wahre Manneswürde gewinnen könne, für den der Weg zum Geistigen durch die Sinne führt, machte ich fraglich in einer Erzählung, worin ich einen ‚würdig gewordenen Künstler' begreifen ließ, daß seinesgleichen notwendig liederlich und Abenteurer des Gefühls bleibe; daß die Meisterhaltung seines Stiles Lüge und Narrentum, sein Ehrenstand eine Posse, das Vertrauen der Menge zu ihm höchst lächerlich gewesen und Volks- und Jugenderziehung durch die Kunst ein gewagtes, zu verbietendes Unternehmen sei"[92]. „Ich ließ ein Künstlertum der ‚Erkenntnis um ihrer selbst willen' den Abschied geben, dem ‚Abgrund' die Sympathie aufsagen und zum Willen, zur Wertbeurteilung, zur Intoleranz, zur ‚Entschlossenheit' sich wenden. Ich gab alledem einen katastrophalen, das heißt: einen skeptisch-pessimistischen Ausgang. Daß ein Künstler W ü r d e gewinnen könne, stellte ich in Zweifel. Ich ließ meinen Helden, der es versucht hatte, erfahren und gestehen, daß es nicht möglich sei."[93]

Thomas Mann pointiert hier noch einmal seine Kunstskepsis, die auch die Folie der „Meister"-Porträts bildet: die Auffassung nämlich, daß die Kunst ein „gewagtes", aus volkspädagogischen Gründen besser „zu verbietendes Unternehmen" sei, dem eine kultur- und lebensstabilisierende Funktion prinzipiell nicht zukommen könne. Dieser Verdacht trifft die Kunstsphäre also auch noch dort, wo die ideale Balance[94] des Apollinischen und Dionysischen sich herstellt.[95] Insoweit unterscheidet sich seine Kulturidee von derjenigen Nietzsches. Kunst ist moralisch gleichgültig und wahrheitsunfähig und daher „lebenswidrig". Sie bedarf der Ergänzung und Korrektur durch theoretische und praktische Vernunft. Daher ist die ideale Meisterlichkeit eines Dürer oder Meyer im Gegensatz zur falschen des späten Aschenbach gekennzeichnet durch (Selbst-)Relativierung und Bezweiflung der Kunst an den Maßstäben der Erkenntnis und der Moral.

Der Künstler, soweit er – hegelisch gesprochen[96] – „als Künstler lebt" und der ethischen „Lebensstütze“[97] entbehrt, steht vor einem doppelten Abgrund. Seine ungeschützten „dionysischen Einblicke“ sind nicht weniger lebensabträglich als die apollinischen Schleier der Illusion, an denen er webt. Die dionysischen „Erkenntnisse“ führen zurück hinter die Anfänge von Moral und Wissenschaft und zertrümmern die Individuation des „Selbst“; die Form- und die Schönheits-Schleier aber – ergänzt Thomas Mann – verführen „zur Begierde und also ebenso zum Abgrund“. Schönheit ist also – anders als Nietzsche lehrt – „todesverbunden“[98], nicht „lebensermöglichend“.

Wie seine literarischen Imaginationen umkreisen auch Manns Künstlerreflexionen in immer neuen Variationen die Pole der Lebens-Gefährdung: Illusionismus und Vernichtung des Selbst. Je nach Stellung in diesem Spannungsfeld erscheint der Artist eher als täuschender Gaukler, Schauspieler, Betrüger und Hochstapler oder als der Wissende, der Eingeweihte, der Abenteurer des Geistes an den Abgründen der „dionysischen Erkenntnis“. Wobei seine Züge gelegentlich hinüberspielen in die des Wahnsinnigen, des entzückten Visionärs oder Verbrechers. Thomas Manns künstlerische Selbstauslegung vollzieht sich in beständiger Reflexion dieser gefährdenden Extreme, die jedem Künstlertum einschlägig sind, und wir werden uns seinem Entwurf eines „Meister“-Ideals nicht nähern, ohne seinen beständigen Hinweisen auf diese Grundschichten alles Artistischen zu folgen.

An dem einen Pol der Gefährdung betont Thomas Mann die Lügenhaftigkeit und Scharlatanerie der Kunst, die Nietzsche im Zusammenhang sowohl seiner Artistenpsychologie als auch seiner Ontologie analysiert. Bis ins hohe Alter vermag Thomas Mann den Verdacht nicht abzuschütteln, daß die Kunst in ethischen und Wahrheits-Fragen unzuverlässig sei. In seinem späten, im Jahr vor dem Tode erst fertiggestellten *Versuch über Tschechow* bekennt er: „... und die Arbeit, die treue, unermüdliche Arbeit bis ans Ende, in dem Bewußtsein, daß man auf die letzten Fragen ja doch keine Antwort wisse, mit dem Gewissensbiß, daß man den Leser hinters Licht führe, bleibt ein seltsames Trotzdem ... Und man arbeitet dennoch ...“[99] Er artikuliert hier noch einmal jenes Grundgefühl, das er bereits fünfzig Jahre zuvor, als Jüngling, mit Hilfe Nietzschescher Formulierungen in den Vorwurf gekleidet hatte, daß der Künstler ein „innerlich kindischer“, zur „phantastischen Ausschweifung“ geneigter, „in jedem Betrachte anrüchtiger Scharlatan“[100] sei.

Thomas Mann negiert hier jeden Versuch, das Künstlertum auf moralisch-praktische Wahrheiten und Valenzen zu verpflichten, er bestreitet die Möglichkeit einer Gemeinschafts-„Gebundenheit“ der Kunst, eine Auffassung, die in denkbar schärfstem Gegensatz steht zu den Ideen einer Künstlerbürgerlichkeit, eines Handwerkertums, wie sie die romantische Meisterikonologie von Wackenroder bis Lukács prägen. In den *Betrachtungen* schreibt er:

Das „moralische Gerede vom ‚verantwortlichen' und ‚unverantwortlichen' Dichter möge noch so hoch gehen, es ist ein Gerede ... Kunst ist unsachlich, ihr Zauber ist, daß sie ‚den Stoff durch die Form verzehrt'. Kunst ist unverantwortlich: auf Geste, Schönheit, Leidenschaft kommt es ihr an, und ein Künstler ist Künstler und will als Künstler gewürdigt sein, nicht nur wenn er bildet, sondern auch wenn er redet ... Künstlertum ist etwas, wohinter man sich zurückzieht, wenn es mit dem Sachlichen ein wenig drunter und drüber geht"[101].

Thomas Mann kritisiert jeden politischen und sozialethischen Anspruch der Kunst als eine Anmaßung und Selbstverblendung. Er wird später die Reflexion des Ästhetischen soweit treiben, daß ihm Hitler als „ein Bruder" des Künstlers erscheint. Beiden eigne ein Moment von Scharlatanerie, Zauberei, Effekthascherei, ein persuasives, theatralisches und demagogisches Talent:

„Ein Bruder ... Ein etwas unangenehmer und beschämender Bruder; er geht einem auf die Nerven, es ist eine reichlich peinliche Verwandtschaft. Ich will trotzdem die Augen nicht davor verschließen, denn nochmals: besser, aufrichtiger, heiterer und produktiver als der Haß ist das Sich-wieder-erkennen, die Bereitschaft zur Selbstvereinigung mit dem Hassenswerten (...)"[102]

Wie kein anderer Essay Thomas Manns enthält dieser über *Bruder Hitler* den Schlüssel seiner Artistenauffassung. Nicht die Moralisierung oder Politisierung der Kunst ist sein Ziel, sondern Einbekenntnis ihrer selbst als eines bedenklichen Amoralismus, Bereitschaft zur Selbsterkenntnis noch im Hassenswerten.

Am anderen Pol der in den „Abgrund" führenden Gefährlichkeiten des ästhetischen Weltbezuges betont Thomas Mann den Hang des Künstlers zum „Verbotenen", „Gefährlichen", „Bösen", zum „Erleben, Erforschen, Erkennen".[103] Die alleinige Moral des Künstlers lautet: „Erkennen der Sünde" und „Hingabe an das Schädliche und Verzehrende"[104]. Ob nun der späte Thomas Mann vom Einbruch des Homoerotischen im Leben Goethes oder Stendhals[105] spricht, ob er in einem Brief aus dem Jahr 1920 Platen ein „Sichverstehen auf die Geheimnisse des Fleisches"[106] attestiert oder von Dostojewskis Epilepsien und Verbrechen (Kinderschändung) spricht, immer ist es das der Wahrheit – gerade auch in ihren freiesten oder pathologischen Manifestationen – zugewandte, „sehr geöffnete"[107] und neugierige Naturell des Künstlers, das er bestaunt. Dieses Erkennen-Wollen setzt er, wie wir schon am Fall Nietzsches gesehen haben, in eins mit Moral. „Große Moralisten waren meistens auch große Sünder."[108] In deutlicher Nähe zu seinem Philosophen-Vorbild spricht er von der „Wollust der Hölle" im Blick auf Wagners *Tristan* und von den „Schlünden der Wollust" im Mystiker-Werk Dostojewskis.[109] Hier liegt die Gefährlichkeit der Artistik nicht in ihrer Scharlatanerie und ihrer Bejahung der Lüge, sondern in der Abgründigkeit eines grauenvollen Wahrheitswissens und einer lusterregenden Schreckensästhetik, die eine Rückkehr zu jenen vernunftwidrigen dionysischen Gewalten inszeniert, die in der bürgerlichen Lebensordnung verfemt werden. Immer wieder – wie hier in den *Betrachtungen* – attestiert Thomas Mann der Kunst einen „bedenklichen“[110] und „verräterischen Grundhang“[111]:

Ihr „Entzücken an skandalöser Antivernunft“, ihre „Neigung zu Schönheit schaffender ‚Barbarei‘ ist unaustilgbar, ja, möge man diese Neigung hysterisch, widergeistig, unmoralisch bis zur Weltgefährlichkeit nennen: sie ist eine unsterbliche Tatsache, und wollte, könnte man sie ihr exstirpieren, so hätte man wohl die Welt von einer argen Gefahr befreit, – und das wollen nur Wenige“[112].

Deutlich wird hier, daß Thomas Mann den Wahrheitsabgründe enthüllenden Blick des Künstlers konnotiert mit der Lust am Schrecklichen, mit dem Entzücken am Barbarischen. Gerade die ästhetizistische Kunst, „der aufrichtige und aufrechte Ästhetizismus“ eines Wilde etwa, habe „die Wahrheit des bösen und schönen Lebens“.[113] Thomas Mann ist jedoch weit davon entfernt, die „Wahrheit des bösen Lebens“, die dergestalt in der Kunst zutage tritt, für die ganze Wahrheit des Lebens zu nehmen, wie es etwa Nietzsches Begriff der „dionysischen Erkenntnis“[114] und in dessen Spuren der „ästhetizistische Renaissance-Nietzscheanismus“[115] nahelegen. Mann „verachtet“[116] ihn und betont, daß das Leben auch geistig bestimmt und sittlich korrigierbar sei, und hält daher, entgegen der Nietzscheschen Lehre, am Wahrheits- und Richtigkeitsanspruch der theoretischen und praktischen Vernunft fest; er deutet Nietzsche selbst als den großen theoretisch-wissenschaftlichen, aufklärerisch-analytischen Menschen malgré lui. Im Schlußteil der *Betrachtungen* billigt Mann sogar der Kunst eine – allerdings indirekte – geistig korrigierende, kritische, „verbessernde, veredelnde, sittigende“ Effizienz zu, und es ist interessant zu sehen, daß er diese „melioristische“, ja „politische Wirkung“[117], die die Literatur entfalten könne, exemplifiziert am Beispiel der Schulkritik seiner *Buddenbrooks*, die doch aus der pessimistischen Perspektive des Romanerzählers in erlebter Rede als Kritik an der unaufhebbaren „Härte“ und „Grausamkeit“ des ‚Lebens‘ schlechthin vorgetragen wurde.

Thomas Mann macht sich die nietzscheanischen Tiefblicke in das „grausam beschaffene“, dionysisch bestimmte Dasein zu eigen als christlich-moralistisch gefärbte, aufklärerische Einsicht in die physiologisch bedingte Endlichkeit des Lebens. In diesem Sinne deutet er – wie wir gesehen haben – die Meistervorbilder als Ethiker. Sie wahrten „Treue dem Leiden und dem Gewissen“. Gegen die lebenspraktische Hypostasierung dieser Schreckens-„Erkenntnis“ aber zur lusterweckenden Fatalität und zum metaphysischen Prinzip auf Kosten moralisch-praktischer und theoretischer Vernunft nimmt er den aufklärerischen, analytischen Nietzsche zu Hilfe und deutet sie in klinischen, psychopathologischen Begriffen als Lebensunfähigkeit, als ‚Hysterie‘ der Schwachen[118], als Götzendienst der reaktiven Kräfte. Dieser Ästhetizismus stilisiere am Ende die „Wahrheit des bösen Lebens“ zu „Katalogen des Lasters“, in denen – so der Seitenhieb gegen den Bruder – „keine Nummer vergessen war".[119] Mann akzeptiert diese Kunst nur, wenn sie die Grenzen „reiner Kunst" nicht überschreitet, d. h. wenn die „Freude", die „Lust" am Zusammensturz der vernünftigen Individuation nicht als eine ästhetizistische Lebenseinstellung totalitär wird.

„Das Lebenswidrige, das sich selbst erkennt, mag leben und sich so farbig es immer kann entfalten; es wird nicht schaden; die Selbsterkenntnis hindert es im Grunde daran, aggressiv zu sein. Etwas anderes, wenn es sich ernst nähme und unverschämt würde, wenn es sich für die Wahrheit, das Leben, die Kunst selber und am Ende gar für die Tugend auszugeben und das Widerstrebende zu infamieren versuchte! Die ‚hysterische Renaissance' tat das nicht. Sie wußte und vergaß nicht, daß sie im Grunde leblos und lieblos, daß sie die gestenreich-hochbegabte Ohnmacht selbst zum Leben und zur Liebe war, und ihre geistige Würde bestand in dem Schmerz eben hierüber: es war eine tragische Würde, welche abhanden kommen mußte, sobald infolge irgendeiner scheinbaren ‚Entwicklung' und neuen Namengebung die Selbsterkenntnis und Selbstbezweiflung abhanden kam..."[120]

## III

Aus diesen Grundüberzeugungen resultiert Thomas Manns spezifische Stellung zur Ethik des Künstlertums im Spannungsfeld von l'art pour l'art und Engagement. Er sei dem l'art pour l'art-Ästhetizismus keineswegs feindlich gesonnen – konzediert er in den *Betrachtungen* –, solange dieser seinen Geltungsbereich nicht zu transzendieren sucht. „Der reine Ästhetizismus ist intensivster Wirkungen fähig. Oscar Wilde's ‚Salome' etwa ist ein Werk von unsterblicher Prägnanz und Kraft; die harte Künstlichkeit dieses aufrichtigen und aufrechten Ästhetizismus hat die Wahrheit des bösen und schönen Lebens."[121] Eine deutsche Variante des l'art pour l'art bewundert Mann, Grillparzers *Armen Spielmann* zitierend, in der romantischen Idee der „absoluten Musik"[122], dem „Paradigma"[123] einer von allem Stofflich-Empirischen und Begrifflichen losgelösten ästhetischen Konstruktivität. Hier werde die Musik in der Reinheit ihrer formalen Durchbildung, „der heilige Grundtypus aller Kunst"[124], „tönende Ethik"[125], eine „Form" der Moral, aber niemals „moralisches Mittel".[126]

Auch wenn die Kunst keine politische und Tugendbotschaft transportieren darf, fordert Thomas Mann doch eine die künstlerische Geistigkeit und Lebenshaltung prägende, spezifisch „persönliche Ethik"[127], die das Gegenteil moralisch-praktischer Wirkungsintention ist, die vielmehr die Selbstbescheidung und Selbstbeschränkung zum Ziel hat. Er fordert eine von bürgerlich-protestantischer „Gewissenhaftigkeit"[128] diktierte „Bereitwilligkeit zur Selbstkritik"[129], zur Selbsterkenntnis und „Selbstbezweiflung"[130], die sich – anders als der Apolliniker Aschenbach, aber auch anders als die Ästhetizisten des Schrecklichen – der praktischen und theoretischen Vernunft öffnet und sich die kognitive und moralische Insuffizienz der Kunst, ihre Scharlatanerie oder Barbarei, bewußt hält. Kunst muß mit Ethik und Erkenntnis koexistieren, sich an diesen relativieren, ohne mit ihnen zu verschmelzen. Wenn die „lebenswidrige“ Kunst stattdessen „sich für die Wahrheit ... und am Ende gar für die Tugend auszugeben“ versuchte, wenn sie „sich ernst nähme“, dann würde sie „unverschämt“, dann überschritte sie ihre Kompetenz und begäbe sich „ihrer tragischen Würde“[131], dann würde sie großrednerisch, demagogisch, verantwortungs- und gewissenlos. Eine solche Überdehnung der Kunstsphäre betreibe der „belezza“- und „belles-lettres-Politiker“, der martialische Panegyriker und Rhetor d'Annunzio. Ein Schönredner und öffentlich gestikulierender „Schellen-Hanswurst“ wie er sei nur möglich in einem Lande, dem es „an Kritik und Skepsis in jedem größeren Stile“ ermangele, einem Lande, in dem „Kritik des Künstlertums“ – gemeint ist diejenige Nietzsches – „nie Erlebnis wurde“.[132] „Immer auf dem Balkon“, so charakterisiert Mann den italienischen Kriegsprediger – „...kennt er keine Einsamkeit, keine Selbstbezweiflung, keine Sorge und Qual um seine Seele und um sein Werk, keine Ironie gegen den Ruhm, keine Scham vor der ‚Verehrung'?“[133]

Thomas Mann tauft diese hier geforderte, in Nietzsches großer psychologischer und selbstanalytischer Schule erlernbare „Bereitwilligkeit“ zur Selbsterhellung, „Selbstbeschränkung“ und -bescheidung des Künstlertums auf die Formel „Ironie“. „Ironie als Bescheidenheit, als rückwärts (gegen sich selbst, B. S.) gewandte Skepsis ist eine Form der Moral, ist persönliche Ethik, ist ‚innere Politik'.“[134] Wenn die Kunst als Mittel zur objektiven Wahrheitserkenntnis unzuverlässig und auch als moralische Lebensstütze untauglich ist, so setzt das Eingeständnis dieser Unmöglichkeit doch einen ethischen Willen zur Selbsterkenntnis voraus, und es ist Manns Überzeugung, „daß der Zweifel, ja die Verzweiflung“ des Dichters „moralischer“ und „anständiger sei“, als irgendein „Führer-Optimismus“ und die Praeceptor-Pose.[135] Es war eben dies, was den Essay *Bruder Hitler* unter den deutschen Emigranten so umstritten machte: daß er auch noch die Absage an Hitler unter der Form einer Selbstkritik des Artistischen, als Selbstenthüllung der Verwandtschaft zwischen Künstlerseele und Faschismus vollzog.

Vor dem Hintergrund dieses Ironiebegriffs und Selbsterkennungspostulats werden nun einige weitere Züge des Mannschen Bildes idealer „Meisterlichkeit“, die dem oben genannten Sachsporträt eingeschrieben sind, deutlich. Die Zwiespältigkeit, die es sichtbar werden läßt, ist die eines Künstlertums, das – wir erinnern uns an Manns Charakterisierung Nietzsches und Conrad Ferdinand Meyers – das Leiden auf dem Grund des Daseins erkennt, ihm (anders als etwa Aschenbach) „die Treue hält“, auch wo es nach Erlösung durch den lustvollen Schein trachtet; das zugleich weiß, daß dieser Schein die Welt verfälscht; das die Unwahrheit apollinischer Wahnbilder und die Scharlatanerie der Kunst „mit protestantischem Geist“ einbekennt, das zugleich die dionysische Lust am Schrecklichen und Barbarischen nicht als Lebenseinstellung total werden läßt und dergestalt in der Lebenspraxis weder den dionysischen noch den apollinischen Verführungen nachgibt.

Die Selbstskepsis, Ironie und persönliche „Ethik“, die Mann dem Künstlertum abverlangt, hat in seinem eigenen Falle – anders als in der romanischen Geisteswelt d'Annunzios, der es an kritischen und ethischen Traditionen gebricht – ein gleichsam objektives Fundament in jener integralen bürgerlichen Lebensordnung, der er entstammt. Hier sind, wie wir anhand der *Betrachtungen* noch genauer zeigen werden, eine konkrete Sittlichkeit, ein protestantisch-bürgerlicher Wahrheitswille im Lebensalltag immer schon in Kraft. Diese Instanzen liefern die Maßstäbe, an denen der begrenzte Geltungsanspruch der Kunst sichtbar werden und jede Ambition seiner Überdehnung zerrinnen muß. Sie leisten kraft ihrer Substantialität dem Versuch Widerstand, die ästhetische Welteinstellung im Stile d'Annunzios zur vorherrschenden zu verabsolutieren. Sie machen Thomas Mann allererst den Mut, die kognitive und moralische Entlastung der Kunst, ihre „Unverantwortlichkeit“, „Widergeistigkeit“ und „Schönheit schaffende Barbarei“ zu bejahen.

Aus der Einsicht, daß im Erfahrungshorizont ästhetischer „Unverantwortlichkeit“ keine Maßstäbe sittlichen und politischen Handelns gewonnen werden können (wenn dieses mehr sein soll als eine Geste), zieht Mann zugleich den – wie mir scheint: unhaltbaren – Umkehrschluß, daß moralische Wertstandards prinzipiell die Kunstproduktion (und auch die Politik) nicht bestimmen können. Dieses Credo liegt seiner Suada gegen den „Zivilisationsliteraten“ zugrunde, dessen Botschaft lautet:

> „Auf die T a t kommt es an, – auf die des Geistes. Das Manifest, das zur Tat ruft, das schon Tat ist, es wiegt hundert ‚gestaltende' Werke auf. Kunst, sofern sie bestehen, sofern sie in Betracht kommen will, hat ein Werkzeug des Fortschritts, humanitär-demokratischer Politik zu sein, sie hat ihre prinzipielle Verpflichtung entdeckt, bewußt, zielstrebig und getragen von politischer Verantwortlichkeit auf Weltverbesserung auszugehen.“[136]

Der Zivilisationsliterat wolle die Kunst als Manifest. Indem er seine Gestaltung in den Dienst „entschlossener Menschenliebe“, des Fortschritts und der Aufklärung stelle, müsse er – entgegen seinem Wahrheitsanspruch – von den pessimistischen Wahrheiten des Lebens zugunsten seiner „Entschlossenheit“ absehen.[137] Seine Dichtung bleibe also eine ganz auf ihre Wirkung bedachte „steile“ Geste. Heinrich Manns *Zola*-Essay etwa sei – ironice und contra voluntatem – Dichtung par excellence, nämlich ein amoralisches und erkenntnisjenseitiges Blendwerk. Die Zola-Dichtung – so Thomas Mann – „war ‚Dichtung' leider eben damit, daß sie von W a h r h e i t (...) schrecklich weit entfernt war“[138]. In dieser Polemik gegen den Bruder nimmt Thomas Mann einen Begriff von „Wahrheit“ in Anspruch, der nur innerhalb der „pessimistischen“, „illusionslosen“ und „fatalistischen“ Ontologie[139] und

„ästhetischen Metaphysik“ Schopenhauers und Nietzsches sinnvoll ist[140], denen er an anderer Stelle der *Betrachtungen* den Boden entzieht. Gegen Heinrich Manns Ideen sozialer Meliorisierung, moralischen Fortschritts und politischer Kunst setzt er Schopenhauers und Nietzsches „Wahrheiten“: die Reduktion der „Moral auf einen Instinkt“[141], die Entlarvung des Geistes im Namen der Natur, die psychologische Verdächtigung des „Optimismus“, den schneidenden Hohn über jede Form „sozial-reformatorischen“ Engagements.[142] Wahr wird die Kunst unter diesen Prämissen, wo sie den Wahn einer theoretischen und praktischen Korrigierbarkeit des Lebens fahren läßt, wo sie im Sinne Schopenhauers die ‚Erkenntnisformen' der Erscheinungswelt durchschlägt und den kontemplativen Blick in das allem Geistigen vorgängige Treiben des Welt-Willens freigibt, wo sie im Sinne Nietzsches in der Schmerz und Lust erregenden Selbstentgrenzung das Tor zum ‚Wahrhaft-Seienden' der Natur aufstößt. Die *Betrachtungen* verwenden allerdings den Wahrheitsbegriff in unterschiedlichen Bedeutungen, die von Nietzsche herstammen. In der *Geburt der Tragödie* ist die „Wahrheit“ das Wesen des grausam verfaßten „Seins“ und wird von den illusionären Bestimmungen der Moral und Theorie abgesondert. Anders der späte Nietzsche: Er faßt die Realität als ein perspektivisches „Scheinen“[143] und polemisiert aus dieser Einsicht gegen die imaginativen „Wahrheitswelten“ der Moral. Es ist dieser von Nietzsche als „Lüge“ verdächtigte, an moralisch-praktische Diskurse und theoretische Argumentationen gebundene Wahrheitsanspruch, den Thomas Mann aus Heinrichs politischem Denken herausliest und im Namen von Nietzsches frühem Wahrheitsbegriff attackiert.

Allerdings haftet dieser Opposition innerhalb der *Betrachtungen* insofern ein Moment von Unstimmigkeit an, als Mann in seiner Kritik des nietzscheanischen Ästhetizismus – wie wir gesehen haben – zumindest implizit an einen Wahrheitsbegriff appellieren mußte, der sittliche und (an der Erscheinungswelt gewonnene) theoretische Bestimmungen gerade nicht preisgab.[144] In dem Postulat einer „persönlichen Ethik“ als eines Korrektivs zur Amoralität der Kunst ist die Idee eines dieser gegenüber eigenständigen moralisch-praktischen und theoretischen Wahrheitsanspruches längst impliziert. Daß Thomas Mann ferner die pessimistische Geschichtsauffassung vor allem im Schlußteil der *Betrachtungen* zugunsten der Idee sozialer und politischer Meliorisier- und Korrigierbarkeit zurücknimmt, wurde bereits deutlich. Überdies sucht er es prinzipiell zu vermeiden, das „Wahre“ einer Weltsicht mit seiner Kunsttheorie zu vermengen, so daß letztere für ihn auch unter veränderten politisch-weltanschaulichen Vorzeichen gültig bleiben wird. In kunstphilosophischer Hinsicht ist es vielmehr seine Intention zu zeigen, daß zwischen dem philosophisch-theoretischen Gehalt und der ästhetischen Qualität eines Werkes keinerlei Zusammenhang besteht[145], während der Zivilisationsliterat gerade diesen Konnex im Zeichen von „Gerechtigkeit“ und seiner spezifischen Vorstellung von „Wahrheit“ herstellen wolle, indem er sage: Nur progressive Literatur ist Literatur. Selber anerkennt Thomas Mann ausdrücklich den hohen literarischen Rang des *Zola*-Essays und anderer Werke aufklärerischen Geistes.[146] Worauf es Manns Polemik ankommt, das ist der Vorwurf der „Unbescheidenheit“: Der Zivilisationsliterat reklamiere Moralität und Wahrheit nicht nur für seine Lebensführung, sondern auch für seine Kunst, während er, Thomas Mann, vom Artisten das ironische Einbekenntnis fordere, daß die Kunst zu den „antiintellektuellen Mächten“ gehöre[147], daß sie das Entzücken an „skandalöser Anti-Vernunft“ und „Barbarei“ wolle oder von illusionierenden Gauklerkniffen und rampenwirksamen Effekten getragen werde.

Ungeachtet der Frage, ob diese Kritik (besonders im Falle Heinrich Manns) ihren Gegner zutreffend charakterisiert, bleibt allerdings auch gegen den systematischen Kern der Mannschen Kunstreflexionen folgender Einwand: Auch wenn moralisch-praktische Diskurse und theoretische Argumentationen durch Kunst prinzipiell nicht ersetzbar sind, kann diese mit den ihr eigenen Mitteln sehr wohl für die Überprüfung konventioneller Moralstandards werben, für die Revisionsbedürftigkeit habitualisierter Wahrnehmungsweisen sensibilisieren und damit die theoretische und praktische Vernunft zur Aktivität einladen. Thomas Mann selber hatte noch wenige Jahre vor den *Betrachtungen* im Blick auf Montaigne die positive Möglichkeit einer mit Kritik und Moral befreundeten intellektuellen Kunst anvisiert. [148] Erst gegen Schluß der *Betrachtungen,* am Ende seines zweijährigen „Rückzugsgefechts“, spielt er – wie zaghaft auch immer – erneut mit dieser Idee. Literatur sei nicht nur die amoralische, lustvolle, „erotische“, das Böse und Gute gleichermaßen umgreifende Nachbildung des Lebens, sie könne auch (in einem Sinne, den Nietzsche „sokratisch“ nannte) zur geistigen, gewissenserweckenden, „korrigierenden“ Kritik des Lebens werden.[149] Von hier wäre es für den Autor der *Betrachtungen* nicht mehr weit zur Anerkennung einer Kunst, die sich in jenem Zusammenspiel von Erkenntnistätigkeit, Sittlichkeit und ästhetischen Impulsen konstituiert, das Thomas Mann in der Lebensführung des Artisten bereits realisiert sehen möchte. Um diesen zweiten Schritt zu vollziehen, hätte Thomas Mann allerdings seinen Begriff von Ethik, der in den *Betrachtungen,* wie im folgenden zu zeigen sein wird, noch bürgerlich-traditionalistisch restringiert ist, überdenken und universalistisch erneuern müssen.[150]

## IV

Für die „Ethiker“-Figuren im Mannschen Frühwerk ist bürgerliche Sittlichkeit nicht mehr substantiell. Sie suchen sich vielmehr durch schöne Gesten und durch einen aller vernünftigen Inhalte entkleideten Haltungsformalismus zu betäuben. Die dergestalt um ihre genuine Wahrheitsmöglichkeit gebrachte, gleichsam ästhetisierte Ethik erscheint als Teil der Maskenhaftigkeit von

Kultur[151] insgesamt, in der das moralisch Gute vom Schlechten, das Wahre vom Falschen nicht mehr unter Geltungsgesichtspunkten, sondern nurmehr pragmatisch hinsichtlich der Lebensförderlichkeit unterschieden werden kann. Wir haben gesehen, daß die *Betrachtungen* mit diesen relativistischen nietzscheanischen Perspektiven brechen. Zugleich legt Manns Bekenntniswerk noch einmal Rechenschaft ab von der älteren Auffassungsweise, und dies in seinen ersten Teilen noch mit einer gewissen Sympathie. Thomas Mann weiß um seine Herkunft aus der Illusionslosigkeit des 19. Jahrhunderts[152], aus einem „höhnischen", „harten" „brutalen"[153] Pessimismus, der sich von dem „gewissenhaften" der Mannschen „Meister" dadurch unterscheidet, daß er die bürgerliche Sittlichkeit als „Lebenslüge" auffaßt[154] und einer ‚Kultur der Oberfläche' das Wort redet.

Auf der anderen Seite kennzeichnet nicht erst die Bürgerlichkeit-Apologie der *Betrachtungen,* sondern bereits Manns Frühwerk seit der Tonio-Kröger-Zeit ein die Verfallsontologie konterkarierender, versöhnlicher Zug, der aber aus dem Blickwinkel eines Schopenhauer und Nietzsche benachbarten Wahrheitswillens wieder dementiert wird. Diese Versöhnungsutopien und Harmoniebilder sind noch insofern fadenscheinig, als sie – wie Dedner sagt – „den Status einer Textoberfläche, einer kulturell notwendigen und stets neu zu etablierenden Illusion (haben), hinter der jedoch die Fatalität von Lust und Schrecken noch immer als emphatisch gesetzte Wahrheit erhalten bleibt"[155]. In den *Betrachtungen* werden die harmonikalischen Züge des Frühwerks entweder – wie die des Romans *Königliche Hoheit* – als zu „demokratisch", d. h. als illusionär revoziert[156] oder aber dort, wo sie zum Ideal der „Bürgerlichkeit" hinüberleiten, bejaht – wie im Falle des *Tonio Kröger*[157]. Auch wenn Thomas Mann die Ethisierung der Kunst ablehnt und zu ihrer Widervernünftigkeit sich bekennt (sei es mit Blick auf die Schönheitsbarbarismen eines Baudelaire oder Wilde oder auf den „Wahrheits"-Nihilismus eines Flaubert oder Ibsen), solange sie nur nicht lebenspraktisch verabsolutiert werde, so ist er sich einer gewissen Lebensfreundlichkeit, ethisch grundierten Bürgerliebe und duldenden „Ironie"[158] seines eigenen Werkes bewußt. Er nennt allerdings – konsequent auf der Linie seiner kunstphilosophischen Prämissen – dieses Verhältnis, in dem seine Kunst zur Welt steht, anders als seine Lebensführung nicht „ethisch", sondern „erotisch".[159] Später wird er es als eine das Gute und Böse gleichermaßen umfassende „All-Sympathie" charakterisieren.

Gelegentlich erklären die *Betrachtungen* den versöhnlichen Zug des Frühwerkes auch aus einer „doppelten Optik", das heißt aus einem Verlangen, sowohl mit „nichts als Verachtung und Hohn im Herzen und Geiste"[160] auf die Welt herabzusehen, wie auch einer „weltlichen Wirkungs- und Vereinigungstendenz" zu genügen.[161]

Cum grano salis ließe sich das, was wir bisher an Thomas Manns Idee und Porträts der deutschen Kunstmeisterlichkeit und ihren zwiespältigen Zügen beobachtet haben, als eine Synthese von „artistischer" und „bürgerlicher" Optik begreifen. Die Kunst soll – wie gezeigt – auch in ihren „gefährlich-schädlichen", asozialen Aspekten sich entfalten, aber zugleich durch die Kraft substantieller bürgerlicher Verantwortungsethik gehindert werden, als ästhetizistische Lebenspraxis sich absolut zu setzen. Die Kunst selber soll nicht ethisch sein, wohl aber die Lebenshaltung und Lebensführung des Künstlers. Ethisch wird die Lebensführung des Künstlers, indem sie in einem traditionellen Sinne bürgerlich ist:

„Denn das Ethische, im Gegensatz zum bloß Ästhetischen, zur Schönheits- und Genußseligkeit, auch zum Nihilismus und zur Todesvagabondage – das Ethische ist recht eigentlich Lebensbürgerlichkeit, der Sinn für Lebenspflichten (...); das, was einen Künstler anhält, die Kunst nicht als einen absoluten Dispens vom Menschlichen aufzufassen, ein Haus, eine Familie zu gründen, seinem geistigen Leben, das oft abenteuerlich genug sein mag, eine feste, würdige, ich finde wieder nur das Wort: bürgerliche Grundlage zu geben."[162]

Um Ethik mit Bürgerlichkeit gleichsetzen zu können, um die historische Möglichkeit des „ethisch-handwerkerlichen Meistertums"[163] beglaubigen und sein eigenes Künstlertum aktuell in dessen Nachfolge stellen zu können, müssen die *Betrachtungen* zwei Voraussetzungen plausibel machen: Sie müssen in Thomas Manns Werkentwicklungen einen Bruch mit dem frühen Relativismus aufweisen sowie die traditionelle bürgerliche Lebenswelt von dem totalisierenden Verfallsverdacht befreien. Beide Prämissen versucht Thomas Mann in den *Betrachtungen* im Rekurs auf Lukács' *Bürgerlichkeit*-Essay zu sichern. Dieser liefert ihm die Topoi zur Stilisierung der eigenen geistigen Biographie und Lebenswelt nach altbürgerlichem Muster. Mann schreibt:

„Es gibt ein schönes, tiefes Buch des jungen ungarischen Essayisten Georg von Lukács, betitelt: ‚Die Seele und die Formen', und darin eine Studie über Theodor Storm, die zugleich eine Untersuchung des Verhältnisses von ‚Bürgerlichkeit und l'art pour l'art' ist, – eine Untersuchung, die mir, als ich sie vor Jahren las, sofort als das Vorzüglichste erschien, was über diesen paradoxen Gegenstand je gesagt worden, und die zu zitieren ich ein besonderes Recht zu haben meine, da der Verfasser vielleicht dabei meiner gedacht hat. Auf ein Wissen, zu dem wir durch unser Sein mit verholfen, haben wir ohne Zweifel ein besonderes Anrecht; und sind, indem wir es an uns nehmen, etwa in der Lage eines Vaters, der sich lächelnd von seinem gelehrten Sohn unterrichten läßt."[164]

Thomas Mann fährt fort:

„Lukács also unterscheidet vor allem zwischen jenem fremden, gewaltsamen und maskenhaften, asketisch-orgiastischen Bourgeoistum, dessen berühmtestes Beispiel Flaubert, und dessen Wesen die abtötende Verneinung des Lebens zugunsten des Werkes sei, – und dem echt bürgerlichen Künstlertum eines Storm, Keller, Mörike, welches das Paradoxon seines Beiwortes erst eigentlich verwirkliche, indem es bürgerliche Lebensführung, gegründet auf einen bürgerlichen Beruf, verbinde mit dem harten Kämpfen der strengsten künstlerischen Arbeit, und dessen Wesen ‚des Handwerkers Tüchtigkeit' sei. ‚Bürgerlicher Beruf als Form des Lebens', schreibt Lukács, ‚bedeutet in erster Linie das Primat der Ethik im Leben; daß das Leben durch das beherrscht wird, was sich systematisch, regelmäßig wiederholt, durch das, was pflichtgemäß wiederkehrt, durch das, was getan werden muß ohne Rücksicht auf Lust und Unlust. Mit anderen Worten: die Herrschaft der Ordnung über die Stimmung, des Dauernden über das Momentane, der ruhigen Arbeit über die Genialität, die von Sensationen gespeist wird.' Und indem er fortfährt, ergibt sich, daß er dies ethisch-handwerkerliche Meistertum, im Gegensatz zu dem Mönchsästhetizismus Flauberts, dessen bürgerliche Lebensführung eine nihilistische Maske war, als die germanische Gestalt des bürgerlichen Künstlertyps anspricht: Ästhetizismus und Bürgerlichkeit, gibt er zu verstehen, stellen hier eine geschlossene und legitime Lebensform dar, und zwar eine deutsche Lebensform; ja, diese Mischung von Artistik und Bürgerlichkeit bilde die eigentliche deutsche Abwandlung des europäischen Ästhetentums, das deutsche l'art pour l'art. Das ist glänzend – überaus fein und wahr! Aber wird man mir erlauben, daß ich es nicht nur lobe, daß ich mich auch darin wiedererkenne? ... Mein ‚Werk' – sit venia verbo – ist nicht Produkt, Sinn und Zweck einer asketisch-orgiastischen Verneinung des Lebens, sondern eine ethische Äußerungsform meines Lebens selbst (...).“[165]

Daß Thomas Mann sich Lukács' Idee bürgerlichen Handwerkerkünstlertums als Modell seines Selbstverständnisses in den *Betrachtungen* zu eigen macht, muß zunächst irritieren, denn die Differenzen zwischen den oben beschriebenen Künstlerlegenden Thomas Manns und Lukács' Porträts sind allzu deutlich: bei Manns „problematischen Meistern“: schmerzliches Eingedenken des Leidensuntergrundes der Welt, bei Lukács' Handwerkern: naive Lebensbejahung; hier das Bewußtsein und das „gewissenhafte“ Sich-Rechenschaft-Geben von der moralischen Gleichgültigkeit und Wahrheitsindifferenz der Kunst, dort ihre unmittelbar ethisch-praktische Ausrichtung am Gemeinbesitz bürgerlicher Werte; hier Selbstzweifel, Skepsis, Selbstbescheidung, dort naives Zutrauen zur Kunstfunktion; hier Zwiespältigkeit, dort Ungebrochenheit.

Bei genauerem Hinsehen allerdings zeigt sich, daß Thomas Mann sich Lukács' Essay über das Handwerkerkünstlertum selektiv zu eigen macht. Lukács schreibt: „Die Ethik verlangt nicht nur künstlerische Tüchtigkeit, sondern auch die Überlegung, ob die Kunst der Menschheit Nutzen oder Schaden bringt.“[166] Thomas Mann dagegen nimmt sein Bekenntnis zur Amoralität und „Weltgefährlichkeit“[167] der Kunst nicht zurück. Er fordert nicht deren Ethisierung, aber statuiert gleichwohl die bürgerliche Ethik als Bestandteil der künstlerischen Lebensführung und Lebenswelt. Als solche ist sie für ihn der Maßstab der Relativierung und „Selbstbescheidung“ des Ästhetischen.

Thomas Mann also übernimmt Lukács' Idee des Handwerkerkünstlertums nicht als ganze, aber sie verdeutlicht ihm doch eine Facette seines in den *Betrachtungen* neugewonnenen „Meister“- und Selbstverständnisses, das er von seinem jugendlichen Nihilismus abzugrenzen sucht, – eine Facette, die nicht seine Auffassung vom Kunstwerk betrifft, sondern seine Lebensführung. Schon in seinem Essay über *Chamisso* heißt es:

Dieser, „nachdem er aus seinem Leiden ein Buch gemacht, beeilt sich, dem problematischen Puppenstande zu entwachsen, wird deshalb Familienvater, Akademiker, wird als Meister verehrt. Nur ewige Bohemiens finden das langweilig, man kann nicht immer interessant bleiben, man geht an seiner Interessantheit zugrunde oder man wird ein Meister."[168]

Einen ähnlichen Reifungsprozeß bringt Thomas Mann im Kapitel *Bürgerlichkeit* der *Betrachtungen* für sein eigenes Künstlertum in Anschlag.

„Es war eine romantische Jünglingstäuschung und Jünglingsallüre, wenn ich mir ehemals einbildete, ich opferte mein Leben der ‚Kunst' und meine Bürgerlichkeit sei eine nihilistische Maske, wenn ich (...) der Kunst, dem Werk vor dem Leben den Vorrang gab und erklärte, man dürfte nicht leben, man müsse sterben, ‚um ganz ein Schaffender zu sein'."[169]

Parallel zu den *Betrachtungen* schreibt Mann im Jahre 1916:

„Der Jüngling (gemeint ist der junge Thomas Mann, B. S.) spielte mit dem Gegensatz von Künstlertum und Bürgerlichkeit und wußte sich nicht wenig mit der Ironie, die er daraus zog. Dem Mann, dem es nicht länger um Antithesen, sondern um Einheit zu tun ist, findet sich selbst, indem er begreift, daß die Mischung von Künstlertum, ja Artistik und Bürgerlichkeit in deutscher Kultursphäre von Meister Erwin bis Theodor Storm eine legitime nationale Lebensform war."[170]

Hier scheint es, als habe Thomas Mann sich endgültig von einem romantischen Pessimisten zu einem unproblematischen, bürgerlichen „Handwerkerkünstler" entwickelt, – die von Lukács diagnostizierte historische Entwicklung durch seine individuelle Biographie gleichsam umkehrend. Aber Thomas Mann unterscheidet – wie wir gesehen haben – strikt zwischen Gehalten des Kunstwerkes und Inhalten der Lebensführung. Kunst darf widervernünftig und unverantwortlich sein, nicht aber das Leben. So kann er in den *Betrachtungen* sich zum Œuvre Flauberts und Ibsens bekennen oder den Buddenbrook-Roman würdigen als eine illusionslose, fatalistische, Wahrheitsabgründe enthüllende „Studie des Verfalls" in der Nähe Nietzsches[171], ohne noch länger ihren Wahrheitsrelativismus philosophisch und lebenspraktisch zu affirmieren. Er sucht in den *Betrachtungen* im Gegenteil die aktuelle Möglichkeit und Vorbildlichkeit einer stabilen Lebensform jenseits der Gefährdungen durch Illusionismus und Selbstverlust sichtbar werden zu lassen. Zur Beglaubigung dieser Daseinsmöglichkeit unterstellt er die zeitlose Gültigkeit der altbürgerlichen Sozialordnung, deren Gemeinschaftswerte der künstlerischen Lebensführung inkorporiert werden können.

Hatte Lukács die altstädtische Peripherie des 19. Jahrhunderts verklärt, so idealisiert Thomas Mann mit dieser zugleich die deutschen Verhältnisse schlechthin. Lübeck, im Frühwerk Ort einer längst nicht mehr geglaubten, von Dekadenz unterhöhlten Bürgerlichkeit, wird in den *Betrachtungen* zum Modell einer gewissen Harmonie des Ästhetischen und des Praktischen, denn seinen Patriziern hafte, wenn auch nicht ihres subjektiven Gefühls, so doch ihres objektiven Seins wegen, kraft ihres Alters, ihrer Tradition, ihres Erscheinungsbildes und Stils, etwas Künstlerisches an.[172] Auch die zeitgenössische Lebenswelt des damaligen Vorkriegs-München präsentiert Mann als vorkapitalistische Idylle, als Reservat des Altbürgerlichen. Hier sei die genuine deutsche Mischung von Kunst und Bürgerlichkeit noch ganz lebendig und gegenwärtig.

„Das Wichtigste (...) ist, daß wirklich Künstlertum hier auf alte, echte Weise aus dem Bürgertum erwächst und mit ihm verwachsen bleibt, daß das alteingesessene Münchener Bürger- und Handwerkertum künstlerisch durchsetzt ist: der geistig-kulturelle und selbst der gesellschaftliche Abstand zwischen dem Handwerker (artista) von unpersönlicher, nicht bildungsmäßiger Kultur und dem akademischen Künstler ist sehr geringfügig, und es ist münchnerisch, daß von zwei Brüdern, Trägern eines altbürgerlichen Namens, der eine etwa Bäcker oder Brauer (und Mitglied des ‚Kunstvereins'!), der andere ein berühmter Architekt oder Erzgießer ist. Diese Kulturverhältnisse sind sehr altdeutsch-städtisch – man hört die ‚Meistersinger' nirgends besser als in München: besser als in dem bourgeoisen Nürnberg (...)“[173]

Wodurch E. T. A. Hoffmann das alte Nürnberg ausgezeichnet sah: daß „Kunst und Handwerk sich in wackerem Treiben die Hände boten“[174], das gilt hier für das zeitgenössische München. Aber Mann bekennt anders als E. T. A. Hoffmann nicht ein, daß solche Vergangenheitsbilder träumerischem und idealisierendem Phantasieren entspringen, er gibt das, was bei Hoffmann nur beschworen wird, als Realität aus. Andererseits teilt er die sozialgeschichtliche Argumentation mit Lukács, der die im 19. Jahrhundert noch intakten, aber schon marginalisierten und von Verfallsstimmung umgebenen epischen Lebensräume des alten Stadtbürgertums als im 20. Jahrhundert endgültig zerstört betrachtet. So hütet Thomas Mann sich davor, Nürnberg, das im Unterschied zu München eine kapitalistische Industriemetropole geworden sei, noch länger als „meistersingerliche“ Handwerker- und Kunstidylle zu verklären.

Thomas Manns Idealisierungen Münchens und Lübecks zu Modellen einer Kunst-Leben-Harmonie entspringen hingegen keiner sozialgeschichtlich aufgeklärten, begrifflichen Erkenntnis, sondern artikulieren eher diffuse, personelle und autobiographische Gefühlseindrücke. Die *Betrachtungen* selber sprechen es aus: „Das Seelisch-Menschliche ging mich an; das Soziologisch-Politische (...) kümmerte mich wenig.“[175]

Gleichwohl setzt Thomas Mann streckenweise seinen sozialgeschichtlich orientierten Argumentationsgang fort. Am Ende seines Kapitels über „Bürgerlichkeit“, das mit der Apologie des „unsterblichen“[176] deutschen Handwerkerkünstlertums und Bürgertums eröffnet wurde, gesteht er, daß der Bürger seiner Zeit ein kapitalistisch-bourgeoiser Erwerbs- und Leistungsmensch geworden sei, und er fährt fort, daß er auch zu diesem Typus eine seelisch-menschliche Sympathie hege, daß er in ihm ein Vorbild für den kriegerischen Heroismus des Bürgers zwischen 1914 und 1918 zu sehen vermag.

„Wenn ich irgend etwas von meiner Zeit sympathisch verstanden habe, so ist es ihre Art von Heldentum, die modern-heroische Lebensform und -haltung des überbürdeten und übertrainierten, ‚am Rande der Erschöpfung arbeitenden' Leistungsethikers (...) und hier ist meine seelische Berührung, eine einzige, aber eine wichtige und mich erschütternde, mit dem Typus des neuen Bürgers.“[177]

Thomas Mann deutet das Heldentum des modernen Kapitalisten als Ausdruck einer religiös orientierten Berufsauffassung protestantisch-puritanischer Observanz, und diese Einstellung kehre in der Haltungsethik seiner literarischen Helden wieder. Mann begreift sich daher als Geistesverwandter Max Webers, der begrifflich-theoretisch entwickelt, was er selbst fiktional zur Anschauung bringt.[178]

Aber Thomas Mann fällt mit dieser Idee des Leistungsbürgers sowohl sich selbst als auch Weber ins Wort, denn in Wahrheit ist, wie wir gesehen haben, der Haltungsformalismus der Buddenbrook und Aschenbach nicht protestantisch-puritanisch fundiert, nicht Ausdruck religiösen Strebens nach Heilsvergewisserung und -bewährung in bürgerlicher Berufserfüllung, sondern bloße Geste, eine Maske, eine Schauspielerei im Dienste an ästhetisch-dekorativen Schönheitsmaximen. (Weber hatte gezeigt, daß aus der asketischen Lebensführung des protestantischen Ethikers alle ästhetischen Entlastungen und Stimulantien strikt ausgeschlossen bleiben.) Mit seiner Deutung des modernen kapitalistischen Bourgeois als eines protestantischen Ethikers bringt Thomas Mann schließlich Webers und Sombarts historische Analysen und Gegenwartsdiagnosen um ihren Gehalt. Diese hatten einen kritischen Stachel in der These, daß die asketischen Ideale und die protestantische Erwerbsmoral im Seelengefüge und Motivationshaushalt des modernen Wirtschaftsmenschen keine Rolle mehr spielen. In der Terminologie gegenwärtiger Soziologie: Sie diagnostizieren die Ablösung der Sozialintegration durch Systemintegration. Das verfestigte, „stahlharte Gehäuse“ des entwickelten Kapitalismus erhält sich nicht mehr über motivationale Antriebsimpulse von Wirtschaftssubjekten, sondern über immanente ökonomische Sachzwänge. Die frühbürgerlichen Erwerbstugenden treten „aus der Sphäre persönlicher Willensbetätigung heraus“ und werden „Sachbestandteile des Geschäftsmechanismus“. „Sie haben aufgehört, Eigenschaften lebendiger Menschen zu sein, und sind stattdessen zu objektiven Prinzipien der Wirtschaftsführung geworden."[179] Das ermögliche dem Bourgeois des 20. Jahrhunderts einen quasi feudalen, grandseigneuralen Lebensstil, der sich vom innerweltlich-asketischen Tugendsystem löst und damit von Wertorientierungen insgesamt. Diese finden nurmehr im Seelengefüge einsamer Individuen ihren residualen Ort.[180] Thomas Manns verzerrende Weberadaptation ist Teil seiner Strategie, die modernen kapitalistischen Lebensverhältnisse nach älteren bürgerlichen Mustern zu stilisieren. (Er sieht keinen anderen Ausweg, über die pessimistische Ontologie seines Frühwerks hinauszugelangen. Dort erschien – wie wir am Beispiel der *Buddenbrooks* gesehen haben – die „Härte der Geschäftskonkurrenz" als Symbol der Daseinsabsurdität insgesamt.) Zeigen die *Betrachtungen* im Blick auf „München" und „Lübeck" die Harmonisierbarkeit von Ökonomie und Ästhetik, so suchen sie am Beispiel des protestantischen Ethikers die Einheit von bürgerlicher Ökonomie und Moral zu beglaubigen.

Ähnlich selektiv wie die Rezeption der Weber-Schule durch Mann[181] bleibt die der Lukács'schen Kulturdiagnose. Das *Bürgerlichkeit*-Kapitel transferiert schlicht das von Lukács selbst als exoterisch qualifizierte Sehnsuchtsbild einer vergangenen „Bürgerlichkeit" in die Gegenwart des 20. Jahrhunderts. Nach seinem Muster versteht Thomas Mann die Gegenwart. Dabei hält er sich nicht bewußt, daß seine Sympathieerklärung für den Leistungs- und Haltungsethiker in Widerspruch zum Ideal des „Handwerkerkünstlertums" geraten muß: Lukács hatte dessen Wesenszug darin erblickt, daß es die Pflichtbegriffe einer „konkreten Sittlichkeit" mit den Antrieben der inneren menschlichen Natur ausbalanciere. Manns Leistungsheroen hingegen kennzeichnet das die Instinkte niederschraubende friderizianische „Ethos des Durchhaltens".

Bis in die 30er Jahre hinein hält Mann an seinem Glauben an die Fortexistenz des mit Kunst und Geist befreundeten alten Bürgertums fest[182], das als seelische Überlieferung Voraussetzung seiner eigenen Denkungsart und Lebensführung sei. *Lübeck als geistige Lebensform, München als Kulturzentrum, Hundert Jahre Reclam, Deutsche Ansprache,* die zahlreichen Reden auf Goethes „Bürgerlichkeit", all diese Versuche legen Zeugnis ab von seinem Vertrauen in ein Bürgergeschlecht, „das den Geist liebt"[183], in eine bürgerliche Gesittung, die ihm als Inbegriff dessen erscheint, was er zur Zeit der *Betrachtungen* unter dem Begriff „deutsche Menschlichkeit"[184] faßt. Erst in der Emigration löst sich sein Ideal des Bürgerlichen zunehmend auf in den universalistischen Begriff des Demokratischen und Weltbürgerlichen.

Manns Trennung von Kunst und Lebenssphäre[185] erhellt die doppelte politisch-polemische Stoßrichtung der „unpolitischen" *Betrachtungen.* Das Buch soll die parlamentarisch-demokratischen Systeme Westeuropas in zweierlei Hinsicht denunzieren. Diese zerstören seines Erachtens das Gleichgewicht der altbürgerlichen Lebensformen, indem sie der kapitalistischen Modernisierung den Weg bereiten und mit dieser die einseitigen Lebensstile des Bourgeoistums und – komplementär – des Ästhetizismus erzeugen. Gleichzeitig leisten sie – Mann zufolge – auf der Ebene der Geistesentwicklung einer Konfusion bzw. Entautonomisierung der kulturellen Wertsphären Vorschub, indem sie die Kunst moralisieren und die Politik ästhetisieren. Sie entbehren seines Erachtens der Errungenschaften der bürgerlichen Epoche: der Emanzipation des „atomistisch-individualistischen", romantischen Teils des Menschlichen[186] und d. h. der Lizenzierung der Kunst als einer Sphäre des Amoralischen. Mann schreibt ihnen ein Merkmal zu, das wir heute dem „totalen Staat" zusprechen.[187] Unter kollektivistischem Zwang werde in der westeuropäischen Massendemokratie die Kunst der politischen Tugend untergeordnet. Demokraten sind für Thomas Mann totalitäre „Exzedenten der Staatsfrömmigkeit"[188]. Der unpolitische deutsche Bürger dagegen sei zu einem guten Teil „romantischer Individualist"[189]. So erwartet Thomas Mann für den Fall der Parlamentarisierung Deutschlands ein Offiziös- und Affirmativ-Werden der Kunst: die Approbation dessen, was er doch als Reservat ewigen Zigeunertums verstanden wissen will. Was er befürchtet, ist „das ‚Café Schopenhauer' als Mittelpunkt des Viehhandels in einem deutschen Marktstädtchen" oder gar, daß „unsere Panzerkreuzer nicht ‚Blücher' und ‚Gneisenau', sondern ‚Goethe', ‚Lichtenberg', vielleicht auch ‚E. T. A. Hoffmann' oder ‚Wackenroder' heißen"[190] werden.

Der verhängnisvolle politische Irrtum Thomas Manns liegt darin, daß er die liberale Garantie des „romantisch-bürgerlichen" Weltverständnisses, das Kunst, Moral und Wissenschaft in autonome Wertsphären zerlegt, ausgerechnet im preußisch-deutschen Obrigkeitsstaat erblickt und umgekehrt die Demokratisierung der Öffentlichkeit in eins setzt mit einer Konfusion oder Überdehnung von theoretischen, ästhetischen und moralisch-praktischen Einstellungen. Er unterstellt implizit, daß der Dichter als Teilhaber an öffentlichen Diskursen den Status des Moralpriesters oder „Propheten"[191] prätendiere, daß die Kunst als Bestandteil moralisch-praktischer Verständigung auch die Wahrheitskompetenz sich anmaße. Er übersieht nicht nur die positive Möglichkeit engagierter Kunst, sondern zugleich, daß ästhetische Gebilde auch als vollständig autonomisierte Sinnkomplexe durch ihre Rezeption und öffentliche Kritik auf Lebensprobleme bezogen werden sowie zur Erhellung einer Lebenswelt und zur Selbstvergewisserung von Wertstandards beitragen können. Thomas Mann übersieht, daß innerhalb demokratisch-öffentlicher

Verständigungsprozesse jene moralisch-praktischen Wertorientierungen, die er als Korrektiv zur Amoralität der Kunst fordert, auch dann noch – oder gerade dann – zur Geltung gebracht werden können, wenn die Substantialität traditionaler bürgerlicher Sittlichkeit, die er fälschlich mit Ethik schlechthin identifiziert, historisch zerschlissen ist.

## VI

Eine abschließende kunstphilosophische Beurteilung der *Betrachtungen eines Unpolitischen* muß die Janusköpfigkeit dieses „Bekenntnis"-Werkes im Auge behalten. Sie muß sowohl der „artistischen" als auch der „bürgerlichen" Blickrichtung folgen, d. h. der Mannschen Unterscheidung von Kunst- und Lebensformen Rechnung tragen.

Thomas Mann polemisiert in den *Betrachtungen* sowohl gegen die Moralisierung der Kunst als auch gegen die Ästhetisierung der Lebensführung. Ersteren Vorwurf richtet er gegen den „Zivilisationsliteraten", wobei er teils aus reaktionärer Rankünе, teils aus einem schopenhauerischen Blickwinkel jede Gestalt einer nicht-pessimistischen, „anhangenden", d. h. engagierten Kunst mißversteht als „didaktisch-voluntaristisch-politische" Instrumentalisierung ästhetischer Mittel. Den Vorwurf ästhetizistischer Lebenspraxis richtet er gegen den epigonalen nietzscheanischen Renaissance- und Schönheits-Kult, als dessen Inbegriff der „ruchlos" und „steil" gestikulierende Kriegsprediger d'Annunzio erscheint. Während Thomas Mann für die Kunst den Primat des „Scheins" beansprucht, erstrebt er in der Lebensführung den „Primat der Ethik", allenfalls eine Verknüpfung von repräsentations-ästhetischen Momenten (man denke an seine Beschreibung des Lübecker Patriziers oder des Münchner Handwerkerkünstlers) mit (protestantisch gefärbter) Erkenntnistätigkeit und Moralität. Letztere identifiziert er mit einem traditionalistischen und verengten Begriff bürgerlicher Regularität und Pflichterfüllung, am Ende gar mit dem Begriff der Leistungs- und Durchhalteethik. Dabei muß offenbleiben, wie unter dieser Voraussetzung die Moralimperative mit den natürlichen Impulsen, die Thomas Manns Gewährsmann Lukács in der Lebensweise der Handwerkerkünstler ins Gleichgewicht gebracht sah, noch zusammengehalten werden sollen. (In politischer Hinsicht bleibt Manns Ethikbegriff auf sture Untertanengesinnung beschränkt, denn er weist die Einflußnahme der Moral auf die Politik ebenso zurück wie die Verschwisterung von Moral und Kunst.)

Um die bürgerliche Ethik als substantiellen Bestandteil seiner eigenen Lebensführung zu beglaubigen, stilisiert Mann sich als „Repräsentanten" einer ungebrochenen Überlieferungskette „ethisch-handwerklichen Meistertums"[192] und idealisiert seine Lebenswelt nach altbürgerlichem Muster. Zu diesem Zweck kehrt er sich ab von der sein Frühwerk prägenden nietzscheanischen Weltbetrachtung, die die Formen der Moral als wahrheitsunfähige

Verkleidungen eines reaktiven, subjektiven Machtwillens und das Leben als Produkt von Täuschung, Illusion, Perspektive begreift. Mann wendet sich gegen Nietzsches Schlußfolgerung, die Lebensführung den stimulierenden Desideraten der Form, der Oberfläche und Maske zu unterstellen. Die *Betrachtungen* deuten den *Tod in Venedig* retrospektiv als Widerlegung des nietzscheanischen „Form"- und „Vereinfachungs"-Willens. Daß Nietzsche die Differenzierungen zwischen Gut und Schlecht, zwischen Wahrheit und Unwahrheit als lebensabträgliche Fiktionen begreift und zugunsten der lebensdienlicheren ästhetischen Wertschätzungen mediatisiert, wird Mann später unter dem Stichwort „Nietzsche und der Fascismus" erörtern, und er wird den „Fascismus" definieren als „Heraustreten aus der bürgerlichen Lebensform"[193] (auch wenn diese Gleichungen – wie ich noch zeigen werde – nie das Ganze seines künstlerischen Schaffens prägen werden).

Nietzsche verpflichtet bleibt Thomas Mann in seinem Bekenntnis zur Moral- und Wahrheits-Indifferenz der Kunst (die als solche aber eben nicht in die Lebensführung übergreifen darf). In immer neuen Abwandlungen feiern die *Betrachtungen* und auch die spätere Essayistik den Künstler als einen Gaukler, Abenteurer, Zigeuner, Verbrecher oder Wahnsinnigen, die Kunst als eine aus den Beschränkungen der Zwecktätigkeit und Tugendachtsamkeit emanzipierte, von allen Beimengungen der theoretischen und praktischen Vernunft gereinigte Sphäre des „Widervernünftigen", „Schädlichen" und „Barbarischen": Eine schlichte Identität des Wahren, Guten und Schönen erachtet Thomas Mann als dem Geist des romantisch-„atomistischen"[194] Zeitalters ungemäß. In Nietzsches Spuren zertrümmert er jene deutsche Ideologie, die den Dichter als Propheten und Seher metaphysisch überhöht. Er trennt die in der Moderne unter jeweils eigenen Geltungsaspekten ausdifferenzierten „Wertsphären" mit derselben Bewußtheit wie Max Weber, auf den er sich in anderem Zusammenhang beruft und der schreibt:

> „Wenn irgend etwas, so wissen wir es heute wieder: daß etwas heilig sein kann nicht nur: obwohl es nicht schön ist, sondern: *weil* und *insofern* es nicht schön ist ... – und daß etwas schön sein kann nicht nur: obwohl, sondern: in dem, *worin* es nicht gut ist, das wissen wir seit Nietzsche wieder und vorher finden Sie es gestaltet in den ‚Fleurs du mal' ... und eine Alltagsweisheit ist es, daß etwas wahr sein kann, obwohl und indem es nicht schön und nicht heilig und nicht gut ist."[195]

Thomas Mann anerkennt die eigenständige, eigengesetzliche Geltungshoheit der „Wertsphären". Aber es kommt ihm zugleich darauf an, daß die auf der Ebene der Geistesentwicklung ausdifferenzierten Momente im Alltag einer Lebensführung und Lebensform nicht als Utilitarismus, Fachmenschentum, Ästhetentum oder Bohème getrennt bleiben, daß sie nicht die Gestalt eines neuen Polytheismus unversöhnlicher Mächte annehmen, wie Weber ihn heraufziehen sah. Dessen pessimistische Zeitdiagnose resignierte vor der Aufgabe, eine in der Moderne dezentrierte ästhetische Einstellung, eine normfrei gewordene ökonomische Zwecktätigkeit, eine weltbildfreie Erkenntnistätigkeit und eine universalistische Moral zusammenzuführen. Thomas Mann nun sucht in den *Betrachtungen* sein eigenes Künstlertum diesem Dilemma zu entwinden, indem er es als Teil einer integralen Lebenswelt definiert, in der protestantisch gefärbte Ethik und Erkenntnistätigkeit mit Momenten bürgerlicher Repräsentationsästhetik harmonisch zusammenspielen und dergestalt das Gleichgewicht der Lebenskräfte erhalten bleibt. An den Rändern dieser geordneten Welt erscheinen die „Abenteuer des Geistes und des Gefühls" als gefahrlos. Mann bejaht auf der Ebene der Geistesentwicklung die radikale Autonomisierung der „Wertsphären", um sich auf der Ebene der Lebenswelt als Teil einer traditionalen kulturellen Ganzheit geborgen zu fühlen.

Er bejaht die „weltgefährliche" Amoralität der Kunst und behauptet zugleich die Möglichkeit einer integren bürgerlichen Lebensführung. Die Gefahr, daß diese kulturelle Doppelstrategie mißlingt und die autonomisierten kulturellen Momente sich als einseitige Lebensstile verselbständigen, zeigt er an Negativbeispielen wie dem „Reinheitsfanatismus" des „absoluten Geistes"[196], dem Asketentum oder den Spielarten des Ästhetizismus: am „dionysischen Lebenskult auf den Pfaden ruchloser Schönheit"[197], dem dekorativen „Gebaren" des Bohémiens[198] oder dem Lebensverlust des „kalten" „Literaten"[199].

Bei aller Distanz, die Thomas Mann also – gemäß seiner Doppelstrategie – sowohl zum Lebensästhetizismus jungkonservativer Nietzscheadepten wie auch zum Totalitätsverlangen altkonservativer Restaurateure des Wahren, Guten und Schönen wahrt, bleibt er aufklärerischen Positionen dennoch fremd. Die Einsicht, daß der ästhetische Reiz kein Index von moralischer und theoretischer oder metaphysischer Qualität ist, daß mit ästhetischen Mitteln das Gute und Wahre ebensowenig beglaubigt werden kann wie Schönheit durch Zuhilfenahme von Moral und Wissen erzeugt oder gesteigert werden kann, hypostasiert er zu dem Dogma, daß die Verbrüderung von Kunst, Moral und Erkenntnis prinzipiell unmöglich und unstatthaft sei. Diese Auffassung bildet die Folie seiner – obendrein von politischen Differenzen bestimmten – Kritik am Bruder. Thomas Mann vermag nicht die positive Möglichkeit eines Kunstwerks zu sehen, das den unter Bedingungen der Autonomisierung (d. h. der moralischen und kognitiven Entlastung) entwickelten ästhetischen Formenreichtum mit den aufgeklärtesten Wissens- und Moralstandards zwanglos verknüpft ohne moralische, theoretische oder metaphysische Verbindlichkeit zu prätendieren.[200]

Zugleich verwirft Thomas Mann – unter dem ironischen Stichwort „Café Schopenhauer" – die Institutionen einer öffentlich gewordenen Kunstkritik, mittels derer doch noch die esoterischsten und hermetischsten ästhetischen Gebilde (man denke etwa an die heutige Wirkung Adornos) auf Lebensprobleme bezogen werden könnten. Auch dies ein antiaufklärerischer Grundzug der *Betrachtungen!*

„Die Philosophen des 18. Jahrhunderts hatten noch die Hoffnung, die objektivierenden Wissenschaften, die universalistischen Grundlagen von Moral und Recht und die autonome Kunst unbeirrt in ihrem jeweiligen Eigensinn zu entwickeln, aber g l e i c h z e i t i g auch die kognitiven Potentiale, die sich so ansammeln, aus ihrer esoterischen Form zu e n t b i n d e n und für die Praxis, d. h. für eine vernünftige Gestaltung der Lebensverhältnisse zu n ü t z e n ."[201]

Für die Kunst heißt das: Die semantischen Gehalte, die durch die ästhetische Produktivität einer reizbaren, von Arbeit und Utilität befreiten Subjektivität hervorgebracht werden, sollten nicht in den Enklaven esoterischen Expertentums eingeschlossen bleiben, sondern auf ganzer Breite in die kulturelle Überlieferung und Alltagsverständigung einmünden. Thomas Mann bejaht zwar die autonomisierte Kunst, aber seine ungeschichtlich-statische Auffassung der „unsterblichen" bürgerlichen Lebensordnung, die er der kapitalistischen Modernisierungsdynamik enthoben sehen möchte, schiebt jeder Möglichkeit einen Riegel vor, die Gehalte der ausdifferenzierten Kunst im Sinne des von Habermas beschriebenen Aufklärungsprojektes in diese traditional eingelebte, prästabile Ordnung einströmen zu lassen. Im Gegenteil soll diese ja die Kunst in den Schranken einer ästhetischen Enklave halten. Die Lebensorientierung der Menschen bildet sich dann nurmehr naturwüchsig an der konkreten Sittlichkeit partikularer Traditionen und spaltet die autonomisierten Wertsphären der posttraditionalistischen Kunst (und Moral) von ihr ab. Die Konsequenz dieser Verengung zeigt sich an der Unzulänglichkeit der Mannschen Moralstandards, die auch angesichts der Ungeheuerlichkeit der Kriegsgreuel über ein bodenständiges Durchschnittsmaß und herkömmliches „Gewehr-bei-Fuß-stehen" nicht hinausgelangen. Der Ethikbegriff der *Betrachtungen* bleibt vollständig frei von sozialen und politischen Bestimmungen. Er zielt lediglich auf eine ästhetische Selbstbegrenzung, auf einen Akt redlicher Selbstreflexion des Künstlers, kraft dessen die Amoralität und „Unvernünftigkeit" der Kunst zutage gefördert und in Schranken gehalten werden soll. Diese Ethik bleibt gegenüber den kunstexternen Bedürfnissen und Nöten der Allgemeinheit verschlossen. Sie öffnet sich nicht den historischen Erfahrungen. Sie soll die „Anti-Vernunft", die „Barbarei", die „Lügenhaftigkeit" der Kunst einbekennen und relativieren, ist aber blind und unempfindlich dafür, daß „Wider-Vernunft", „Barbarei" und „Lüge" seit 1914 längst objektive historische Realität geworden ist. Sie wendet sich nicht gegen den Krieg, sondern nur gegen die Ästhetisierung des Krieges.

Erst der spätere Thomas Mann wird sich dieser Bornierungen seines Ethikbegriffes entschlagen und seine Vorstellungen von politischer Moral denen des Bruders annähern. Zugleich wird er – die Schlußpassage der *Betrachtungen* kündigen es vorsichtig an – sich seiner Vorbehalte gegenüber dem „Engagement" der Literatur entledigen. Später liefert er selber große Beispiele „verantwortlicher" Kunst. Auch dann aber bleibt seine prinzipielle Reserve spürbar. „Ich fühlte immer", bekennt er im Jahre 1952, „daß ich zur Zeit meines reaktionären Trotzes in den ,Betrachtungen' viel interessanter und der Platitüde ferner gewesen war" als zu der „Zeit von meines demokratischen Optimismus Maienblüte". „Freilich scheint mir, daß es beim direkten Umgang mit der Menschenbedürftigkeit auf Interessantheit nicht so sehr ankommt."[202] Auch hier bleiben Manns Begriffe von Kunst und Verantwortlichkeit unversöhnt. Deshalb spricht er in einem der letzten Essays, geschrieben im Jahr vor seinem Tode, wie schon 60 Jahre zuvor noch einmal von dem „Gewissensbiß" des Artisten, der „den Leser hinters Licht führt": „Er ergötzt mit Geschichten eine verlorene Welt, ohne ihr je die Spur einer rettenden Wahrheit in die Hand zu geben."[203] Diesen „Gewissensbiß" will er dem Künstler zeitlebens nicht erlassen.

## 2. *Doktor Faustus* (1943–47). Der implizite Dialog mit Nietzsche, Lukács und Adorno über Idealität und Ende der altbürgerlichen Lebensform

### I

Der Erzähler des *Doktor Faustus* spricht mit Blick auf zwei Figuren der Münchner Roman-Gesellschaft von dem Widerstreit zwischen der ästhetizistischen „Glorifizierung des ,Lebens' in seiner prangenden Unbedenklichkeit" und der „moralistischen", „pessimistischen Verehrung des Leidens in seiner Tiefe und seinem Wissen".[204] Abermals im Werk Thomas Manns ist hier die Rede von dem „Gegensatz zwischen Ästhetik und Moral", wobei letztere gleichgesetzt wird mit „Leiden" und „Wissen" – ein Gegensatz, so fährt Zeitblom fort, der „zu einem guten Teil die kulturelle Dialektik jener Epoche beherrschte".[205] Diese Antithetik prägte bereits Manns frühes Œuvre, wurde aber seit den *Betrachtungen* in den essayistischen oder rhetorischen Bekenntnissen zur deutschen „Bürgerlichkeit" und „handwerklichen Kunst-Meisterlichkeit"[206] aufgelöst in die Idee einer substantiellen bürgerlichen Lebenspraxis[207], in der die moralisch-praktische und die theoretische Vernunft sowohl das Leiden am Dasein bemeistern, als auch jenen ästhetischen, apollinisch illusionierenden und dionysisch aus der Bahn jagenden Impulsen die Waage halten, die Thomas Mann nurmehr innerhalb der Kunst, dort aber bis hin zur „Unverantwortlichkeit", „Barbarei" und „Weltgefährlichkeit" emanzipiert sehen möchte.[208]

Bis hinein in die Gestaltung der Nebenfiguren kehrt nun die unaufgelöste Antithetik des Frühwerks im *Faustus* wieder. Auf der einen Seite: die (im Sinne von Nietzsches Psychologie: kranken) Nietzsche-Epigonen, die Apotheotiker „ruchloser Schönheit", die papieren und „schulmäßig"[209] theoretisierenden Propagandisten des Willens zur Macht, die Prediger eines kulturellen Dezisionismus und einer neuen „Verbindlichkeit" wahrheitsjenseitiger Fiktionen: die Institoris, Kridwiß, Zur Höhe, Holzschuher, Breisacher usw. Ihre Devise lautet: „Von gewissen Dingen nichts wissen (...) wollen!"[210] Auf der anderen Seite: die Hellsichtig-Wissenden, Leidenden: Ines, Clarissa, Zeitblom. Ines Rodde zum Beispiel, angekränkelt, ressentimentgeladen, von „wissender Schwermut" gekennzeichnet, hat „quälende" „Einblicke" getan in die „Traurigkeit und Verdächtigkeit des Lebens"[211], in den qualvollen Machtkampf des Überwältigens und Überwältigt-Werdens. Als Lebensstütze dient ihr, nachdem die Genugtuung der „Rache"[212] am Leben ihr versagt bleibt, das Morphium[213]. Die Lebensstrategie ihrer Schwester Clarissa dagegen besteht darin, einen Flakon tödlichen Giftes beständig mit sich zu führen, um schließlich Gebrauch von ihm zu machen. Und Zeitblom flüchtet vor der Lebensabträglichkeit sowohl des Leidens-Wissens als auch der im Kollaps endenden Lebens-Glorifizierung seiner Zeitgenossen in eine bürgerlich-humanistische Ethik, die aber so hilflos und substanzlos geworden ist, daß sie nurmehr im Verschweigen der abgründigen „Wahrheiten" besteht. Als Leverkühn seinen „prä-meditierten, vom Teufel verlangten Mord"[214] an Rudi verübt, „weiß es"[215] Zeitblom, aber er gibt es nicht kund:

„Die Ereignisse sollten mich Aug in Auge mit einer Wahrheit stellen, härter, kälter, grausamer, als daß meine Gutmütigkeit ihr gewachsen wäre, als daß sie nicht in eisigem Schauern davor erstarren sollte, – einer unerwiesenen, stummen, nur eben durch ihren starren Blick sich zu erkennen gebenden Wahrheit, die in Stummheit verharren möge, da ich nicht der Mann bin, ihr Worte zu geben."[216]

Die negative „Dialektik" von „Wissen" und ästhetizistischer „Lebensglorifizierung", die Zeitblom auf verlorenem Posten mit Hilfe einer ausgeblichenen humanistischen Ethik vergeblich aufzulösen sucht, prägt im *Faustus* die geistige Signatur des deutschen Bürgertums insgesamt. Dessen Lebenssphäre erscheint nicht mehr als fester und sicherer Boden einer stabilen Daseinsführung und Kultur-Ganzheit. Nicht die alte, intakte Bürgerwelt, wie sie Thomas Mann unter dem Einfluß des *Bürgerlichkeit*-Essays des jungen Georg von Lukács[217] in den 10er und 20er Jahren in seinen Bekenntnissen zu „Lübeck" und „München" als „geistigen Lebensformen" sowie in seinen Porträts des protestantisch-ethischen Künstlertums verklärt hat, ist im *Doktor Faustus* gestaltet, sondern aus pessimistischer Sicht eine buddenbrook'sche Verfallslandschaft[218], in der die alten und neuen bürgerlichen Lebensformen und Moralsysteme im Sinne von Schopenhauers und Nietzsches Ideologiekritik als wahrheitsunfähige Fiktionen im Dienste der Selbstbehauptung[219] erscheinen. Die Rehabilitierung und Resubstantialisierung bürgerlicher Sittlichkeit, die Mann im Gegenzug zum Frühwerk seit den *Betrachtungen* unternahm, wird im *Faustus* ins Zwielicht gerückt[220]. Ein absolut gewordener Kult der Illusion, der Lebenslüge, des Ästhetischen, des Vernunft-Widrigen, und ein unbezwingbares „Leiden“ treten – indem beide einer substantiellen „ethischen Lebensstütze“[221] beraubt sind – lebensgefährlich auseinander. Die „ästhetische Lebensunschuld“ und „dionysische Behaglichkeit“[222], von der Zeitblom mit Blick auf das München von vor 1914 spricht, wächst sich im Verlauf des Romangeschehens aus zur Schönheitshysterie und rabiaten Geistfeindlichkeit der präfaschistischen Münchener Szene der 20er Jahre.

Dieser fidelen Lebenswelt, einer Kultstätte der ästhetischen Oberflächlichkeit und „Unbedenklichkeit“, kontrastiert die Sphäre Kaisersascherns als eine des „Wissens“ und des Lebensschmerzes. Sie steht zu der Münchens in dem Verhältnis, das als die Antithetik von Wahrheits- und Schönheitssphäre im *Faustus* leitmotivisch ist. Zeitblom spricht von dem „Sinn für das Leiden“, der die altbürgerliche Welt auszeichnet. Einen „fonds von séverité, un état d'âme solennel et un peu gauche“[223] nehme man von solchen Stätten ins Leben mit, betont der Impressario Fitelberg. Bereits der Thomas Mann der *Betrachtungen* kehrte hervor, daß die Deutschen in besonderem Maße dem Zerfall zuneigten, indem sie seit Dürer und dem ausgehenden Mittelalter sich empfänglich erwiesen für die Erfahrung des „Leidensuntergrundes“ der Welt, dem Mann in der Nachfolge Schopenhauers und Nietzsches gleichsam ontologische Dignität zuwies. Aber obwohl diese Gewährsmänner zur geforderten pessimistischen Illusionslosigkeit auch die Einsicht in die Relativität und Hinfälligkeit der Moral rechneten, unterstellten die *Betrachtungen eines Unpolitischen* die „zeitlose“ Gültigkeit einer substantiellen bürgerlichen Ethik, die die Lebensführung zu stabilisieren vermöchte. „Ethik, Bürgerlichkeit und Verfall“ gingen hier noch – sich gleichsam ausbalancierend – „zusammen“[224]. Im *Faustus* dagegen enthüllt Thomas Mann den gefährlichen, explosiven und den Faschismus vorwegnehmenden Zug in der protestantischen Askese ebenso wie die Substanz- und Hilflosigkeit der liberalen, humanistischen Ethik. Stärker als je im Schaffen des Dichters sind die pathologischen Züge der deutschen Bürgerlichkeit hervorgetrieben.[225] Charakterisierte Thomas Mann in den *Betrachtungen* und in seiner *Dürer*rede von 1928 die deutsche Geistigkeit und „hoheitsvolle Lebensform des ‚Meisters'“ mit Attributen wie „grübelnde Mühsal und Selbstplage“, „Fleiß“, „Genauigkeit“, „Biederkeit“[226], so spricht der Erzähler des *Faustus* von der „neurotischen Verstrickung“ der Deutschen. Anstelle von „versonnen und redlich“, von „sittlich-geistiger“ „Kunst- und Lebensreife“ ist jetzt die Rede von „Versponnenheit, Einsamkeitsgift, provinzlerischer Eckensteherei“ und für „Dämonie“ steht „stiller Satanismus“[227].

„Kaisersaschern“ ist der symbolische Ort der prekären, problematischen und abgründigen Geistesverfassung der Deutschen seit dem ausgehenden Mittelalter[228]. Hervorstechendes Merkmal ist seine „altertümlich-neurotische Unterteuftheit“[229], ist sein Hang zu Epidemien, rauschhaften Massendelirien und Hysterien, wie das ausgehende Mittelalter sie sah: zu jenen Sankt Veit- und Sankt Johann-Tänzen, in denen der junge Nietzsche die mittelalterliche

Version der dionysischen Umzüge und bacchischen Chöre Griechenlands wiedererkannte[230], die der spätere Nietzsche als neurotische Manifestationen eines durch christliche Askese ins Konvulsivische verdrückten Verlangens nach Selbstentgrenzung beschrieben hatte.[231] Der Erzähler des *Doktor Faustus* erblickt in solchen asketisch-orgiastischen Verstrickungen die Vorformen des faschistischen Massenwahns, in den Veitstänzen die Vorläufer der Bücherverbrennungen. In der Terminologie Nietzsches gesprochen heißt das: Die Imperative der christlichen Askese hemmen die Entladung der dionysischen – gegen das Prinzip der Identität gerichteten – Impulse. Wo diese Bedürfnisse nach einer Entgrenzung und „Enteignung" (Bataille) der moralisch-asketisch verhärteten Subjektivität nicht zu ihrem Recht kommen, müssen sie sich – wie in Kaisersaschern – konvulsivisch entladen. Deshalb die „neurotische Verstrickung" des deutschen Seelentums, seine „Durchbruchsbegierde" aus der „Versiegelung im Häßlichen" und sein Verlangen nach „ästhetischer Erlöstheit"[232].

In Zeitbloms Anspielung auf Veitstänze und Bücherverbrennungen klingt Adornos und Horkheimers – ebenfalls an Nietzsche geschulte – *Dialektik der Aufklärung* an. Sie begreift den nationalsozialistischen Massenwahn als „Revolte" der unterjochten, als ein „Dämonisches" abgespaltenen und verfemten inneren Natur des Menschen gegen die Identitätszwänge[233] wie sie in Kaisersaschern etwa in Gestalt des „öffentlichen Vorurteils" sichtbar werden.[234] Gegenüber diesem gleichschaltenden Gemeinschaftszwang scheint es sinnvoll, Nietzsches „Dionysisches" oder Adornos „Nicht-Identisches" und „Anderes" als identitätsauflösende Mächte auftreten zu lassen. Wir werden ihnen innerhalb der Ideen-Architektur des *Faustus* in der Tat begegnen. Dann aber stellt sich die Frage, ob die jeder ethischen Begrenzung beraubte Affirmation des Dionysischen und Nicht-Identischen, insofern sie eine Abkehr von Moral und Vernunft oder gar eine Rückkehr hinter deren historische Anfänge beinhaltet, der Pathogenese der faschistischen Barbarei ebenso förderlich sein kann wie die moralische Verbiegung der Triebe und ihre konvulsivische Entladung und ob die gedankliche Dramaturgie des Romans die Möglichkeit einer ästhetisch-ethischen Kultur uns vor Augen führt, die die dionysischen Energien zu einem humanen, lebensfreundlichen Recht kommen läßt.

## II

Leverkühn ist ein Spiegelbild seiner dürerisch-nürnbergisch-bürgerlichen Heimatsphäre. Sein asketisches Ethos des Erkennens, seine intellektuelle Disziplin, seine Leidensfähigkeit, sein Verlangen nach Rausch und Intoxikation sind durch seine Herkunft determiniert. In manchem gleicht seine äußere Physiognomie, Geisteshaltung und Vita den idealen Zügen jener „problematischen Meister", die in den *Betrachtungen* porträtiert wurden.

Sein Antlitz ähnelt frappierend demjenigen Dürers. Vater Leverkühn, die Mutter, der Onkel sind dessen Porträts nachgezeichnet. Nikolaus' Haus und Adrians Arbeitszimmer entstammen ebenfalls der Welt des Renaissancemalers. Requisiten aus und Anspielung auf Dürers Werke – das „magische Quadrat", der Stich *Ritter zwischen Tod und Teufel*, die *Apokalypse* – kehren immer wieder.[235] Darüber hinaus spiegelt Leverkühns Biographie in vielem diejenige Nietzsches, so daß Thomas Manns Rekurs auf die Meistervorbilder der *Betrachtungen* deutlich ist. Gleichwohl wächst der altdeutsche Künstlertypus, den Thomas Mann mit Leverkühn noch einmal zur Darstellung bringt, in dem gleichen Maße über die Vorbilder der *Betrachtungen* hinaus, in dem die „unterteufte" und „explodierende" Altertümlichkeit Kaisersascherns den Rahmen von Thomas Manns älterer Ikonographie intakter bürgerlicher Lebensformen sprengt. Adrians Künstlertum nimmt schrillere, prekärere und „sündigere"[236] Formen an als das der „Meister". In den *Betrachtungen* bekannte sich Thomas Mann zu Nietzsches Begriff einer ungebundenen, von allen Beimengungen der Sittlichkeit und Kognition entlasteten, ja dem „Gefährlich-Schädlichen" zugeneigten ästhetischen Erfahrung[237] und polemisierte gegen deren Moralisierung durch den Zivilisationsliteraten. Zugleich aber polemisierte er gegen den nietzscheanischen Renaissance-Ästhetizismus und propagierte im Namen der „Meister"-Vorbilder Dürer oder Sachs, Storm oder Meyer, ja sogar des „Ethikers" Nietzsche die Relativierung der freigesetzten Kunst an den Maßstäben theoretischer und moralisch-praktischer Vernunft, die in der bürgerlich-ethischen Lebensführung objektive Gestalt annehme. Sie sollte einer lebenspraktischen Verabsolutierung, einem Totalwerden des Ästhetischen vorbeugen. Leverkühn sprengt diese ideale bürgerliche Lebensmitte. Als allzu moderat erachtet sie der Teufel für seinen Schützling. Dieses altbürgerlich-dürerisch-ethische Rittertum zwischen Tod und Teufel – sagt letzterer abwehrend – neige

„zur Ausgelassenheit nach beiden Seiten, ist ganz normaler Weise ein bißchen ausschreitend. Da schlägt immer der Pendel weit hin und her zwischen Aufgeräumtheit und Melancholia, das ist gewöhnlich, ist sozusagen noch bürgerlich-mäßiger, nürrembergischer Art im Vergleich mit dem, was wir liefern. Wir liefern das Äußerste in dieser Richtung: Aufschwünge liefern wir und Erleuchtungen, Erfahrungen von Enthobenheit und Entfesselung, von Freiheit, Sicherheit, Leichtigkeit, Macht- und Triumphgefühl, daß unser Mann seinen Sinnen nicht traut."[238]

Diese „Exzesse"[239], zu denen Leverkühn vom Teufel aufgepulvert wird, stehen in stärkstem Gegensatz zu Manns älterem Leitbild dürerischer, „nürnbergischer", „bürgerlich-mäßiger"[240] „Handwerks-Meisterlichkeit", denn sie dulden keine außerästhetische Instanz neben sich, keine bürgerliche Regularität, Ethik, Gemeinschaft, Familie. „Du darfst nicht lieben"[241] lautet die strikte Anweisung und Vertragsbedingung des Teufels.[242]

Wenn aber die bürgerliche Lebensordnung ohnehin „im Häßlichen versiegelt“ und in Neurosen „verstrickt“ ist, weil in ihr die Energien der inneren menschlichen Natur nicht gelebt werden, sondern in konvulsivischen Krämpfen revoltieren, – kann da der Anspruch der auf Entladung drängenden dionysischen Kräfte noch länger abgewiesen werden? Nicht einmal Zeitblom behauptet dies. Der klassische Philologe erfährt

„ahnend die Fülle des Lebensgefühls, welche in der initiatorischen Andacht des olympischen Griechentums vor den Gottheiten der Tiefe sich ausdrückt, und oft habe ich später meinen Primanern vom Katheder herab erklärt, daß Kultur recht eigentlich die fromme und ordnende, ich möchte sagen begütigende Einbeziehung des Nächtig-Ungeheuren in den Kultus der Götter ist.“[243]

Ähnlich notieren Thomas Manns *Tagebücher* als Konsens mit Adorno: „Das anschließende Gespräch (mit diesem, B. S.) ging über Humanität als das geläuterte Chthonische“.[244] Mann und Adorno begegnen sich hier im Zeichen Nietzsches, dessen Humanitätsbegriff aus dem gemeinsamen Gesprächsresultat nicht wegzudenken ist:

„Wenn man von Humanität redet, so liegt die Vorstellung zugrunde, es möge das sein, was die Menschen von der Natur abscheidet und auszeichnet. Aber eine solche Abscheidung gibt es in Wirklichkeit nicht: die natürlichen Eigenschaften und die eigentlich menschlich genannten sind untrennbar verwachsen. Der Mensch in seinen höchsten und edelsten Kräften ist ganz Natur und trägt ihren unheimlichen Doppelcharakter an sich. Seine furchtbaren und als unmenschlich geltenden Befähigungen sind vielleicht sogar der fruchtbare Boden, aus dem allein alle Humanität in Regungen, Taten und Werken hervorwachsen kann.“[245]

Max Horkheimer, mit dem Mann seit 1940, vor der Bekanntschaft mit Adorno bereits, regen Kontakt unterhält und dessen *Zeitschrift für Sozialforschung* er regelmäßig konsultiert[246], betont in einem der dort erschienenen Aufsätze, daß Nietzsches Apologie der „Befriedigung grausamer Regungen“ und des „unbeschränkten Egoismus“ gegenüber moralischer Oppression und „Verbiegung der Triebe“ ein Wahrheitsmoment behalte. Indem man den „verpönten“ Bedürfnissen nachspüre und sie „ohne Ablenkung und Verkleinlichung ins Bewußtsein“ hebe, verlören sie „ihre dämonische Gewalt“. Wie die asketische Moral in Barbarei explodiere, so könne umgekehrt – und dies sei die bessere Lösung – das Akzeptieren des Grausamen und Vernunft-Widrigen der Vernunft zugute kommen. Nietzsche,

„dieser Prophet des Lustcharakters der Grausamkeit hat sie bei sich selbst von dem Zwang zur Rationalisierung befreit. Indem der Wille, leiden zu machen, aufhört sich ‚im Namen‘ Gottes, ‚im Namen‘ der Gerechtigkeit, der Sittlichkeit, der Ehre oder der Nation zu betätigen, verliert er, mittels der Erkenntnis seiner selbst, die furchtbare

Gewalt, die er ausübt, solange er sich auf Grund der ideologischen Verleugnung vor seinem eigenen Träger verbirgt. Er wird als das, was er ist, in die Ökonomie der Lebensführung aufgenommen und vernünftig beherrschbar."[247]

Wenn die moralische Vernunft ohne Zusammenspiel mit dem Unethischen, die theoretische Vernunft ohne das Eingedenken der vorgeistigen Natur, das Apollinische ohne seine Öffnung zum Dionysischen umschlagen in Unmoral und Wider-Geistigkeit oder in die Konvulsionen neurotischer Verstrickungen (übrigens erscheint dieser Zusammenhang nicht erst in der Komplexion „Kaisersaschern", sondern bereits bei Aschenbach), dann sind das Gute vom Schlechten, das Erhabene vom Niedrigen nicht wie die Schafe von den Bökken zu sondern. Daß das Verächtlichste: der Faschismus, und das Edelste: die Kunst einem gemeinsamen Substrat entspringen – dies war bereits die These des Essays *Bruder Hitler.* Ob nun im *Faustus*-Roman die Rede ist von der dialektischen Verschlungenheit des Bösen mit dem Heiligen und Guten; vom „Weg um die Kugel", der Fortschritt und Vergangenheit zusammenschließt; ob das Generalthema von „Fausti Weheklag" lautet: „Denn ich sterbe als ein böser und guter Christ"; ob in der „Apocalypsis" Höllengelächter und Engelskinderchor dieselbe Tonstruktur ausprägen; ob die Rede ist von der Musik als „magischem Quadrat", von ihrer Zweideutigkeit als System, von ihrer Einheit „berechnendster Ordnung" mit „chaosträchtiger Widervernunft"; ob Adrians kompositorischer Entwicklung der Umschlag eingeschrieben ist von parodistischer Freiheit in autoritative Konventionsgebundenheit und von kalter Formkonstruktivität in Ausdruck und Subjektivität – immer handelt es sich im *Faustus* um Variationen eines Leitmotivs: das der „substantiellen Identität des Seligsten mit dem Gräßlichsten"[248], des Freien und Unfreien[249]. Thomas Manns große Nachkriegsrede *Deutschland und die Deutschen* spricht noch einmal davon: Das Böse ist das „fehlgegangene Gute"[250]. Und Peter Szondi hat das Generalthema von Manns Spätwerk darin erblickt, daß der Dichter die persönliche zwischenmenschliche „Lieblosigkeit" in „Menschheitsliebe" umschlagen lasse.[251]

Es ist hier nicht der Ort, den vielfältig verschlungenen und versteckten Variationen dieser leitmotivischen Paradoxien im *Faustus* nachzuspüren. Im Blick auf die geistige Physiognomie des Helden und seiner Herkunftssphäre „Kaisersaschern" aber können wir festhalten: Wenn die in Veitstänzen oder Bücherverbrennung sich manifestierende „neurotische Verstrickung" und „explodierende Altertümlichkeit" Symptome sind einer Verfemung und „Versiegelung" dionysischer Energien, eines Zustandes „ästhetischer Unerlöstheit", dann muß diesen auf Entladung drängenden Lebenskräften wieder Platz eingeräumt werden. Es ist dies das Programm Leverkühns, das ihn mit dem Teufel handelseinig werden läßt.

Leverkühns Kulturidee enthält von Beginn an zwei Elemente. Was er fordert ist sowohl die „farbige Barbarei" als auch eine neue Gemeinschaft. Er glaubt, „daß wir sehr viel barbarischer werden müßten, um der Kultur wieder fähig zu sein." Und es treibt ihn die Sehnsucht nach einer neuen Gemeinschaft von Künstler und Publikum, die die Kunst aus ihrer „feierlichen Isolierung" und ihrem „Alleinsein mit einer Bildungselite[252] erlöst, d. h. ihre Befreiung „ins Einsam-Persönliche und Kulturell-Selbstzweckhafte" rückgängig macht.[253] Von Jugend an träumt Leverkühn von der bevorstehenden Wiederzurückführung der gegenwärtigen „Nur-Subjektivität" der Kunst und ihrer gesellschaftlichen Beziehungslosigkeit auf eine „bescheidenere, glücklichere Rolle" im Dienste eines höheren Verbundes, der nicht gerade, wie einst, die Kirche zu sein brauche".[254] Es ist sein Wunsch, die Trennung der Musik vom kultischen oder liturgischen „Ganzen" aufzuheben und sie „auf den Stand herabzusetzen, den sie einst, in seiner Meinung nach glücklicheren Zeiten, im Kultus-Verbande eingenommen" hatte.[255] Diese Überlegungen Leverkühns teilen den Grundimpuls von Nietzsches Frühphilosophie. Diese propagiert eine Erneuerung der Kultur durch eine – gemessen an Lukács' und Manns frühen Utopien des Altbürgerlichen wesentlich radikalere – Versöhnung sowohl des Natürlichen mit dem Sozialen als auch von Kunst und Gemeinschaft: am Modell des Dionysoskultes (und der griechischen Tragödie als seines Derivates) exemplifiziert Nietzsche einen archaischen Modus sozialer Synthesis, der „Volk und Kultur" zu einer „Einheit" zusammenschließt.[256] Die Kunst wird hier in der gemeinschaftlich-religiösen Feier sowohl zur öffentlichen Institution als auch zum Schauplatz der Entladung dionysischer Energien. In der Ekstase und „orgiastischen Freiheit" kultischer Exzesse wird die in Ichbezogenheit verstrickte Subjektivität erlöst und mit dem Amorphen der inneren und äußeren Natur verschmolzen. „Staat und Gesellschaft, überhaupt die Klüfte zwischen Mensch und Mensch (weichen) einem übermächtigen Einheitsgefühle, welches an das Herz der Natur zurückführt."[257] Von der ästhetischen Erneuerung dieses Modells kultischer Öffentlichkeit, die in der zum Kunstwerk gewordenen religiösen Feier ihren Mittelpunkt hat, erhofft sich Nietzsche eine Entkrampfung der in blasiertem Bildungssolipsismus, Lebensressentiments und asketisch-orgiastischen Konvulsionen verstrickten modernen Innerlichkeit. (Anfänglich erhofft er diese Kulturrevolution von Wagners Bayreuther Unternehmen, um es schließlich angewidert als den Inbegriff des modernen Geistes zu entlarven.) Nicht anders Leverkühn, wenn er im Rückblick auf „glücklichere Zeiten" einer Regeneration des „Kultus-Verbandes" das Wort redet, in dem sich „Gemeinschaft" und „Barbarei" zu einem emphatischen Begriff von Kultur verbanden.

## III

Ebenso wie in seiner Kultur-Idee bleibt Leverkühn in seinen musikalischen Formbegriffen in der Nachbarschaft Nietzsches, sowohl des jungen als auch des späten.[258] Er zieht – nach einer Phase des Parodierens und Travestierens herkömmlicher Formen – kompositionstechnische Konsequenzen aus einem Kulturideal und „recreiert" eine Formensprache, die – „am Psychologischen nicht länger interessiert" – „das Absolute, Bindende, Verpflichtende" ausdrücken soll. Er auferlegt sich „die fromme Fessel prä-klassisch strenger Formen" der Polyphonie – allegorisiert in der Reihentechnik (die aus dem Kontext der Wiener Schule gelöst wird) – und erneuert die kultischen Gattungen des Oratoriums, der Kantate, des Chorals. Leverkühn möchte ein Stück der „Naivität, Unbewußtheit, Selbstverständlichkeit" der alten „kontrapunktisch-polyphonen Kultur"[259] zurückerobern, ja er steigt über diese kulturellen Entwicklungsstufen mithilfe des Teufels noch weiter hinab auf das vorkulturelle Niveau jener archaischen Kultpraktiken, die dem jungen Nietzsche als Vorbild sozialer Integration vor Augen standen. Die Reihentechnik wird für Leverkühn zu einem Mittel, innerhalb des vororganisierten Materials die vollständige Freiheit des kompositorischen Subjekts zu realisieren und nicht nur die Polyphonie, sondern auch magische Ausdrucksmittel zu regenerieren. Es sei hier vorweg nur an jenes Geräuschpandämonium der Leverkühnschen „Apokalypse" erinnert, die von „magisch-fanatisch-negerhaften Trommeln" bis hin zum Tutti-Fortissimo „grauenhaft anschwellenden (...) Johlens, Kläffens, Kreischens, Mekkerns, Röhrens, Heulens und Wieherns" sämtliche zur Verfügung stehenden Klangregister zieht.[260] Formale Gebundenheit schlägt hier um in höchste Freiheit. Eine analoge Überlegung findet sich bereits in den *Arbeitsnotizen* Thomas Manns: „Der mittelaltere Mensch meist mehr Phantasiemensch. Gerade weil das geistig Uniforme durch die Kirche bei ihm von vornherein als selbstverständlich gegeben war, konnte er sich der individuellen Phantasie im einzelnen desto sorgloser überlassen."[261]

Es ist in den Forschungsarbeiten über das Verhältnis des *Faust*-Romans zu Adornos Musikphilosophie nicht immer präzise gesagt worden, daß Leverkühns Invention der Zwölftontechnik keineswegs bei jenem „Umschlag in Unfreiheit", bei jenem die subjektive „Phantasie" und „Spontaneität" auslöschenden „Systemzwang" stehenbleibt[262], den Adorno an Schönbergs „stählerner" Dodekaphonie der mittleren Zeit sowohl kritisiert wie auch als Anwalt strikter Materialobservanz dialektisch bejaht.[263] Der Teufel im *Doktor Faustus* verspricht nicht sowohl die Regeneration „präklassisch-strenger" Stilmittel, als deren Umschlag in vollständige Freiheit. Gerade seine episodische Verwandlung in den bebrillten Musikintelligenzler mit den Gesichtszügen Theodor W. Adornos[264] dient dazu, die Engpässe der Reihentechnik und des strengen Satzes analytisch sichtbar zu machen. Der Teufel konnotiert diese mit „Elaboration" und „Sitzfleisch"[265], mit der Entmächtigung des kompositorischen Subjekts zum Vollzugsorgan der objektiven Materialtendenz, mit einem Prokrustesbett von (gegen die Harmonie gerichteten) Vermeidungszwängen. Adornos positiv intendiertes Dictum über die Schönberg-Schule: „Kunst wird Kritik" zitiert der Teufel unter negativem Vorzeichen.

Seine hämische Suada mündet in dem Fazit: Es gelte die geschilderten prohibitiven „Schwierigkeiten heutigen Komponierens“[266] „zu durchbrechen“, sich über sie zu „erheben“[267]. Was der Teufel verspricht, ist die „echte, alte, urtümliche Begeisterung“, „die von Kritik, lahmer Besonnenheit, tötender Verstandeskontrolle ganz unangekränkelte Begeisterung, die heilige Verzükkung“[268], – „eine wahrhaft beglückende, entrückende, zweifellose und gläubige Inspiration“[269]. Dieses Durchbruchsversprechen formuliert er nicht wie seine Diagnose der verlorenen Genie-Naivität und -Unbewußtheit mit den Worten Adornos und des „wissenschaftlichen“, aufklärerischen Nietzsche[270], sondern mit den Worten des dionysischen Dithyrambikers[271]. Auch wo der Teufel noch einmal in Anlehnung an Adornosche[272] Wendungen eine Kunst in Aussicht stellt, die „Ausdruck (ist) des Leidens in seinem realen Augenblick“, die „Erkenntnis“ und „Verfallenheit“ ist in einem, die den „selbstgenügsamen Schein der Musik“ abwirft[273], so wird durch den Kontext des Ganzen doch stärker als auf Adorno auf Nietzsches Begriff „dionysischer“ Kunst verwiesen, die in der Frühschrift als Medium des erkennenden Einswerdens mit dem Leidensuntergrund der Welt gedacht wird, als Medium eines Grauen und Entzücken zugleich erregenden Sturzes aus der beengenden Individuation in das Schreckenskontinuum des „Seins“. „Höllenwonne“ lautet das Nietzsche entlehnte Stichwort des Teufels, das die Ambivalenzen von Leverkühns neuen Erfahrungen umschreiben soll.[274] Was der Teufel verspricht, ist die Kunst als dionysischer „Exzeß“ und als „mystische Leidenschaft“.[275] Daß der Teufel nicht für Kritik und analytische Vernunft einsteht, sondern diese nur benutzt, um ihre Unfruchtbarkeit und Freudlosigkeit (und damit auch Adornos Art ästhetischer Kritik) zu denunzieren[276], zeigt sich, wenn er den Wert der Wahrheit rundweg in Abrede stellt. „Das will ich meinen, daß eine Unwahrheit von kraftsteigernder Beschaffenheit es aufnimmt mit jeder unersprießlich tugendhaften Wahrheit.“[277] Woher hier der Wind weht, demonstrieren Thomas Manns *Arbeitsnotizen* zu dieser Passage:

„N(ietzsche) und der Faschismus: Gut ist das aufsteigende, schlecht das absteigende Leben, u. weil das Leben Wille u. Macht ist, so ist alles gut, was das Gefühl der Macht vermehrt, die Sphäre des Ich vergrößert, schlecht alles, was aus der Schwäche stammt. – Warum Wahrheit? Warum nicht lieber Unwahrheit? Auch der Wert der Meinungen kann nur an der Steigerung der Macht gemessen werden, eine kraftsteigernde Unwahrheit hat mehr Wert als eine niederdrückende Wahrheit.“[278]

## IV

In einer instruktiven Untersuchung der „alten und der neuen Mythologie“[279] im *Doktor Faustus* stellt Manfred Frank Leverkühns Idee eines zu erneuernden „Kultus-Verbandes“ sowie die „Recreation“ musikalischer Stilmittel „präklassisch“-kultischer Provenienz (die ja allegorisch auf eine prä- bzw.

postsubjektivistische Gesellschaftsorganisation verweisen) in die Tradition der romantischen Programmatik einer ästhetisch zu erneuernden Mythologie, die vom „Ältesten Systemprogramm“ bis hin zu Wagners „Kunstwerk der Zukunft“ immer von neuem variiert wurde. Dieser romantischen Idee zufolge soll mithilfe einer aus der analytischen Vernunft geborenen und zugleich ästhetisch zu veranschaulichenden neuen „Gemeinschaftlichkeit der Weltansicht“ die abstrakt gewordene moderne Subjektivität aus ihrer Entzweiung mit der inneren, der äußeren und der „zweiten“ sozialen Natur erlöst werden. Eine durch das Band einer kollektiven Symbolverwendung zusammengehaltene unbeschädigte Interaktion und Solidarität soll sich wiederherstellen, nachdem die vereinigende Kraft mythischer, religiöser oder metaphysischer Weltbilder gebrochen wurde. Diese romantischen Ideen bilden – so Frank – den Fonds von Leverkühns Kulturprogramm. Die Frage kann nicht ausbleiben, wie sich Franks Zuordnungen mit Leverkühns Nietzscheanismus vertragen. Auf der einen Seite kann man mit einem gewissen Recht – wie Frank und auch Peter Bürger an anderer Stelle es versuchen – auch noch den jungen Nietzsche auf die Linie des romantischen Erbes bringen. Indem Nietzsche den Mythos als das „Volk und Kultur“ zusammenschließende Band gegen die „abstrakte Erziehung, die abstrakte Sitte, das abstrakte Recht, den abstrakten Staat“[280] der hochkulturellen Weltzeitalter setze, schlage er sich in das Lager der Romantiker, die den vom Siegeszug der aufklärerischen Rationalität zurückgelassenen Entzweiungen den Rücken kehren.[281] Auch Frank stellt die Tragödienschrift in die – durch die Nähe zu Wagner plausibel erscheinende – Tradition romantischen

„Leidens an der Entfremdung des Menschen vom Menschen, am Verlust der inneren Gemeinschaft. Wie den Romantikern entsteht auch ihm (Nietzsche) die Vision von Dionysos als dem ‚Gemeinschaftsgott‘, als dessen berauschte Jünger die Menschen sich wieder zur Einheit zusammenschließen. Dionysos, der Zerstörer des Individuations-Prinzips, das den Menschen gegen seinen Nachbarn vereinzelt, ist eben auch und vor allem der Gott der wiedergefundenen Brüderschaft (...).“[282]

Auf der anderen Seite markiert aber – wie jüngst Bohrer und Habermas gezeigt haben – Nietzsches *Geburt der Tragödie* auch einen Bruch mit der auf Schelling, Hegel und Hölderlin zurückgehenden Idee einer ästhetisch zu erneuernden, gemeinschaftsstiftenden Mythologie. Das „Älteste Systemprogramm“ ebenso wie Wagners Kulturkritik stehen nämlich noch im Kontext eines romantischen Messianismus, der auf

„eine Verjüngung, aber nicht auf eine Verabschiedung des Abendlandes abzielt. Die neue Mythologie sollte eine verlorengegangene Solidarität zurückbringen, aber nicht die Emanzipation verleugnen, die die Ablösung von den mythischen Ursprungsgewalten für den im Angesicht des Einen Gottes individuierten Einzelnen auch herbeigeführt hat. In der Romantik sollte der Rückgriff auf Dionysos nur jene Dimension der öffentlichen Freiheit erschließen, in der sich die christlichen Verheißungen diesseitig erfüllen müssen, damit das durch Reformation und Aufklärung zugleich vertiefte und autoritär zur Herrschaft gebrachte Prinzip der Subjektivität seine Beschränktheit verlieren kann."[283]

Nietzsche dagegen bricht mit diesen unter den Früh-Romantikern currenten „terms of discourse". Er denkt die neue Kunst nicht mehr wie Schelling als Versinnlichung der sittlichen und analytischen Vernunft, sondern als Durchbruchsmedium zum Anderen der Vernunft. Kunst ist nicht mehr Organon der Wahrheit und Moral, sondern avanciertestes Medium der Rückkehr hinter deren historische Anfänge im klassischen Griechenland. Nietzsche identifiziert in Dionysos den Halbgott, der radikal „vom Fluch der Identität erlöst", der das Prinzip der Individuierung außer Kraft setzt, das „Polymorphe gegen die Einheit des transzendenten Gottes", „die Anomie gegen die Satzung" zur Geltung bringt.[284]

Auf eine vergleichbare Weise sucht der Erzähler Zeitblom in der Beurteilung des Leverkühnschen Œuvres die beiden genannten Paradigmen einer erneuerten Mythologie zu unterscheiden. Er setzt sie, ausgehend von der Differenzierung zwischen magischen und liturgischen Kultpraktiken, unter den Namen „Barbarei" und „Gemeinschaft" antithetisch gegeneinander. Er betont, daß die Formcharakteristika des Leverkühnschen Spätwerkes nicht nur auf die liturgischen Gattungen des Chorals, des Oratoriums, der Kantate und die „kontrapunktisch-polyphone Kultur"[285] zurückgehen. Diese vermöchten im Kontext des *Faust*-Romans noch die romantische Idee einer neuen Verbindlichkeit und Gemeinschaftlichkeit zu allegorisieren, die hinter den im Bezug auf den Einen transzendenten Gott erreichten Grad der menschlichen Individuation nicht zurückgeht. Leverkühns Spätwerk vollzieht darüber hinaus einen Regreß in die v o rkulturelle, archaische Stufe primitiver Rituale[286]: „magisch-fanatisch-negerhaftes Trommeln und Gong-Dröhnen", „bloßes Geräusch", rhythmische Anarchie, „Glissandi" in den Vokalpartien etc. sind die Merkmale dieser musikalischen Spätexperimente[287]. Im Blick auf diese „Exzesse"[288] seines Freundes resümiert der Erzähler:

„(...) ja mein Fragen, Sorgen und Bangen ging darüber hinaus und galt in der Stille meines Herzens geradezu der Legitimität seines Tuns, seinem zeitlichen Anrecht auf die Sphäre, in der er sich versenkte und deren Recreation er mit den äußersten, entwickelsten Mitteln betrieb; kurz, es bestand in dem liebenden und angstvollen Verdacht eines Ästhetizismus, der meines Freundes Wort: das ablösende Gegenteil der bürgerlichen Kultur sei n i c h t Barbarei, sondern die Gemeinschaft, dem quälenden Zweifel überlieferte. (...) Die Erneuerung kultischer Musik aus profaner Zeit hat ihre Gefahren. Jene, nicht wahr?, diente kirchlichen Zwecken, hat aber vordem auch weniger zivilisierten, medizinmännischen, zauberischen gedient: zu Zeiten nämlich, als der Verwalter überirdischen Dienstes, der Priester, noch Medizinmann und Magier war. Ist zu leugnen, daß dies ein vor-kultureller, ein barbarischer Zustand des Kultus war –

und ist es verständlich oder nicht, daß die spät-kulturelle, aus der Atomisierung Gemeinschaft ambitionierende Erneuerung des Kultischen zu Mitteln greift, die nicht nur dem Stadium seiner kirchlichen Sittigung, sondern auch seinem Primitiv-Stadium angehören?"[289]

Zeitblom also unterscheidet die Rückkehr in vorkulturelle, archaische Barbarei identitätsvernichtender dionysischer „Exzesse" von der am Modell der liturgischen Feiern orientierten Sehnsucht nach einer neuen Formverbindlichkeit und Gemeinschaftsorganisation. Nur diese Sehnsucht – nicht aber Adrians Postulat „farbiger Barbarei"[290] – läßt sich im Sinne Franks als Reprise jenes romantischen Programms verstehen, das im Horizont eines ästhetisch erneuerten kollektiven Symbolgebrauchs die Entzweiungen der Moderne heilen soll, ohne die durch den Geist des Christentums vermittelte Individuation zu verleugnen.

V

Diese romantischen Sehnsüchte werden später von Leverkühn ihres „barbarischen" Einschlages entkleidet und zur utopischen Vision einer Harmonie von Volk und Kultur gesteigert. In einer großen Bekenntnisrede entwirft er das Bild einer nicht-„barbarischen", integralen kulturellen Gesamtverfassung, die gekennzeichnet ist durch eine neue Souveränität vitaler Energien, durch Gemeinschaftlichkeit und durch Treue zur Emanzipation der Vernunft. Er träumt davon, daß die Kunst wieder den „Weg zum ‚Volk' " fände und „Dienerin" würde „an einer Gemeinschaft", daß ihr der „Durchbruch" gelänge aus „geistiger Kälte in eine Wagniswelt neuen Gefühls", daß sie dabei zugleich auf der „Höhe des Geistes" bliebe, indem sie „die gesiebtesten Ergebnisse der europäischen Musikentwicklung ins Selbstverständliche" auflöste und zu einer spöttischen und „intellektuell federnden Schlichtheit" fände, fern aller falschen Primitivität und Regression des Geistes. Er imaginiert eine „Wiedergewinnung des Vitalen und der Gefühlskraft", einer „neuen Unschuld, ja Harmlosigkeit" und „Heiterkeit", einer „Kunst ohne Leiden, seelisch gesund, unfeierlich, untraurig-zutraulich", einer „Kunst mit der Menschheit auf du und du."[291]

Am Ende seiner Künstlerlaufbahn allerdings revoziert Leverkühn überhaupt die Möglichkeit von Kunst in seiner Epoche. Er macht sich zum Vorwurf, „daß ich mich nur und allein noch abgab mit figuris, characteribus, formis coniurationum"[292] und folgert:

„Ja und ja, liebe Gesellen, daß die Kunst stockt und zu schwer worden ist und sich selbsten verhöhnt, daß alles zu schwer worden ist und Gottes armer Mensch nicht mehr ein und aus weiß in seiner Not, das ist wohl Schuld der Zeit. Lädt aber einer den Teufel zu Gast, um darüber hinweg und zum Durchbruch zu kommen, der zeiht seine Seel und nimmt die Schuld der Zeit auf den eigenen Hals, daß er verdammt ist."[293]

Leverkühns Schlußmonolog versucht dann – wie immer auch verhalten und bereits am Rande des Wahnsinns – eine Utopie sozialer Verantwortlichkeit des Künstlers anzudeuten. Er zitiert als Gegenbild zum eigenen kalten und teuflischen Artistentum die Sphäre der „altbürgerlichen" Kunst und kleidet sein Postulat in jenes altfränkische, bürgerlich-handwerklichen Tugendsystemen entlehnte Vokabular, das Thomas Mann aus Lukács' früher Storm- und Keller-Charakteristik vertraut ist.[294] Adrian tituliert seine Zuhörer als „liebe Gesellen" und „liebe Brüder" (eine Anrede aus der Sphäre der traditionellen Handwerksburschensprache). Er fordert „nüchtern" und „klug zu sorgen, was vonnöten auf Erden, damit es dort besser werde, und besonnen dazu zu tun, daß unter den Menschen solche Ordnung sich herstelle, die dem schönen Werk wieder Lebensgrund und ein redlich Hineinpassen bereiten."[295] Wie Lukács' *Bürgerlichkeit*-Essay an Keller hervorhebt, daß dessen Ethik „nicht nur künstlerische Tüchtigkeit" einschloß, „sondern auch die Überlegung, ob die Kunst der Menschheit Nutzen oder Schaden bringen wird"[296], so fordert Leverkühn im Rekurs auf Lukács' und Manns frühe Physiognomik des Bürgerlichen[297] und in Anwendung des Kellerschen Begriffs des „Lebensgrundes"[298] die Wiedergewinnung bürgerlicher Lebensregularität und ethisch-praktischer Valenz der Kunst.

Kunst soll an den lebenspraktischen Nöten der Menschen teilhaben, auch zugunsten des Handelns vorübergehend sich selbst suspendieren und auf einer neuen Stufe der Menschheitsentwicklung wieder die gehobene und erhebende Ausdrucksform des Allgemeinbesitzes an Sinn und Glauben werden. In Leverkühns Schlußmonolog scheint ein Kulturmodell anvisiert zu sein, das die Sehnsucht nach weltanschaulicher Einheit und Gemeinschaft (der im Mythos befestigten Einheit des Kultus-Verbandes) mit einem Kulturbegriff verbindet, der sich den bürgerlichen Wahrheits- und Vernunftbegriff inkorporiert. Ob aber nicht auch diese neue Kultur nur auf Kosten der Individuation und des freien Spiels der Kunst zu etablieren ist, bleibt ungewiß. Verräterisch immerhin ist, daß Leverkühns Schlußmonolog von einer neuen „Ordnung"[299] spricht und daß die Kunst erst dann wieder zugelassen werden soll, wenn der neue Weltzustand Wirklichkeit geworden ist. Bedarf aber nicht jede „wahre" und „gute" Vernunftordnung, um nicht in gleichschaltendem Dogmatismus zu erstarren, des Ästhetischen als eines identitätslockernden Ferments? Leverkühns zu einem früheren Zeitpunkt gesprochene Rede über eine zukünftige Kultur hielt sich diese Einsicht gegenwärtig, wenn sie die höchsten Vernunftideen mit einer „heiteren", „unfeierlichen" Kunst und Vitalität verschwistern wollte.[300]

## VI

Die Schlußrede Leverkühns, in der sein von Jugend an ihn kennzeichnender Hang zur Selbstverleugnung sich zuspitzt zu der Forderung nach einer Suspension der Kunst, bleibt im Bedeutungsgefüge des *Faustus*-Romans nicht das letzte Wort, geschweige der positiv verheißende Fanfarenstoß, wie Lukács es sehen wollte. Nicht nur Leverkühns große Vision einer neuen Kultur der „Heiterkeit" und „Unfeierlichkeit", auch Zeitbloms Reflexionen und Kommentare legen eine alternative Sicht auf die humanen Potentiale der Kunst und Kultur frei, und es gehört zu den schönen Ironien des Romans, daß – während Leverkühn die Schuldhaftigkeit seiner Lebensführung und seines Schaffens am Ende einbekennt – Zeitblom es ist, der im Werk des Freundes das utopische Licht der Versöhnung aufscheinen sieht und zum Fürsprecher der „gewagtesten und ungebundensten"[301] Vorstöße der Kunst wird. Indem er aber die Musik seines Freundes „rettet", wird er zum Kontrahenten von dessen Kultus- und Gemeinschaftsideal.

Gegen Leverkühns in immer neuen Anläufen variiertes Programm der Wiedergewinnung kultureller Totalität setzt er ein liberales Kulturmodell, das an Aufklärungstraditionen anknüpft. Die Kunst soll auf der Stufe der Dissoziation aus dem Kultusverband beharren und ihren autonomen Eigensinn entwickeln. Anstatt wieder in der Ganzheit mythischer, religiöser oder metaphysischer Vernunft unmittelbar aufzugehen, sollen die von Totalitätsforderungen entlasteten ästhetischen Erfahrungen eine indirekte Wirkung auf das Leben der Menschen ausüben. Zeitblom entfaltet diesen Kulturbegriff unmittelbar als Replik auf Adrians große Programmrede zugunsten der Wiedergewinnung neuer „Einfachheit", wobei – Ironie des Erzählers – seine Polemik allerdings dem Niveau seines Freundes sich nicht ganz gewachsen zeigt und dessen Position ein wenig treuherzig versimpelt wiedergibt:

> „Kunst ist Geist, und der Geist braucht sich ganz und gar nicht auf die Gesellschaft, die Gemeinschaft verpflichtet zu fühlen, – er darf es nicht, meiner Meinung nach, um seiner Freiheit, seines Adels willen. Eine Kunst, die ‚ins Volk geht', die Bedürfnisse der Menge, des kleinen Mannes, des Banausentums zu den ihren macht, gerät ins Elend, und es ihr zur Pflicht zu machen, etwa von Staats wegen nur eine Kunst zuzulassen, die der kleine Mann versteht, ist schlimmstes Banausentum, und der Mord des Geistes. Dieser, das ist meine Überzeugung, kann bei seinen gewagtesten, ungebundensten, der Menge ungemäßesten Vorstößen, Forschungen, Versuchen gewiß sein, auf irgendeine hoch-mittelbare Weise dem Menschen – auf die Dauer sogar den Menschen zu dienen."[302]

Die „Neigung zur Rückkehr" zu „kultischen" Lebens- und Kunstformen, die Ambitionierung einer neuen Ordnung, die nach Leverkühns Idee auch „albern" sein dürfte, wenn es nur eine Ordnung sei[303], schlägt leicht um in „Unterordnung unter eine kollektivistische Autorität"[304], – wenn nicht in

„Barbarei". Leverkühns Kulturprogrammatik steht für Zeitblom in einem „Korrespondenz"-Verhältnis, einem „Verhältnis geistiger Entsprechung"[305] zu der präfaschistischen Idee der „konservativen Revolution". Beide gehen davon aus, daß eine Kunst jenseits ihrer romantischen, subjektivistischen Isolation

„einen funktionierenden Kultus – eine ‚Mythologie' oder ‚Religion' – voraussetzt; beide halten die Seinsweise des Mythos für unvereinbar mit einer Emanzipation von Subjektivität/Rationalität, wie sie in den demokratisch-kapitalistischen Einrichtungen des industriellen Zeitalters sich ereignet hat; und beide glauben, nur mit ‚revolutionären' Mitteln – bzw. durch ‚unlautere Inspiration' – den kulturellen und politischen Untergang des Abendlandes aufhalten zu können: durch die Erzwingung einer neuen und zwar totalitären Verbindlichkeit, welche die Subjektivität sich unterwirft (...)[306].

Auf der anderen Seite deutet Zeitblom das Œuvre des Freundes als eine „Bitte um Seele", als „Transzendenz der Verzweiflung" und als ein „Licht in der Nacht" des verfinsterten Zeitalters (Deutungskategorien, auf die ich noch zurückkommen werde). Gerade auf der Grundlage seiner liberalen Kulturidee vermag er die autonomisierte Geltungssphäre des Kunstwerks von der politischen und moralischen Verdächtigkeit des Leverkühnschen Kulturprogrammes zu trennen. Barbarei und Bindungsverlangen, die im Leben bedenklich sind, bleiben in der Brechung durch die hermetischen Strukturen des Kunstwerks erlaubt. Der Vorwurf des Barbarismus gegen Leverkühns Werk wird von Zeitblom zurückgewiesen.[307]

## VII

Georg Lukács hat in einer von Thomas Mann mit „gespanntem Interesse und mit Bewunderung"[308] gelesenen Arbeit über den *Faustus* Adrians Kunst als Dekadenzsymptom gedeutet und den utopischen Gehalt, den der Erzähler ihr zuspricht, in Abrede gestellt.[309] Er sieht stattdessen in Adrians Sehnsucht nach Gemeinschaft und „volksverbundener" Kunst die positive „Perspektive" des *Faustus*-Romans. Für ihn ist – konträr zu Zeitblom – das Überwinden-Wollen „subjektiver Willkür" und die „Suche nach Gebundenheit" nur dort fragwürdig, wo sie – wie bei dem Komponisten Leverkühn – ein rein formalistisches Suchen nach „Ordnung überhaupt" und daher durch reaktionäre Inhalte beliebig vereinnahmbar bleibe, nicht aber, wo sie – wie bei dem „Gemeinschaft ambitionierenden"[310] Kulturvisionär Leverkühn – sich auf fortschrittliche Ziele (das „Volk") richte.[311] Thomas Mann hat in einem Brief an Gertrud Lukács zu dieser Auffassung die liberale Gegenposition bezogen und Zeitbloms Einwände gegen Leverkühn sich zu eigen gemacht:

„Aber der gute Zeitblom hat gewiß so unrecht nicht, wenn er meint, daß auch im Kommenden, zum Teil schon Daseienden, der Kunst eine gewisse Autonomie gewahrt bleiben muß, und daß der Geist bei seinen gewagtesten, der Menge ungemäßesten Vorstößen, Forschungen, Versuchen gewiß sein kann, auf irgendeine hoch-mittelbare Weise dem Menschen – auf die Dauer sogar den Menschen zu dienen."[312]

Durchaus unwidersprochen aber blieb Lukács' Beurteilung der Leverkühnschen Kompositionen als „objektiven" Wegbereitungen der Barbarei. Offensichtlich konnte und wollte Thomas Mann die relative Berechtigung dieser Deutung nicht von der Hand weisen. Gewiß: am Ende des Romans erscheint Leverkühns Œuvre dank Zeitbloms ingeniöser Interpretation als Chiffre der Versöhnung und Kryptogramm der Wahrheit. Aber war Zeitblom nicht selber von Zweifeln befallen hinsichtlich einiger gleichsam in magische Kulturpraktiken regredierender musikalischer Primitivismen? Hat nicht das ganze Erzählgerüst der Biographie seine Einheit in der Parallel-Montage von Leverkühns Entwicklung und der Faschisierung Deutschlands? Gibt es also zwei Bedeutungsschichten im *Doktor Faustus*? Meines Erachtens ist dies der Fall, und ich führe sie auf einen Konzeptionswandel zurück, den Thomas Mann bald nach Beginn der Roman-Arbeit vornimmt.

Die allerersten *Arbeitsskizzen* aus dem Jahre 1943, aus der Hoch-Zeit des antifaschistischen Engagements des Dichters, fassen Leverkühns Künstlertum wesentlich finsterer, vernunftwidriger und dämonologischer als die endgültige Romanfassung. Hier werden noch jene Gleichungen Nietzsche=Leverkühn=„Fascismus" aufgestellt, die Lukács als den eigentlichen Romangehalt innervierte. Nicht nur Leverkühns Kulturbegriff, auch seine Kunst wird als durch und durch barbarisch konzipiert:

„Motiv der Barbarei. Rückschlag gegen das Kultur-Zeitalter, alles berührend. Neigung zur Rückkehr zu einer kultischen Lebensform, welcher auch die emanzipierte und melancholisierte Kunst wieder dienend untergeordnet ist. (Auch zu Mythos und Mystik. Anti-Liberal.) Menschliche Entlastung und Entfeierlichung der Kunst, Entromantisierung. Denn die Romantisierung begann mit Isolierung der ‚Kultur' selbst. Nicht mehr Kultus des Kulturellen, Abbau der Kultur-Idee – was wenn man will, Barbarei zu nennen, Anti-Individualismus, Gemeinschaftsidee, die kultisch ist, weil sie die Kunst einbezieht. Auch keine Freiheit des Geistes, des Gedankens, sondern Unterordnung unter eine kollektivistische Autorität."[313]

Thomas Mann statuiert als Gegenbegriff zur Barbarei das „Bürgerliche" als das „Mittlere", „Gesunde", „Vernünftige", „der Mitwelt zugeneigte". Ein erster Entwurf des Romanplots projektiert die Leverkühnsche Teufelskunst wie folgt:

„Es handelt sich um das Verlangen aus dem Bürgerlichen, Mäßigen, Klassischen, Apollinischen, Nüchternen, Fleißigen und Getreuen hinüber ins Rauschhaft-Gelöste, Kühne, Dionysische, Geniale, Über-Bürgerliche, ja Übermenschliche... Die Sprengung des Bürgerlichen, die auf pathologisch-infektiöse und desintegrierende Weise vor sich geht, zugleich politisch. Geistig-seelischer Fascismus: Abwerfen des Humanen, Ergreifen von Gewalt, Blutlust, Irrationalismus, Grausamkeit, dionysische Verleugnung von Wahrheit und Recht, Hingabe an den Instinkt und an das fessellose ‚Leben', das eigentlich der Tod und als Leben nur Teufelswerk, gifterzeugt, ist. (...) Der Fascismus als vom Teufel vermitteltes Heraustreten aus der bürgerlichen Lebensform, das durch rauschhaft hochgesteigerte Abenteuer des Selbstgefühls und der Über-Größe zum Gehirn-Collaps und zum geistigen Tode, bald auch zum körperlichen führt: die Rechnung wird präsentiert. Das extravagante Dasein, wechselnd zwischen qualvollen Depressionen, Krankheiten aller Art, und höchstem Gesundheits-, Kraft- und Triumphgefühl, fieberhaft gehobener und beschleunigter Produktivität. Jenes stellt Vorauszahlungen dar auf das endliche Begleichenmüssen der Rechnung, das Geholt-Werden. Doch wird das pathologische Auf und Ab dem Mittleren, Vernünftigen, Gesunden moralisch vorgezogen."[314]

Deutlich wird hier, daß die anfängliche Konzeption des *Faustus* noch in der Tradition jenes als substantiell gedachten „Bürgerlichkeits"-Begriffs steht, den die *Betrachtungen eines Unpolitischen* im Anschluß an Lukács entworfen hatten.[315] Wie dort das „asketisch-orgiastische", rauschhaft-konvulsivische, lebensnegierende und geniehafte Exzentriker-Künstlertum mit der ethisch bestimmten Bürgerlichkeit des Handwerkerkünstlers kontrastiert wurde, so erscheint nun die moral- und vernunftwidrige Genie-Kühnheit ebenso wie der Faschismus als „Heraustreten aus der bürgerlichen Lebensform"[316]. Die ganze Sphäre des antibürgerlichen Ästhetizismus gerät in den Geruch der faschistischen Barbarei. Hier kann Lukács anknüpfen, ja zu Recht sich selber wiederfinden. (Er kann hier sowohl seinen frühen *Bürgerlichkeit*-Essay als auch seine parallel zum *Faustus* entstehende Thomas-Mann-Deutung[317] wiederfinden und auf deren Linie Leverkühn als den „asketisch-orgiastischen" décadence-Artisten interpretieren.)

Auf der anderen Seite erschöpft sich der Bedeutungsgehalt des *Faustus*-Romans nicht in den schlichten Antithesen, die die zitierten Mannschen Arbeitsprospekte plakativ skizzieren („humane" „Kulturidee" versus „Mythos" und „Barbarei"; das „Bürgerliche", „Nüchterne", „Fleißige" versus „dionysische Verleugnung von Wahrheit und Recht" etc.). Es wurde eingangs bereits gezeigt, daß im *Faustus* – anders als in den *Betrachtungen* – der „Bürger" nicht mehr als positives Kontrastmodell zum lebensfeindlichen, „asketisch-orgiastisch" verstrickten Sozialcharakter verstanden, sondern mit diesem gleichgesetzt wird. Mir schien darin eine Verwandtschaft zu Horkheimers und Adornos Faschismusdeutung spürbar. Wenn am Ende des *Faustus* auch die Gleichsetzung archaisierender, gleichsam mythischer Stilmittel mit Barbarei und Faschismus nicht länger aufgeht, so scheint mir Adornos Einfluß direkt nachweisbar. Unter dem Eindruck der *Philosophie der neuen Musik* löst sich Mann immer stärker von seinem anfänglichen Schema, aber nicht dergestalt pauschalisierend, daß nun dem ganzen nietzscheanischen Ideenkomplex kunst- und kulturrevolutionärer Programmatiken die Generalabsolution erteilt würde. Thomas Manns Gestaltungstendenz bewegt sich vielmehr im Adornoschen Sinne hin auf eine Unterscheidung von ästhetischen und politisch-moralischen Valenzen, so daß am Ende die innermusikalisch gebannten und gebrochenen Barbarismen des Leverkühnschen Œuvres, seine Erneuerung des „Mythischen“ und „Archaischen“, als Kryptogramme der Wahrheit erscheinen, während die innerhalb des Romans parallelgeschalteten (von Zeitblom analog gesetzten) Bestrebungen nach gesellschaftlich-politischer Regeneration des Kultusverbandes (vgl. Kridwiß-Kreis) als Manifestationen planer Wider-Vernunft im negativen Lichte stehen bleiben. Obwohl im Aufbau des Erzählgerüstes Leverkühns Schicksal parallelisiert ist mit der Faschisierung Deutschlands und obwohl die intellektuelle Entwicklung des Helden in ein Verhältnis der „Korrespondenz“[318] zu den „Rebarbarisierungs“-Intentionen[319] des Kridwiß-Zirkels gebracht wird, findet Zeitblom am Ende im teuflischen Opus des Faustus die Utopie verschlüsselt: Die Produkte seines quasi faschistischen Rausches stehen als ein „Licht in der Nacht“[320] des faschistischen Zeitalters. Was politisch bedenklich ist, ist in ästhetischer Hinsicht Statthalter des Wahren. Das Barbarische hört durch seine Reflexion in der Kunst auf, barbarisch zu sein. Der philosophische Instruktor Adorno hat Lukács, der für Manns Bekenntnis zur bürgerlichen Vernunft die Modelle und die Stichworte geliefert hatte (von den *Betrachtungen* bis in die ersten Arbeitsnotizen zum *Faustus* hinein), den Rang abgelaufen. Mithilfe Adornos kann Thomas Mann am Ende auch Nietzsche Gerechtigkeit widerfahren lassen.

## VIII

Die *Philosophie der neuen Musik*, das für die Entstehung des *Faustus*-Romans einflußreichste Werk Adornos (neben dessen Arbeiten über Kierkegaard, Beethoven, Wagner und den *Minima Moralia*), hat ihren Wertungsmaßstab in der These, daß die Kunst zur Statthalterin einer gewaltfreien Verschwisterung von Subjektivität und Natur werden könne durch „Mimesis als Entfremdete“, als welches Adorno sowohl die zweite Natur der objektiv gewordenen instrumentellen Vernunft begreift, wie auch die ohnmächtig gegen den Zwang des Objektiven zurückschlagende innere Natur der Subjekte. Beide Gestalten der verdinglichten Natur begegnen dem Einzelnen unter der Form des Heteronomen, des Schicksalhaften. Adorno beschreibt sie deshalb als ein Mythisches. Weder die „zweite Natur“ des Gesellschaftssystems noch die innere Triebnatur unterliegen der Kontrolle eines rationalen, frei bestimmenden Bewußtseins, vielmehr folgt Adorno Nietzsches und Schopenhauers Auffassung, daß die Natur eine die nur vermeintlich autonome und geistgeleitete Subjektivität dirigierende, vorgängige Macht sei. Was aber für die Pessimisten des 19. Jahrhunderts ein Befund von gleichsam ontologischer Dignität war, ist für Adorno eine Krankheitsdiagnose in therapeutischer Absicht, der er aber nun nicht jene schlichte aufklärerische Operation folgen läßt, die anstelle des Geistes nun umgekehrt (in Hegelscher Tradition) das Unbewußte zu einem undurchschauten Schein erklärt, als sei es jederzeit in die Klarheit und Transparenz des freien Selbstbewußtseins eines autonomen „Ich" auflösbar. Adorno macht sich weder diese idealistischen noch die pessimistischen Philosopheme zu eigen. Er erhebt im Gegenteil den Vorwurf des verdinglichten Denkens gegen die Hypostasierung einer den Geist mediatisierenden Natur ebenso wie gegen die Hypostasierung der Leistungen einer vermeintlich autonomen Ich-Konstitution, die alles, was in der Welt vorkommt, auch das Amorphe unserer inneren Natur, zum Objekt begrifflicher Identifizierung und manipulierender Interventionen zurichtet. Adorno will die Natur weder unterjochen noch ihrer blinden Gewalt sich fügen. Der Geist soll die Natur vielmehr entdämonisieren, indem er sich ihr mimetisch anschmiegt. Dies gelingt ihm exemplarisch in der Kunst. Sie verschwistert ihn mit jenen natürlichen Impulsen, deren Platz durch die instrumentelle Rationalität abendländischer Naturbeherrschung usurpiert worden ist und die der junge Nietzsche durch eine Unterwanderung der modernen Geistesentwicklung im Rekurs auf die archaische „Vernunft" kultischer Rituale wiederbeleben wollte. Adorno möchte dem im Siegeszug des okzidentalen Rationalismus verfemten „Anderen" nicht in den „Exzessen" der „Selbstvergessenheit" und der „orgiastischen Freiheit" zu seinem Recht verhelfen, sondern durch die ausdifferenzierten Formen des Geistes hindurch.[321] Als mimetischer Impuls soll es im Immanenzzusammenhang des hermetischen Kunstwerks mit dem Geist versöhnt werden. Dies gelingt nicht mit Hilfe der Fiktion von Ausdrucksunmittelbarkeit oder des Hegelschen „Scheines von Lebendigem", sondern allein kraft der „Mimesis ans Verdinglichte", ans „Tödliche"[322], dadurch also, daß die Kunst in der Wahl sowohl ihrer Gegenstände wie auch ihrer Konstruktionsgesetze sich die Formen der modernen Rationalität inkorporiert. „Durch Vergeistigung, radikale Naturbeherrschung ihrer selbst, korrigiert sie Naturbeherrschung als die des Anderen."[323] Durch die entfremdete Gestalt der Objektivität hindurch sprechend, erhebt das Subjekt die „Klage über sein Mißlingen als Chiffre seiner Möglichkeit."[324] „Das Subjekt, hinter seiner Verdinglichung hertappend, schränkt diese durch das mimetische Rudiment ein, Statthalter unbeschädigten Lebens mitten im beschädigten."[325] Die konstruierende Rationalität des Künstlers, die das Material ästhetisch formt, zwingt diesem nicht ein fremdes Gesetz auf, sondern formt es – so Adornos Versöhnungsmodell – nach seinen immanenten Anforderungen. Die Logizität des Ästhetischen ist nicht die naturbeherrschende, sondern erweckt die stumme Natur, so daß diese ihre Augen aufschlägt und beredt wird. Die Versöhnung mißlingt, wenn die Kunst entweder das „Mimetische als ein formfremd Undurchdrungenes, Barbarisches (...) nicht gestaltend in sich reflektiert"[326] oder umgekehrt, wenn der Geist als verfügender sich zum unumschränkten Herrscher über das Material aufwirft.

Diese Grundbegriffe, die Adorno erst in den späteren Jahren voll entfaltet, prägen – wie mir scheint – bereits implizit die Thomas Mann bekannten Schönberg-Deutungen der *Philosophie der neuen Musik.* Ihre Vorbehalte nämlich gegenüber dem frühen Schönberg zielen auf die erstgenannte Form des Mißlingens, der Kritik am mittleren Schönberg auf die zweitgenannte, und erst dessen „Spätstil" bewertet Adorno uneingeschränkt positiv. Die frühe Phase ist die expressionistische der freien Atonalität, die Schönberg etwa um 1900 ausprägt. Ihre Musik artikuliert – so Adorno – „das unverklärte Leid des Menschen"[327], aber „als die vollendete Reinigung der Musik von Konventionen" habe sie zugleich „etwas von Barbarei", „Regressivität" und „Primitivismus"[328]. Es folgt die dodecaphone Phase, in der Schönberg das „gepanzerte" Zwölftonsystem entwickelt und zum Gefangenen – so lautet Adornos These in Analogie zu derjenigen der *Dialektik der Aufklärung* – seiner subjektiv gesetzten Formregel werde. Die totale Beherrschung des Materials in der Reihentechnik, die kein Heteronomes mehr dulde, schlage um in blinde Natur, „gegen jene subjektive Autonomie und Freiheit" sich wendend, „in deren Namen die Naturbeherrschung vollzogen ward."[329] Durch Organisation wolle die befreite Musik „das verlorene Ganze", die verlorene Verbindlichkeit wiederherstellen und lösche dadurch „virtuell das Subjekt aus."[330] Als „geschlossenes und zugleich sich selbst undurchsichtiges System" nähere die Zwölftonmusik sich einem Mythischen an.[331] Schließlich unterscheidet die *Philosophie der neuen Musik* von diesem frühen und mittleren Entwicklungsstadium Schönbergs den „Spätstil" – Dahlhaus spricht im Sinne Adornos von der „nachdodekaphonen" Phase[332] – in dem sich das kompositorische Subjekt durch die „Pseudomorphose" an die entfremdete Formensprache paradoxerweise eine neue „Souveränität" zurückerobere.[333]

Thomas Mann bedient sich auf eine lockere und eher intuitive Weise der Kategorien und Metaphern Adornos zur Illustration des gefährlich-utopischen Doppelcharakters der Leverkühnschen Musik. Er dichtet gleichsam neue konkret-musikalische Allegorien aus Adornos Metaphern. In der *Entstehung* schreibt Thomas Mann über die *Philosophie:*

> „Ohne einen Zweifel zu lassen an des Autors Durchdrungenheit von Schönbergs überragender Bedeutung ist die Schrift doch auch eine scharfsinnige, tiefschürfende Kritik an dessen System, indem sie in einem äußerst konzisen, ja überschärften, an Nietzsche und noch mehr an Karl Kraus geschulten Stil das Verhängnis erörtert, das die objektiv notwendige konstruktive Erhellung der Musik aus ebenso objektiven Gründen gleichsam über den Kopf des Künstlers hinweg in ein Finsteres, Mythologisches zurückschlagen läßt. Was könnte sich besser fügen in meine Welt des magischen Quadrats?"[334]

Thomas Mann kann also zunächst Adornos Deutungen der Dodecaphonie in sein älteres Schema einfügen, das die Faschisierung des Zeitgeistes und die Remythisierungstendenz Leverkühns parallelisiert. Adornos am mittleren

Schönberg gewonnene Deutungskategorien erscheinen Thomas Mann als geeignet, das Bestreben seines Helden zu allegorisieren. Die Dodekaphonie steht für Leverkühns „Ambitionierung" des „Absoluten, Bindenden, Verpflichtenden" und für seine Restauration der „präklassisch-strengen", „kultischen" Stilmittel, wobei allerdings das, was Mann im Blick auf Schönberg und in den Worten Adornos den unfreiwilligen „Umschlag" in die „Unfreiheit" des neuen Systemzwanges nennt, dem Komponisten Leverkühn als Programm „neuer Verbindlichkeit" und „Selbstverständlichkeit" zum Vorsatz wird.

Steht aber dergestalt das stählerne Gehäuse des Zwölftonsystems für das „Finstere" und „Mythische" des Leverkühnschen Œuvres, so bleibt für Thomas Mann das Problem, wie jene vollständig entfesselte Kunst zu imaginieren sei, die der Teufel als Alternative zum Prokrustesbett der strikten Materialobservanz anzubieten hat. Es ergeben sich hier für die Romankonzeption einige Schwierigkeiten, die die *Tagebücher* festhalten:

„Abends weiter in der Musikschrift (Adornos, B. S.), die mich über manches informiert und mir zugleich die ganze Schwierigkeit meines Vorsatzes zeigt."[335]
„Augenblicke der Erhellung über Adrians Position. Die Schwierigkeiten müssen sich erst ganz auswachsen, bevor sie überwunden werden können. Die verzweifelte Lage der Kunst: Stimmigstes Moment. Hauptgedanke der erkauften Inspiration, die im Rausch darüber hinwegträgt, nicht aus dem Gesicht zu verlieren."[336]

Auch für den Ausweg aus dieser Schwierigkeit scheint Adornos *Philosophie der neuen Musik* die Lösungsformel bereit zu halten: Das Stichwort lautet: „Souveränität" und „Lossage vom Material" im „nach-dodecaphonen" Schönbergschen Spätwerk. Selbstverständlich charakterisiert Adorno dessen musikalische Textur, die ihm zum Momento der „Versöhnung"[337] wird, keineswegs – wie der Teufel dasjenige Leverkühns – als Schauplatz der Eruption dionysischer Kräfte. Kommensurabel mit dem Paradigma einer Kunst, die „an das Herz der Natur" und in die „Selbstvergessenheit" zurückführt, sind sie nur insoweit, als sie den Gegensatz von Geist und Natur, von Autonomie und Heteronomie hinter sich lassen. Offensichtlich aber wird Thomas Mann durch das Freiheit verheißende Stichwort „Lossage vom Material", das sich prima facie seiner Konzeption von Leverkühns entfesseltem Spätwerk zu fügen scheint, in die Gedankenbewegung der *Philosophie der neuen Musik* soweit hineingelockt, daß er am Ende seine ursprüngliche Idee vom barbarischen dionysischen Teufelswerk des Dr. Faust nach Adornos Modell des Schönbergschen und Beethovenschen Spätstils modifiziert.[338] Adorno nämlich zeigt, wie gerade die Degradation des Subjekts „zum Sklaven des ‚Materials'"[339] innerhalb der Dodekaphonie den späten Schönberg bewege, „vom Material abermals sich loszusagen"[340]. „Im Schauer vor der entfremdeten Sprache der Musik, die nicht mehr seine eigene ist, gewinnt es (das kompositorische Subjekt, B. S.) seine Selbstbestimmung zurück, nicht die organische, sondern die der eingelegten Intentionen."[341] Es „zwingt das veräußerlichte Material", das „ihm nichts mehr sagt", „zu bedeuten, was es will, und die Brüche, zumal der eklatante Widerspruch von Zwölftonmusik und Ausdruck, werden ihm zu Chiffren solcher Bedeutung".[342] Der späte Schönberg „kündigt jener Allherrschaft des Materials die Treue, die er stiftete".[343] Dodekaphonie und nichtdodekaphone Atonalität, auch Tonalität und Atonalität werden bei ihm unbefangen ausgewechselt, so daß Adorno – fast schon im Sinne gegenwärtiger Theorien, der „Posthistoire"[344] – vom „Gleichgültigwerden des Materials" sprechen kann.[345] In dieser Stellung zur entfremdeten, entäußerten Tonsprache gleiche der Schönberg der Emigration dem späten Beethoven. Bei diesem spielen „die kahlen Konventionen, durch welche der kompositorische Strom zuckend gleichsam hindurchfährt, eben die Rolle wie in Schönbergs letzten Werken das Zwölftonsystem"[346]. Die musikalische Faktur von Beethovens letzten Werken sei einerseits gekennzeichnet durch gleichsam objektivistisches Stehenlassen der nackten Floskeln und Konventionen[347], durch „Archaisieren", durch Reprisen „des gebundenen Stils", durch „Heraufholen von Vergangenem", zugleich aber durch ausbrechende Subjektivität, durch Zäsuren, Formrisse, ein schroffes, unvermitteltes, fragmentarisches Nebeneinander kahler, spruchähnlicher Motive und polyphoner Komplexe.[348] Beethoven wie der späte Schönberg gewännen also Souveränität über das zur Konvention entfremdete und veräußerlichte Material, indem sie es beliebig fragmentierten, zerrissen, bestätigten, d. h. sich ihm unterwürfen und zugleich ihren Intentionen es in einer Weise gefügig machten, die eine Unterscheidung von Subjektivität und Objektivität nicht mehr erlaube.[349] Kretschmars Vorträge zum späten Beethoven leiten die Adaption dieser Gedankengänge im *Faustus*-Roman ein, denn sie zeigen, nahezu wortidentisch mit Adorno, wie in der Sonate opus 111 die Formkonventionen „unverwandelt von Subjekten" in kahler „Ich-Verlassenheit" hervorträten und eine „der Konvention geneigte Sachlichkeit" entstehe, „die an Souveränität den herrischsten Subjektivismus hinter sich lasse".[350] Innerhalb der subjektfremden Formensprache markiere am Satzende die minimale, anscheinend unscheinbarste melodische Erweiterung des Hauptmotivs um einen Ton (ein „cis") den tröstlichen und versöhnlichen Einspruch gegen die verhärtete Objektivität.[351]

In Zeitbloms Auslegung des Leverkühnschen Spätwerks kehren diese Deutungsmuster wieder. Hatten die ersten Arbeitsskizzen zum *Faustus*-Roman die „Recreation"[352] des vorsubjektivistischen, präklassisch strengen Satzes noch in eins gesetzt mit dem Faschistischen und Barbarischen, so liefern Adornos Analysen ein Modell, wie die musikalische Mimesis an den Mythos, das „Archaisieren", das Hervortreten der kalten Formobjektivität, das Stehenlassen „polyphoner Härten", das „Heraufholen" des „gebundenen Stils" etc. zu Momenten des ästhetisch-utopischen Vorscheines zu werden vermögen. Gemäß diesem Vorbild läßt Mann seinen fiktiven Erzähler anhand der Leverkühnschen Spätwerke demonstrieren, wie aus der totalen Organisation des musikalischen Materials Freiheit und Ausdruck erwachse, und zwar der „Ausdruck als Klage" der „Kreatur", der mehr ist als der partikularer Subjektivität.

In „Doktor Fausti Weheklag", einem Werk, in dem es keine freie Note mehr gibt, in dem die Ordnung des Materials umfassend wird[353], vollziehe sich der „Umschlag von strengster Gebundenheit zur freien Sprache des Affekts, die Geburt der Freiheit aus der Gebundenheit", die Wiedergewinnung des Ausdrucks. Leverkühns „strengstes Werk von äußerster Kalkulation ist zugleich rein expressiv."[354] Diese „Paradoxie", daß aus der Konstruktion der mehr-als-subjektive Ausdruck glüht, deutet Zeitblom als „Transzendenz der Verzweiflung" und „Hoffnung jenseits der Hoffnungslosigkeit". Sie gemahnt ihn an den Ursprung neuzeitlicher Ausdrucksmusik, an Monteverdis *Lamento d'Ariana.* In diesem Sinne hatte Adorno den Spätstilen Beethovens und Schönbergs eine Expressivität attestiert, deren „letztes Substrat" „so wenig" die „Subjektivität" sei, „wie das Subjekt ... schon der Mensch" sei.[355] Es handle sich um die Klage der „Kreatur", verwandt „dem Weinen".[356]

Indem Thomas Mann die Alterskunst Schönbergs und Beethovens in jenen Deutungen, die Adorno ihr zuteil werden läßt, zur Charakterisierung von Leverkühns Spätwerk adaptiert, kommt ein Moment von Unstimmigkeit in das geistige Gefüge des *Faustus*-Romans[357], kündigt doch der Pakt mit dem Teufel dem Leser zunächst ein Spätwerk an, das aus dionysischer „Inspiration", „Wahrheitsleugnung", „Trunkenheit" und „Rebarbarisierung" hervorgehen soll. Mit gutem Grund hält Thomas Manns *Tagebuch* zur Zeit der Begegnung mit Adorno die Mahnung fest: „Hauptgedanke der erkauften Inspiration, die im Rausch darüber (über die „verzweifelte Lage der Kunst", B. S.) hinwegträgt, nicht aus dem Gesicht zu verlieren."[358] Meines Erachtens hat Thomas Mann diesen Hauptgedanken im Fortgang der Arbeit am Roman revidiert, denn Adrians Kompositionen halten bis zuletzt dem Bewußtsein von der verzweifelten Lage der Kunst und des objektiven Geistes die Treue. Wie könnte Zeitblom sie sonst in all ihrer kalten Konstruktivität als „Klage", als „Leidensdruck" und als ein „inständiges Bitten um Seele" interpretieren?[359] Leverkühn folgt keineswegs der verlockenden Aufforderung des Teufels, im Zustand einer von „Kritik, lahmer Besonnenheit, tötender Verstandeskontrolle ganz unangekränkelten Begeisterung"[360] über die prohibitiven und lähmenden Skrupel seines wahrheitsredlichen Intellekts hinweg zu galoppieren und sich der Zwänge des Materials in der Weise zu entledigen, die den anfänglichen Romanentwürfen von 1943 entsprochen hätte. Diese beruhen noch auf dem Schema „Sprengung des Bürgerlichen" durch „dionysische Verleugnung der Wahrheit", „Hingabe an den Instinkt", „Blutlust, Irrationalismus, Grausamkeit", „geistig-seelischen Fascismus"[361]. Gewiß: auch in der vollendeten Romanfassung wird Adrians Komponieren ein – wie Mann sagt –

Moment des „Barbarischen“ anhaften. Diese Tendenz aber geht einher mit Wahrheitswillen, einer strengen Materialobservanz, einer seismographisch die objektive Verzweiflung registrierenden Bewußtheit, und sie wächst über sich selbst hinaus in die Sphäre utopischen Vorscheins.

„Der sinnreichste und bestangepaßte Tip, den er mir gab“, schreibt Thomas Mann später über Adorno, „war die substantielle Identität des Höllengelächters mit dem Engelskinderchor.“[362] Was Mann Adorno verdankte, ist dessen Grundidee: das Sich-Überlassen an die verdinglichte Ordnung, das die Musik dem Mythos anähnelt, schlägt um in sein Gegenteil.

## IX

Wenn das zentrale Motiv der „substantiellen Identität des Seligsten mit dem Gräßlichsten“[363] im *Doktor Faustus* auf den Einfluß Adornos zurückgeht und dieser dem Dichter im Zeichen Nietzsches begegnet, dessen Humanitätsbegriff das „Furchtbare“ und „Unmenschliche der Natur“ als Substrat des „Edelsten“ und „höchsten“ faßt[364], so ist es interessant zu sehen, wie Adorno selber in seinem Essay *Fantasia sopra Carmen* einen Bogen von Nietzsche zu Leverkühn schlägt (und dabei übrigens erstmals seine in der Zeit des Faschismus eher verheimlichte Nietzsche-Nachfolge deutlich zutage treten läßt). Nicht umsonst lautet die Widmung dieses Bizet- und kryptischen Nietzschepanegyrikus: „Für Thomas Mann zum achtzigsten Geburtstag in herzlicher Verehrung von seinem getreuen Teufel“.[365]

Adorno fasziniert wie Nietzsche an der Carmen-Oper die Rückübersetzung des Menschen in Natur. In *Carmen* werden die Akteure „als bloße Naturwesen vorgeführt“[366], als bestimmt durch ein „ihnen ganz Unidentisches, Auswendiges“: durch die Naturkraft des „vorgeistigen Sexus“, dessen blinde Macht die Menschen zum „Schicksal“ fetischisieren.[367] „Nichts anderes als bloßes Dasein sind sie sich selber ganz und gar fremd und unbegreiflich.“[368] Ihre Natur „läßt den Schein fahren, sie wäre Geist und autonom“, sie wäre „mehr als sterblich“.[369] Nietzsche habe das gesehen. Er „hat die ‚in die Natur zurückübersetzte Liebe‘ in Carmen wohl vernommen, ‚die Liebe als Fatum, als Fatalität, zynisch, unschuldig, grausam – und eben darin Natur. Die Liebe, die in ihren Mitteln der Krieg, in ihrem Grunde der Todhaß der Geschlechter ist!‘ (...)“[370] Die Oper bekenne – so Adorno mit Nietzsches Worten – den seelenlosen Egoismus der Liebe ein und gebe jeden herrschaftlichen Anspruch des Menschen über Natur preis.

Nach dieser Nietzschehuldigung, die es auch an Seitenhieben gegen Wagner nicht fehlen läßt, formt Adorno aber – ohne sich von seinem Gewährsmann explizit loszusagen – dessen Motive in jener Weise um, die schon seine Entwürfe zur geistigen Physiognomie des teuflisch inspirierten Leverkühnschen Spätwerkes charakterisierte. Er konstatiert, daß in *Carmen* der Bann des blinden Naturzusammenhangs durch seine Reflexion im Kunstwerk gebrochen werde. Durch die ästhetische Selbstbesinnung werde Natur ihrer selbst inne und trete „aus dem Kreis der Vernichtung“[371] heraus. In einer Analyse des Terzettes der Zigeunerinnen aus der Kartenlegeszene, das in der Rondoform gehalten ist, konkretisiert Adorno seinen Befund am technischen Detail (und schlägt eine Brücke zu Leverkühn). Wenn Carmen „todtraurig vom Unabwendbaren“ des Schicksals singt, ereignet sich nach ihrem Verstummen

„einer der größten Augenblicke aller dramatischen Musik, einer von jenen, um derentwillen die ganze Opernform hätte erfunden werden können, von der Dignität des Nachspiels nach den versöhnenden Worten der Gräfin im Figaro und der Fideliofanfare, die in den Kerker dringt. Aber in der entzauberten Welt, die in Carmen jäh ihre Wahlverwandtschaft mit dem Mythos enthüllt, den sie nicht beredet, bildet der Augenblick den äußeren Gegensatz zur Zäsur, die das Humane setzt. Angekündigt nämlich durch nicht mehr als einen Dominantenaufstieg von zwei Takten, schneiden die beiden Operettennornen die Nänie ihrer Schwester ab und stimmen ihren unbedenklichen Refrain an. Die Immanenz des Schicksals, das den Ausbruch des Schmerzes bändigt und den ins Freie verweigert, wird zur Immanenz der Form, zum Rondo (...)“.[372]

Die Mimesis an die unbeseelte Objektivität des Formgesetzes wird zum Einspruch gegen die verdinglichte Ordnung, in die die Menschen verstrickt sind. Diese transzendierende Kraft bewährt sich in der ausdruckslosen Partie der Schicksalsschwestern wie bei Leverkühn: „So wie Frasquita und Mercedes seelenlos tirilieren, wenn sie (...) die Neuigkeiten der Zukunft hören wollen, als stünden sie in einem Boulevardblatt, so hat Adrian wenig Seele, der sich zum Opfer macht als Imitator der Stimme, die nicht Gottes Stimme ist.“[373] Die Musik der Zigeunerinnen ebenso wie diejenige Adrians entlehnen ihr Idiom der schicksalhaften Ordnung. Sie machen sich um des Humanen Willen selber zum Ding, „anstatt sich zu gebärden, als wäre sie das Humane.“[374] Indem dergestalt Bizets Oper, fern allen Idolen des Menschlichen, die Immanenz des Naturzusammenhanges nachvollzieht und den Mythos – im Gegensatz zu Wagner, der ihn perorierend von oben traktiert – einspruchslos vollstreckt, ohne die leiseste Illusion von Sinn aufkommen zu lassen, entkomme das Werk dem „Bann“.[375] Durch seine Verdoppelung verfällt der Mythos. Und während Nietzsche beim Lob des Fatalismus stehenbleibt, zielen Adornos – und ähnlich Zeitbloms – Deutungen des Leverkühnschen Œuvres über diesen hinaus. Indem die Musik nichts dulde als die Sprache blinder Natur und das ausdruckslose Spiel, überwachse sie den Fatalismus hinauf zur Freiheit. Als „gnadenloses, sterngleiches Bild eines Naturgesetzlichen“ werde die *Carmen*-Musik zum „Echo seliger Geborgenheit“.[376]

Wenn „die furchtbarste Befähigung" der „fruchtbarste Boden des Menschlichen" ist; wenn der Künstler sich dem Barbarischen öffnen soll, um durch Verdoppelung es zu entmächtigen; wenn die Kunstwerke wie die archaischen Kultmasken den Dämonen sich gleichmachen, um diese zu vertreiben, oder wie einige durchaus schmackhafte Schmetterlinge aus Vater Leverkühns Sammlung sich den Anschein scheußlicher Giftigkeit geben, um den gefährlichen Mächten zu entgehen, – dann läßt die bürgerliche Vernunft sich von dionysischer Unvernunft nicht sondern; dann behält Leverkühn recht, wenn er das Barbarische als notwendiges Ingredienz von Kunst begreift; dann erfährt ihr reinigendes, entlastendes Potential eine Steigerung durch die zerstörerischen und pathogenen Kräfte. Wenn die bürgerliche Lebensführung unter dem Diktat der Pflichtethik und im Zeichen einer gewaltsamen Individuation das Innere der Natur von der Vernunft abspaltet und in konvulsivischen Verstrickungen revoltieren läßt, dann ist das bürgerliche „Selbst – Fetisch des Humanums – das Inhumane".[377] Aus dieser philosophischen Perspektive Nietzsches und Adornos, die im *Doktor Faustus* ihren Niederschlag gefunden hat, erscheint jene Auffassung des idealen Verhältnisses von Kunst und Lebensformung, die Thomas Manns essayistische Schriften seit den *Betrachtungen* zu begründen suchen, als fragwürdig. Nicht mehr kann dann die „ethisch-handwerkliche" Lebensregularität des „Kunst-Meistertums" das Korrektiv sein zur notwendigen Amoralität und Vernunftwidrigkeit der Kunst, sondern sowohl innerhalb der Kunst wie auch des Lebens selber müssen jene natürlichen Kräfte sowohl entfesselt als auch versöhnt werden, die unter den Identitätszwängen der halbierten Vernunft bürgerlicher Lebensführung reprimiert werden.

In diesem Sinne versteht Adorno Thomas Mann als einen (im positiven Verstande) Nicht-Humanisten und spricht von seiner unbürgerlichen Kunst und Lebensführung. Was man Thomas Mann als Dekadenz vorhalte, sei ihr Gegenteil: „die Kraft der Natur zum Eingedenken ihrer selbst als hinfälliger."[378] In der Erzählung *Die Betrogene,* die Adorno bewundert, sei die Thomas Manns Werk durchziehende „Spannung zwischen der Kultur und dem, was darunter west, (...) bis zum Zerreißen" gebracht. Hier sei das „alte Schopenhauersche Wahnmotiv, das der Scheinhaftigkeit und Eitelkeit des Lebens, zu einer materialistischen Konsequenz getrieben, die den ideologischen Spuk der Verklärung des Daseins dort trifft, wo er am wehesten tut" und die „das Niedrige am Tode" gegen die Verdrängungen der bürgerlichen Zivilisation hervorkehrt.[379] Thomas Mann wird für Adorno zum Kritiker des abendländischen Wahnes totaler Beherrschbarkeit von Natur, der Krankheit und Tod verdrängt, verklärt oder hygienisch separiert.

Thomas Manns Lebensführung charakterisiert Adorno als ein Rollenspiel. Der bürgerlich-hanseatische Habitus sei eine seiner Masken gewesen, „und der Vielfältige hatte mehr als eine."[380] „Bei aller Stärke seines Ichs" hatte die „Identität nicht das letzte Wort."[381] Wie in seinem Werk habe Mann auch in seinem Leben „Kompanie mit dem Tode" gehalten „aus dem Gefühl, daß es keine Versöhnung des Lebendigen gibt als Ergebung: nicht Resignation."[382] Er habe gegen die natürlichen gefährlichen Mächte sich nicht im Namen bürgerlicher Subjektivität gepanzert, sondern diesen durch Mimikry widerstanden. Er wußte: „In der Welt des selbstherrlich und sich in sich selbst befestigenden Menschen wäre das bessere allein, die Klammer der Identität zu lokkern und nicht sich zu verhärten."[383] Seinem Naturell nach sei Mann eher wandelbar, labil und melancholisch gewesen. „Unbürgerlich war der Rhythmus seines Lebensgefühls: Nicht Kontinuität, sondern der Wechsel von Extremen, von Starre und Illumination. Freunde von mittlerer Wärme, von alter und neuer Geborgenheit mochte das irritieren."[384] Adorno stellt Thomas Mann in die Flaubert-Nachfolge und pointiert nicht nur seinen bürgerlich maskierten Gefühls-Episodismus, sondern auch seine „Passion" für Form, „für das Gebilde und seine integre Gestalt"[385], die man denn auch „als Kälte"[386], als „unmenschliches l'art pour l'art"[387], „als mangelnde Ergriffenheit"[388] dem Dichter angekreidet habe. Und Adorno fährt fort, als hätte er die Gegensatzpaare des Lukács'schen *Bürgerlichkeit*-Essays und des Bürgerlichkeits-Kapitels der *Betrachtungen* im Sinn: „nur anachronistisch biedere Handwerker mit ledernen Schürzen und großer Weltchronik sind vor solchem Verdacht gefeit."[389]

Gibt der späte Thomas Mann tatsächlich sein Ideal vom bürgerlichen „Selbst" und der „handwerklich-ethischen" Lebensmeisterung preis? Er legt, wie wir gesehen haben, im *Doktor Faustus* die „Unterteuftheit", „Versponnenheit" und „Verstrickung" der bürgerlichen Welt offen. Aber in seinen Essays und Reden bleibt er der pädagogische Mentor bürgerlicher Vernunft und Lebensmitte, auch wo diese Begriffe sich ins Weltbürgerliche und Sozialistische erweitern. In diesem Zusammenhang beruft er sich bis zuletzt eher auf Lukács[390], der die bürgerliche Lebensform unter sozialistischen Vorzeichen „organisch" fortsetzen will[391], denn auf Adorno, dessen Denken Mann als zu negativ erscheint.[392] In dieser Optik bleibt für ihn der Faschismus das „Heraustreten" aus der vernünftigen Normalität, nicht deren Produkt. Nicht der Identitätszwang, wie Nietzsche lehrt, ist für Thomas Mann der Keim der geistigen Depravation und psychischen Verkrampfung des modernen Menschen, sondern ein übermäßiges, willkürliches Erstarken des Ästhetizismus, des „Irrationellen", – eine Verirrung des Bürgertums in eine „Anbetung" des „Primitiven", des „Unbewußten", der „lebensfördernden ‚Dynamik'"[393]. Gegen Nietzsche gewendet schreibt Thomas Mann im Jahre 1948: Nicht das Ästhetische sondern die Ethik sei die wahre Lebensstütze:

„Wir sind nicht mehr Ästheten genug, uns vor dem Bekenntnis zum Guten zu fürchten, uns so trivialer Begriffe und Leitbilder zu schämen wie Wahrheit, Freiheit,

Gerechtigkeit. Zuletzt gehört der Ästhetizismus, in dessen Zeichen die freien Geister sich gegen die Bürger-Moral wandten, selbst dem bürgerlichen Zeitalter an, und dieses überschreiten heißt heraustreten aus einer ästhetischen Epoche in eine moralische und soziale. Eine ästhetische Weltanschauung ist schlechterdings unfähig, den Problemen gerecht zu werden, deren Lösung uns obliegt."[394]

Thomas Manns Begriffe des Ethischen und des Ästhetischen bleiben bis zuletzt unversöhnt. Nicht umsonst stehen am Ende des *Doktor Faustus* Zeitbloms adornisierende Deutungen der barbarischen und zugleich transzendierenden Potentiale der Kunst neben dem an Lukács orientierten Schlußmonolog Leverkühns: dem Selbstzweifel des modernen Künstlertums im Blick auf die Allgemeinheit, der noch einmal die Maßstäbe des altbürgerlichen Gemeinsinns in Erinnerung ruft.

Aber beide Utopie-Modelle bleiben defizitär. Leverkühns wie immer auch transzendierende Kunst bleibt hermetisch und exklusiv. Sein reuevoll sich selbst dementierender Schlußmonolog und Aufruf zur sozialen Verantwortlichkeit wiederum kann dem Ästhetischen keinen Raum mehr gewähren. Gegenüber dem (adornitischen) Kunstabsolutismus bleibt es notwendig, Lukács' Idee der Gemeinschaftlichkeit anzurufen, gegenüber dem Postulat der abstrakt-gerechten Vernunftordnung aber ist es sinnvoll, Adornos Nicht-Identisches oder Nietzsches Dionysos als Identitätszertrümmerer auftreten zu lassen, wenn die Einzelnen nicht gleichgültig werden sollen. So bleiben die Horizonte beider Schlußperspektiven des Romans begrenzt. Aber ihre Grenzen sprengend, scheinen sie übereinzukommen in jener Utopie des jüngeren Leverkühn[395], die einen zukünftigen ästhetischen u n d moralischen Kulturzustand visiert, in dem Vernunft mit Individualität, Vitalität und Kunst-Heiterkeit verschwistert wäre.

## Schlußbetrachtung

Die Romantiker, einschließlich Lukács', imaginieren die Bilder des älteren Handwerkerkünstlertums und seiner ästhetisch-moralischen Lebenswelt im modus einer traumhaften, mitunter elegischen Vergegenwärtigung exemplarischer Vergangenheiten. Der späte Tieck, Keller und Wagner suchen darüber hinaus deren utopisches Potential in der zeitgenössischen Wirklichkeit freizulegen oder zu erwecken. So ist das Entwicklungsschema des Tieckschen *Tischlermeisters* geprägt von dem Versuch, ästhetische Erfahrungen in die reale Ökonomie eines im traditionellen Sinne moralisch geführten Handwerksbetriebs einströmen zu lassen. Keller wiederum sieht im handwerklichen Können und Ethos nicht nur der Altnürnberger, sondern auch der nazarenisch beeinflußten Münchner Bau- und Dekorationskünstler des 19. Jahrhunderts die Manifestation einer organischen Einheit von Artistik und Sittlichkeit, von Kultur und Volk. Wagner schließlich spiegelt in dem Altnürnberg-Tableau der *Meistersinger* sein Bayreuther Programm der Lebenserneuerung mithilfe einer öffentlich gewordenen Kunstaktivität.

Aber Tieck, Wagner oder Keller verstehen sich selbst nicht als Handwerkerkünstler, sondern als ,moderni' und sind sich der außerbürgerlichen Grundlagen ihrer Produktivität bewußt. Erst Thomas Mann rekurriert auf den Topos vom Handwerkerkünstler in unmittelbar identifikatorischer Absicht, um sich eines Paradigmas seiner Selbstauslegung zu vergewissern. Andererseits bleibt seine Nachfolgeambition halbherzig. Er versucht im Blick auf seine vorbildlichen Wahl-Ahnherren die Maßstäbe einer ethischen Lebensführung zu gewinnen, verweigert sich aber der Idee einer Verschwisterung von Kunst und Ethik, von Artistik und bürgerlichem Gemeinsinn. Im Gegenteil: Thomas Mann hat sich auf dem Wege über Nietzsche die Grundimpulse der ästhetischen Moderne so sehr zu eigen gemacht, daß er die Kunst von den Lasten und Verpflichtungen moralisch-vernünftigen Handelns und von den Schranken konventionell geschützter Wahrnehmung befreien will. Mit diesem Begriff des Ästhetischen ist aber schwer zu vereinbaren, daß Mann sich des romantischen Phantasmas einer altbürgerlich-handwerklichen Lebenswelt, die das Schöne mit dem Wahren und Guten zusammenhält, als eines Leitbildes seiner Lebensführung vergewissern möchte. Dessenungeachtet begreift er bis in die dreißiger Jahre hinein sich als jener „konkreten" altbürgerlichen „Sittlichkeit" zugehörig. Aus ihr schöpft er die stabilisierenden Prinzipien seiner Daseinsorientierung und jene Maßstäbe, mit deren Hilfe die Amoralität der Kunst erkannt, bejaht und in Grenzen gehalten werden kann. Er versteht sich als Teil einer bürgerlichen Vernunftordnung, die ihr sinnlich-ästhetisches Bedürfnispotential in Gestalt patrizischer Repräsentation oder handwerklicher Kunstpraxis befriedet, aber den ungebundenen, ausscherenden Subjektivismus der ästhetischen Moderne nicht kennt.

Thomas Mann weiß von der Paradoxie dieser seine Selbstauslegung prägenden Verknüpfung von Traditionalismus und Modernismus. Er spricht von einer doppelten Optik seiner Geistigkeit, von einem Nebeneinander bürgerlicher und artistischer Weltbetrachtung. Er postuliert die verantwortliche Lebensführung des Künstlers, deren Prinzipien er am Modell des Künstler-Handwerkertums gewinnt, und zugleich die Idee des dissoziierten, unverantwortlichen, dem „Gefährlich-Schädlichen" zugeneigten Kunstwerkes, die er aus der Tradition des europäischen Modernismus bezieht und (in den *Betrachtungen*) vorzugsweise an den Werken Novalis', Baudelaires, Wagners, Dostojewskijs, Nietzsches oder Tschaikowskis zur Anschauung bringt. Im *Faustus* allerdings zeigt Thomas Mann, daß die in den *Betrachtungen* geforderte Abspaltung der ästhetisch-expressiven Energien in eine gesellschaftsjenseitige Sphäre hermetisierter Kunst die bürgerliche Lebensordnung „im Häßlichen versiegelt", im Stande „neurotischer Verstrickung", „giftiger Barbarei" und „ästhetischer Unerlöstheit" beläßt. Gerade die Präponderanz des Ethischen und die Abkapselung des Ästhetischen innerhalb der von Mann zuvor verklärten und als „zeitlos" überhöhten Dürer-Welt scheint diese in Pathologien zu verstricken. Alternativen zum gleichschaltenden Identitätszwang der bürgerlichen Vernunft, die das Natürliche der Triebe reprimiert und nurmehr konvulsivisch sich entladen läßt, eröffnen Nietzsches Dionysisches als eine identitätszertrümmernde Kraft oder Adornos „Anderes". Den mimetischen Ausdruck des Leidens als eines Nichtidentischen deutet der Erzähler Zeitblom als Kryptogramm der Erlösung, und Leverkühn entwirft die Utopie eines Kulturzustandes, der Manns älteres Vernunftmodell der bürgerlichen Sozietät überschreitet zugunsten einer „Wagniswelt neuen Gefühls", einer „Wiedergewinnung des Vitalen und der Gefühlskraft", einer erneuerten „Unschuld", „Harmlosigkeit" und „Heiterkeit". Anders als in den rückphantasierenden Utopien vom deutschen Handwerkerkünstlertum wird in Leverkühns Vision der Erwartungshorizont des Zukünftigen nicht mit einem vergangenen Erfahrungsraum zur Deckung gebracht. Die altdeutsche Welt, die in Thomas Manns essayistischen und rhetorischen Selbstauslegungen das alternative Modell zum Kulturverfall abgegeben hatte, erscheint nun selbst als defizitär und erlösungsbedürftig.

Daß Thomas Mann den Identitätszwang, der die bürgerliche Lebenswelt durchherrscht, sichtbar macht und diese für ihn, anders als in den *Betrachtungen,* als Telos einer rückwärtsblickenden Zukunftsschau nicht länger in Frage kommt, markiert nicht nur einen Bruch mit der hier thematischen kulturkritischen Tradition, an der er selbst lange Zeit partizipiert, sondern verweist darüber hinaus auf deren Mangel: die gelegentliche Nähe zum Lob traditionaler Herrschaftsordnungen und Identitätszwänge, das sich in die Opposition gegen deren moderne Gestalten einschleicht.

Gewiß: die Bilder vom bürgerlichen Handwerkerkünstler imaginieren die altbürgerliche Welt als einen Zustand der Versöhntheit von Einzelnem und Allgemeinem: Wackenroders Dürer harmonisiert Innigkeit und Arbeitsethik, wenn er mit „mechanischem Fleiß" in seiner Arbeits-„Zelle" „gar seelenvolle Kunstwerke" fertigt; Tiecks Tischlermeister sucht die ästhetischen Erfahrungen der Spontaneität und Extravaganz in die alteuropäische Moralökonomie des „Ganzen Hauses" einmünden zu lassen; Kellers Altnürnberger und Neumünchner Idealgestalten verbinden „romantische Phantasie" mit den altbürgerlichen Arbeitstugenden der „Emsigkeit", „Tüchtigkeit" und „Demut". Wagners Sachs erneuert die Tradition des Meistergesangs mit Hilfe des genialischen und durchaus innovatorischen Stolzing. Noch des jungen Lukács' *Bürgerlichkeit*-Essay erblickt den Wesenszug der „Handwerkerkünstler" Keller und Storm im Gleichgewicht von differenziertester Sensitivität und demütiger Pflichterfüllung. Das Künstlerideal Thomas Manns schließlich verknüpft das Postulat verantwortlicher Lebensführung im Stile der Handwerkerkünstler mit dem Bekenntnis zu den verwegenen und ungebundenen Abenteuern des Geistes und der Kunst an den Grenzen der Identitätsauflösung. Der oppositionelle Impuls, der diese literarischen Bilderproduktionen leitet, zeugt von reizbarster Empfindlichkeit für das Gleich-gültig-Werden der Subjekte unter der atomisierenden individualistischen Form der Vergesellschaftung, gegen die der altbürgerliche Gemeinsinn in Erinnerung gerufen wird; für die Abstraktheit einer Synthesis, die nurmehr über entsprachlichte Steuerungsmedien zustande kommt (z. B. Tauschwert) und von der jenes moralisch-praktische Einverständnis abgegrenzt wird, das innerhalb der altbürgerlichen Communitas mit Hilfe der (handwerklichen) Kunst generiert oder besiegelt wurde; für die Stereotypie und Uniformität der universell gewordenen bourgeoisen Verhältnisse, gegen die das Altdeutsche als das Singuläre, Individuelle, historisch Besondere aufgeboten wird; für die Ubiquität und nivellierende Macht der Kulturindustrie, die die Kunst zur Ware herunterwirtschaftet und der die unverwechselbare und je individuelle Einheit von Seele und Materie, von Subjektivität und Formen gegenübergestellt wird, die die handwerkliche Kunstarbeit kennzeichnet; für die Heraufkunft einer Expertenkultur, die Geschmacksangelegenheiten von den alltäglichen Lebensprozessen abspaltet. Tieck und nicht erst Thomas Mann ist der erste, der die Begriffe „Kunst und Leben“ als abstrakte Gegensätze polarisieren muß, weil eine vom Wahren und Guten, d. h. von Wahrheits- und Handlungsbezügen radikal abgekapselte Kunst einen Selbstlauf interner Differenzierungsprozesse angetreten hat, der sie jede Berührung mit der Alltagspraxis als Störung empfinden läßt.

Anderseits: auf der Linie dieser Modernekritik beklagen die hier thematischen Bilder bürgerlichen Handwerkertums nicht nur das Ende verständigungsorientierter Formen der Gemeinschaftlichkeit und das Ende der handwerklichen Kunst als ihres Signums, sie verklären mit der altbürgerlichen Lebensordnung auch ein Stückweit den Identitätszwang traditionaler „Gemeinschafts“-formen. Sie changieren oft undeutlich zwischen utopischer Versöhnung des Sittlich-Allgemeinen mit dem Individuellen und einer regressiven Synthetisierung beider Momente; und sie fallen nicht selten hinter Bewußtseinsstrukturen der Neuzeit zurück, die das Individuelle, Inkommensurable der Subjekte aus den traditionalen (gerade auch handwerklich-zünftigen) Bindungen emanzipiert.

Allererst diesen wie auch immer schmerzhaften Prozessen verdanken sich die Freisetzung einer dezentrierten, von allen Imperativen der Arbeit, der Moral und der Nützlichkeit entlasteten ästhetischen Subjektivität sowie die Entbindung spontaner Kräfte der Imagination, der Selbsterfahrung und Affektivität.[396] Gemessen an den Glücksvisionen, die die Kunst der Moderne mit solchen Grunderfahrungen der Auflösung kollektiver und personaler Identität; des Sich-Verschwendens und Sich-Auslieferns an den Moment, an die Dinge und an das Unbekannte; der psychischen Labilität, Beeindruckbarkeit und Reizbarkeit verbindet, – haftet an den Utopien von Wackenroder, Tieck oder Wagner, von Keller oder Lukács mithin ein Moment des Rückständig-Gebundenen, des Glücks im Winkel, des kulturellen Konservatismus, – am wenigsten vielleicht bei E. T. A. Hoffmann, dessen Gemeinschaftstableau im *Meister Martin* noch sein Gegenteil (das Recht der ausschweifenden Subjektivität und die Idolatrie künstlicher Paradiese) miteinbegreift; – stärker und augenfällig aber dort, wo soziale Arbeitstugenden („Arbeitstreue“, „Emsigkeit“, „Fleiß“) akzentuiert werden; wo jugendliches Genietreiben programmatisch eingefriedet und stillgestellt werden soll; wo der Gemeinschaftsgedanke sich auf Kosten der Individualität behauptet. Und wenn schließlich in Wagners ebenso wie in Thomas Manns Bildern des Altdeutschen die partikulare Nationalidentität eine dominierende Rolle zu spielen beginnt, so entsteht hier eine Nähe zum politischen Konservatismus, der freilich wiederum mit Zügen des kulturellen Antikonservatismus (d. h. mit Positionen des ästhetischen Modernismus, man denke an die Nietzschenachfolge der *Betrachtungen*) und auch mit ökonomischem Antikonservatismus (d. h. mit Kapitalismuskritik, man denke an Wagner) zusammengeht.

Im Blick auf diese Ambivalenzen kann es nicht sinnvoll sein, die Utopien bürgerlich-handwerklichen Lebens ungebrochen zu Leitbildern lebensreformatorischer oder politischer Praxis zu erheben. Habermas fordert mit guten Gründen, analytisch die Kriterien zu trennen, anhand derer die Überwindung partikularer, traditionaler Lebensformen von der Verdinglichung und ökonomisch-administrativen „Kolonialisierung“ posttraditionaler Lebenswelten unterschieden werden kann.[397] Die Schmerzen, die die Auflösung einer „konkreten Sittlichkeit“ verursacht, sind nicht per se Indices der Entfremdung, sondern auch Folgen der unvermeidbaren Wunden von Individuations- und Differenzierungsprozessen (Auflösung weltanschaulicher Geborgenheit und klar geschnittener Gruppenidentitäten, Universalisierung von Moralvorstellungen usw.). Deswegen muß Verdinglichung von der strukturellen Ausdifferenzierung moderner Lebenswelten unterschieden werden, und die Symptome der Entfremdung müssen relativ zum erreichten Grad der gesellschaftlichen, kulturellen und personellen Differenzierung identifiziert werden. „Verdinglichung darf sich in einer weitgehend rationalisierten Lebenswelt nur an Bedingungen kommunikativer Vergesellschaftung überhaupt, nicht an einer nostalgisch beschworenen, oft romantisierten Vergangenheit vormoderner Lebensformen bemessen.“[398] Da aber Habermas an dem Postulat einer „kommunikativen Vergesellschaftung“ strikt festhält, haben für ihn die „Bilder der traditionalen, der dörflich-bäuerlichen oder stadtbürgerlich-handwerklichen Lebensformen ... nicht nur den melancholischen Reiz des unwiederbringlich Vergangenen, nicht nur den Glanz einer nostalgischen Erinnerung an das der Modernisierung entschädigungslos Aufgeopferte.“ „Wie ein Schatten“ – sagt Habermas –

„folgt den Modernisierungsprozessen vielmehr ein, möchte man sagen, durch Vernunft belehrter Instinkt, jedenfalls das Empfinden, daß mit der einseitigen Kanalisierung und Zerstörung von Ausdrucks- und Kommunikationsmöglichkeiten im Privaten wie in der Öffentlichkeit die Chancen schwinden, in einer posttraditionalen Alltagspraxis zwanglos jene Momente wieder zusammenzuführen, die in den traditionalen Lebensformen einmal eine gewiß nur diffuse, in den religiösen und metaphysischen Deutungen eine gewiß nur illusionäre Einheit gebildet hatten."[399]

Habermas zufolge haftet dem Prozeß der kapitalistischen Modernisierung der Mangel an, daß er traditionale Lebensformen auflöst, ohne deren „kommunikative Substanz"[400] für die höherdifferenzierten modernen Lebensverhältnisse zu retten, – eine Substanz, die diejenigen Gemeinwesen noch auszeichnet, die ihre soziale Integration über sprachlich normative, personengebundene und an symbolischen Wert- und Bedeutungssystemen haftende Verständigung bewerkstelligen. Innerhalb einer dergestalt kommunikativ strukturierten Lebenswelt kann sich eine Symbiose des Ästhetischen, Moralischen und Kognitiven im Prinzip noch herstellen, – so sehr die Verständigungsprozesse de facto durch Herrschaftsverhältnisse repressiv verzerrt bleiben. Mit der Kapitalisierung indessen werden diese bisher sprachlich-normativ integrierten Daseinsbereiche (vgl. Meister-Gesellen-Verhältnis) den Imperativen entsprachlichter Steuerungsmedien (Tauschwert, bürokratische Macht) unterworfen, die Subsysteme zweckrationalen Handelns ausdifferenzieren und die die traditionalen, über Wertkonsens integrierten Lebenszusammenhänge im Dienste funktionaler Systemimperative „kolonialisieren".[401] Mit der Emanzipation von repressiven Normen einher geht also die Abkoppelung von wert- und normbildender Verständigung insgesamt. Der Fortschritt in kapitalistischer Form zerstört unfreie Lebensformen,

„aber transformiert sie nicht so, daß der Zusammenhang der kognitiv-instrumentellen mit den moralisch-praktischen und den expressiven Momenten, der in einer noch nicht rationalisierten Alltagspraxis bestanden hatte, auf höherem Niveau der Differenzierung erhalten bliebe."

Vor diesem Hintergrund „behalten die Bilder der traditionalen, der dörflich-bäuerlichen oder der stadtbürgerlich-handwerklichen Lebensform"[402] ein Wahrheitsmoment. Positiv aufgehoben wären sie erst in einem „Gemeinwesen", das von den Wertentscheidungen der Bürger getragen ist, d. h. in einer politischen Ordnung, die ihre Legitimität aus Zustimmung und Übereinkunft gewinnt. Nur so könnten die modernen Subsysteme zweckrationalen Handelns durch Ideen kontrolliert werden.[403] Sollen aber die obersten Vernunftideen des Wahren und Gerechten dem einzelnen nicht als abstrakte Wahrheitsbegriffe und Imperative unpersönlich entgegenstehen, sollen sie nicht gleichschaltend und gleich-gültig sein, so müssen sie im Medium des Ästhetischen sich darstellen und brechen. „Ihrem idealen Sein nach bilden das Wahre und Gute das oberste Absolute: ihre vernünftige Geltung verlangt aber einen Polytheismus rivalisierender Auslegungen auf die ganze sinnliche Vielfalt von Situationen und Handlungen (...).“ Damit „das sozial Heterogene im bürgerlichen Gleichheitsanspruch nicht nivelliert wird“, bedarf es einer „Öffentlichkeit, die sich über das Wünschenswerte auf dem Umweg über Vorstellungsbilder ihrer höchsten Ideen verständigt, stets eine Vielfalt, die nicht sogleich der vereinheitlichenden Normierung durch eine gewisse historische Form von Rationalität unterworfen wird.“[404]

Worauf es also heute ankommt ist die Idee eines ästhetisch beflügelten Gemeinsinns, die ja in den Bildern vom altdeutschen Handwerker-Künstlertum und seiner Lebenswelt – auch wenn Kunst und Sozialität allzu oft kurzgeschlossen sind – eine ihrer vielen fiktionalen Verkörperungen findet. Diese wären für die gesellschaftliche Wirklichkeit so zu übernehmen, daß der „alteuropäische“ Wert eines symbolisch vermittelten, kommunikativ erzielten und ästhetisch dezentrierten Einverständnisses in seiner Funktion gerettet wird, nicht aber in jedem Falle in den überlieferten substantiellen Formen.[405] Erst so mag es den gegenwärtigen rationalitätskritischen Gegenbewegungen in der Tradition der hier thematischen literarischen Bilderproduktion gelingen, nicht in Regression zu enden, sondern – unter Bedingungen der vollständigen Ausdifferenzierung von Wissenschaft und Technik, von universalistischen Moral- und Rechtsnormen, von Subjektivität und Kunst – neue symbiotische Lebenswelten aufzubauen. Dann vermeiden sie den Mangel einer romantischen Kultur-Kritik, die einer Wiederverzauberung der Welt oder einer Restauration traditionaler Weltbilder und sozialer Bindungen das Wort redet.

# Zusammenfassung

Der Vf. durchmustert und analysiert den seit dem ausgehenden 18. Jahrhundert überlieferten und seither vielfältig angereicherten Bestand an literarischen Bildern, die eine altbürgerlich-handwerkliche Form der Kunstproduktion und künstlerischen Lebensführung im Bewußtsein ihres Verlustes oder ihrer Fiktionalität sentimentalisch zur Anschauung bringen. Im Zentrum stehen Wackenroders und Tiecks *Herzensergießungen* (1796) und *Phantasien* (1799), Tiecks *Sternbald* (1798) und *Tischlermeister* (1836), Goethes *Meister*-Romane (1795/96–1821/29), Hoffmanns *Meister Martin* (1818) und *Der Feind* (1822), Hagens Nürnbergerzählungen (1829), Lortzings *Hans Sachs*-Oper (1840) und Wagners *Meistersinger* (1845/62–67), Kellers *Der grüne Heinrich* (1854/55) und *Hadlaub* (1878), des jungen Lukács folgenreicher *Bürgerlichkeit*-Essay (1909), Thomas Manns *Betrachtungen* (1919) und *Doktor Faustus* (1947). Sämtlich versuchen diese Dichtungen und Prosareflexionen in der altdeutsch-meisterlichen Arbeits- und Lebenswelt, die sie durch den bürgerlichen „Handwerkerkünstler" (Lukács) – etwa durch Hans Sachs, Dürer oder auch noch durch Theodor Storm – repräsentiert sehen, sich retrospektiv-utopisch des Ideals einer ästhetisch-moralischen Kultur zu vergewissern, in der die Kunst, die Ökonomie und die Sittlichkeit zu einem harmonischen Ganzen zusammengeschlossen sind und in der die individuellen Lebensformen und Produktionen einer schon neuzeitlichen Künstersubjektivität mit den Zwecken der bürgerlichen „Gemeinschaft" ebenso wie mit den Kräften der Natur und Spontaneität (mehr oder weniger) ungezwungen verbunden bleiben.

(1) Genese der Bilder: Die Emanzipation der modernen Künstlersubjektivität aus den traditionalen Formen kultisch-kirchlicher, höfisch-mäzenatischer oder zünftiger Bindungen hinterläßt bei der ersten Romantikergeneration das „unbehagliche Bewußtsein" (Wackenroder/Tieck) von sozialer Isolation, Funktionsverlust sowie Lebensinstabilität. Und die Emanzipation der ästhetischen Produktion und Erfahrung zu einer Sphäre der Selbstwahrnehmung und Selbstenthüllung einer „in sich konzentrierten Innerlichkeit" (Hegel) scheint erkauft um den Preis ihrer Dissoziierung von der „Vernunft", ihrer „moralischen und intellektuellen Unfruchtbarkeit und Indifferenz", ihrer „Entartung" zu einem „Spiel" mit „Seifenblasen" (Wackenroder/Tieck). Während gegenbildlich hierzu der Geniebegriff innerhalb der klassisch-romantischen Produktionsästhetik zu einem Versöhnungsparadigma avanciert und ein Vermögen bezeichnen soll, das in den Objektivierungen der sich selbst bestimmenden Subjektivität jeder verdinglichenden Gewaltsamkeit gegenüber der inneren menschlichen und der äußeren Natur enträt und des Absoluten teilhaftig wird, erscheint zugleich unter lebensweltlichen Gesichts-

punkten die moderne Geniesubjektivität als defizitär: bei Wackenroder, Tieck und Hoffmann nämlich als ein in Exklusivität abgekapseltes Kunstvirtuosentum und als ein in Egomanie verstricktes, mit der „Gemeinschaft" zerfallenes Außenseitertum. Die Autoren überbieten daher die Genie-Utopie im Idealbild der altbürgerlichen Lebenswelt und ihrer Handwerkerkünstler. Diese scheinen die Kunst dem „Gemeinsinn" zu verschwistern und die Kräfte der inneren oder äußeren Natur nicht allein (wie das Genie) mit der Objektivität der ästhetischen Gebilde, sondern auch mit der Objektivität stabiler Lebensformen zum Ausgleich zu bringen. Oft allerdings bleibt dieses romantische Phantasma insoweit „realistisch", als es eine ungeschmälerte und gleichgewichtige Versöhnung des Sozialen und Natürlichen aus den Stoffmaterialien des Altdeutschen dann doch nicht aufzubauen vermag. Vom älteren Antike-Ideal unterscheidet sich das Bild der altbürgerlichen Kultur dadurch, daß es die neuzeitliche Subjektivität als integralen Bestandteil in sich aufzunehmen sucht.

(2) Bedeutungsveränderungen der Bildelemente: Bleiben der Handwerkerkünstler und das moderne Genie in produktionsästhetischer Hinsicht zunächst gleichgestellt – im Kunstwerk vermögen beide gleichermaßen Subjektivität mit Objektivität zu harmonisieren – so ist ersterer hinsichtlich seiner Teilhabe an der „konkreten Sittlichkeit" und „Lebendigkeit" einer ästhetisch-moralischen Gesamtkultur über letzteren erhoben. Mag der Genie-Künstler Tiecks oder Hoffmanns aus der absoluten Selbstkonzentration noch den Funken ästhetischer Imagination und Produktion zu schlagen, so opfert er ihr nicht nur jeden Sozialbezug und das Gleichgewicht der Lebenskräfte, sondern auch die Kontinuität seiner Werkproduktion. Der späte Hoffmann, der späte Tieck, Keller und Wagner radikalisieren (teilweise anknüpfend an Wackenroder) diese romantische Selbstkritik, indem sie den modernen Solipsismus auch als Keim von künstlerischem Dilettantismus und von Unfruchtbarkeit anklagen. In dem Maße, in dem der Geniebegriff konnotiert wird mit den Vereinseitigungen einer Hypertrophie bloßer Einbildungskraft oder einer Präponderanz technischer Virtuosität, scheint das Genie auch noch in produktionsästhetischer Hinsicht hinter den Leistungen des Handwerkerkünstlers zurückzubleiben.

(3) Funktionsabsichten der Autoren: Die frühen Romantiker evozieren die Bilder des Altdeutschen eher in kompensatorischer Funktion. Die Schmerzen an den Entzweiungen der Moderne sollen durch die eingestandenermaßen „traumhafte" und idealisierende Erinnerung an eine schönere Welt gelindert werden. Der späte Tieck, Keller, Wagner dagegen suchen die i. E. immer noch latenten Qualitäten der „Vergangenheit" in der zeitgenössischen Wirklichkeit freizulegen oder zu erwecken. Thomas Mann schließlich rekurriert unter dem Einfluß des jungen Lukács auf den Topos vom „Handwerkerkünstler", um sich der Maßstäbe einer ethischen Lebensführung zu vergewis-

sern, verweigert sich aber dem Postulat einer Verschwisterung von Kunst und Gemeinsinn. Der *Doktor Faustus* schließlich versammelt noch einmal die Topik der dürerisch-altbürgerlichen Lebenswelt in ideologiekritischer Absicht und entwickelt mithilfe von Adornos Idee des „Nichtidentischen" eine Alternative zur Utopie ästhetisch-moralischer Ganzheit.

(4) Utopischer Gehalt der Bilder: Der Kritik des Vf. verfällt das Idealbild des „Handwerkerkünstlertums" dort, wo dessen Bausteine ausschließlich der Vergangenheit entlehnt sind, d. h. wo die Emanzipation neuzeitlicher Subjektivität verleugnet wird, oder dort, wo die Distanz von Fiktion und Wirklichkeit kassiert wird. „Die Evokation altbürgerlicher Gemeinschaftswerte muß, wo diese unter Bedingungen der Klassengesellschaften des 19. und 20. Jahrhunderts ohne den Vorbehalt des Illusorischen inszeniert werden, zum Kitt der bestehenden Ordnung gerinnen". Nur in ästhetischer Brechung läßt der Vf. das utopische Potential der thematischen Bilder gelten. So wie der klassisch-romantische Geniebegriff nachlebt als Paradigma einer nichtusurpatorischen, produktiven Tätigkeit, die die Natur noch in deren Objektivierung zu versöhnen vermag (der junge Marx, Bloch, Adorno), so leben die Phantasien über die Welt der Handwerkerkünstler fort in der gegenwärtigen Suche nach den „symbiotischen" Kunst- und Lebensformen (Habermas) einer ästhetisch-moralischen Kultur.

# Anmerkungen

## Einleitung

1 Zu der Jahrhunderte währenden Allianz von Kunst und Technik, die die höfischen Künstler gestiftet hatten und die seit 1800 zerrüttet wurde, vgl. Michael Stürmer, Herbst des alten Handwerks. Zur Sozialgeschichte des 18. Jahrhunderts, München 1979, S. 225 ff. sowie ders., Langer Abschied von Alteuropa. Die Trennung von Kunst und Technik um 1800, in: FAZ vom 24. 4. 1984 (Nr. 100), Beilage.

2 Hermann Muthesius, Stilarchitektur und Baukunst, Mühlheim/Ruhr 1902, S. 50 ff.

3 Albrecht Wellmer, Kunst und industrielle Produktion. Zur Dialektik von Moderne und Postmoderne, in: Merkur XXXVII. Jg. (1983), Nr. 416, S. 133–145, hier: S. 133.

4 Muthesius, Die Werkbundarbeit der Zukunft, Jena 1914, S. 32.

5 Wellmer, a. a. O.

6 Vgl. zuletzt Heinrich Klotz (Hrsg.), Die Revision der Moderne. Postmoderne Architektur 1960–1980. Katalog des Deutschen Architekturmuseums in Frankfurt am Main 1984; ders., Moderne und Postmoderne. Architektur der Gegenwart 1960–1980, Braunschweig/Wiesbaden 1984.

7 Muthesius, a. a. O.

8 Wellmer, a. a. O.

9 Vgl. Muthesius, Stilarchitektur ..., a. a. O.

10 Vgl. Jürgen Habermas, Legitimationsprobleme im Spätkapitalismus, Frankfurt/Main 1973 sowie ders., Zur Rekonstruktion des historischen Materialismus, Frankfurt/Main 1976, besonders S. 92 ff. und S. 271 ff.

11 Ernst Bloch, Erbschaft dieser Zeit, Ffm. 1973, S. 216.

12 Vgl. Das älteste Systemprogramm des deutschen Idealismus, in: G. W. F. Hegel, Theorie-Werkausgabe Bd. 1: Frühe Schriften, Frankfurt/Main, S. 234 ff.

13 Manfred Frank, Der kommende Gott. Vorlesungen über die Neue Mythologie, Frankfurt/Main 1982, S. 197.

14 Gert Mattenklott, Ästhetik. Eine Kolumne, in: Merkur, XXXVIII. Jg. (1984), Nr. 424, S. 74–80.

15 Muthesius, Die Werkbundarbeit ..., a. a. O.

16 Vgl. Jürgen Habermas, Einleitung zu: ders. (Hrsg.), Stichworte zur geistigen Situation der Zeit, 2 Bde, Frankfurt 1979, hier: Bd 1, S. 35.

17 Vgl. Mattenklott, Ästhetik ..., a. a. O.

18 Georg von Lukács, Bürgerlichkeit und l'art pour l'art: Theodor Storm, in: ders., Die Seele und die Formen. Essays, Berlin 1911, S. 119 ff.

19 Auch Benjamin kontrastiert in seinen Betrachtungen zum Werk Lesskows die Einsamkeit des modernen Romanciers mit einer vergangenen Form der Einheit von Kunst und Lebenswelt. Benjamin meint die Kunst des Erzählens und die mittelalterlichen Handwerkerstuben, in denen sie gepflegt wurde. In ihnen erzeugte die Gemeinschaftlichkeit des Arbeits- und Überlieferungszusammenhangs, wie ihn traditionale Produktionsweisen voraussetzen, die Notwendigkeit und das Vermögen, Erfahrungen auszutauschen. Hier, in den Handwerkstätten, verband sich die Kenntnis der Vergangenheit, die der seßhafte Meister bewahrte, mit der Kunde von der Ferne, welche der wandernde Geselle nach Hause brachte. Dem Wesen der Erzählkunst sei dieser soziale Ursprung eingeprägt. Sie sei Träger kollektiver und nutzbarer Erfahrungen. "Dieser Nutzen mag einmal

in einer Moral bestehen, ein andermal in einer praktischen Anweisung, ein drittes in einem Sprichwort oder in einer Lebensregel – in jedem Falle ist der Erzähler ein Mann, der dem Hörer Rat weiß." Im gleichen Maße, in dem die Statik und Kollektivität handwerklicher Produktionsformen durch die ökonomische Dynamik der Neuzeit zersetzt wurde, starb auch die den gesellschaftlichen Lebensverhältnissen immanente Kunstpraxis des Erzählens. An deren Stelle trat die soziale „Abgeschiedenheit" des Romanciers. Dieser ist „das Individuum in seiner Einsamkeit, das sich über seine wichtigsten Anliegen nicht mehr exemplarisch auszusprechen vermag, selbst unberaten ist und keinen Rat geben kann." (Vgl. Walter Benjamin, Der Erzähler, in: Illuminationen. Ausgewählte Schriften, Ffm. 1955, S. 409–435, hier: S. 411 f.)

20 Theodor W. Adorno, Rede über Lyrik und Gesellschaft, in: ders., Noten zur Literatur 1, Ffm. 1958, S. 94.

21 Muthesius, Die Werkbundarbeit der Zukunft, a. a. O., S. 32.

22 Vgl. ebd.

23 Vgl. Frank, Der kommende Gott ..., a. a. O.

24 Vgl. Wellmer, a. a. O.

25 Martin Warnke, Bau und Überbau. Soziologie der mittelalterlichen Architektur nach den Schriftquellen, Frankfurt/Main 1976, S. 153 ff. Warnke vermittelt zwischen der harmonisierenden „Soziologie" der mittelalterlichen Sakralbauten bei den Romantikern (z. B. bei: Ritter Carl Heideloff, Die Bauhütte des Mittelalters in Deutschland, Nürnberg 1844) und dem jüngeren „Klassenkampf"-Modell.

26 Immerhin kann Peter Burke (Helden, Schurken und Narren. Europäische Volkskultur in der frühen Neuzeit, Stuttgart 1981) die Kunst Hans Sachs' als ein Vermittlungsmedium zwischen den seit Beginn der Neuzeit sich auseinanderentwickelnden Kulturen des „Volkes" und der Oberklassen charakterisieren. Die frühneuzeitlichen Kulturverhältnisse charakterisiert er wie folgt: „Um 1500 (...) war die populäre Kultur die Kultur von jedermann: für die Gebildeten eine zusätzliche, für den Rest der Bevölkerung die einzige." (Ebd., S. 284)

27 Vgl. Adorno, Rede ..., a. a. O.

28 Vgl. Frank, Der kommende Gott, a. a. O. Die Penetration gewachsener Lebenswelten durch rationalisierte Systeme und die Ersetzung herkömmlicher Modi der Sozialintegration, die über Normen und Rituale bewerkstelligt werden, durch abstrakte Steuerungsmedien im Übergang zu den modernen industriellen Klassengesellschaften ist inzwischen unter verschiedenen Gesichtspunkten zum Forschungsgegenstand geworden. Edward P. Thompson behandelt die Verletzung der traditionellen „moral economy" (Plebeische Kultur und moralische Ökonomie. Aufsätze zur englischen Sozialgeschichte des 18. und 19. Jahrhunderts, Frankfurt-Berlin-Wien 1980); Peter Burke (a. a. O.) untersucht den reformatorischen, gegenreformatorischen und aufklärerischen Kahlschlag an den alten Volkskulturen; Michel Foucault die Ausbreitung einer „Disziplingesellschaft" (Michel Foucault, Überwachen und Strafen. Die Geburt des Gefängnisses, Ffm. 1976); Elias, zur Lippe u. a. die Zunahme der „Affektkontrolle" (Norbert Elias, Über den Prozeß der Zivilisation, 2 Bde, Ffm. 1977; Rudolf zur Lippe, Naturbeherrschung am Menschen, 2 Bde, Ffm. 1981[2]); Habermas die „Kolonialisierung der Lebenswelt" (siehe unten S. 215 ff.). Manfred Frank schließlich untersucht am Leitfaden der romantischen Moderne-Kritik den „Verlust an Legitimation" (siehe unten S. 192 ff.). Zu den zahlreichen Detailstudien aus dem Bereich der Alltagsgeschichte und „Mikrohistorie" vergleiche die Forschungsberichte von Detlev Peuckert, Arbeiteralltag – Mode oder Methode?, in: Heiko Haumann (Hrsg.), Arbeiteralltag in Stadt und Land, Berlin, Argument-Sonderband 94; Alf Lüdtke, Rekonstruktion von Alltagswirklichkeit – Entpolitisierung der Sozialgeschichte?, in: Robert M. Berdahl u. a., Klassen und Kultur. Sozialanthropologi-

sche Perspektiven in der Geschichtsschreibung, Ffm. 1982; Jürgen Kocka, Klassen oder Kultur?, in: Merkur XXXVI. Jg. (1982) Nr. 412, S. 952–965. Zur Geschichte des Handwerkerstandes im Vorfeld der industriellen Revolution vgl. insbesondere Andreas Grießinger, Das symbolische Kapital der Ehre. Streikbewegungen und kollektives Bewußtsein deutscher Handwerksgesellen im 18. Jahrhundert, Ffm.-Berlin-Wien 1981. Die Studie zeigt, daß die formalisierenden Eingriffe der fortschrittlichen staatlichen Bürokratien in die relativ autonome, „normativ integrierte" Sphäre des Gesellenlebens, die durch solidarisierende wie auch terroristische Gruppenrituale gekennzeichnet war, mit Revolten beantwortet werden, die das „alte Recht" und den „guten Brauch" einklagen.

29 Vgl. Jürgen Habermas, Theorie des kommunikativen Handelns, 2 Bde., Ffm. 1981, hier: Bd. 2: Zur Kritik der funktionalistischen Vernunft, S. 486 f.

30 Bloch, Erbschaft dieser Zeit, a. a. O., S. 120 f.

31 Bis heute ist eine zusammenfassende topologische und historische Beschreibung dieser Bildertradition nicht vorgenommen worden. Zu Recht konstatieren Hannelore und Heinz Schlaffer, daß mit der älteren handwerklichen Produktion für das moderne Bürgertum Wertvorstellungen und Qualitäten verbunden seien, „die bislang über der Untersuchung des gegensätzlichen Geniebegriffs übersehen worden" sind. Vgl. Hannelore Schlaffer/Heinz Schlaffer, Studien zum ästhetischen Historismus, Frankfurt 1975, S. 70 (Fn. 50).

32 Wilhelm Heinrich Wackenroder, Ehrengedächtnis unsers ehrwürdigen Ahnherrn Albrecht Dürers. Von einem kunstliebenden Klosterbruder, in: Ders. und Ludwig Tieck, Herzensergießungen eines kunstliebenden Klosterbruders (mit einem Nachwort von Richard Benz), Stuttgart 1975.

33 Wilhelm Heinrich Wackenroder, Schilderung, wie die alten deutschen Künstler gelebt haben: wobei zu Exempeln angeführt werden Albrecht Dürer nebst seinem Vater, Albrecht Dürer dem Alten, in: Ders. und Ludwig Tieck, Phantasien über die Kunst für Freunde der Kunst (hrsg. v. Wolfgang Nehring), Stuttgart 1973.

34 Vgl. Otto Brunner, Neue Wege der Verfassungs- und Sozialgeschichte, 2. und verm. Aufl., Göttingen 1968, S. 103 ff. und S. 213 ff.

35 Zu der Jahrhunderte währenden Mächtigkeit dieses Topos vgl. Walter Muschg, Tragische Literaturgeschichte, Bern 1948, S. 43 ff.

36 Vgl. Hans Pöschel, Kunst und Künstler im antiken Urteil, München 1925; Ernst Kris/Otto Kurz, Die Legende vom Künstler. Ein geschichtlicher Versuch, mit einem Vorwort von E. H. Gombrich, Ffm. 1980, Erstausgabe Wien 1934; Edgar Zilsel, Die Entstehung des Geniebegriffs, Tübingen 1926.

37 Vgl. Arnold Hauser, Sozialgeschichte der Kunst und Literatur, München 1972, Kap. IV und V.

38 Vgl. Erwin Panofsky, Idea. Ein Beitrag zur Begriffsgeschichte der älteren Kunsttheorie, Berlin 1975, Erstausgabe Leipzig 1925.

39 Edward Young, Conjectures, in: The Complete Works, Poetry and Prose, Vol. II, Hildesheim 1968, hier: S. 556: „A genius differs from a good understanding, as a magician from a good architect; that raises his structure by means invisible, this by the skilfull use of common tools. Hence genius has ever been supposed to partake of something Divine."

40 Jakob Michael Reinhold Lenz, Anmerkungen übers Theater, in: Sturm und Drang. Kritische Schriften, Heidelberg 1972[2], S. 735.

41 Johann Wolfgang Goethe, Kunst und Handwerk, in: Sämtliche Werke (Gedenkausgabe) Zürich 1977 (Nachdruck), Bd. 13, S. 125 ff.

42 Friedrich Hölderlin, Hyperion oder der Eremit in Griechenland, in: Große Stuttgarter Hölderlin-Ausgabe, hrsg. v. Friedrich Beißner, Bd. 3, Stuttgart 1957, S. 151.

43 Goethe, Von deutscher Baukunst, in: a. a. O., S. 16 ff.
44 Vgl. zuletzt: Jochen Schmidt, Die Geschichte des Genie-Gedankens in der deutschen Literatur, Philosophie und Politik 1750–1945, 2 Bde, Darmstadt 1985.
45 Immanuel Kant, Kritik der Urteilskraft, in: Werke in zehn Bänden, hrsg. v. Wilhelm Weischedel, Darmstadt 1975, Bd. 8, § 47.
46 Ebd., § 49.
47 Denis Diderot, De la Poésie dramatique, in: Œuvres esthétiques, hrsg. v. P. Vernière, Paris 1959, S. 261. Vgl. auch Peter Bürger, Zur Kritik der idealistischen Ästhetik, Ffm. 1983, S. 104 ff.
48 Diderot, Article Génie, in: a. a. O., S. 14.
49 Thomas Mann, Betrachtungen eines Unpolitischen, Berlin 1919, S. 110.
50 Kant, Kritik der Urteilskraft, a. a. O., § 47.
51 Vgl. Cecil E. Roberts, Handwerk und Handwerker in der deutschen Erzählung vom Ausgang des 18. Jahrhunderts bis zur Gegenwart, Phil. Diss. Breslau 1939; William I. Morgan, The Emergence of the Artisan in the Works of German Classicism and Romanticism, Phil. Diss. Iowa 1951.
52 Diese Literaturströmung gerät in die Nähe des (prä-)faschistischen „Handwerkersozialismus", der die alte Selbständigkeit des Kleineigentümers gegen die Bedrohung durch die Kapitalkonzentration oder durch die soziale Revolution schützen möchte und die ideologische Verklärung alles „Stehenden und Ständischen" betreibt.
53 Erwin Panofsky, Sinn und Deutung in der bildenden Kunst, Köln 1975, S. 36 ff.

## Erstes Kapitel

1 Vgl. dazu Joachim Ritter, Subjektivität und industrielle Gesellschaft. Zu Hegels Theorie der Subjektivität, in: ders.: Subjektivität. Sechs Aufsätze, Frankfurt/M. 1974, S. 11–35.
2 G. W. F. Hegel, Vorlesungen über die Philosophie der Geschichte, Theorie-Werkausgabe, Frankfurt/M. 1970, Bd. 12, S. 496 ff.
3 Vgl. Jürgen Habermas, Die Moderne – ein unvollendetes Projekt, in: ders., Kleine politische Schriften I–IV, Frankfurt/M. 1981, S. 444–464, sowie ders., Der Eintritt in die Postmoderne, in: Merkur, XXXVII. Jg. (1983), Nr. 421, S. 752–761, zuletzt: ders., Der philosophische Diskurs der Moderne. Zwölf Vorlesungen, Frankfurt/M. 1985. Zur Herausbildung einer neuen subjektzentrierten Diskursformation in den epochalen Schwellenjahren 1770–1820 vgl. auch: Michel Foucault, Les mots et les choses. Une archéologie des sciences humaines, Paris: Gallimard 1966.
4 G. W. F. Hegel, Vorlesungen über die Ästhetik I, Theorie-Werkausgabe Bd. 13, S. 95.
5 Vgl. Habermas, Die Moderne . . ., a. a. O.
6 Vgl. Kant, Kritik der Urteilskraft, a. a. O.
7 Vgl. Hans Georg Gadamer, Zur Einführung, in: Martin Heidegger, Der Ursprung des Kunstwerkes, Stuttgart 1978, S. 111 f.
8 Vgl. Kant, Kritik der Urteilskraft, §§ 43–51. Vgl. dazu auch H. G. Gadamer, Wahrheit und Methode, Tübingen 1975, S. 39 ff.
9 Friedrich Schiller, Über die ästhetische Erziehung des Menschen. In einer Reihe von Briefen, in: Saekular-Ausgabe von Schillers Sämtlichen Werken, Stuttgart/Berlin: Cotta o. J., Bd. 12/2, 21. Brief.
10 Friedrich Schlegel, 252. Athenäums-Fragment, in: Kritische Friedrich-Schlegel-Ausgabe, hrsg. v. Ernst Behler, Bd. 2, Paderborn 1967, S. 207.
11 Hegel, Vorlesungen über die Ästhetik, a. a. O., S. 95.

12 Schlegel, Ideen Nr. 146, in: a. a. O., S. 271.
13 Hegel, Vorlesungen über die Ästhetik I, a. a. O.
14 Ebd.
15 Ebd., S. 366 ff.
16 Ebd., S. 88 f.
17 Ebd., S. 83. Vgl. auch Charles Taylor, Hegel, Frankfurt/M. 1983.
18 Bernhard Schubert, Der „ästhetische Gottesbeweis". Der Roman als Offenbarungsorgan weltlichen Heilsgeschehens, in: Jahrbuch der Deutschen Schillergesellschaft XXVII (1983), S. 396–434, S. 399 ff.
19 Vgl. Hans Gerth, Die sozialgeschichtliche Lage der bürgerlichen Intelligenz um die Wende des 18. Jahrhunderts, Göttingen 1976.
20 Vgl. Hegel, Philosophie der Geschichte, a. a. O.
21 Ludwig Grote, Von Dürer bis Gropius, München 1975, S. 26.
22 Ebd.
23 Vgl. Panofsky, Idea ..., a. a. O., S. 70.
24 Die Desintegration des Künstlers aus Formen unmittelbarer Vergesellschaftung hat aber nicht zur Folge, daß er jenseits der „champs du pouvoir" zu stehen käme. Bourdieu spricht anläßlich seiner Deutung der „L'éducation sentimentale" im Blick auf den Künstler des 19. Jahrhunderts zu Recht von der „illusion de l'autonomie". Vgl. Pierre Bourdieu, L'invention de la vie d' artiste, in: Actes de la recherche en sciences sociales, Paris (1975) H. 21, S. 67–93, hier S. 69. Zum Verhältnis von Künstler und Gesellschaft in der vormodernen Welt vgl. auch Rudolf Wittkower, Born under Saturn. Studies in the Alienation of Art and Artists, London 1968.
25 Das gesellschaftliche Dasein Goethes beispielsweise konstituiert sich in einem proteushaften Wechselspiel von Rollen. Es changieren die Masken des Hofmannes, des Handwerkers und des Vaganten ad libitum, – eine Vielfalt, die in Goethes Wohn- und Arbeitsräumen nicht minder augenfällig wird als in seiner Kleidung; man denke nur an die feudale Repräsentationsseite seines Weimarer Hauses, an die auf bürgerliche Arbeit zugeschnittene Rückseite mit ihren Handwerksstuben sowie an das kaum zugängliche, verwilderte Gartenhaus an der Ilm als eines Ortes von Ungebundenheit und Sezession.
26 Gerth, Sozialgeschichtliche Lage ..., a. a. O., S. 31.
27 Ebd.
28 Ebd.
29 Vgl. Wilhelm Heinrich Riehl, Die bürgerliche Gesellschaft, Stuttgart $1866^{6}$, bes. S. 312 ff. „Es wird uns nämlich die beachtenswerte Erscheinung begegnen, daß der Künstler, je mehr er sich von seinem alten und natürlichen Zusammenhang mit dem bürgerlichen Handwerk losgerissen, je mehr er sich von der strengen äußerlichen Zucht technischer Lehr- und Gesellenjahre frei gemacht hat, und je mehr die alten künstlerischen Genossenschaften sich auflösten, immer entschiedener dem Proletariat im geistigen und materiellen Betracht verfallen ist." (Ebd., S. 316) Von Bach, dem Gegenbild des modernen „Musikerproletariers", heißt es, daß er „ein schnurgerechter Bürger und Musiker war, daß er sich ein für alle mal die Stunden festgesetzt hatte, in welchen an jedem Tage komponiert werden müsse." (Ebd., S. 323) Nicht anders wird Thomas Mann später von der Arbeitsregularität der Handwerkerkünstler sprechen. An den älteren seßhaften Dorfmusikanten rühmt Riehl, daß sie „nebenbei an der Hobelbank, am Webstuhl oder dem Pfluge einer ganz leidlichen bürgerlichen Existenz sich erfreute(n)". (Ebd., S. 324) Nicht anders wird später Lukács von Kellers, Storms oder Mörikes Handwerker-Künstlertum sprechen, das von einem bürgerlichen Beruf begleitet gewesen sei.
30 Achim v. Arnim, Die Kronenwächter, in: ders., Sämtliche Romane und Erzählungen, Bd. 1, München 1974, S. 591.

31 Vgl. Zilsel, Die Entstehung ..., a. a. O.

32 Für die Opernbühne wird erst mit „Tannhäuser" und den „Meistersingern" die Thematik des problematischen Künstlertums adaptiert werden, vgl. unten S. 78 ff.

33 Vgl. Georg Lukács, Die Theorie des Romans. Ein geschichtsphilosophischer Versuch über die Formen der großen Epik, Berlin 1920; vgl. auch die historisch genauer datierenden romantheoretischen und -geschichtlichen Ausführungen von Gert Mattenklott: Der Sehnsucht eine Form. Zum Ursprung des modernen Romans bei Friedrich Schlegen, erläutert an der „Lucinde", in: Dieter Bänsch (Hrsg.), Zur Modernität der Romantik, Stuttgart 1977; ferner: ders., Der späte Goethe, in: Deutsche Literatur. Eine Sozialgeschichte, hrsg. von H. A. Glaser, Reinbek 1980.

34 Zuletzt noch Werner Hofmann, Der Künstler als Kunstwerk, in: Jahrbuch der deutschen Akademie für Sprache und Dichtung 1982/1, S. 50–65, hier: S. 50.

35 Zur Behandlung dieses Themas in der englischen und französischen Romantik vgl. Hofers Untersuchung der frühromantischen Literatur in Frankreich: Hermann Hofer, Die Vor- und Frühromantik in Frankreich, in: Neues Handbuch der Literaturwissenschaft, hrsg. von Klaus von See, Band 15: Europäische Romantik II, hrsg. v. Klaus Heytmann, Wiesbaden 1982, S. 103–134 sowie René Wellek, Konfrontationen. Vergleichende Studien zur Romantik, Frankfurt/M. 1964. Hofer betont, wie sehr die französische Frühromantik von den Themen der Einsamkeit, des Ausgeschlossenseins, der Nichtzugehörigkeit und der Resonanzlosigkeit des Intellektuellen beherrscht ist. Hier spiegle sich ein Stückweit die desolate Situation der politisch heimatlos gewordenen Intelligenz im Frankreich jener Jahre. Mercier, Nodier, Restif, Madame de Staël waren unter Napoleon I. verfemt, verhaftet oder in die Emigration getrieben. Nodier beschreibt daher die Romantiker jener Zeit als „Parias", – ein Bild, das Baudelaire später aufgreifen wird, um die Situation des modernen Dichters in der Gesellschaft schlechthin zu charakterisieren (S. 111). Für die französischen Frühromantiker allerdings ist diese Außenseiterstellung noch nicht wie für ihre deutschen Zeitgenossen und wie später für Baudelaire ein Programm der Gesellschaftsjenseitigkeit schlechthin, sondern Protest gegen eine spezifische Situation. „Ihr ‚mal', ihr ‚ennui' ist politisch und sozial motiviert. Sie wollen unter Bonaparte keinen Platz haben. Sie sind Entwurzelte, weil sie sich weigern zu paktieren, sich anzubiedern. Sie finden sich mit der Reaktion und dem sie stützenden Bürgertum nicht ab. Ihre Sprache ist nicht die von Bonapartes klassizistischen Hofpoeten. Sie sind ‚resistants' im ‚maquis' (...) Der Kaiser liebt sie nicht, läßt sie bespitzeln, überwachen und ausweisen. Er weiß, daß hier die wirklichen Attentate gegen ihn ausgeführt werden." (S. 113) Auch die fiktiven Außenseiter des frühromantischen Romans in Frankreich sind politisch oder gesellschaftlich Proskribierte. Man denke an Nodiers von der Revolution vertriebenen „Proscrit" (in „Les Proscrits", 1802), an Chateaubriands „René" (1802), den nach Amerika exilierten Monarchisten, an Madame des Staëls „Corinna" (1807), die von der Macht des nationalen und sozialen Vorurteils in die Einsamkeit des Künstlertums getrieben wird. Die politische Desillusionierung indessen treibt die Intelligenz nicht nur zur praktischen Opposition, sondern auch zur Idolatrie künstlicher Paradiese. Einer der ersten „Baumeister" wird Senancour, der die Drogen anbetet, mit seinen „Rêveries" (1799). Für die englische Literatur um 1800 hat René Wellek konstatiert: „Kein Engländer dieser Zeit (außer Byron) empfindet so wie die deutschen Romantiker Kunst als Spiel, Leben als Nichtigkeit, den Künstler als Außenseiter." Auch Themen wie die „Diskontinuität unseres Ichs" oder die „Unmöglichkeit menschlicher Freiheit" seien von den englischen Romantikern nicht aufgegriffen worden (vgl. Wellek, S. 25).

36 Wackenroder/Tieck, Herzensergießungen ..., darin: Das merkwürdige musikalische Leben des Tonkünstlers Joseph Berglinger, S. 122.

37 Ebd., S. 115.
38 Ebd., S. 109.
39 Wackenroder/Tieck, Phantasien ..., a. a. O., S. 10.
40 Diese These, daß „Ein Brief Joseph Berglingers“ aus den „Phantasien“ nicht anders als „Das merkwürdige musikalische Leben ...“ von Wackenroder stamme, vertritt am prononciertesten Richard Alewyn, Wackenroders Anteil, in: Germanic Review 19 (1944), S. 48–58. Zur Gegenthese vgl. Werner Kohlschmidt, Bemerkungen zu Wackenroders und Tiecks Anteil an den „Phantasien über die Kunst“, in: Philologia deutsch. Festschrift für Walter Henzen, Bern 1965, S. 89–99. Vgl. zuletzt auch den Forschungsbericht von Martin Bollacher: Wackenroder und die Kunstauffassung der frühen Romantik, Darmstadt 1983 (= Erträge der Forschung, Bd. 202).
41 Wackenroder/Tieck, Herzensergießungen ..., S. 107.
42 Ebd., S. 122.
43 Ebd., S. 120.
44 Ebd., S. 109.
45 Ebd., S. 113.
46 Ebd., S. 118.
47 Ebd., S. 109.
48 Ebd., S. 120.
49 Ebd., S. 118.
50 Ebd., S. 113.
51 Ebd., S. 123.
52 Ebd., S. 122.
53 Ebd., S. 119.
54 Ebd., S. 122.
55 Ebd., S. 109.
56 Ebd., S. 107.
57 Ebd., S. 120.
58 Friedrich Strack, Die „göttliche“ Kunst und ihre Sprache. Zum Kunst- und Religionsbegriff bei Wackenroder, Tieck und Novalis, in: DVjs 1978, Bd. 32 (Sonderband), S. 356–391, hier S. 359 f.; Martin Bollacher, Wackenroders Kunst-Religion. Überlegungen zur Genesis der frühromantischen Kunstanschauung, in: Germanisch-Romanische Monatsschrift, N. F. Bd. 30 (1980), S. 377–394; Gerhard Sauder, Empfindsamkeit und Frühromantik, in: Silvio Vietta (Hrsg.): Die literarische Frühromantik, Göttingen 1983, S. 98 f.
59 Wackenroder/Tieck, Herzensergießungen ..., S. 109.
60 Ebd.
61 Ebd., S. 108.
62 Wackenroder/Tieck, Phantasien ..., S. 87.
63 Vgl. hierzu Carl Dahlhaus, Die Idee der absoluten Musik, München 1978 sowie meine Rezension in: Das Argument (Beiheft), 22. Jg. (1980), S. 117–119. Dahlhaus zeigt, wie innerhalb der Ästhetik Wackenroders, Tiecks und Hoffmanns sich ein Musikbegriff herausbildet, der die Tonkunst als Offenbarungsorgan des Absoluten (wie zuletzt noch einmal bei Adorno) faßt und der die „reine“, von allem Gefühlsausdruck, empirischem Bezug und Programm befreite, objektlose und „absolute“ Instrumentalmusik als in dieser Funktion am leistungsfähigsten ausweist.
64 Wackenroder/Tieck, Phantasien ..., a. a. O., S. 88 f.
65 Ebd., S. 89. Vgl. zum Problem des „ästhetischen Lebens“ bei Wackenroder auch: Elmar Hertrich, Joseph Berglinger. Eine Studie zu Wackenroders Musiker-Dichtung, Berlin 1969 (Quellen u. Forschungen z. Sprach- u. Kulturgeschichte d. germ. Völker, N. F. 30).

66 Ebd., S. 88 f.
67 Ebd., S. 10.
68 Ebd., S. 91.
69 Ebd.
70 Ebd., S. 125.
71 Ebd., S. 125 f. Die letzte Hervorhebung von mir, B. S.
72 Ebd., S. 124.
73 Ebd.
74 Hans Ulrich Engelmann, Joseph Berglinger und Adrian Leverkühn oder: über die Wärme und über die Kälte, in: Neue Zeitschrift für Musik 1963, S. 470–472; Gerhard vom Hofe, Das unbehagliche Bewußtsein des modernen Musikers. Zu Wackenroders „Berglinger" und Thomas Manns „Doktor Faustus", in: Festschrift Arthur Henkel (1977), S. 144 ff.
75 Wackenroder/Tieck, Herzensergießungen . . ., a. a. O., S. 119. Wackenroder selbst hatte die verbrüdernde Macht einer Kunst, die als Teil des religiösen Kultus fungiert, erfahren, als er am 15. Juli 1793, dem Sankt-Heinrichstag, einem Hochamt im Bamberger Dom beiwohnte. (Vgl. Heinz Otto Burger, Eine Idee, die noch in keines Menschen Sinn gekommen ist. Ästhetische Religion in deutscher Klassik und Romantik, in: ders., Dasein heißt eine Rolle spielen. Studien zur deutschen Literaturgeschichte, München 1963, S. 233–254.) Sein Brief an die Eltern hält dieses Erlebnis der Gemeinschaftlichkeit fest: „Die ganze Gemeinde fiel nieder und bekreuzte sich, und schmetternde Trompeten erschallten, und verloren sich in langgezogene Hörnertöne. (. . .) auch würde es mir in der Tat Mühe gekostet haben, so isoliert stehenzubleiben, da eine ganze Welt um mich herum niedersank, und mich alles zur höchsten Andacht stimmte; mir würde hier gewesen sein, als gehörte ich nicht zu den Menschen." (Vgl. Wackenroder, Werke und Briefe, Heidelberg 1967, S. 535 f.) In jenem Jahr, in dem das „Älteste Systemprogramm des deutschen Idealismus", das man zu Recht als die Gründungsurkunde der Romantik bezeichnet hat, die Idee einer ästhetisch zu erneuernden, gemeinschaftsstiftenden Mythologie entwarf, die als sinnliche Volksreligion mit der Vernunft versöhnen, eine verlorengegangene Solidarität zurückbringen und die Kluft zwischen Aufgeklärten und Unaufgeklärten schließen sollte, und im gleichen Jahr, als in Notre Dame von Paris am Hochaltar die Göttin der Vernunft inthronisiert wurde, hält Wackenroders Bericht über den Sankt-Heinrichstag in Bamberg noch einmal die zum Untergang verurteilte ältere Gestalt sozialer Synthesis bewußt. Der religiöse Kultus gibt ihm die Idee einer universalen Seelenverbrüderung ein. Denn nach Wackenroders Beobachtung sank während des feierlichen Hochamtes jedermann, ob Katholik oder Protestant, Aufgeklärter oder Unaufgeklärter, in die Knie. Keiner stand mehr „isoliert", alle waren zu gemeinsamer Andacht gestimmt und hatten das Gefühl, sie „gehörten zu den Menschen". Nicht anders läßt Wackenroder den jungen Berglinger von einer verbrüdernden, seelenrührenden Kunst träumen. Berglingers spätere Erfahrungen aber erweisen diese Hoffnungen als eine Illusion.
76 Wackenroder/Tieck, Herzensergießungen . . ., a. a. O., S. 119.
77 Ebd., S. 50.
78 Ebd., S. 53.
79 Ebd.
80 Wackenroder/Tieck, Phantasien . . ., a. a. O., S. 10.
81 Ebd., S. 16.
82 Ebd., S. 10.
83 Ebd., S. 15.
84 Ebd., S. 11.

85 Ebd., S. 12.
86 Ebd.
87 Ebd., S. 16.
88 Ebd.
89 Ebd., S. 9.
90 Ebd., S. 10
91 Ebd.
92 Ebd.
93 Ebd., S. 8 f.
94 Ebd., S. 9.
95 Vgl. Ludwig Tieck, Franz Sternbalds Wanderungen. Eine altdeutsche Geschichte. Studienausgabe, hrsg. v. Alfred Anger, Stuttgart 1966.
96 Ebd., S. 40.
97 Ebd., S. 59.
98 Ebd.
99 Ebd., S. 335.
100 Ebd., S. 40 ff.
101 Dies gilt auch noch für andere Zeitgenossen Wackenroders. Die Mittelalterfaszination Burkes, die in den 90er Jahren durch Gentz auch im deutschsprachigen Raum bekannt wird, orientiert sich eher noch wie die des Sturm und Drang am „Glanz“ der alten „Rittersitte“. Die Mittelalterrezeption Novalis' verhält sich zu den hier genannten Bildertraditionen vom altdeutschen Handwerkerkünstlertum eher exterritorial. Er versucht Ende der 90er Jahre – wie Kurzke gezeigt hat – seine bereits entwickelte transzendentalphilosophische Utopie nurmehr in die europäische Blütezeit des Christentums zurückzuprojizieren. Die Mittelalterschilderung in „Die Christenheit oder Europa“ (1799) „trägt nicht die Züge einer nostalgischen Elegie, sondern die seiner transzendentalphilosophischen Utopie. Der Ton der Nostalgie ist bei Novalis nur ein ästhetisches Mittel im Dienste des Prinzips: dem Gewöhnlichen ein geheimnisvolles Ansehen geben. Novalis arbeitet auch hier aus dem Gegensatz heraus. Es ist sicher kein Zufall, sondern eine bewußte Provokation, daß der Protestant Novalis eine Mittelalterschilderung aus für Protestanten besonders anstößigen Elementen aufbaut: ihre Hauptbestandteile sind die Gottesmutter Maria, die Heiligen, die Reliquienverehrung, die Wallfahrten und das geozentrische Weltbild. Ins ungewöhnliche Licht des Verfahrens der Romantisierung getaucht, gebären diese Elemente nicht abergläubische Verfinsterung des Geistes, sondern Einheit, Liebe, Freiheit, Wissenschaft und Poesie. Dementsprechend ist das alte Reich, so wie der zugleich totalitäre und freiheitliche Makroanthropos des Brouillons, von Einheit des Mannigfaltigen gekennzeichnet: ‚E i n großes gemeinschaftliches Interesse verband die entlegensten Provinzen dieses weiten geistlichen Reichs'. Nicht die materielle Macht, sondern der Geist herrschte: ‚Ohne große weltliche Besitzthümer lenkte und vereinigte E i n Oberhaupt die großen politischen Kräfte.' Dementsprechend schreibt Novalis seinem Mittelalter die unüblichen Züge der Progressivität, der Entfaltung aller Anlagen und des blühenden Handelsverkehrs zu. Auch das Adjektiv ‚ächt' zeigt wie schon so oft die transzendentale im Gegensatz zur gewöhnlichen Ebene an. ‚Glauben und Liebe' prägten jene Zeiten: nach unseren Ermittlungen transzendentalphilosophische Begriffe. Ihre Religion war ‚cosmopolitisch', friedenstiftend, ‚vereinigend' und ‚individualisierend' zugleich, sie war schließlich poetisch. Man hat damit alle Bestimmungsstücke der Novalisschen Idealsphäre beisammen, nicht aber die einer Nostalgie der Ritterzeit (...) Es handelt sich daher nicht eigentlich um ein neues Bild vom Mittelalter, sondern um die Einzeichnung einer bereits entwickelten Utopie in einen neuen Vorstellungskomplex. Die transzendental-

philosophische Utopie kooptiert sich das Mittelalter, wie sie sich früher die Monarchie kooptiert hatte. Das Mittelalter ist ein neues Experimentierfeld der Positivierung des Kritizismus." Siehe Hermann Kurzke, Romantik und Konservatismus. Das „politische" Werk Friedrich von Hardenbergs (Novalis) im Horizont seiner Wirkungsgeschichte, München 1983, S. 230 f.

102 Vgl. Ludwig Grote, Die romantische Entdeckung Nürnbergs, München 1967, S. 14 ff.

103 Goethe, Von deutscher Baukunst, a. a. O., S. 16 ff.

104 Vgl. Grote, a. a. O.

105 Goethe, Erklärung eines alten Holzschnittes vorstellend Hans Sachsens poetische Sendung, in: Gedenkausgabe, Bd. 2, S. 103 ff.

106 Insofern ist Kohlschmidts Invektive zu mildern, die gegen die Datierung des deutschen Mittelalter-Revivals als eine Tendenz der 90er Jahre gerichtet ist. Vgl. Werner Kohlschmidt, Der junge Tieck und Wackenroder, in: Hans Steffen (Hrsg.): Die deutsche Romantik, Poetik, Formen und Motive, Göttingen 1969, S. 30–44.

107 Auch wenn die von Wackenroder geschilderte Epoche die der Renaissance ist, so beschreibt er sie doch so, als wäre sie das Mittelalter und apostrophiert sie auch gelegentlich als solches (Wackenroder/Tieck, Herzensergießungen ..., a. a. O., S. 45). Vgl. hierzu auch: Ernst Behler, Gesellschaftskritische Motive in der romantischen Zuwendung zum Mittelalter, in: James F. Poag/Gerhild Scholz-Williams (Hrsg.), Das Weiterleben des Mittelalters in der deutschen Literatur, Königstein 1983, S. 47–68, hier: S. 47.

108 Deren Charakteristika werden vom Klosterbruder eher entschuldigt, und dies in einer Form, die die Normativität des klassizistischen Maßstabes unterstellt und bestätigt. „Gern will ich euch zugeben, ihr eifrigen Neulinge, daß ein junger Schüler jetzt klüger und gelehrter von Farben, Licht und Zusammenfügen der Figuren reden mag, als der alte Dürer es verstand. (...) Es ist aber eine schnöde und bedauernswerte Eitelkeit, die das Verdienst der Z e i t e n ihrem eigenen schwachen Haupt zur Krone aufsetzt." (Wackenroder/Tieck, Herzensergießungen ..., a. a. O., S. 54) Daß Wackenroders Bewunderung für Dürers Kunst nicht sehr groß gewesen ist, zeigt auch ein Brief an die Eltern (vgl. Wackenroder, Werke und Briefe, a. a. O., S. 568). Über Dürers „Christi Kreuzigung" schreibt er: „Kleine Figuren. Hart. Unrichtige Zeichnung. Wenig Ausdruck." Über Hans Sachs schreibt der junge Wackenroder an anderer Stelle: „Seine dramatischen Arbeiten, die einen beträchtlichen Teil seiner Werke ausmachen, sind freilich weder in Ansehung des Plans, noch der poetischen Behandlung, weder als Dramas, noch als Gedichte, von dem geringsten Verdienst, (einige Fastnachtsspiele ausgenommen;)" (ebd., S. 603). „Wo Belehrung, moralische Belehrung, der Hauptzweck der Dichtkunst ist, da wohnt ihr echter Genius nicht. So war es bei uns fast durchaus der Fall im Mittelalter." Die Poesie war „auf die niedere Klasse mechanischer Handarbeiter eingeschränkt." (Ebd., S. 602)

109 Wackenroder/Tieck, Herzensergießungen ..., a. a. O., S. 50.

110 Ebd., S. 60.

111 Wackenroder, Werke und Briefe, a. a. O., S. 511.

112 Ebd., S. 510. Ein späterer Gefährte Tiecks beschreibt das Nürnbergerlebnis wie folgt: „(...) Hier war das Handwerk durch Kunstsinn und emsigen Fleiß zur Kunst geadelt worden. Da war jedes Haus ein Denkmal der Vorzeit, jeder Brunnen, jede Bank ein Zeugnis für das stille, einfache und sinnvolle Leben der Väter (...) Es ruhte auf der alten, ehrenfesten Reichsstadt mit ihren Wundern und Wunderlichkeiten ein Duft der Poesie, den der Zugwind neuer Politik und Aufklärung an andern Orten längst verweht hatte." (Siehe: Klaus Günzel: König der Romantik. Das Leben des Dichters Ludwig Tieck in Briefen, Selbstzeugnissen und Berichten, Berlin (Ost) 1981, S. 120).

113 Wackenroder, Werke und Briefe, a. a. O., S. 516.

114 Ebd., S. 609.

115 Dieter Bänsch, Zum Dürerbild der literarischen Romantik, in: ders. (Hrsg.): Zur Modernität der Romantik, a. a. O., S. 63.

116 Die Bürger Nürnbergs um 1800 entwickeln bereits ein sentimentalisches Verhältnis zur Imago ihrer Stadt. Wackenroders Reiseberichte registrieren, daß sie nicht mehr nur auf dem Wall „spazierengehen" (Werke und Briefe, a. a. O., S. 517), sondern auch vor den Toren, wo sich ihnen die mittelalterliche Silhouette darbietet. Da die alten Wehrmauern ihre Funktion längst eingebüßt haben und andernorts geschleift werden, gewinnen sie ästhetischen Reiz und avancieren wie die Kirchtürme zum Symbol einer vergangenen, sinnfälligen und sinnbergenden Geschlossenheit des Gemeinwesens. Sie werden zum Gegenbild der unendlichen Mobilität und Disponibilität der Menschen unter den Bedingungen des Kapitalismus. In Coleridge's „Ancient Mariner", Brentanos „Auf dem Rhein" und Rimbauds „Bateau ivre" erscheinen die Kirch- und Wehrtürme in solcher symbolischer Bedeutung. Ebenso die Ringmauern in Goethes „Wahlverwandtschaften".

117 Aus der Perspektive des 20. Jahrhunderts scheint die historische Distanz zwischen 16. und 18. Jh., die Wackenroder als schmerzlich erfährt, zu verblassen und der Geist der Dürerzeit mit dem der Romantik sich zu durchdringen. Hermann Hesse jedenfalls erwartet sich von einer Reise nach Nürnberg die Begegnung mit der Sphäre Wackenroders und Hoffmanns, die doch selbst sich dort bereits als „moderni" fühlten. „Heimlich hatte ich in dieser gotischen Stadt allerlei Wunder erwartet, hatte auf Begegnungen mit dem Geist E. T. A. Hoffmanns und Wackenroders gehofft, und damit war es nun nichts. Die Stadt hat mir einen furchtbaren Eindruck gemacht (...) alles war sehr schön, aber alles war umbaut von einer großen, lieblosen, öden Geschäftsstadt, war umknattert von Motoren, umschlängelt von Automobilen, alles zitterte leise unterm Tempo einer anderen Zeit, die keine Netzgewölbe baut und keine Brunnen hold wie Blumen in stille Höfe hinzustellen weiß, alles schien bereit, in der nächsten Stunde einzustürzen. (...) Ich sah alles nur noch in die Auspuffgase dieser verfluchten Maschinen gehüllt, alles unterwühlt, alles vibrierend von einem Leben, das ich nicht als menschlich, nur als teuflisch empfinden kann, alles bereit zu sterben, bereit zu Staub zu werden, sehnsüchtig nach Einsturz und Untergang, angeekelt von dieser Welt, müde des Dastehens ohne Zweck, des Schönseins ohne Seele." Ich „fuhr vernichtet, aber glücklich über die Erlösung wieder von Nürnberg fort, das ja doch dem Untergang geweiht schien". (Hermann Hesse, Die Nürnberger Reise, in: Gesammelte Werke, Band 7, Frankfurt/M. 1970, S. 175.)

118 Wackenroder/Tieck, Herzensergießungen ..., a.a. O., S. 56.

119 Wackenroder/Tieck, Phantasien ..., S. 10. Auch Brentano beklagt den Niedergang des alten Nürnberg, dessen ehemals mit Bibel- und Chronikmotiven bemalte Häuserfronten weiß übertüncht wurden. Er erklärt diese Kunstfeindschaft der modernen „Philister" aus deren Furcht, durch die alten Malereien könne „die Jugend auf den Straßen in eitle Zerstreuung gebracht und der Frucht schwangerer Patriotinnen phantastische Träume eingeprägt" werden. (Vgl. Clemens Brentano, Der Philister vor, in und nach der Geschichte, in: Werke, hrsg. v. Friedhelm Kemp, München 1963, Bd. 2, S. 999 f.)

120 Ebd., S. 7.

121 Ebd., S. 120.

122 Hoffmann im persönlichen und brieflichen Verkehr, hrsg. v. Hans von Müller, 2 Bde, Berlin 1912, Bd. 2, S. 138.

123 Wackenroder, Werke und Briefe, a. a. O., S. 375.

124 Peter von Matt, Die Augen des Automaten. E. T. A. Hoffmanns Imaginationslehre als Prinzip seiner Erzählkunst, Tübingen 1971, S. 73.
125 Marianne Thalmann, Meisterschaft. Eine Studie zu E. T. A. Hoffmanns Genieproblem, in: Der Gesichtskreis. Festschrift f. Joseph Drexel, München 1956, S. 142–163, hier: S. 160 ff.
126 Vgl. Klaus Günzel, E. T. A. Hoffmann. Leben und Werk in Briefen, Selbstzeugnissen und Zeitdokumenten, Düsseldorf 1979, S. 291 ff.
127 Ich zitiere nach der von Walter Müller-Seidel u. a. besorgten Ausgabe, hier den Band: E. T. A. Hoffmann. Die Serapionsbrüder, Darmstadt 1979, S. 416 ff.
128 Ebd., S. 460.
129 Ebd., S. 462.
130 Ebd.
131 Vgl. Wulf Segebrecht, Autobiographie und Dichtung. Eine Studie zum Werk E. T. A. Hoffmanns, Stuttgart 1967; ferner: Karl Ludwig Schneider, Künstlerliebe und Philistertum im Werk E. T. A. Hoffmanns, in: Die deutsche Romantik, a. a. O., S. 200–218.
132 So lautet der Vorbehalt der fiktiven „Freunde“ gegenüber Kreisler, der (in sich „kreiselnd“) von der Flamme seiner „Fantasie“ zerstört wird. Vgl. Hoffmann, Kreisleriana, in: Fantasie- und Nachtstücke, Darmstadt 1979, S. 25.
133 Peter von Matt, a. a. O., S. 118.
134 Hoffmann, Die Serapionsbrüder, a. a. O., S. 466.
135 Ebd., S. 452.
136 Ebd., S. 442.
137 Ebd., S. 459.
138 Ebd., S. 470.
139 Ebd., S. 416 f.
140 Wenn Wagner später den Meistergesang gleichsam universalisiert und auf die Johanniswiese verlegt, so verläßt er die historische Wirklichkeit, um eine gemeinschaftliche, öffentlich gewordene und das Volksganze umgreifende Kunstpraxis symbolisch zur Anschauung zu bringen.
141 Ebd., S. 443.
142 Ludwig Tieck, Minnelieder (1803), in: R. Benz, Lebenswelt der Romantik. Dokumente romantischen Denkens und Seins, München 1948, S. 82.
143 Wackenroder, Reiseberichte, in: Werke und Briefe, a. a. O., S. 504.
144 A. W. Schlegels Vorlesungen über schöne Literatur und Kunst, Heilbronn 1884, darin: Teil 3: Geschichte der romantischen Literatur, S. 57.
145 Vgl. Uwe Schweikert, Jean Paul, Stuttgart 1970 (= Sammlung Metzler), S. 38.
146 Johann Christoph Wagenseil, Von der Meister-Singer Holdseligen Kunst, in: Ders., Comment. de civitate Noribergensi, 1697.
147 Jean Paul, Palingenesien. Zwei Bändchen. Jean Pauls Fata und Werke vor und in Nürnberg, in: Werke Bd. 4, hrsg. von Norbert Miller, München 1982, S. 849 f.
148 Ebd., S. 841.
149 Hoffmann, Späte Werke, Darmstadt 1979, S. 644.
150 Ebd.
151 Ebd., S. 667.
152 Ebd., S. 649.
153 Ebd., S. 668.
154 Ebd., S. 669.
155 Ebd., S. 649.
156 Ebd., S. 675.

157 Ebd., S. 657.
158 Ebd., S. 666.
159 Ebd., S. 665. Vgl. hierzu auch: Marianne Frey, Der Künstler und sein Werk bei W. H. Wackenroder und E. T. A. Hoffmann. Vergleichende Studien zur romantischen Kunstanschauung, Bern 1970, S. 132 ff.
160 Hoffmann, Alte und neue Kirchenmusik, in: Schriften zur Musik, Darmstadt 1979, S. 216.
161 Ebd., S. 214.
162 Hoffmann, Späte Werke, a. a. O., S. 665.
163 Ebd., S. 666.
164 Vgl. Walter Harich, E. T. A. Hoffmann. Das Leben eines Künstlers, 2 Bde, Berlin o. J., hier: II, S. 347.
165 Vgl. Kohlschmidt, Der junge Tieck und Wackenroder, a. a. O., S. 34.
166 Bachleitner definiert die nazarenische Stilqualität als „die wirklichkeitsnahe Bezogenheit bibelhistorischer Ereignisse, vermehrt um intensive subjektive Gefühlswerte". Siehe: Rudolf Bachleitner, Die Nazarener, München 1976, S. 35.
167 Tagebucheintragung Friedrich Overbecks vom 9. 10. 1811 in Rom, zit. nach Bachleitner, a. a. O., S. 32. Hervorhebung von mir, B. S.
168 Ebd., S. 36, Hervorhebung von mir, B. S.
169 Vgl. Günzel, E. T. A. Hoffmann . . ., a. a. O., S. 291 ff.
170 Hoffmann, Die Serapionsbrüder, a. a. O., S. 421 f.
171 Vgl. Heinz Schlaffer, Faust Zweiter Teil. Die Allegorie des 19. Jahrhunderts, Stuttgart 1981.
172 Vgl. hierzu allgemein: Joachim Ritter, Die Aufgabe der Geisteswissenschaften in der modernen Gesellschaft, in: ders., Subjektivität, a. a. O., S. 131.
173 Vgl. Walter Benjamin, Goethes Wahlverwandschaften, in: ders., Illuminationen. Ausgewählte Schriften, a. a. O., S. 99.
174 Ebd.
175 Ebd., S. 111.
176 Vgl. Heinz Schlaffer, Goethe und die Neuzeit, Typoskript.
177 Goethe, Wilhelm Meisters Lehrjahre, Gedenkausgabe Bd. 7, S. 439.
178 Ebd., S. 555.
179 Ebd., S. 579.
180 Ebd., S. 436.
181 Goethe, Briefe Bd. 2, Hamburger Ausgabe 1964, S. 213, Brief vom 3. 1. 1796.
182 Goethe, Naturwissenschaftliche Schriften I, Gedenkausgabe Bd. 16, S. 347.
183 Vgl. Heinz Schlaffer, Exoterik und Esoterik in Goethes Romanen, in: Goethe-Jahrbuch 95 (1978), S. 212–226.
184 Vgl. Karl Schlechta, Goethes Wilhelm Meister, Frankfurt/M. 1953.
185 Ich ergänze hier die „Meister"-Interpretationen Schlechtas und Schlaffers, indem ich den Bruch zwischen den Entwürfen des Oheims und ihrer Zurücknahme innerhalb der Lebenspraxis seiner Erben als ironische Fallhöhe verstehe. Deutlich wird dies bei der Ankunft des Marchese Cypriani auf dem Schloß seines verstorbenen Freundes, des Oheims, dem er noch den „besten Teil" seiner Bildung verdankt (Goethe, Wilhelm Meisters Lehrjahre, a. a. O., S. 546). Er muß erfahren, daß seine und des Oheims Existenzen der Vergangenheit angehören. Intention seines Besuches ist es, sich an der Erinnerung (!) früherer (!) Verhältnisse zu ergötzen (ebd.), denn die zeitgenössische Kunstentwicklung läßt ihm „wenig Lust an der Gegenwart und für die Zukunft wenig Hoffnung" (ebd., S. 614). Die Erben des Oheims, die dessen Grundherrschaft zu kapitalisieren beginnen, bringen dem Marchese keinerlei Verständnis entgegen. „Man hatte

Not, Friedrichs Scherze in Schranken zu halten, und Jarno war selten zugegen." (Ebd., S. 613) Lothario bleibt fern, Nathalie weiß immerhin, sich in seine Meinungen und Gesinnungen „zu finden" (!) – was aber gerade den Bruch verrät. „Wilhelm mußte sich's in theatralische Terminologie übersetzen, wenn er etwas davon verstehen wollte." (Ebd.)

186 Goethe, Ein Wort für junge Dichter, in: Gedenkausgabe Bd. 14, S. 398 ff. Hervorhebungen von mir, B. S.

187 Mattenklott, Der späte Goethe, a. a. O.

188 Goethe, Über Kunst und Altertum in den Rhein- und Maingegenden, Gedenkausgabe Bd. 13, S. 706.

189 Goethe, Wilhelm Meisters Wanderjahre, Gedenkausgabe Bd. 8, S. 419.

190 Goethe, Wilhelm Meisters Lehrjahre, a. a. O., S. 605.

191 Goethe, Wilhelm Meisters Wanderjahre, a. a. O., S. 442.

192 Vgl. Schlechta, a. a. O., S. 82.

193 Goethe, Wilhelm Meisters Wanderjahre, a. a. O., S. 441.

194 Wilhelm Emrich, Die Symbolik von Faust II. Sinn und Vorformen, Wiesbaden 1978[4], S. 255.

195 Ebd., S. 175.

196 Heinz Schlaffer, Der Bürger als Held. Sozialgeschichtliche Auflösung literarischer Widersprüche. Frankfurt/M. 1973.

## Zweites Kapitel

1 Theodor W. Adorno, Versuch über Wagner, Ffm. 1964, S. 39. Den folgenden Ausführungen liegt mein Aufsatz zugrunde: Wagners „Sachs" und die Tradition des romantischen Künstlerselbstverständnisses, in: Archiv für Musikwissenschaft, Jg. XL, Heft 3 (1983), S. 212–253.

2 Thomas Mann, Betrachtungen eines Unpolitischen, a. a. O., S. 75.

3 Vgl. Peter Wapnewski, Der traurige Gott, Richard Wagner in seinen Helden, 2. verb. und erg. Aufl., München 1980, S. 108 f.; ferner: Martin Geck, Die Bildnisse Richard Wagners, München 1970.

4 Vgl. Klaus-Günther Just, Richard Wagner – ein Dichter? Marginalien zum Opernlibretto des 19. Jahrhunderts, in: Stefan Kunze (Hrsg.), Richard Wagner, Von der Oper zum Musikdrama. Bern-München 1978, S. 86.

5 Adorno, a. a. O., S. 21.

6 Hugo von Hofmannsthal, Brief an Richard Strauß vom 1. 7. 1927, in: Willy Schuh (Hrsg.), Briefwechsel Strauß-Hofmannsthal, 3. erw. Ausg., Freiburg 1964; vgl. ferner: Peter Wapnewski, Richard Wagner – Die Szene und ihr Meister, München 1978, S. 74 ff.

7 Vgl. Ernst Bloch, Über Beckmessers Preisliedtext, in: ders., Literarische Aufsätze, Ffm. 1965, S. 208–213.

8 Vgl. Walter Jens, Ehrenrettung eines Kritikers: Sixtus Beckmesser, in: Richard Wagner, Die Meistersinger von Nürnberg, Texte, Materialien, Kommentare, hg. v. Attila Csampai und Dietmar Holland, Reinbek 1981 (künftig zit. als: Richard Wagner, Die Meistersinger ...), S. 249–257. Vgl. außerdem die jüngste Bayreuther Inszenierung Wolfgang Wagners aus dem Jahre 1981 mit Hermann Prey.

9 Vgl. Dieter Borchmeyer, Das Theater Richard Wagners, Idee-Dichtung-Wirkung, Stuttgart 1982, S. 228.

10 So zuerst Wapnewski, in: Richard Wagner – Die Szene und ihr Meister, a. a. O., S. 73; dann noch prononcierter: Hans Mayer, Parnaß und Paradies. Anmerkungen zu den „Meistersingern von Nürnberg", in: ders., Versuche über die Oper, Ffm 1982, S. 119 ff. Diese Arbeit ist ein leicht veränderter Abdruck des gleichnamigen Aufsatzes in: Programmheft der Bayrischen Staatsoper zur Neuinszenierung der „Meistersinger von Nürnberg", München 1979, S. 23–38, künftig zitiert als „Programmheft".

11 Am extremsten bei Norbert Schöll/Rudolf Weber, Richard Wagners „Meistersinger von Nürnberg" – ein Beispiel deutscher Ideologie, in: Zeitschrift für Musikpädagogik, 1978, S. 11–21. Die ideologische Zurechnung von und kritische Abrechnung mit Wagners Sachsgestalt erfolgt etwas zu leichtfüßig; – so, wenn die Autoren schreiben: „... die (Schluß-)Szene muß Sachs ein innerer Reichsparteitag gewesen sein!" (S. 12). Schöll und Weber deuten die „Meistersinger" als Apologie des Bürgertums. Beckmesser sei „Aufstiegsbürger" und Repräsentant „bourgeoisen Geldsinns" (S. 13) im Gegensatz zum idealischen Selbstverständnis des Bürgertums im 19. Jahrhundert, das in Sachs verkörpert werde. Einen Beleg allerdings für Beckmessers angeblich „bourgeoisen Geldsinn" sucht man bei Schöll/Weber vergeblich.

12 Günther Reiß, Schuhmacher und Poet dazu. Anmerkungen zur Kunst der Meister in Richard Wagners Meistersingerkomödie, in: Carl Dahlhaus (Hrsg.), Das Drama Richard Wagners als musikalisches Kunstwerk, Regensburg 1970, S. 295. Reiß zufolge repräsentiert sich in Sachs „jener Zustand v o r dem Sündenfall, der Kunst und Wirklichkeit zu einer untrennbaren Einheit verschmilzt" (ebd.).

13 Borchmeyer, Das Theater Richard Wagners, a. a. O.

14 Horst Brunner, Spießbürgerschaft und produktiver Volksgeist. Gervinus und die Entstehung der „Meistersinger", in: Programmheft IV der Bayreuther Festspiele 1982, S. 19–34.

15 Friedrich Nietzsche, Unzeitgemäße Betrachungen, in: Werke (Ed. Schlechta), München 1969[6], Bd. 1, S. 409.

16 Andere Quellen wie Johann Christoph Wagenseils Chronik „Von der Meister-Singer Holdseligen Kunst" (1697) gaben lediglich Details, Requisiten und das Kolorit des altdeutschen Zunftbetriebs; vgl. Karl Friedrich Baberadt, Hans Sachs im Andenken der Nachwelt. Ein Beitrag zur Hans-Sachs-Literatur, Halle 1906, S. 27.

17 Barbara Könneker, Hans Sachs, Stuttgart 1971, S. 70.

18 Adam Müller aktualisiert im Kontext der Freiheitskriege Sachs als „germanischen Nationaldichter": „Ich habe Hans Sachs und seine Werke besonders beachtet, um von neuem darzutun, wie die politische oder die ökonomische, und die poetische Existenz einander beständig bedingen, um zu zeigen, wie unziemlich die Gleichgültigkeit der Dichter und Freunde der Poesie gegen den gesellschaftlichen Zustand von Deutschland erscheinen muß. Die Kunst werdet ihr nicht eher im Fortschreiten erblicken, ehe ihr euch nicht um das Fortschreiten des politischen Lebens des Landes, in dessen Sprache ihr dichtet, bekümmert, ehe euch sein Gedeihen nicht am Herzen liegt wie dem Hans Sachs das Gedeihen von Nürnberg und den griechischen Tragikern das Wohl des athenischen Gemeinwesens am Herzen liegt.

Allen Dichtern und Propheten früherer Zeit, die ihr neueren deutschen Dichter mit so vielem Glücke übertragen und nachgeahmt, fehlt noch das eine wesentlichste: nämlich, daß sie nun auch e i n g e b ü r g e r t werden in den Staat von Deutschland, versöhnt mit dem Treiben des wirklichen Lebens, das ihr nur verachten könnt, weil euch hier euer poetischer Geist versagt, dem es, da er Steine beleben kann, ein kleines sein müßte, auch in den trockensten Mechanismen der bürgerlichen Geschäfte das ewige Leben der Wissenschaft und Kunst zu hauchen." (Vgl. Adam Müller, Dresdner Vorlesung (1806), in: Benz, Lebenswelt der Romantik, a. a. O., S. 84.)

19 Friedrich Schlegel, Geschichte der alten und neuen Literatur. Vorlesungen gehalten zu Wien im Jahre 1812, hrsg. v. Marie Speyer, Regensburg 1911, S. 202.

20 Vgl. Baberadt, a. a. O., S. V–VI.

21 Vgl. Ferdinand Eichler, Das Nachleben des Hans Sachs vom 16. bis ins 19. Jahrhundert. Eine Untersuchung zur Geschichte der deutschen Literatur, Leipzig 1904, S. 228 f.

22 Siehe unten 3. Kapitel.

23 Ebd.

24 „Der Verfasser war Gelehrter und Dichter, und sein vielgelesenes Buch gehört jenem Zwischenbereich an, in das die Grenzen von Wissenschaft und Dichtung verlaufen ... Hagen ist der erste Kunsthistoriker an der Universität Königsberg, der Begründer ihrer Kupferstichsammlung, des Stadtmuseums und der Gesellschaft ‚Prussia' gewesen. Seine Kunstanschauungen stammten aus der Zeit des alten Goethe, er kannte Tieck, Jean Paul, Schelling, Niebuhr, Cornelius, er war, wie die Romantiker, in Nürnberg, Erlangen, München und in Italien gewesen. Hagen traf in seinen Nürnberger Novellen den Chronikton des 16. Jahrhunderts so gut, daß eine Zeitlang seiner Fiktion geglaubt wurde, die Künstlernovellen seien einer Handschrift Jacob Hellers entnommen, die Hagen in einem Folianten Dürers auf der Königsberger Bibliothek gefunden haben wollte." (Wilhelm Waetzold, Dürers Gestalt in der deutschen Dichtung, in: Zeitschrift des deutschen Vereins für Kunstwissenschaft III, 1936, S. 129.)

25 August Hagen, Norica – das sind Nürnbergische Novellen aus alter Zeit. Nach einer Handschrift des 16. Jh. herausgegeben, 2. Aufl., Leipzig 1855, S. III. Eine Motivverwandtschaft zwischen Hagens Erzählungen und Wagners „Meistersingern" sei hier stellvertretend für andere erwähnt. In der Novelle „Die Singschule der Meistersinger. Hans Sachs in der Schenke" erscheint der Schusterdichter während einer Sitzung der Nürnberger Meistersingerzunft, und nachdem er das Lob Dürers gesungen, heißt es: „So sang der Poet und die Gegner schwiegen. Voll innern Wohlgefallens klopfte ich ihm auf die Schulter und gab ihm zu verstehen, daß er mir wie aus der Seele gesprochen. Alle zollten ihm Beifallsbezeigungen und Michael Behaim war nicht der Letzte. Er nahm sich den Kranz ab und setzte ihn Hans Sachsen aufs Haupt, Nürnbergs kunstreichem Schuster." (Vgl. Hagen, a. a. O., S. 230 f.) Die Parallele zum Schlußbild der Wagnerschen „Meistersinger" ist deutlich. Als Ahnherr Beckmessers kann Hagens Nürnberger Stadtschreiber gelten (vgl. ebd., S. 188 f.).

26 Vgl. die Erzählung „Der störrische Schuster. Der Herrenkeller", in: Hagen, a. a. O., S. 135 ff.

27 Vgl. die Erzählung „Albrecht Dürer's Erinnerungsbuch", in: Hagen, a. a. O., S. 74.

28 Ebd.

29 Siehe unten S. 68 ff.

30 Hagens „Norica" befinden sich auch noch nicht in seiner Dresdner Bibliothek (vgl. Curt von Westernhagen, Richard Wagners Dresdner Bibliothek. 1842 bis 1849, Wiesbaden 1966).

31 Vgl. Friedrich Furchau: Hans Sachs, Bd. I, Leipzig 1820, S. 159. Zu Wagners Furchau-Lektüre vgl. Westernhagen, a. a. O., S. 21. Zur Tieck-Lektüre vgl. ebd., S. 106. In der Tieck-Gesamtausgabe, die zu Wagners Dresdner Bibliothek gehörte, war der „Tischlermeister" aber noch nicht enthalten. Zur Zunftverklärung im „Grünen Heinrich" vgl. ebd., Bd. III, 6. Kapitel (erste Fassung); zu Tiecks Zunftapologetik vgl. „Der junge Tischlermeister", in: Tieck, Romane, Darmstadt 1978, S. 242 ff. Siehe hierzu auch unten S. 92 ff. u. S. 106 ff.

32 Vgl. Baberadt, a. a. O., S. 8 ff.

33 Im Jahre 1828 sieht Wagner eine Aufführung des Stücks.

34 Hans Sachs, Komische Oper in drei Akten. Nach Deinhardsteins Dichtung gleichen

Namens frei bearbeitet von Philipp Reger, Musik von Albert Lortzing, Universaledition Wien-Leipzig o. J. (künftig zit. als: Lortzing).

35 Vgl. Die Meistersinger von Richard Wagner. Die Rezeptionsgeschichte einer Oper von 1868 bis heute, hrsg. vom Germanischen Nationalmuseum Nürnberg, Ausstellungskatalog 1981, S. 74 ff.

36 Vgl. Lortzing, a. a. O., S. 83 f.: „Wie Gold sich durch Karate steigert, womit man gerne sich bereichert, so fand der weise Rath der Stadt in mir den Kopf der Goldwerth hat ... Mein Wirken und mein Streben soll alles neu beleben, der Handel soll florieren, die Wissenschaft brilliren, und Künste wie Gewerke gewinnen neue Stärke ...".

37 Dies wird in der Forschung oft übersehen. Borchmeyer (a. a. O., S. 330 f.) und Mayer verhalten sich erstaunlich unkritisch zu Hofmannsthals Dictum von den „homerischen Meistersingern" und zu seiner These von der Verwandtschaft zwischen „Rosenkavalier" und „Meistersingern", die darin liege, daß der „Rosenkavalier" ebenfalls eine „ganze Stadtwelt", eine „Totalität" lebendig werden lasse, „vom Palast durch die Lakaienwelt zum Bauernhof" (vgl. Hofmannsthal, a. a. O.). Hans Mayer beruft sich auf diese Briefstelle und bekräftigt: „Die ‚Meistersinger' vermitteln deutsche bürgerliche Lebenswirklichkeit" (ders., Wagner in Selbstzeugnissen und Bilddokumenten, Hamburg 1959, S. 128).

38 Wagner, Die Meistersinger ..., a. a. O., S. 53 f.

39 Lortzing, S. 36.

40 Ebd., S. 64.

41 Ebd., S. 46.

42 Ebd., S. 79.

43 Ebd., S. 80.

44 Ebd., S. 119.

45 Ebd., S. 107.

46 Ebd., S. 88.

47 Ebd., S. 137.

48 Vgl. Heinz Schirmag, Das erste Auftreten des Proletariats als Klasse in der deutschen Opernliteratur des 19. Jahrhunderts: neue Aspekte für die Gewinnung eines realistischen Lortzingsbildes aus der Sicht der Lortzing-Oper „Regina", Diss. Pädagogische Hochschule Potsdam 1968. Schirmag unterstreicht Lortzings „Fortschrittlichkeit", die sich auch in seinen Opernstoffen niederschlägt: Das Liederspiel „Der Pole und sein Kind" ist durch die Parteinahme für die polnischen Aufständischen, die Oper „Ali Pascha" durch den Befreiungskampf der Griechen angeregt. Nicht zufällig wurden sowohl „Der Pole und sein Kind" als auch Lortzings Singspiel „Andreas Hofer" verboten.

49 Mayer, Wagner ..., a. a. O., S. 128. Zur Realgeschichte Nürnbergs vgl.: Nürnberg – Geschichte einer europäischen Stadt, unter Mitwirkung zahlreicher Fachgelehrter hg. von G. Pfeiffer, München 1971, S. 191 ff.

50 Könneker, S. 4: „Als Handwerker hatte Sachs zu den geistig führenden Männern Nürnbergs, die sich vor allem um Willibald Pirkheimer ... gesammelt hatten und durch ihn Verbindung zu den berühmtesten Humanisten der Zeit unterhielten, selbstverständlich keinen Zugang ... Auch zu Dürer, mit dem man ihn oft verglichen ... hat, stand er in keiner Beziehung."

51 Wapnewski, Richard Wagner – Die Szene ..., a. a. O., S. 69.

52 Vgl. Ausstellungskatalog 1981, a. a. O., S. 74 ff.

53 Wapnewski, Richard Wagner – Die Szene ..., a. a. O., S. 69.

54 Baberadt, a. a. O., S. 14.

55 Siehe unten S. 106 ff.

56 Vgl. Dürers Gloria. Kunst – Kultur – Konsum, Ausstellungskatalog der Kunstbibliothek Staatliche Museen Preußischer Kulturbesitz, Berlin 1971. Auch Lortzings Oper „Zar und Zimmermann" gestaltet in Peter I. das Bild des aufgeklärten volksnahen Herrschers.

57 Die Idee eines Volkskaisertums bei gleichzeitiger Entmachtung des Adels und Großbürgertums findet sich auch in den politischen Programmen der Vormärzjahre, etwa bei Jahn und zeitweilig bei Weidig.

58 Richard Wagner, Entwürfe zu „Die Meistersinger von Nürnberg" – „Tristan und Isolde" – „Parsifal", mit einer Einführung von Hans von Wolzogen, Leipzig 1907, S. 72 (künftig zitiert als Entwürfe ...).

59 Lortzings komisch eingefärbtes Bild des hierarchischen, sich feudalisierenden Großbürgertums Altnürnbergs ist bei Wagner in milderes Licht gerückt: Die Tochter hat das letzte Wort bei der Wahl des Bräutigams. Im 45er-Entwurf hat sogar das Volk den Ausschlag bei der Siegerwahl (Entwürfe ..., a. a. O., S. 51). In den Spätfassungen verweigern die „Meister" dem „Volk" das Mitspracherecht bei der Meistersinger-Kür, doch nicht aus Standesdünkel wie bei Lortzing, sondern aus Gründen der Kunstgelehrsamkeit (Entwürfe, a. a. O., S. 73).

60 Richard Wagners Meistersingerplan, aus: Ders., Eine Mitteilung an meine Freunde, in: Richard Wagners Gesammelte Schriften, hg. von Julius Kapp, Bd. 1, S. 113–116, Leipzig o. J.

61 Entwürfe ..., a. a. O., S. 61.

62 Ebd., S. 52.

63 Ebd., S. 53.

64 Ebd.

65 Ebd., S. 56.

66 Ebd., S. 51.

67 Ebd., S. 63.

68 Ebd., S. 53.

69 Richard Wagners Meistersingerplan, a. a. O.

70 Entwürfe ..., a. a. O., S. 60.

71 Ebd., S. 62.

72 Ebd.

73 Ebd., S. 67.

74 Ebd., S. 61 f.

75 Georg Gottfried Gervinus, Geschichte der poetischen Nationalliteratur der Deutschen, Bd. V, Leipzig 1844 (2. Aufl.), S. 733 ff.

76 Vgl. Karl Heinz Götze, Grundpositionen der Literaturgeschichtsschreibung im Vormärz, Frankfurt/M. 1979, S. 276.

77 Vgl. Brunner, a. a. O., sowie Borchmeyer, a. a. O., S. 209.

78 Wagner, Entwürfe ..., a. a. O., S. 62.

79 Vgl. Just, a. a. O.

80 Nicht nur jubelt dieses ihm am Ende zu, er selber übt einen „großen Einfluß aufs Volk" (vgl. Entwürfe ..., a. a. O., S. 63) aus.

81 E. T. A. Hoffmann, Die Serapionsbrüder, a. a. O., S. 416.

82 Ebd., S. 462.

83 Ebd.

84 Wagner, Die Meistersinger ..., a. a. O., S. 84. Der hier präsentierte Text der „Meistersinger" stimmt mit dem der zur Zeit im Erscheinen begriffenen Neuedition in der Richard-Wagner-Gesamtausgabe überein. Diese rekurriert auf die Partitur.

85 Ebd., S. 84.

86 Ebd., S. 85.
87 Mayer, Parnaß und Paradies, Programmheft. . ., a. a. O.
88 Wackenroder/Tieck, Herzensergießungen. . ., a. a. O., S. 109.
89 Ebd., S. 125.
90 Arnim, Die Kronenwächter. Erster Band: Bertholds erstes und zweites Leben, a. a. O., S. 591 f.
91 Hoffmann, Meister Martin. . ., a. a. O., S. 466.
92 Ebd., S. 471.
93 Wackenroder/Tieck, a. a. O., S. 107 f.
94 Wagner, Die Meistersinger. . ., a. a. O., S. 85.
95 Ebd., S. 76.
96 Auch der Maler Antonio aus „Signor Formica", einer für die „Meistersinger" ebenfalls einflußreichen Hoffmann-Novelle (vgl. Wilhelm Altmann: Zur Geschichte der Entstehung und Veröffentlichung von Richard Wagners „Die Meistersinger von Nürnberg", in: Richard-Wagner-Jahrbuch, hrsg. von Ludwig Frankenstein, Bd. 5, Berlin 1913, S. 87–137), spielt mit diesem Motiv – allerdings eher ironisch und in Form eines literarischen Selbstzitates Hoffmanns: „Ich dachte in Eure Marianne verliebt zu sein" – so der Maler zu Capuzzi – „und erblickte in ihr doch nur ein schönes Modell zu meiner Magdalena (gemeint ist sein Gemälde der Maria Magdalena, B. S.). Daher mag es denn kommen, daß Marianne mir, nachdem ich das Gemälde vollendet, ganz gleichgültig geworden ist!" (In: Die Serapionsbrüder, a. a. O., S. 800) Was Sachs und Reinhold von anderen fiktiven Repräsentanten des romantischen Künstlertypus, dem sie zugehören, unterscheidet, ist in beiden Fällen eine gattungsbedingte (bei Hoffmann: märchenhafte, bei Wagner: lustspielhafte), positive Grundierung ihrer Lebenseinstellung, die bei allem Kunstenthusiasmus sie vor einem katastrophalen Scheitern der Lebensführung à la Berglinger oder Cardillac bewahrt.
97 Richard Wagner, Mein Leben, erste authentische Veröffentlichung, München 1963, S. 774.
98 Wapnewski, Der traurige Gott, a. a. O., S. 93.
99 Ebd.
100 Hoffmann, Fantasie- und Nachtstücke, a. a. O.
101 Ebd., S. 415.
102 Mayer, Parnaß und Paradies, in: Programmheft. . ., a. a. O., S. 32.
103 Tieck, Franz Sternbalds Wanderungen. . ., a. a. O., S. 313.
104 Vgl. Wilhelm Müller, Die Winterreise (1823), in: Gedichte, hg. v. J. T. Hatfield, Neudruck Nedeln/Liechtenstein, darin: Erstarrung.
105 Wagner, Mein Leben, a. a. O.
106 Vgl. Ernest Newman, The Life of Richard Wagner, 4 Bde., 1933–1946, Nachdr. 1976, hier: Bd. 3, S. 154 f. und Anm. 29; Martin Gregor-Dellin, Richard Wagner. Sein Leben – sein Werk – sein Jahrhundert, München-Zürich 1980, S. 479.
107 Lortzing, a. a. O., S. 31.
108 Thomas Mann, Brief an Emil Pretorius vom 6. 12. 49, in: ders., Briefe III 1948–1955 und Nachlese, hrsg. v. Erika Mann, Frankfurt/M. 1965.
109 Sein Künstlertum indes ist stärker als das des Lortzingschen Helden mit Wesenszügen des Sturm und Drang, seinem Geniekult und seiner Naturidolatrie, verbunden.
110 Vgl. Hans Mayer, Anmerkungen zu Richard Wagner, Frankfurt/M. 1966.
111 Vgl. Wolfgang Dömling, Hector Berlioz, Die symphonisch-dramatischen Werke, Stuttgart 1979, S. 44.
112 Altmann, Zur Geschichte. . ., a. a. O., S. 87.
113 Elisabeth Teichmann, La fortune d'Hoffmann en France, Genève-Paris 1961. Teich-

mann verweist auf die Verwandtschaft zwischen Hoffmanns Capuzzi und Berlioz' Fieramosca.

114 Solch eine Zurücknahme ist keine schiere Ungereimtheit des Werkes, sondern letztlich dem Gattungsgesetz des Lustspiels gemäß, als welches die „Meistersinger" konzipiert wurden und dem ihre Handlungsdramatik sich fügt. Hegel nannte die Aktionen, Zwecke und Charaktere der Lustspielpersonnage bloß subjektiv, das heißt „an und für sich substanzlos und widersprechend und dadurch unfähig, sich durchzusetzen" (vgl. G. W. F. Hegel, Vorlesungen über die Ästhetik III, Theorie-Werkausgabe Bd. XV, a. a. O., S. 528). Daher bestünde das formgeforderte Ende des Genres in der Auflösung solch subjektivistischer Besonderung. In der Tat stehen in den „Meistersingern" die Bekundungen eines querköpfigen Subjektivismus unter dem Vorbehalt des Komischen; so Stolzings Draufgängertum nicht nur in Sachen Kunst, sondern auch, wenn er anderen ans Leben will: „Den Lung'rer mach' ich kalt" (R. Wagner, Die Meistersinger, a. a. O., S. 83); so Beckmessers starrsinnige Regelorthodoxie, so auch Sachsens Schusterlied, das in einer nächtlichen Prügelei resultiert und das Walther und Eva argwöhnisch kommentieren: „Uns oder dem Merker, wem spielt er den Streich?... Ich fürcht, uns dreien gilt der gleich" (ebd., S. 84).

115 Thomas Mann, Doktor Faustus. Das Leben des deutschen Tonsetzers Adrian Leverkühn erzählt von einem Freunde, Berlin und Frankfurt 1947, S. 212.

116 Wagner, Die Meistersinger..., a. a. O., S. 106 f.

117 Eine konträre Deutung der Szene hat Reiß vorgelegt: Es realisiere sich bereits hier Wagners Utopie einer Kunst-Leben-Einheit (vgl. a. a. O.).

118 Wagner, Die Meistersinger..., a. a. O., S. 106.

119 Ebd., S. 107.

120 Wagner, Brief an Mathilde Wesendonk vom 22. Mai 1862, in: a. a. O., S. 317 f.

121 Weniger eindeutig auf ein Entwicklungsziel hin angelegt sieht Helmut Weidhase die musikalischen Verläufe der Oper. Das thematisch-motivische Gefüge signalisiere bis zuletzt Vieldeutigkeit und Multivalenz des Bühnengeschehens. So kommentiere beispielsweise das Wahnmotiv noch den ‚Wach-auf-Chor' und das ‚Preislied'. Es scheint mir indes, als sei das Wahnmotiv an solchen Stellen eher Reminiszenz an Vergangenes und Überwundenes denn Zurücknahme oder Infragestellung der neu gewonnenen Positivität. In oder nach Sachsens großer Schlußansprache erklingt das Wahnmotiv jedenfalls nicht mehr. Siehe: Helmut Weidhase, Rezeptionsfreiheit als ästhetisches Programm. Zur Gesamtkunstwerk-Poetik Richard Wagners und ihrer Anwendung in den „Meistersingern von Nürnberg", in: Rezeptionsgeschichte oder Wirkungsästhetik. Konstanzer Diskussionsbeiträge zur Praxis der Literaturgeschichtsschreibung, hg. v. Heinz-Dieter Weber, Stuttgart 1978, S. 29–61.

122 Wagner, Die Meistersinger..., a. a. O., S. 76.

123 Ebd., S. 121.

124 Ebd., S. 110.

125 Reiß, a. a. O., S. 298.

126 WALTHER: „Ein schönes Lied, – ein Meisterlied:/ wie fass' ich da den Unterschied?/" SACHS (zart): „Mein Freund, in holder Jugendzeit,/ wenn uns von mächt'gen Trieben/ zum sel'gen ersten Lieben/ die Brust sich schwellet hoch und weit,/ ein schönes Lied zu singen,/ mocht' vielen da gelingen:/ der Lenz, der sang für sie./ Kam Sommer, Herbst und Winters Zeit,/ viel Not und Sorg' im Leben,/ manch' eh'lich Glück daneben:/ Kindtauf', Geschäfte, Zwist und Streit: –/ denen's dann noch will gelingen/ ein schönes Lied zu singen,/ seht: Meister nennt man die!/" WALTHER: „Ich lieb' ein Weib und will es frein,/ mein dauernd Eh'gemahl zu sein. –/" SACHS: „Die Meisterregeln lernt beizeiten,/ daß sie getreulich euch geleiten/ und helfen wohl

bewahren,/ was in der Jugend Jahren/ mit holdem Triebe/ Lenz und Liebe/ euch unbewußt ins Herz gelegt,/ daß ihr das unverloren hegt!/" WALTHER: „Stehn sie nun in so hohem Ruf,/ wer war es, der die Regeln schuf?/" SACHS: „Das waren hochbedürft'ge Meister,/ von Lebensmüh' bedrängte Geister:/ in ihrer Nöten Wildnis/ sie schufen sich ein Bildnis,/ daß ihnen bliebe/ der Jugendliebe/ ein Angedenken, klar und fest,/ dran sich der Lenz erkennen läßt. –/" WALTHER: „Doch, wem der Lenz schon lang' entronnen,/ wie wird er dem im Bild gewonnen?/" SACHS: „Er frischt es an, so gut er kann/ drum möcht' ich, als bedürft'ger Mann,/ will ich die Regeln euch lehren,/ sollt ihr sie mir neu erklären. –/ Seht, hier ist Tinte, Feder, Papier:/ ich schreib's euch auf, diktiert ihr mir!/" WALTHER: „Wie ich's begänne, wüßt ich kaum./" SACHS: „Erzählt mir euren Morgentraum./" WALTHER: „Durch eurer Regeln gute Lehr'/ ist mir's, als ob verwischt er wär'./" SACHS: „Grad' nehmt die Dichtkunst jetzt zur Hand:/ Mancher durch sie das Verlor'ne fand./" WALTHER: „So wär's nicht Traum, doch Dichterei?/" SACHS: „sind Freunde beid' stehn gern sich bei./" WALTHER: „Wie fang' ich nach der Regel an?/" SACHS: „Ihr stellt sie selbst und folgt ihr dann./" (Wagner, Die Meistersinger..., a. a. O., S. 109 f.)

127 Wagner, Die Meistersinger..., a. a. O., S. 55.

128 Ebd.

129 Vgl. Walter Jens, Natur und Kunst: Richard Wagners „Die Meistersinger von Nürnberg". Ein rhetorisches Lehrstück, in: Programmheft IV der Bayreuther Festspiele 1982, a. a. O., S. 1–15.

130 Sachsens Kehrtwendung von der Polemik gegen die Meister zur Bejahung der Zunft hat ihr Komplement in einem innerdramatischen Funktionswandel Beckmessers. Aus dem pedantisch-doktrinären „Über-Meister" wird der „Nicht-Meister", denn sein Liedvortrag auf der Johanniswiese läßt – drastischer als jemals zuvor Walther von Stolzing – alle Prinzipien strengen Meistergesangs hinter sich (auf diesen Sachverhalt stützte sich Blochs These vom Avantgardekünstler). Er ist am Ende nicht mehr der überangepaßte Merker, sondern der ‚out-drop'. Damit die Zunft im Finale in verklärendem Lichte erscheinen kann, soll ihre Idealität nicht länger wie noch zu Beginn durch ihr karikaturistisches Spiegelbild Beckmesser herabgemindert werden, muß der Merker nunmehr als der Prototyp des Zunftfremden und Unmeisterlichen erscheinen.

131 Thomas Mann, Leiden und Größe Richard Wagners, in: Ges. Werke IX, S. 364–426.

132 Wapnewski, Richard Wagner – Die Szene ..., a. a. O., S. 54.

133 Mayer, Parnaß..., in: Programmheft ..., S. 30.

134 Ebd., S. 38 (in der leicht veränderten Fassung dieses Aufsatzes, in: Versuche über die Oper, a. a. O., ist der letzte Satz gestrichen).

135 Entwürfe, a. a. O., S. 132.

136 Vgl. Eugen Mehler, Die Textvarianten der Meistersingerdichtung, in: Richard-Wagner-Jahrbuch, hg. v. Ludwig Frankenstein, Bd. V, Berlin 1913, S. 227. Die zitierte Passage entfiel 1867 zugunsten der „Habt Acht!"-Passage.

137 Wagner, Die Meistersinger..., a. a. O., S. 138.

138 Ebd.

139 Ebd., S. 177.

140 Ebd., S. 138.

141 Eine andere Lesart dieses szenischen Vorgangs ist denkbar, wenn man Wagner eine Anspielung auf die ihm zweifellos aus Wagenseils Chronik bekannten Meistersingerriten unterstellen wollte. Den Quellen zufolge wurde dem Gewinner des Preissingens eine Kette, dem Zweitplazierten dagegen ein Kranz verliehen. Dieser Symbolik zufolge wäre – nachdem Stolzing die Kette erhalten hat – Sachs durch die Kranzverleihung nicht über Stolzing erhoben, sondern an den 2. Platz verwiesen. Diese Interpretation

bleibt indes akademisch, da der Opernzuschauer über diese spezielle Bedeutung nichts wissen kann und immer mit der Bekränzung Sachsens dessen Erhöhung verbinden wird. Symbolische Bedeutungen, die erst durch Quellenstudien oder durch Anfragen bei germanistischen Instituten zu entschlüsseln sind, bleiben auf der Bühne sinnlos.

142 Wapnewski, Richard Wagner – Die Szene..., a. a. O., S. 72 f.

143 Wagner, Die Meistersinger..., a. a. O., S. 138.

144 „...zerfällt erst ...welschen Tand sie pflanzen uns in deutsches Land..." (ebd., S. 138).

145 Es ist an die Bedingung intakter Überlieferungszusammenhänge geknüpft: „...und gebt ihr ihrem (= der Meister, B. S.) Wirken Gunst,/ zerging in Dunst/ das heil'ge röm'sche Reich/ uns bliebe gleich/ die heil'ge deutsche Kunst!" (Ebd., S. 138 f.)

146 Brief vom 14. 7. 1866, in: König Ludwig – Richard Wagner. Briefwechsel, Karlsruhe 1936, Bd. II, S. 70.

147 Vgl. Richard Wilhelm Stock, Richard Wagner und die Stadt der Meistersinger, Nürnberg 1938, S. 23.

148 Vgl. ebd., S. 13.

149 Brief an Ludwig II. vom 24. 7. 1866, a. a. O., Bd. II, S. 78.

150 Brief an H. v. Bülow vom 20. 1. 1866, zit. in R. W. Stock, a. a. O., S. 56 f.

151 Hölderlin, Hyperion oder der Eremit in Griechenland, a. a. O., S. 151.

152 Thomas Mann wies darauf hin, daß Wagners Kompositionen, anders als die Schuberts, Brahms', Mahlers oder Bergs, zur Volksmusik keinerlei Beziehung unterhielten (vgl. Thomas Mann, Leiden und Größe Richard Wagners, GW IX, S. 363–426).

153 Eine differenziertere Rettung der Wagnerschen Meistersinger vor dem Vorwurf penetranter Deutschtümelei hat Reinhold Brinkmann unternommen. (Vgl. Reinhold Brinkmann, Über das Kern- und Schlußwort der Meistersinger, in: Programmheft..., a. a. O.) Brinkmann konstatiert, daß die Propagandasätze von 1867, die Wapnewski und Mayer gar nicht erst zitieren, zum Gesamtgehalt der Oper nicht organisch vermittelt, sondern nachträglich aufmontiert seien. Er bemerkt, „daß die Sphäre des Deutschen, des Reichs in der musikalisch-dramatischen Konfiguration der Meistersinger nicht durch eine eigene Motivik ausgezeichnet ist (...) Kompositorisch separiert sie [die Habt Acht!-Passage, B. S.] sich von ihrer Umgebung, weil sich ihr Textmotiv nicht auf ein eigenes musikalisches beziehen kann." (S. 83) Hinsichtlich des musikalischen Beziehungsgeflechtes ist Brinkmanns These von der Exterritorialität der Sachsschen Schlußsentenzen zweifellos zutreffend, sie kann aber nicht ohne weiteres auf den Textzusammenhang übertragen werden: die Entgegensetzung von deutscher Kunst der Meister und „welschem Tand" ist bereits in der 62er Versfassung im Gegensatz Sachs-Beckmesser präfiguriert. Die Widersprüchlichkeit der Beckmessergestalt, die kein irgendwie deutliches Profil auszeichnet (man halte sich gegenwärtig, daß ein Stadtschreiber der alten Reichsstadt Nürnberg, in der Regel eine grundgelehrte Respektsperson, in deren Hand ein Großteil der Geschicke der Reichsmetropole lagen, des Lesens unkundig sein soll), ist nur aus Wagners Intention erklärlich, den Intellektuellen mit lateinischem Vornamen, der von Deutschtum und vom Volk sich absondert und mit gleichsam gestohlenem Kunstmaterial sein manieriertes Spiel zu treiben sucht, dem Publikumsgelächter auszusetzen. Wagners Utopie der Versöhnung von Volk und Kultur ist nicht frei von Regression in Kollektivzwang.

154 Adorno, Versuch über Wagner, a. a. O., S. 129 f.

155 Daß Wagner eifriger Tieck-Leser war, bezeugt schon seine Dresdner Bibliothek, vgl. Westernhagen, a. a. O.

156 Tieck, Der junge Tischlermeister, a. a. O., S. 244.

157 Ebd., S. 301.

158 Verkürzend ist die Auffassung der „Novelle“ in: Jürgen Jacobs, Wilhelm Meister und seine Brüder. Untersuchungen zum deutschen Bildungsroman, München 1972, S. 151 ff. Jacobs zufolge geht es Tieck „um den Weg von einer gesicherten Position durch im Grunde harmlose Verwirrungen zur friedlichen Rückkehr“ (S. 152). Ebenso schon: Rudolf Lieske, Tiecks Abwendung von der Romantik, Berlin 1933, S. 139. Anders: Jörg Hienger, Romantik und Realismus im Spätwerk Ludwig Tiecks, Phil. Diss. Köln 1955. Ihm zufolge geht es Tieck um ein „Äquilibrium von Zucht und Rausch“, das mit Hilfe einer planvollen „Diätetik der Seele“ herzustellen sei (S. 213).

159 Tieck, Tischlermeister, a. a. O., S. 538.

160 Ebd., S. 263. Vgl. zu Tiecks Liberalismuskritik auch: Christian Gneuss, Der späte Tieck als Zeitkritiker (= Literatur in der Gesellschaft, Bd. 4), Düsseldorf 1971, S. 77 f. sowie: Joachim Worthmann, Probleme des Zeitromans. Studien zur Geschichte des deutschen Romans im 19. Jahrhundert, Heidelberg 1974, S. 39 ff.

161 Tieck, Tischlermeister, S. 301.

162 Ebd., S. 260.

163 Ebd., S. 263.

164 Ebd., S. 209.

165 Ebd., S. 489.

166 Eine interessante Motivverwandtschaft zwischen Tiecks Novelle und Wagners Oper liegt darin, daß der Tischlermeister während seines Aufenthaltes in Nürnberg, das er mit Wackenroderschen Augen als eine altdeutsche Idylle wahrnimmt, Zeuge einer Prügelei wird, deren Opfer ein vermeintlicher Jude ist (a. a. O., S. 488).

167 Vgl. Frank, Der kommende Gott ..., a. a. O.

168 Ebd., S. 226 ff.

169 Richard Wagner, Die Kunst und die Revolution, in: Sämtliche Schriften und Dichtungen, Leipzig o. J., Bd. III, S. 265.

170 Ders., Das Kunstwerk der Zukunft, in: Sämtliche Schriften ..., a. a. O., S. 132 ff.

171 Tieck, Der junge Tischlermeister ..., a. a. O., S. 207.

172 Vgl. Schlaffer, Exoterik und Esoterik in Goethes Romanen, a. a. O.

173 Vgl. Fritz Martini, Deutsche Literatur im bürgerlichen Realismus 1848–1898, dritte, mit einem ergänzenden Nachwort versehene Auflage, Stuttgart 1974, bes. S. 17 ff. Zuletzt: Fritz Martini, Neue Realismusforschungen. Eine Übersicht, in: ZfDPh 101 (1982), H. 2, S. 262–285.

174 Friedrich Sengle, Biedermeierzeit. Deutsche Literatur im Spannungsfeld zwischen Restauration und Revolution 1815–1848, 3 Bde., Stuttgart 1971 ff., hier: Bd. II: Die Formenwelt, S. 894.

175 Ders., a. a. O., Bd. III: Die Dichter, S. 1039.

176 Ders., a. a. O., Bd. II, S. 894.

177 Jochen Schmidt, Die Krise der romantischen Subjektivität: E. T. A. Hoffmanns Künstlernovelle „Der Sandmann“ in historischer Perspektive, in: Literaturwissenschaft und Geistesgeschichte, Festschrift für Richard Brinkmann, Tübingen 1981, S. 348–370, hier: S. 351 ff.

178 Herbert Marcuse, Der deutsche Künstlerroman, in: Schriften I. Frankfurt/M. 1978, S. 155. Vgl. auch meine Kritik an Marcuses Begriffsapparat, in: Schubert, Der „ästhetische Gottesbeweis“ ..., a. a. O.

179 Sengle, a. a. O.

1 Thomas Roffler, Gottfried Keller. Ein Bildnis, Frauenfeld/Leipzig 1931, S. 176.
2 Marcuse, Der deutsche Künstlerroman, a. a. O., S. 324.
3 Ebd., S. 330.
4 Ebd., S. 228.
5 Vgl. ebd., S. 157.
6 Ebd., S. 330.
7 Ebd., S. 228.
8 Otto Stoessl, Gottfried Keller (Die Literatur, Sammlung Brandes, Bd. 10), Berlin 1904, S. 53 f. Erstmals wird Keller in Briefen von Theodor Storm als „Meister Gottfried" tituliert. Hier allerdings ist – noch ohne lebensweltliche Konnotationen – in einem metaphorischen Sinne seine Könnerschaft gemeint (vgl.: Der Briefwechsel zwischen Theodor Storm und Gottfried Keller, hrsg. v. Albert Köster, Berlin 1924 (4. Aufl.), S. 38, 82 und 102).
9 Vgl. Heinz Lüdecke/Susanne Heiland, Dürer und die Nachwelt. Urkunden, Briefe, Dichtungen und wissenschaftliche Betrachtungen aus vier Jahrhunderten, Berlin 1955, S. 408. Vgl. dazu auch: Gerhard Kratzsch, Kunstwart und Dürerbund. Ein Beitrag zur Geschichte der Gebildeten im Zeitalter des Imperialismus, Göttingen 1969.
10 Momme Nissen, Dürer als Führer, in: Der Kunstwart, 17. Jg. (1904), 15, S. 93–102, hier: S. 99.
11 Georg von Lukács, Bürgerlichkeit und l'art pour l'art. Theodor Storm, in: Die Seele und die Formen, a. a. O.
12 Georg Lukács, Werke Bd. 7: Deutsche Literatur in zwei Jahrhunderten, Neuwied–Berlin 1964, S. 369 ff.
13 Thomas Mann, Betrachtungen eines Unpolitischen, a. a. O., S. 68 ff.
14 Ders., (Über Theodor Storm), G. W. XIII, a. a. O., S. 33. Vgl. auch: Ders., Ein Wort über Gottfried Keller, in: G. W. X, S. 848 f.: „Was wir Deutschen unter Meistertum verstehen, wobei Erinnerungen an unsere beste und nationalste Epoche, städtisch-mittelalterliche Erinnerungen und Empfindungen unfehlbar anklingen, hier finden wir es in seiner Frömmigkeit, Schalkheit, Biederkeit und Genauigkeit."
15 Marcuse, a. a. O., S. 324.
16 Vgl. zuletzt die im übrigen sorgfältige bibliographische Studie von Hermann Boeschenstein: Gottfried Keller, 2. Aufl., Stuttgart 1977. Sie läßt die einstigen Legendenbildungen um den „Handwerksmeister" Keller unerwähnt.
17 Walter Muschg, Umriß eines Gottfried-Keller-Porträts, in: Ders.: Gestalten und Figuren, Bern 1968, S. 148–208.
18 Walter Benjamin, Gottfried Keller, Zu Ehren einer kritischen Gesamtausgabe seiner Werke (1927), in: Angelus Novus, S. 384–395.
19 Vgl. Gerhard Kaiser, Gottfried Keller. Das gedichtete Leben, Frankfurt/M. 1981, S. 137.
20 Vgl. Marcuse, a. a. O., S. 230.
21 Vgl. Kaiser, a. a. O.
22 Vgl. Emil Ermatinger, Gottfried Kellers Leben, Zürich 1950, S. 577 ff.
23 Den folgenden Ausführungen liegt mein Aufsatz zugrunde: Die Idealität des Alt-Bürgerlichen in Gottfried Kellers „Der grüne Heinrich", in: Jahrbuch der Jean-Paul-Gesellschaft 1984, S. 85–119.
24 Ricarda Huch, Gottfried Keller, Leipzig o. J., S. 48.
25 Vgl. Muschg, a. a. O., S. 148 f.

26 Ebd., S. 174.
27 Ebd., S. 176.
28 Nicht mehr Realitätsgehalt hat der Versuch, die Gültigkeit solcher Stilisierungen durch den Hinweis zu erschleichen, Keller habe sich, vergleichbar dem späteren Beispiel Thomas Manns, in seinem Selbstverständnis und Lebensprogramm zur „Bürgerlichkeit" bekannt. Marcuse schreibt: „Keller selbst hat auf ihre (gemeint ist die Staatsschreibertätigkeit, B. S.) symbolische Bedeutung hingewiesen, indem er sie die Anlehnung des Künstlers an die ‚solide Bürgerlichkeit' nennt." (Marcuse, a. a. O., S. 218.) In Wahrheit aber spricht Keller in der von Marcuse zitierten Passage seiner Lebenserinnerungen die Unvereinbarkeit von Künstlertum und bürgerlichem Beruf nur zu deutlich aus: „Indem ich während jener Zeit die Stelle eines Staatsschreibers des Kantons Zürich versah, befolgte ich den bekannten Rat, dem poetischen Dasein eine sogenannte bürgerlichsolide Beschäftigung unterzubreiten. Glücklicher Weise war es aber weder eine ganze noch eine halbe Sinekure, so daß keine von beiden Tätigkeiten nebensächlich betrieben werden konnte und das Experiment in Gestalt einer langen Pause vor sich gehen mußte, während welcher die eine Richtung fast ganz eingestellt wurde." (Sämtliche Werke, hrsg. v. J. Fränkel u. C. Helbig, Zürich–München 1926, Bd. 21, S. 9) Zwar bewundert Keller an anderen die bürgerlich-handwerkliche Geradlinigkeit der Arbeitsweise und nennt Storm – Lukács verweist eindringlich darauf – „den stillen Goldschmied und silbernen Filigranarbeiter" (Lukács, a. a. O., S. 133). Aber sich selbst kann er, der Stockungen und Schwankungen seiner Produktivität wegen, keineswegs als den Handwerkerkünstler begreifen, der wie Hans Sachs Dichter und arbeitsamer Bürgersmann gleichzeitig war. 1874 schreibt er noch an Emil Kuh: „Meine Faulheit, von der Sie nachsichtig schreiben, ist eine ganz seltsame pathologische Arbeitsscheu in puncto litteris. Wenn ich darin bin, so kann ich große Stücke hintereinander wegarbeiten bei Tag und Nacht. Aber ich scheue mich oft Wochen, Monate, Jahre, den angefangenen Bogen aus seinem Verstecke hervorzunehmen und auf den Tisch zu legen (...)" (An Emil Kuh, 6. 12. 1874, in: Gesammelte Briefe in vier Bänden, hrsg. v. Carl Helbig, Bern 1952, Bd. 3.1, S. 183).
29 Die Entwicklung der industriellen Gesellschaften, mit Beiträgen von B. M. Biucchi et al., Stuttgart–New York 1977 (= Europäische Wirtschaftsgeschichte, hrsg. von C. M. Cipolla und K. Borchardt, Bd. 4), S. 44. Als Hochphase der industriellen Revolution gelten in der Schweiz die Jahre 1798–1830, in Deutschland 1835/55–1873. In der Schweiz vollzog sie sich allerdings eher im ländlichen Bereich als im städtischen.
30 Hier wie im folgenden wird der „Urheinrich" zugrunde gelegt, zit. nach: Gottfried Keller, Sämtliche Werke, hrsg. v. J. Fränkel u. C. Helbig, Zürich–München 1926, Bde. 16–19; hier: Bd. 17, S. 108.
31 Dürers Gloria. Kunst-Kult-Konsum, Ausstellung der Kunstbibliotheken Staatl. Museum Preuß. Kulturbesitz, Berlin 1971; Jürgen Hohmeyer, Dürer. Anliegen der Nation, in: Der Spiegel, 8. 3. 1971; Nürnberger Dürerfeiern 1828–1928, Ausstellung der Museen der Stadt Nürnberg und des Stadtarchivs Nürnberg, Nürnberg 1971; Jürgen Fredel/Franz-Joachim Verspohl, Zur Kritik der Künstlerideologie in der ersten Hälfte des 19. Jahrhunderts. Die frühen Dürerfeiern, in: Marburger Jahrbuch für Kunstwissenschaft 19/1974, S. 275–289.
32 Anonymus, Aus dem Münchner Kunst- und Künstlerleben. (Fortsetzung) 3, in: Kunstblatt 22/1841, Nr. 58, S. 245–248; Johanna Arntzen, Künstler-Maskenzug in München anno 1840, in: Die ostbairischen Grenzmarken, 16/1927, Nr. 2, S. 26–43; Wolfgang Hartmann, Kaiser Maximilian I. und Albrecht Dürer. Ein Künstlerfest der Spätromantik und sein Anspruch. Nürnberg (Stadtgeschichtl. Museen) 1977; Thomas Stettner, Das Münchner Künstlerfest von 1840 – Eugen Neureuther, Gottfried Keller, in: Monatsberichte über Kunstwiss. und Kunsthandel, 1/1900–01, S. 141–144.

33 Der Zug erscheint im königlichen Residenztheater Münchens während des Maskenballs, bringt ein „Lebe Hoch!" auf den bayerischen König Ludwig aus und bewegt sich nach dessen huldvollem Dank durch die Säle und Korridore der Residenz und durch die Arkaden des Hofgartens in den großen Odeonssaal, wo er sich in eine bis in die Morgenstunden währende Fest- und Tanzveranstaltung auflöst (vgl. Stettner, a. a. O.).

34 Keller, Werke Bd. 18, S. 186.

35 Rudolf Marggraff, Kaiser Maximilian I. und Albrecht Dürer in Nürnberg. Ein Gedenkbuch für die Teilnehmer und Freunde des Maskenzuges der Künstler in München am 17. Februar und 2. März 1840, Nürnberg 1840, S. 3. Diese Chronik war Kellers Quelle für die Beschreibung des Künstlerfestes, an dem er, da er erst einige Wochen später nach München übersiedelte, nicht teilgenommen hat. Marggraff war Stadtschreiber Münchens und Teilnehmer des Festzuges.

36 Keller, Werke Bd. 18, S. 168.

37 Ebd., S. 194.

38 Die Zünfte – so heißt es – waren angefüllt mit einer wahren Republik „kraftvoller", „erfindungsreicher" und „arbeitstreuer Handwerks- und Kunstmänner". „Wacker" und „fähig", „fleißig" und „tüchtig", „kunstreich" und „treu" sind die gängigen Epitheta. „Einsicht", „Maß" und „Zierde" verkörpern die Baumeister. Veit Stoß ist ein „mäßiger und stiller Mann" und ein „reines Gemüt". Hans Sachs ist „ehrbar", Georg Weber schließlich ein „trotziger Volksmann", „so genau maßtreffend, sorgfältig und fast zart in seinem Werke, (...) wie es nur die mit frommer Kindesunschuld gepaarte Kraft des Volkes sein kann". (Ebd., S. 166 ff.)

39 Ebd., S. 168.

40 Ebd.

41 Ebd., S. 172.

42 Ebd., S. 156.

43 Ebd., S. 172.

44 Ebd., S. 171.

45 Im modernen Topos vom Verbrecher-Künstler dagegen zerbricht dessen Lebenseinheit über der kriminellen ästhetischen Obsession (vom Mörder Cardillac bis zum Mörder Leverkühn).

46 Keller, Werke Bd. 16, S. 78 ff.

47 Keller, Werke Bd. 18, S. 168.

48 Ebd., S. 176.

49 So in der Zweitfassung des „Grünen Heinrich", vgl. Keller, Werke Bd. 5, S. 196.

50 Keller, Werke Bd. 18, S. 176.

51 In dieser Hinsicht wäre Gerhard Kaisers Auffassung zu relativieren, Keller habe die Vergegenwärtigung der alten Stadtrepublik Nürnberg als „Illusion und Spiel" durchschaut und als „Theater" kritisiert. (Kaiser, a. a. O., S. 202 f.) Kaiser schreibt: „Gottfried Keller (...) decouvriert das Gesamtkunstwerk (= Dürerfest, B. S.) als Theater, wahrer Ausdruck einer scheinhaften Gesellschaft, in deren Irrgarten Lys, der künstlerische Maskenbildner, Heinrich, der künstlerische Tagträumer, und Erikson, der Kunstverkäufer, herumtaumeln." (Ebd., S. 203) Dieser Deutung widerspricht Kellers Auffassung von der organischen Einheit von Darstellern und Dargestellten, von Wesen und Schein im Maskenzug. Daß Lys, Erikson und Heinrich aus dieser Totalität herausfallen, ist im Verstande von Kellers organologischem Volksbegriff nur konsequent, denn sie sind von „ihrer tüchtigen Heimat abgefallen" (Bd. 18, S. 140 f.).

52 Keller, Werke Bd. 18, S. 178.

53 Anders als in der Zweitfassung wird im hier zugrundegelegten „Ur-Heinrich" die historische Distanz des Neu-Münchner Künstlertums zu den Alt-Nürnberger Bürgerkünst-

lern zunächst noch reflektiert. Der Kapitel-Eingang evoziert wenn auch nicht das Wesen, so doch die Erscheinungsform dieser Welt als vergangene: „Seltsame Zeit, wo die Menschen, wenn sie sich freudig erheben wollen, das Gewand der Vergangenheit anziehen müssen, um nur anständig zu erscheinen." (Bd. 18, S. 161 f.) Diese Passage wurde in der Ausgabe letzter Hand gestrichen. Eine ähnlich enthistorisierende Intention verfolgt eine weitere Änderung: in der Erstfassung sind Darsteller und Dargestelltes wenigstens hinsichtlich ihrer Erscheinungsweise deutlich geschieden: „Jeder war für sich eine inhaltsvolle Erscheinung, und indem er etwas Rechtem gleich sah, betrachtete er freudig den Nächsten, welcher durch die schöne Tracht gänzlich umgewandelt (Hervorhebung, die die in der Zweitfassung gestrichenen Worte markiert, von mir, B. S.) nun ebenfalls so vorteilhaft und kräftig erschien, wie man es gar nicht in ihm gesucht hätte." (Bd. 18, S. 161) Aber auch in der ursprünglichen Werkgestalt ist die Kontinuität vom 16. zum 19. Jahrhundert, wie wir gesehen haben, deutlich hervorgetrieben. Die Rede vom Recht zur Nachkommenschaft unterstellt, daß der Einzelne die unverlierbaren Essentialien des kollektiven Geistes immer schon an sich habe. Der Zweitfassung zufolge scheinen diese in einem unmittelbaren Sinne gegenwartswirksam, der ersten zufolge sind sie latent und müssen erst aktualisiert werden, indem die Einzelnen lernen, sich zu ihrem überzeitlichen Wesen adäquat zu verhalten. Folgende Zukunftsverheißung konnte in der überarbeiteten Fassung daher gestrichen werden: „Da nun aber jeder einzelne Mann nicht etwa ein schön gewachsenes Schema, ein bloßer Statist, sondern eine bedeutende Persönlichkeit, ein rechter Schmied seines Glückes war, der aus diesem, der aus jenem Winkel deutschen Volkstumes hervorgekommen, so mußte man beim Anblick so Vieler unwillkürlich die Hoffnung fassen, daß ein solches Volk doch noch zu etwas anderem fähig sei als zur Darstellung der Vergangenheit und daß diese körperliche Wohlgestalt, welche so ähnliche Bilder toter Helden und Kaiser zeigte, unausbleiblich einst die wahren Kaiser, die rechten Schmiede und Herrscher des eigenen Geschickes, die selbständigen Männer der Zukunft hervorbringen werde." (Bd. 18, S. 186) Kellers Idealisierung des Münchener Kunsthandwerks erfährt in der Zweitfassung eine leichte Relativierung. Sie deutet die Entwicklung zum Kunstgewerbe, zu industrieller Standardisierung an, indem sie beteuert, im Jahre des Dürer-Festes (1840) seien „die Spuren eines bloßen Könnens ohne Gefühl" „noch wenig zahlreich" gewesen. (Bd. 5, S. 198)

54 Adolf Muschg, Gottfried Keller, Ffm. 1980, S. 108.

55 Ebd., S. 105.

56 Keller, Werke Bd. 18, S. 177.

57 Ebd., S. 176 f.

58 Bachleitner, Die Nazarener, a. a. O.

59 Vgl. Keller, Werke Bd. 13, S. 136 ff.

60 Zit. nach: Nürnberger Dürerfeiern 1828–1928, a. a. O., S. 85. Die Nymphenburger Porzellanmanufaktur bietet im Jahre 1850 auch Hans-Sachs-Statuetten an.

61 Keller, Werke Bd. 18, S. 186.

62 Ebd.

63 Anders lautet die Interpretation Gerhard Kaisers. Er vertritt die Auffassung, Keller habe „von der nachrevolutionären Zeit her (...) die nationale künstlerische Illusion (...) (des Dürerfestes von 1840) durchschaut" (a. a. O., S. 202). Meines Erachtens ist umgekehrt die Haltung des Romanerzählers illusionär, der die Grenzen zwischen der Gegenwart und der historischen Vergangenheit, die von den Festakteuren nur nachgespielt wird, in seiner Kommentierung des Maskenzuges verwischt. Zwar bekennt Keller ein, daß die alte „Reichsherrlichkeit" „untergegangen" sei, aber hinsichtlich der „konkreten Sittlichkeit" der bürgerlichen Lebenswelt unterstellt er ungebrochene Kontinuität. Der Primat

des Ethischen in seiner Kunstbeurteilung nivelliert zugleich die Rangunterschiede zwischen Dürer und den Münchner Kunsthandwerkern oder Manufakturarbeitern.

64 Vgl. Keller, Werke Bd. 18, S. 176. Zu pauschal urteilt Jochen Schmidt (Die Geschichte des Genie-Gedankens..., a. a. O., Bd. 2, S. 109 f.), wenn er Kellers Roman eine „Absage an die Kunst und an das Künstlerdasein" schlechthin nachsagt (ebd., S. 111).

65 Manfred Frank, Steinherz und Geldseele. Ein Symbol im Kontext, in: Das kalte Herz und andere Texte der Romantik, Ffm. 1978, S. 233–357.

66 Keller, Werke Bd. 19, S. 276.

67 Ebd., S. 323.

68 Vgl. Wolfgang Preisendanz, Keller. Der Grüne Heinrich, in: Benno von Wiese (Hg.), Der deutsche Roman. Vom Barock bis zur Gegenwart. Struktur und Geschichte, Bd. 2: Vom Realismus bis zur Gegenwart, S. 76–127, hier: S. 94 ff.

69 Keller, Werke Bd. 18, S. 107.

70 Ebd., S. 97.

71 Die Trübung der Realitätsnähe durch Illusionen und Imaginationen, durch Traumgespinste und poetische Bilder bestimmt, wie überhaupt den Weltbezug des grünen Heinrich, so durchgängig auch sein Verhältnis zu Anna. Nicht allein entflammt seine Neigung zu ihr am mächtigsten im theatralischen Aufzug der Tell-Kostümierung, erst in der Trennung von der Geliebten erscheint sie ihm am nächsten. Seine Liebesbriefe übergibt er dem Bergbach, gelten sie in Wahrheit doch eher einem unbekannten Traumwesen als der wirklichen Anna. Nicht der Lebenden, erst der Verstorbenen, genauer: ihrem ästhetischen Bild, schwört Heinrich ewige Treue, aber auch hierzu bedarf es künstlicher Stimulantien. Das kirchliche Orgelspiel des Vaters muß das Eis der Gefühlskälte im Anblick des Leichnams zum Schmelzen bringen: „(...) als ich (...) zaghaft ihre Hand berührte, zog ich die meinige entsetzt zurück, als ob ich an glühendes Eisen gekommen wäre; denn die Hand war kalt wie ein Häuflein kühler Ton. Wie dies abstoßende kalte Gefühl meinen ganzen Körper durchrieselte, ließ es mir nun auch plötzlich das Gesicht der Leiche so seelenlos und abwesend erscheinen, daß mir beinahe der erschreckte Ausruf entfuhr: ‚Was hab ich mit dir zu schaffen?' als aus dem Saale her die Orgel in milden und doch kräftigen Tönen erklang (...). Ich lauschte der Melodie, sie bezwang meinen körperlichen Schrecken, ihre geheimnisvollen Töne öffneten die unsterbliche Geisterwelt, und reuevoll gelobte ich Anna ewige Treue." (Ebd., S. 90)

72 Keller, Werke Bd. 19, S. 276.

73 Ebd., S. 271. Heinrich plant „das Leben selbst zum Gegenstande des Lebens zu machen" und möchte „etwas Lebendiges lernen, wodurch ich unter den Menschen etwas wirke und nütze". Es will ihm scheinen, „als ob eine solche fortgesetzte und fleißige Tätigkeit im lebendigen Menschenstoffe doch etwas ganz anderes wäre als das abgeschlossene Phantasieren auf Papier und Leinwand, insonderheit, wenn man für diese nicht sehr geeignet sei". Während seiner Heimfahrt fortgerissen vom Jubel und Trubel des Baseler Volksfestes, „wandelte ihn die feurige Lust an, (...) sich mit regen Kräften zurechtzuschmieden zum tüchtigen und lebendigen Einzelmann, der mit ratet und tatet (...)". (Ebd., S. 315)

74 Keller, Werke Bd. 17, S. 277.

75 Ebd., S. 280.

76 Ebd.

77 Ebd.

78 Siehe oben S. 107 f.

79 Siehe oben S. 54 ff.

80 Siehe unten S. 143 ff. Vgl. auch: Schubert, Der ‚ästhetische Gottesbeweis' ..., a. a. O.

81 Keller, Werke Bd. 19, S. 323.

82 Keller, Werke Bd. 18, S. 8.
83 Keller, Werke Bd. 16, S. 28.
84 Gottfried Kellers Leben, Briefe und Tagebücher. Auf Grund der Biographie J. Baechtholds dargestellt und hrsg. von E. Ermatinger. I–III, Stuttgart und Berlin 1916, hier: II, S. 223 f.
85 Keller, Werke Bd. 19, S. 138.
86 Ebd., S. 324. Sautermeister trägt m. E. den Kellerschen Intentionen ebensowenig wie der symbolischen Textur des „Grünen Heinrich" Rechnung, wenn er das Scheitern des Helden nur aus sozialen Zwängen und Kindheitsprägungen hervorgehen sieht. Vgl. Gert Sautermeister: Gottfried Keller, Der grüne Heinrich (1854/55; 2. Fassung 1879/80). Gesellschaftsroman, Seelendrama, Romankunst, in: Romane und Erzählungen des Bürgerlichen Realismus. Neue Interpretationen. Hrsg. v. Horst Denkler, Stuttgart 1980.
87 Keller, Werke Bd. 19, S. 314.
88 Vgl. Keller, Werke Bd. 19, S. 316 f.
89 Keller, Werke Bd. 16, S. 5.
90 Ebd., S. 6. Jürgen Manthey deutet Kellers Roman-Introduktion als die Beschreibung eines ‚locus amoenus'. Vgl. ders., Wenn Blicke zeugen könnten. Eine posthistorische Studie über das Sehen in der Literatur und Philosophie, München–Wien 1983, S. 341.
91 Die Fahrtlinie beschreibt einen Kreis, Zeichen des geschlossenen sinnhaltigen Lebenszusammenhangs.
92 Vgl. Hans Meier, Gottfried Kellers „Grüner Heinrich". Betrachtungen zum Roman des poetischen Realismus, Zürich–München 1977, S. 86.
93 Keller, Werke Bd. 19, S. 299.
94 Keller, Werke Bd. 17, S. 24.
95 Keller, Werke Bd. 16, S. 56.
96 Ebd., S. 25 und 43.
97 Ebd., S. 56.
98 Keller, Werke Bd. 18, S. 140 f. (Hervorhebung von mir, B. S.).
99 Benjamin, a. a. O., S. 389.
100 Ebd., S. 390.
101 Vgl. zur alteuropäischen Symbolik der Lebensreise: Manfred Frank, Die unendliche Fahrt. Ein Motiv und sein Text, Frankfurt/Main 1979.
102 Adolf Muschg, a. a. O., S. 104.
103 Ebd.
104 Ein positives Gegenstück zu Heinrichs Kälte-Starre gegenüber Dortchen sieht Kaiser im „happy end" von „Kleider machen Leute". Nettchen findet den am Straßenrand halb erfrorenen Wenzel und taut ihn auf mit der Devise ‚Keine Romane mehr!', so daß er doch noch Bürger und Ehemann wird. „Warum" – so fragt Kaiser – „wird Wenzel, der Trumpfbube, zu einem so lebendigen Mann? Weil er ein guter Mensch ist. Seine Kindheitsgeschichte beweist es. Als Kind einer armen Witwe ist er der Mutter treu und zu Hause geblieben (...)". Vgl. Gerhard Kaiser, Der gefrorene grüne Heinrich. Ein Bild Gottfried Kellers, in: Merkur XXXVII Jg. (1983), H.415, S. 66–72, hier S. 69.
105 Guthke unterscheidet Heinrichs Innenleben von dem der romantischen Helden. Er führe nicht wie diese ein Wanderleben in „stimmungshaft genießender Hingabe an das Sein, sondern ‚spintisiert' ständig über Arbeit, Beruf, Erwerbsehre, mit sichtlicher Vorliebe für die gesicherten Formen menschlicher Existenz (...)." Vgl. Karl S. Guthke, Gottfried Keller und die Romantik. Eine motivvergleichende Studie, in: Der Deutschunterricht 11 (1958), H.5, S. 14–30, hier S. 18.
106 Keller, Werke Bd. 19, S. 142.
107 Keller, Werke Bd. 16, S. 34.

108 Ebd.

109 Georg Lukács, Deutsche Realisten des 19. Jahrhunderts, in: Werke Bd. 7: Deutsche Literatur in zwei Jahrhunderten, a. a. O., S. 395.

110 Theodor Storm an Gottfried Keller, 15. Mai 1881, in: Der Briefwechsel zwischen Theodor Storm und Gottfried Keller, a. a. O., S. 82.

111 Keller, Werke Bd. 16, S. 76.

112 Ebd., S. 78.

113 Keller, Gesammelte Briefe, a. a. O., Brief vom 25. 6. 1860.

114 Ebd.

115 Gottfried Keller, Züricher Novellen, in: Sämtliche Werke und ausgewählte Briefe, München 1956/58 (Ed. Heselhaus) Bd. 2, S. 634.

116 Ebd., S. 650.

117 Ebd., S. 652.

118 Ebd., S. 652.

119 Kaiser, Gottfried Keller ..., a. a. O., S. 441.

120 Keller, a. a. O., S. 678.

121 Kaiser, a. a. O., S. 441.

122 Keller, a. a. O., S. 659.

123 Ebd.

124 Ebd., S. 660.

125 Schmidt, Die Krise der romantischen Subjektivität, a. a. O., S. 358.

126 Ute Schmidt-Berger, Nachwort zu: Gottfried Keller, Hadlaub, Ffm. 1980, S. 139–164, hier: S. 159.

127 Vgl. Schmidt, a. a. O., S. 358. Zum Stilprinzip und zur immanenten Poetik in Hadlaub vgl. Schmidt-Berger, a. a. O. Sie konstatiert, daß Keller der autonomen Schöpfung die Nachahmung, der Poesis die Mimesis entgegenstelle. Damit kehre er in einer für die ganze Epoche des Realismus aufschlußreichen Weise den poetologischen Grundvorgang des 18. Jahrhunderts um, der vom Dogma der Nachahmung zum Postulat ureigener, „genialer" S c h ö p f u n g geführt habe. Keller kehre zu der älteren, Horazischen Maxime „ut pictura poesis" zurück, die im 18. Jahrhundert durch die Genieästhetik zugunsten der autonomen Phantasieschöpfung entmachtet worden sei, und er erstrebe – seinen Landleuten Bodmer und Breitinger nicht unähnlich – eine Synthese aus Realitätsorientierung und idealem Anspruch, aus malender Nachahmung und schöpferischer Phantasie (S. 152 ff.). Diesem Stilprinzip fügt sich Kellers eigene Erzählweise. Der starke Einschlag gleichsam bildhaft-szenischer Tableaus und die Aussparung des Individuell-Psychologischen in der Novelle „Hadlaub" ist oft bemerkt worden. Nicht umsonst erscheint der Held entgegen den historisch-realen Zeugnissen als Dichter u n d Maler, in dieser Einheit Kellers poetologisches Gestaltungsprinzip veranschaulichend.

128 Keller, a. a. O., S. 697.

129 Ebd., S. 661.

130 In der Rahmenhandlung von „Hadlaub" und in der Folgenovelle hingegen weicht diese Kräftebalance von Spontaneität und Konvention, Phantastentum und Bürgerlichkeit einer Dominanz der letzteren. Die Erziehungsanstrengung des Meisters Jakobus an seinem Patensohn Jacques, der an einer närrischen Originalitätssüchtigkeit krankt, bleibt hinter derjenigen an Hadlaub zurück. Sie läuft auf eine, wie Gerhard Kaiser zurecht konstatiert, „kräftige Edelnormalität" hinaus. Es werde hier das Originale dem Begriff des Originalen ausgetrieben bis zu dem Punkt, wo sich die sperrige Subjektivität reibungslos in die objektive Ordnung einpasse; es gehe um ein „Programm spontaner sittlicher Selbstdisziplinierung" (Kaiser, a. a. O., S. 802). Zur Gestalt Jacques', der kaufmännischen Utilitarismus mit Originalitätssucht verbindet und also die moderne

Komplementarität von sittlich ungebundener Ökonomie und Genietreiben repräsentiert, siehe auch: Gustav Beckers, Zur Darstellung des Bürgertums in Gottfried Kellers „Züricher Novellen" (G. Keller–W. H. Riehl), in: Akten des V. Internationalen Germanisten-Kongresses, Cambridge 1975 (= Jahrbuch f. Intern. Germanistik Reihe A, Band 2.3), S. 289–297. Hadlaubs Gegenfigur, der Narr von Manegg aus der auf die erste Züricher Novelle in pädagogischer Absicht folgenden zweiten, ist nurmehr eine bissige und kahle Karrikatur eines bankrotten, heruntergekommenen und asozialen Möchtegern-Originals, das eher pädagogischem Geifer und Kellerschem Selbsthaß entspringt als literarischer Gestaltungskunst: Er stammt, im Gegensatz zur gutbürgerlichen Abkunft Hadlaubs, aus einer Generationenfolge unehelicher Verhältnisse der Maneggs mit ihren Mätressen, und im Gegensatz zu dem schönen Jüngling Hadlaub ist er körperlich ungestalt (er erscheint in Tierfelle gekleidet und bewegt sich wie eine Spinne). Keller verfehlt hier sein Ziel, „das Didaktische im Poetischen aufzulösen wie Zucker oder Salz im Wasser" (Brief an Auerbach vom 25. 2. 1860). Allzu penetrant zeigt sich die Intention, in der Gestalt des Narren ein Negativexempel zu geben.

131 Keller, Werke Bd. 18, S. 179.

## Viertes Kapitel

1 Georg Lukács, Die Theorie des Romans. Ein geschichtsphilosophischer Versuch über die Formen der großen Epik, a. a. O.
2 Vgl. dazu auch: Schubert, Der „ästhetische Gottesbeweis" . . ., a. a. O.
3 Lukács, Theorie . . ., S. 55 f.
4 Vgl. Hegel, Grundlinien der Philosophie des Rechts, § 4, Theorie Werkausgabe, S. 46.
5 Lukács, Theorie . . ., S. 55 f.
6 Lukács, Werke Bd. 15: Entwicklungsgeschichte des modernen Dramas, Darmstadt/Neuwied 1981, S. 95.
7 Vgl. ebd.
8 Vgl. Habermas, Theorie des kommunikativen Handelns, a. a. O.
9 Lukács, Werke Bd. 15, a. a. O., S. 78 ff.
10 Ebd., S. 36.
11 Ebd.
12 Ebd.
13 Brief an Franz Blei, Dez. 1910, in: Lukács, Briefwechsel 1902–1917, hrsg. von Eva Karádi und Eva Fekete, Stuttgart 1982, S. 190.
14 Lukács, Theorie . . ., S. 168.
15 Lukács, Die Seele und die Formen, a. a. O., S. 329.
16 Zu den folgenden Beispielen vgl. (der Reihe nach): ebd., S. 62 ff., 119 ff., 194, 195 ff., 101 f., 318 f., 315 ff.
17 Lukács, Bürgerlichkeit und l'art pour l'art, in: Die Seele . . ., a. a. O., S. 137.
18 Ebd., S. 135.
19 Ebd., S. 144 f.
20 Ebd., S. 119.
21 Ebd., S. 154.
22 Ebd., S. 137.
23 Vgl. ebd., S. 149 f.
24 Ebd., S. 123.
25 Ebd.

26 Nietzsche, Der Fall Wagner. Ein Musikanten-Problem, in: Werke II, S. 913 u. 917.

27 Max Weber, Gesammelte Aufsätze zur Religionssoziologie, Bd. 1, Tübingen 1920, S. 63 ff. (Erstveröffentlichung 1904/05).

28 Vgl. dazu Lukács, Werke Bd. 7, S. 501 f.

29 Lukács' physiognomische Studien sind nicht den Standards der historisch-wissenschaftlichen Methode verpflichtet. Lukács selber legt sich in einem „Die Seele und die Formen" einleitenden Essay über den Essay vorab davon Rechenschaft ab und etabliert eine andere Richtschnur der Wahrheit und Gültigkeit seiner Versuche. Sie bemesse sich nicht an einem objektivistischen Kriterium äußerer Wirklichkeitsadäquanz oder verstehenden Sichhineinversetzens in fremde Innenwelten, sondern an dem des Gelingens der Suggestion eines Lebens, der Intensität einer erzeugten Vision, der Erweckung eines Glaubens. „Gültigkeit seines Geschauten erschafft der Essay aus sich." (Die Seele ..., S. 25) Er darf Sehnsüchte zum Sprechen bringen, Träume spinnen, Visionen schaffen, Lebenssymbole geben, denn „jedes Zeitalter bedarf anderer Griechen, eines anderen Mittelalters und einer anderen Renaissance. Jede Zeit wird sich die ihr notwendige schaffen, und nur die unmittelbar aufeinander Folgenden glauben, die Träume der Väter seien Lügen gewesen, die man mit den eigenen neuen ‚Wahrheiten' bekämpfen müsse." (Ebd., S. 28) Oft sei eine solche Imagination ohne „allen wissenschaftlichen Wert", weil sie „früher da ist als die Tatsachen, mit denen sie darum frei und nach Willkür schaltet". (Ebd., S. 29)

30 Agnes Heller, Das Zerschellen des Lebens an der Form: György Lukács, Frankfurt a. M. 1977, S. 54 ff.: Seiner späteren Schülerin Agnes Heller zufolge ist die individuelle Lebensproblematik des jungen Lukács in seinen frühen Künstlerphysiognomien gleichsam prismatisch gespiegelt. Agnes Heller meint Lukács' problematisches, schwankendes und uneindeutiges Verhältnis zu seiner Freundin Irma Seidler, die etwa ein Jahr, nachdem er sich von ihr getrennt hatte, Selbstmord begeht. Nach dem Bruch dieser Freundschaft radikalisieren sich Lukács' frühe philosophische Diagnosen (der Einsamkeit des Individuums, der vollständigen Wesens- und Wertlosigkeit des empirischen Lebens) nun auch in dessen persönlichem Leben zu einem geistigen Habitus rigidester Leistungs- und Werkethik im Stile Flauberts. Seine Jugendfreunde nennen ihn, seines asensuellen, allein von Schaffensimperativen beherrschten Wesens wegen schon in dieser vormarxistischen Lebensphase, etwa um 1912, „den Fanatiker" (Judith Marcus-Tar, Thomas Mann und Georg Lukács: Beziehung, Einfluß und „Repräsentative Gegensätzlichkeit", Köln/Wien 1982, S. 128). „Sie mußte sterben, damit mein Werk vollendet werde, damit für mich nichts in der Welt bleibe, als mein Werk." „Ich aber bin schon lange gestorben." So dichtet Lukács' Dialog „Von der Armut am Geiste" sein Verhältnis zur Selbstmörderin Irma Seidler unmittelbar nach ihrem Freitod. Und weiter: „Ich arbeite, ich brauche keine Menschen" (in: Neue Blätter, Heft 5 u. 6, 1912, S. 66 ff.). Ähnliche Eintragungen finden sich in Lukács' Tagebuch und in seinen Briefen (vgl. Heller). Insofern steht das Phantasma von einem in die soziale Gemeinschaft eingebetteten bürgerlichen Intellektuellendasein in gleicher Weise quer zu Lukács' eigener Lebensleistung wie als erratischer Block im Ensemble der Jugendschriften. Seine Tagebucheintragungen verbinden dessen Entstehung mit einem biographischen Intermezzo, einer glücklichen, wenn auch kurzen Episode in seinem Verhältnis zu Irma Seidler: mit der Phase des harmonisch beginnenden Briefwechsels zwischen beiden. Damals gibt es noch, so Heller, „die Möglichkeit des Zusammenlebens, der Ehe, der Gemeinschaft ...", und so kommt der Bürgerlichkeit-Essay zustande „als Zeugenschaft für die Formbarkeit des Lebens, für die aus dem Beruf gewidmeten Leben erblühende Kunst" (Heller, S. 69). Daher nennt Lukács den Versuch über Keller und Storm den „wahren Irma-Essay" (ebd.), wie umgekehrt die oben zitierte Selbstdeutung seines Lebens nach Irmas Freitod Assoziationen an sein

Flaubert-Porträt hervorruft. Stellt man in Rechnung, daß in der Antithetik Storm/Keller versus Flaubert überlieferte Schemata und topische Muster der europäischen Geschichte des Künstlerselbstverständnisses und der Künstlerlegenden gegeneinandergestellt sind, so wird man die Korrespondenz zwischen Lukács' Lebensgeschichte und seinen Künstlerbildern, die Agnes Heller als Spiegelung des Lebens in der Essayistik begreift, umgekehrt deuten müssen als eine Stilisierung, wenn nicht Präfabrikation der eigenen Lebensführung nach literarischen Topoi. Lukács inszeniert sein eigenes Leben als Zitat typologischer Varianten des europäischen Künstlerdaseins.

31 Lukács, Brief an Paul Ernst, Dezember 1911, in: Paul Ernst und Georg Lukács. Dokumente einer Freundschaft, hrsg. v. K. A. Kutzbach, Emsdetten 1974, S. 32.
32 Lukács, Bürgerlichkeit ..., S. 125.
33 Ebd.
34 Ebd., S. 132.
35 Ebd., S. 135 f.
36 Vgl. Schlechta, Goethes Wilhelm Meister, a. a. O.
37 Lukács, Bürgerlichkeit ..., S. 131.
38 Vgl. Schubert, Der „ästhetische Gottesbeweis" ..., a. a. O.
39 Siehe oben, S. 29.
40 Es handelt sich hier um säkularisierte Versionen der Lutherschen Berufskonzeption, die die Pflichterfüllung innerhalb des weltlichen Berufs und die Glaubensgewinnung, die religiöse Innigkeit, von der sie begleitet wird, nicht aber den Arbeitserfolg zum Kriterium der Heilsgewinnung erhebt. Der Begriff des Berufes im Sinne profaner Arbeits- und Pflichterfüllung, mit dem Lukács hier hantiert, ist eine Luthersche Wortprägung.
41 Vgl. Walter Muschg, Umriß eines Gottfried-Keller-Porträts, a. a. O., S. 164.
42 Walter Muschg, Tragische Literaturgeschichte, a. a. O., S. 96.
43 Zu den Gefährdungen Storms vgl. auch: Thomas Mann, Theodor Storm, in: Leiden und Größe der Meister, Berlin 1935.
44 Theodor Storm, Brief an Erich Schmidt, 28. II. 1878, in: Theodor Storm–Erich Schmidt, Briefwechsel. Krit. Ausg., Bd. 1: 1877–1880, Berlin 1972, S. 81.
45 Lukács, Bürgerlichkeit ..., S. 143.
46 Ebd., S. 145.
47 Ebd., S. 144 f.
48 Ebd., S. 142.
49 Vgl. Muschg, Tragische Literaturgeschichte, a. a. O.
50 Lukács, Bürgerlichkeit ..., a. a. O., S. 136.
51 Vgl. Nikolaus Pevsner, Wegbereiter moderner Formgebung. Von Morris bis Gropius, Hamburg 1957.
52 Vgl. ebd.
53 Lukács, Bürgerlichkeit ..., a. a. O., S. 136.
54 Rudolf Kassner, Die Mystik, die Künstler und das Leben. Über englische Dichter und Maler im 19. Jahrhundert, Leipzig 1900.
55 Vgl. Nikolaus Pevsner, Gemeinschaftsideale unter den bildenden Künstlern des 19. Jahrhunderts, DVjS 9 (1931), H. 1, S. 133; sowie The Germ 1850, Heft II: The Purpose and Tendency of Early Italian Art, Faksimile-Neudruck, London 1901. Pevsner betont, daß Carlyle von Novalis beeinflußt wurde und daß die präraffaelitische „brotherhood" Gemeinsamkeiten mit dem deutsch-römischen Lukas-Bund aufweist (hinsichtlich der Hochschätzung des Gemeinschaftskunstwerkes und der handwerklichen Solidität). Er führt diese Gemeinsamkeit auf den Maler William Dyce zurück, der in Rom Overbecks Schüler war und später Mitglied der Londoner Kunstakademie wurde. (Pevsner, a. a. O., S. 135)

56 Vgl. Wolfgang Kemp, John Ruskin, Leben und Werk, München–Wien 1983, S. 161 ff.
57 John Ruskin, Lectures on Art, in: The Works, Library Edition, Vol. XX, S. 39.
58 Vgl. Raymond Williams, Culture and Society 1780–1950, (Penguin) 1963, S. 142.
59 John Ruskin, Modern Painters (appendix), The Works, a. a. O., Vol. II, S. 388 f.
60 Vgl. Thompson, Plebeische Kultur, a. a. O., S. 203 ff.
61 Karl Heinz Bohrer, Die Ästhetik des Schreckens. Die pessimistische Romantik und Ernst Jüngers Frühwerk, München–Wien 1978, S. 49 f.
62 Vgl. Jan Bradley, William Morris and his World, London 1978. Dort heißt es von Morris' Gebrauchskunst-Produktion: „They wanted to revive the medieval ideal of the artist craftsman who designed and executed his own Work, with the result that, from original conception to finished product, it never passed out of his hands. In fact, of course, this ideal was not always realized. The firm used outside craftsmen for making furniture ... It even used machines for some painting and weaving work ..." (S. 307) Auch Ruskin, der eine Zeitlang Zeichenlehrer am Londoner „Working Men's College" war und der seine Oxforder Studenten an einem Straßenbauprojekt (in Hincksley) beteiligte, um sie den Wert der Handarbeit zu lehren, muß am Ende die Vergeblichkeit seines kunstpädagogischen Wirkens eingestehen, das von der Bewegungsdynamik der kapitalistischen Wirtschaft immer wieder torpediert wurde. (Vgl. Wolfgang Kemp, John Ruskin, a. a. O., S. 204 ff.)
63 Dieser Unterschied zwischen deutschem und englischem Rezeptionsmuster mag damit zusammenhängen, daß im Deutschland des 19. Jahrhunderts, anders als in England, genuine Traditionen handwerklichen Lebens (Zunftgliederung bei religiösen Prozessionen, handwerkliche Symbolik innerhalb der Arbeitswelt, Handwerkervereine, Sängerbunde, Herbergs-Wesen etc.) noch am Leben blieben, so daß der Anschein entstehen konnte, das deutsche „Volkstum" sei mit dem Handwerk enger verknüpft als das westeuropäische, als seien Handwerkerkunst und Zünfte spezifische und kapitalismusresistente Formen deutschen Volkslebens.
64 Wellek, Konfrontationen, a. a. O., S. 9 ff.
65 Bohrer, a. a. O., S. 47.
66 Lukács, Werke Bd. 7, a. a. O., S. 406.
67 Ebd., S. 369.
68 Ebd., S. 406.
69 Ebd., S. 407.
70 Ebd., S. 401.
71 Ebd.
72 Siehe oben S. 118 ff.
73 Ebd., S. 401.
74 Die Behauptung von der handwerklichen Solidität der Kellerschen Lebensgestaltung hat Lukács' Spätwerk nicht wiederholt (vgl. ebd., S. 368 f.).
75 Siehe oben S. 135 f.
76 Lukács, Werke Bd. 6: Probleme des Realismus III. Der historische Roman, Neuwied/Berlin 1965, S. 235.
77 Ebd., S. 234.
78 Ebd., S. 235.
79 Ebd., S. 236.
80 Ebd., Bd. 7: Deutsche Literatur ..., a. a. O., S. 516.
81 Ebd., S. 505.
82 Ebd., S. 513.
83 Ebd., S. 522.
84 Ebd.

85 Die starke Akzentuierung bürgerlicher Traditionen in Lukács' Mann-Studien von 1945 und 1948 mag durch die damalige parteitaktische Linie der KPdSU bestärkt worden sein, die bis zum Ausbruch des Kalten Krieges noch auf eine antifaschistische Erneuerung unter Einbeziehung bürgerlicher Kräfte setzte.

86 Ebd., S. 513.

87 Ebd., S. 529.

88 Ebd., S. 522.

89 Thomas Mann, Doktor Faustus ..., a. a. O., S. 759.

90 Ebd. (Hervorhebung von mir, B. S.).

91 Lukács, Bürgerlichkeit ..., a. a. O., S. 135.

92 Folgt man den „Betrachtungen eines Unpolitischen", so markiert die Lektüre des Lukácsschen „Bürgerlichkeit"-Essay einen gravierenden Einschnitt in Thomas Manns Künstlerselbstverständnis. Siehe unten S. 135 ff.

93 Lukács, Werke Bd. 7: Deutsche Literatur ..., a. a. O., S. 581 (Hervorhebung von mir, B. S.).

94 Thomas Mann, Betrachtungen ..., a. a. O., S. 73.

95 Ebd., S. 104.

96 Zum Standort des Erzählers im „Doktor Faustus" vgl. die Studie von Hubert Orlowsky, Prädestination des Dämonischen. Zur Frage des bürgerlichen Humanismus in Thomas Manns „Doktor Faustus", Poznan 1969.

## Fünftes Kapitel

1 Thomas Manns Kriegsschriften aus der Zeit des Ersten Weltkrieges, vor allem aus den Jahren 1914/15, gehören zu den schockierendsten Dokumenten des moralischen Versagens deutscher Intellektueller. Verständlich, daß Walter Benjamin im Jahre 1925 bekennt, er habe „den Publizisten" Thomas Mann „gehaßt" wie kaum einen anderen, zugleich aber vom soeben erschienenen „Zauberberg" sich außerordentlich sympathisch berührt zeigt und von einer Verwandlung des Autors spricht. (Walter Benjamin, Briefe, hrsg. v. Gershom Scholem und Theodor W. Adorno, Ffm 1966, S. 377) Thomas Mann befreit sich in der Tat nach dem Krieg, in Ansätzen auch schon im Zuge der Arbeit an den „Betrachtungen eines Unpolitischen" (1916–1918), die er ein „Rückzugsgefecht" nennt (vgl. Klaus Schröter, Thomas Mann in Selbstzeugnissen und Bilddokumenten, Reinbek 1964, S. 89), von seiner – wie er später sagt – „reaktionären Verstocktheit" und setzt seine Schriften einer Selbstkritik aus, an die dann schließlich nach 1945 eine reichhaltige, demokratisch orientierte Forschungsliteratur zum politischen Gehalt der vermeintlich „unpolitischen" Kriegsschriften anknüpfen kann. (Ich verweise hier auf die umfangreichen Forschungsberichte von : Herbert Lehnert, Thomas-Mann-Forschung. Ein Bericht, Stuttgart 1969 (bes. S. 87 ff.); Hermann Kurzke, Thomas-Mann-Forschung 1969–1976. Ein kritischer Bericht, Ffm 1977 (bes. S. 157 ff.); zuletzt Katalin Frank-Schneider, Erik Lunding, Jürgen H. Petersen und Hans-Rudolf Vaget, Thomas Mann und kein Ende, in ZfdPh 99 (1980), H. 2, S. 276–298; vgl. ferner Klaus W. Jonas, Die Thomas-Mann-Literatur. Bibliographie der Kritik, Bd. 1: 1896–1955, Berlin 1972; Bd. 2: 1956–1975, Berlin 1980). Auf diesem Fundament aufbauend, scheint es mir heute möglich, die Kunstphilosopheme und künstlerischen Selbstdeutungen in den „Betrachtungen", die sowohl den quantitativ umfänglicheren als auch qualitativ höherstehenden Teil des Buches ausmachen, in den Mittelpunkt der Untersuchung zu stellen. Diese thematische Verengung fordert den Preis, daß die verhängnisvolle politische Philosophie des Werkes nur insoweit behandelt werden kann,

als sie in einem systematischen Zusammenhang mit seiner Ästhetik und Künstlerselbstauslegung steht. Wie locker dieser Konnex ist, erhellt die Tatsache, daß der demokratische und antifaschistische Thomas Mann den Kern seiner Künstler- und Kunstauffassung aus der Zeit vor 1918 nur noch marginal, vorübergehend oder an der Oberfläche revidieren wird. Mein Verfahren wird also jene Denkstrukturen und Grundbegrifflichkeit herausarbeiten, die von den Bornierungen ihres unmittelbaren Entstehungskontextes am wenigsten determiniert sind und die geistige Physiognomie auch noch des späteren Thomas Mann prägen. Im Blick auf diese Essenz des Buches wird der alte Thomas Mann im Jahre 1949 sagen, daß die Rede von einem „,Bruch' in meinem Leben eine törichte Fabel ist (...). Die Betrachtungen waren ein sehr richtiges Buch mit einem falschen Vorzeichen". (Thomas Mann, Brief an G. W. Zimmermann, Dez. 1949, in: Briefe 1948–1955 und Nachlese, a. a. O., S. 118)

2 Ernst Kris, Zur Psychologie der älteren Biographik, dargestellt an der des bildenden Künstlers, in: Imago XXI, 1935, S. 320–344.

3 Thomas Mann, Freud und die Zukunft, in: Gesammelte Werke in 13 Bänden, Frankfurt 1974[2] (zit. als GW), hier:Bd. IX, S. 491 f. (Beim Zitieren der „Betrachtungen" und des „Doktor Faustus" werde ich wie bisher auf die deutschen Erstausgaben rekurrieren.)

4 Thomas Mann, (Über Theodor Storm), GW XIII, S. 33.

5 Thomas Mann, Betrachtungen ..., Berlin 1919, S. 71.

6 Ebd., S. 81.

7 Ebd.

8 Vgl. ebd.

9 Ebd., S. 425.

10 Ebd., S. 119.

11 Ebd., S. 118.

12 Ebd., S. 73.

13 Ebd., S. 420.

14 Thomas Mann, Dürer, GW X, S. 230 f.

15 Vgl. auch: Ein Wort über Gottfried Keller, in: GW X, S. 848 f.: „Was wir Deutschen unter Meistertum verstehen, wobei Erinnerungen an unsere beste und nationalste Epoche, städtisch-mittelalterliche Erinnerungen und Empfindungen unfehlbar anklingen, hier finden wir es in seiner Frömmigkeit, Schalkheit, Biederkeit und Genauigkeit."

16 Ders., Dürer, a. a. O.

17 Wagner, Die Meistersinger ..., a. a. O., S. 109.

18 Siehe oben S. 81 ff.

19 Aby Warburg, Heidnisch-antike Weissagung in Wort und Bild zu Luthers Zeiten, Heidelberg 1920, S. 61 ff. Siehe dazu auch: Werner Hofmann/Georg Syamken/Martin Warnke: Die Menschenrechte des Auges. Über Aby Warburg, Ffm. 1980, S. 81.

20 Wagner, Die Meistersinger ..., a. a. O., S. 106.

21 Siehe oben S. 81 ff.

22 Thomas Mann, Betrachtungen ..., S. 377.

23 Ebd., S. 376.

24 Ebd., S. 377.

25 Ebd., S. 415.

26 Ebd., S. 420.

27 Ebd., S. 415.

28 Ebd., S. 409.

29 Ebd., S. 411 ff. Hervorhebung im Original.

30 Ebd., S. 424.

31 Ebd., S. 422.

32 Nietzsche, Die fröhliche Wissenschaft, Werke II, S. 113.

33 Ders., Die Geburt der Tragödie, Werke I, S. 47 f.

34 Nietzsche unterscheidet die „tragische" oder „dionysische Erkenntnis", die bis in die „Welt der Qual" vordringt, von der „sokratischen", „wissenschaftlichen", „theoretischen" Erkenntnis, die an Kausalitäten der Erscheinungswelt haftet. Notwendiges Komplement der „tragischen Weltbetrachtung" ist die Kunst, denn sie allein „vermag, jene Ekelgedanken über das Entsetzliche oder Absurde des Daseins in Vorstellungen umzubiegen, mit denen sich leben läßt" (ebd., S. 48 ff.), sei es, daß sie in ihren apollinischen Momenten zu einem verklärenden Spiegel des Daseins wird, sei es, daß sie in ihren dionysischen Momenten ein ambivalentes Entzücken über das ewige Zerstörungswerk des „Weltwillens" hervorruft und zu einem Akt der Selbstentgrenzung hinreißt, der eine als unerträglich empfundene, moralisch befestigte Individuation zum Zusammensturz bringt. Auf die Linie dieser „ästhetischen Metaphysik" erklärt Nietzsche die theoretische und moralisch-praktische Vernunft zu einer – obendrein lebensabträglichen – Fiktion und mediatisiert ihre Geltungsansprüche zugunsten der lebensdienlicheren ästhetischen Wertschätzungen. (Vgl. zuletzt: Walter Schulz, Funktion und Ort der Kunst in Nietzsches Philosophie, in: Nietzsche-Studien Bd. 12 (1983), S. 1–31; ferner: Jürgen Habermas, Zu Nietzsches Erkenntnistheorie, in: ders., Zur Logik der Sozialwissenschaften, Ffm. 1982, S. 505 ff.)

35 Thomas Mann, Nietzsche im Lichte unserer Erfahrungen, GW IX, S. 686.

36 Ders., Betrachtungen ..., S. 75.

37 Auf einem biologistisch reduzierten Nietzsche-Verständnis und einem Kategorienfehler zugleich beruht die Kritik von Kristiansen an Thomas Manns Nietzsche-Deutung. Mann dürfe nicht von Nietzsches „Selbstverneinung des Geistes" sprechen, da dieser den Geist als eine dem Leben untergeordnete, nicht-autonome Größe aufgefaßt habe. Vgl. Børge Kristiansen, Unform-Form-Überform. Thomas Manns Zauberberg und Schopenhauers Metaphysik, København 1978; darin: Exkurs über die „Betrachtungen eines Unpolitischen", S. 81–98.

38 Thomas Mann, Betrachtungen ..., S. 118.

39 Nietzsche, Menschliches, Allzumenschliches, Werke I, S. 549.

40 Mann, Betrachtungen ..., S. 118.

41 Ebd., S. 117.

42 Vgl. ebd., S. 72.

43 Ebd., S. 558.

44 Ebd., S. 559.

45 Ebd., S. 558.

46 Ebd.

47 Ebd.

48 Ebd., S. 559.

49 Ebd., S. 557.

50 Nicht durch das Ästhetische als die Entladung vom Ekel der Welterkenntnis wird in dieser Auffassung das Leben gerechtfertigt, sondern durch christlich-ethische (Selbst-)Analyse und Eingedenken der endlichen, hinfälligen Natur. „Nicht ‚Schönheit'. Nie war es mir um ‚Schönheit' zu tun. ‚Schönheit' war mir immer etwas für Italiener und Katzelmacher des Geistes, nichts Deutsches im Grunde und namentlich nicht Sache und Geschmack einer künstlerischen Deutsch-Bürgerlichkeit. In dieser Sphäre überwiegt das Ethische über das Ästhetische, oder richtiger: eine Vermischung und Gleichsetzung dieser Begriffe hat statt, welche das H ä ß l i c h e ehrt, liebt und pflegt. Denn das Häßliche, die Krankheit, der Verfall, d a s i s t d a s E t h i s c h e, und nie habe

ich mich im Wortsinn als ‚Ästheten', sondern immer als Moralisten gefühlt." (Mann, Betrachtungen . . ., S. 73)

51 Vgl. zuletzt Schmidt, Geschichte des Genie-Gedankens, a. a. O., Bd. 2, S. 246 ff.

52 Thomas Mann, Betrachtungen . . ., a. a. O., S. 559.

53 Ders., Der Tod in Venedig, GW VIII, S. 455.

54 Ders., Betrachtungen . . ., a. a. O., S. 593.

55 Ebd., S. 116.

56 Ebd., S. 559.

57 Ebd.

58 Thomas Mann, Buddenbrooks. Verfall einer Familie, GW I, S. 470.

59 Ebd., S. 469.

60 Ebd.

61 Ebd., S. 614.

62 Ebd., S. 612.

63 Ebd.

64 Ebd.

65 Ebd.

66 Vgl. Burghard Dedner, Kultur und Wahrheit. Zur thematischen Dialektik in Thomas Manns Frühwerk, in: Jahrbuch der Deutschen Schiller-Gesellschaft, XXVII (1983), S. 345–380.

67 Georg Lukács, Thomas Manns Roman „Königliche Hoheit" (1909), in Georg Lukács zum siebzigsten Geburtstag, Berlin 1955, S. 213–224, hier: S. 217.

68 Vgl. Dedner, a. a. O., S. 370.

69 Lukács, a. a. O., S. 222.

70 Ebd., S. 219.

71 Ebd., S. 220.

72 Ebd., S. 219.

73 Ebd., S. 223. Irrtümlich ist die Behauptung Hans Mayers (Hans Mayer, Thomas Mann, Frankfurt 1980, S. 380), Lukács sei Thomas Mann bereits vor 1911 „aufgefallen" „als einer der eindringlichen Interpreten von ‚Königliche Hoheit' ". Lukács' Rezension ist in der Tat bereits 1909 erschienen, zuerst in der Budapester Zeitschrift ‚Nyugat', ein Jahr später in dem Buch ‚Esztetikai Kultura', beide Male indes in ungarischer Sprache. Erst ca. 1918 hat Thomas Mann auf eine durch den gemeinsamen Freund Franz Baumgarten übermittelte Bitte hin von Georg Lukács eine ausschließlich zum Privatgebrauch bestimmte Übersetzung der Arbeit erhalten. (Vgl. Istvan Gúl, Zwei Briefe von Georg Lukács an Thomas Mann, in: Budapester Rundschau, 9. Jg. 1975 Nr. 34 vom 25. 8. 75.)

74 Thomas Mann, Doktor Faustus . . ., a. a. O., S. 284.

75 Vgl. etwa Lublinskis Mann beeinflussende Deutung Nietzsches als eines Klassizisten: Hans Rudolf Vaget, Thomas Mann und die Neuklassik. ‚Der Tod in Venedig' und Samuel Lublinskis Literaturauffassung, in: Schiller-Jb., 17/1973, S. 432–454; vgl. auch: Wolfdietrich Rasch, Thomas Mann und die Décadence, in: Thomas Mann 1875–1975. Vorträge in München–Zürich–Lübeck, hrsg. v. Beatrix Bludau, Eckhard Heftrich und Helmut Koopmann, Frankfurt 1977, S. 271–284. Rasch bringt Aschenbachs Tendenz zur neuen Festigkeit und Gesundheit in Zusammenhang mit der jugendbewegten, vitalistischen Nietzsche-Rezeption.

76 Nietzsche, Menschliches, Allzumenschliches, Werke I, S. 545.

77 Ebd.

78 Thomas Mann, Der Tod in Venedig, a. a. O., S. 454.

79 Ebd.

80 Ebd.
81 Vgl. Terence James Reed, Introduction to: Thomas Mann, Der Tod in Venedig, Oxford 1971, S. 9–51; ders.: Thomas Mann, „Der Tod in Venedig" – Text, Materialien, Kommentar, München–Wien 1983, hier S. 149.
82 Thomas Mann, Betrachtungen . . ., S. 529.
83 In der „Philosophie der neuen Musik" kommt Adorno gelegentlich auf Nietzsches These zu sprechen, daß große Kunst eine Fülle von Konventionen zur Bedingung und Grundlage habe, die ihr allererst einen spielerischen und läßlichen Umgang mit den Materialien garantiere. Adorno nun sagt: „Diese Bestimmung des Kunstwerkes durch seine Freiheit setzt voraus, daß Konventionen verpflichtend gelten" und vorweg – aller Frage enthoben – die Totalität autoritativ sichern. (Th. W. Adorno, Philosophie der neuen Musik, Ffm. 1958, S. 42) Thomas Mann muß durch diese dialektischen Erwägungen Adornos der Gedanke an Aschenbach in den Sinn gekommen sein, er notiert nämlich nach der Lektüre der „Philosophie der neuen Musik", daß deren Ideen „über Tod und Form, das Ich und das Objektive" über „Genie und Konvenienz" „dem Verfasser einer fünfunddreißig Jahre zurückliegenden venezianischen Novelle wohl als Erinnerung an sich selbst gelten" durften (GW XI, S. 174), und er exzerpiert Adornos Ausführungen zu Nietzsche. (Siehe unten S. 267)
84 Renate Werner sieht den Zusammenhang zwischen Nietzsches Kultus der „Oberflächlichkeit aus Tiefe" und Manns Frühwerk, sie übergeht allerdings den „Tod in Venedig". Vgl. Renate Werner: „Cultur der Oberfläche". Zur Rezeption der Artisten-Metaphysik im frühen Werk Heinrich und Thomas Manns, in: Bruno Hillebrand (Hrsg.), Nietzsche und die deutsche Literatur, Bd. II: Forschungsergebnisse, Tübingen 1978.
85 Nietzsche, Nietzsche contra Wagner, Werke II, S. 1060 f. Sinnentsprechend ist im „Tod in Venedig" die Rede vom „Abgrund" der „Erkenntnis", vom „Mitleidsatz", von „Jünglings"-„Gründlichkeit" im Wissen-Wollen, vom „unanständigen Psychologismus", von der Wiedergeburt der „Unbefangenheit" und der neuen „Klassizität" der Formgebung bei Aschenbach.
86 Die Nähe Aschenbachs zum klassizistischen Nietzsche unterstreicht der Erzähler des „Tod in Venedig" zusätzlich, indem er die verfallende Lagunenstadt auf den ankommenden Aschenbach wirken läßt, wie Wagners Musik auf Nietzsche wirkte: „. . . wie nachteilig ist mir dieser Wagnersche Orchesterklang: Ich heiße ihn Schirokko. Ein verdrießlicher Schweiß bricht an mir aus. Mit meinem guten Wetter ist es vorbei." (Der Fall Wagner, Werke II, S. 905) In der Novelle heißt es: „Schweiß brach ihm aus", den Venedigs „widerliche Schwüle" und der „Scirocco" verursachten. (GW VIII, S. 480) Ungeachtet solcher Textevidenzen und entgegen der Mannschen Selbstauffassung hat die Forschung bislang weniger die Verwandtschaft Aschenbachs mit Nietzsche, als vielmehr die mit Wagner herausgearbeitet. Vordtriede sieht in der Novelle eine „in allen Einzelheiten . . . teilweise biographisch nachzeichnende, teils künstlerisch interpretierende Darstellung Richard Wagners" (Werner Vordtriede, Richard Wagners Tod in Venedig, in: Euphorion 52/1958, S. 378–395, hier: S. 386; ebenso: Erwin Koppen, Dekadenter Wagnerismus. Studien zur europäischen Literatur des Fin de siècle, Berlin–New York 1973, hier: S. 225 ff.).
87 Thomas Mann, Betrachtungen . . ., S. 385.
88 Ebd., S. 530.
89 Thomas Mann, Der Tod in Venedig, GW VIII, S. 455.
90 Ebd., S. 454.
91 Ebd., S. 521.
92 Thomas Mann, Betrachtungen . . ., S. 593
93 Ebd., S. 530

94 Vgl. Gert Mattenklott, Nietzsches „Geburt der Tragödie“ als Konzept einer bürgerlichen Kulturrevolution, in: G. Mattenklott und Klaus R. Scherpe (Hrsg.), Positionen der literarischen Intelligenz zwischen bürgerlicher Reaktion und Imperialismus, Kronberg 1973, S. 103–120.
95 Die „Betrachtungen“ verlassen das Referenzsystem von Nietzsches Tragödienschrift, das dem „Tod in Venedig“ wie wohl dem Frühwerk insgesamt (vgl. Dedner, a. a. O.) zugrunde gelegt werden kann.
96 Vgl. oben, S. 22 f.
97 Thomas Mann, Nietzsche im Lichte unserer Erfahrung, GW IX, S. 696.
98 Arbeitsnotizen von Mann zum „Tod in Venedig“, abgedruckt bei: Peter de Mendelssohn, Der Zauberer. Das Leben des deutschen Schriftstellers Thomas Mann. 1. Teil 1875–1918, Ffm. 1975, S. 880.
99 Thomas Mann, Versuch über Tschechow, GW IX, S. 869.
100 Ebd.
101 Thomas Mann, Betrachtungen . . ., a. a. O., S. 563.
102 Ders., Bruder Hitler, GW XII, S. 849.
103 Ders., Betrachtungen . . ., a. a. O., S. 396 ff.
104 Ders., Brief an Paul Steegemann vom 18. 8. 1920, in: Briefe 1889–1936, a. a. O., S. 181.
105 Ders., Die Entstehung des Doktor Faustus, GW XI, S. 208.
106 Ders., Brief an Paul Steegemann, a. a. O.
107 Ders., Die Entstehung . . ., a. a. O.
108 Ders., Brief an Paul Steegemann, a. a. O.
109 Ebd.
110 Ders., Betrachtungen . . ., a. a. O., S. 397.
111 Ebd., S. 396.
112 Ebd.
113 Ebd., S. 565.
114 Nietzsche, Die Geburt der Tragödie, Werke I, S. 92.
115 Thomas Mann, Betrachtungen . . ., S. 556.
116 Ebd.
117 Ebd., S. 595.
118 Vgl. ebd., S. 557.
119 Ebd., S. 556.
120 Ebd., S. 557.
121 Ebd., S. 565.
122 Ebd., S. 309.
123 Ebd., S. 308.
124 Ebd.
125 Ebd., S. 310.
126 Ebd.
127 Ebd., S. 596.
128 Ebd., S. 558.
129 Ebd., S. 557.
130 Ebd., S. 597.
131 Ebd., S. 557.
132 Thomas Mann, Betrachtungen . . ., a. a. O., S. 597. (Hervorhebung im Original).
133 Der Gegensatz des politisch bramabarsierenden d'Annunzio zur „Bescheidenheit“ des „Unpolitischen“ wiederholt sich in verkleinertem anekdotischem Rahmen in Manns Erzählung eines Münchner Trambahnerlebnisses: Die Rodomontaden eines politisch

enragierten Antisemiten verpuffen vor der unpolitischen Biederkeit und Redlichkeit des Wagenführers in Dienstmantel, der gleichwohl in Stunden der nationalen Not Gewehr bei Fuß steht. (Ebd., S. 79 f.)

134 Ebd., S. 596.

135 Ebd., S. 530. Erich Heller sieht diese Kunstauffassung bei Kierkegaard vorgebildet. (Vgl. Erich Heller, Thomas Mann. Der ironische Deutsche, Frankfurt 1976[2], S. 152.)

136 Ebd., S. 300.

137 Vgl. ebd., S. 302.

138 Ebd., S. 165.

139 Ebd., S. XXVI.

140 Um dieser Verwechslung nicht vorzubeugen, spreche ich selbst hier nicht von der Wahrheit der Kunst (was in anderen Denkzusammenhängen – etwa Benjamins u. Adornos – sinnvoll ist), sondern in kantischer Tradition von ihrer Unwahrheit im Sinne ihrer moralischen und analytischen Inkompetenz. Mit dieser Begriffsverwendung läßt sich auch Manns Kritik der „ästhetischen Metaphysik" angemessener wiedergeben.

141 Ebd., S. XXIV.

142 Vgl. ebd.

143 Vgl. Martin Heidegger, Nietzsche, 2 Bde, Pfullingen 1961, Bd. 1, S. 243 ff.

144 Diese Preisgabe ist Gegenstand der „linken" Nietzsche-Kritik von Benjamin bis Habermas: Vgl. Walter Benjamin, Ursprung des deutschen Trauerspiels, Ffm. 1963, S. 104; Jürgen Habermas, Die Verschlingung von Mythos und Aufklärung. Bemerkungen zur „Dialektik der Aufklärung" – nach einer erneuten Lektüre, in: K. H. Bohrer (Hg.), Mythos und Moderne, Ffm. 1983, S. 405–431.

145 Thomas Mann, Betrachtungen ..., S. 204.

146 Ebd., S. 165 f.

147 Ebd., S. 396.

148 Thomas Mann, der Künstler und der Literat, GW X, S. 62 ff.

149 Ders., Betrachtungen ..., S. 587 ff.

150 Siehe unten S. 179 ff.

151 Dedner, Kultur und Wahrheit ..., a. a. O., S. 349.

152 Thomas Mann, Betrachtungen ..., S. XXIII.

153 Ebd., S. XXV.

154 Ebd.

155 Dedner, Kultur und Wahrheit ..., a. a. O., S. 349.

156 Thomas Mann, Betrachtungen ..., S. 63.

157 Ebd., S. 55 f.

158 Ebd.

159 Ebd., S. 560 ff.

160 Ebd., S. 76.

161 Ebd. In einem Brief an Hermann Hesse aus dem Jahre 1910 unterschied Thomas Mann bereits eine „exklusive" von einer „demagogischen" Optik. (Vgl. Brief vom 1. 4. 1910, in: Briefwechsel Hermann Hesse–Thomas Mann, Ffm. 1968, S. 6.) In den „Betrachtungen" wird diese Differenz aufgewertet zu der zwischen „artistischer" und „bürgerlicher" Optik. (Ebd., S. 76.)

162 Thomas Mann, Lübeck als geistige Lebensform, in: GW XI, S. 387.

163 Ders., Betrachtungen ..., S. 70.

164 Ebd., S. 69.

165 Ebd., S. 69 ff.

166 Lukács, Bürgerlichkeit ..., a. a. O.

167 Thomas Mann, Betrachtungen ..., S. 396.

168 Thomas Mann, Chamisso, GW IX, S. 57.
169 Ders., Betrachtungen . . ., a. a. O., S. 71.
170 Ders., [Über Theodor Storm], GW XIII, S. 33.
171 Ders., Betrachtungen . . ., S. XXVI.
172 Ebd., S. 109.
173 Ebd., S. 112.
174 Hoffmann, Die Serapionsbrüder, a. a. O., S. 416.
175 Thomas Mann, Betrachtungen . . ., S. 110. In eine Sackgasse geraten sind die Versuche marxistischer Literaturwissenschaftler, Manns literarische Bilder der Bürgerlichkeit auf sozioökonomische Begriffe zu bringen. Hatte Lukács in der ersten Buddenbrook-Generation den Träger einer echten und „glorreichen" bürgerlichen Kultur erblickt, die es „organisch" fortzusetzen gelte (Georg Lukács, Thomas Mann, Werke Bd. 7: Deutsche Literatur in zwei Jahrhunderten, Neuwied/Berlin 1964, S. 513); sprach Diersen von der Einheit „von Kulturbürgertum und Geschäftsbürgertum", die „durch den Verrat der Bourgeoisie an ihren eigenen kulturellen und ethischen Traditionen" zerfallen sei (Inge Diersen, Untersuchungen zu Thomas Mann, Berlin 1959, S. 27 f.); sprach Hans Mayer von der Verfallsgeschichte „eines reichsstädtischen Bürgertums" (Hans Mayer, Thomas Mann, Ffm. 1980, S. 54) – so hat der Doyen der marxistischen Sozialgeschichtsschreibung, Jürgen Kuczynski, all' diese Deutungen zu Recht des Dilettantismus geziehen: Die ersten Buddenbrooks seien „nicht feudales Herrschaftsbürgertum wie das Patriziat, wie das ‚reichsstädtische' Bürgertum etwa des Frankfurts zu Goethes Jugendzeit" – ein Typus, dem allerdings die Vorfahren Goethes ebensowenig zugehörten wie die Thomas Manns –, die Buddenbrooks seien vielmehr „arrivierte Kaufmannsbourgeoisie, die an der Börse handelt und Kaufmannskapital profitabel im Getreidehandel arbeiten läßt". Zu Lukács' Deutungen Jeans und des Konsuls schreibt Kuczynski: „Den einstigen Kriegslieferanten, der sich im Alter zu einem gar netten Biedermeier entwickelt hat, und den beschränkten Konsul, der zu einem Frömmler wird, zu Trägern bürgerlicher Kultur, an die wir anknüpfen können, zu machen, geht wahrlich reichlich weit . . . Hat der älteste Buddenbrook wirklich etwas mit der Kultur seiner Zeit zu tun? – mit Goethe oder Schiller, mit Hegel oder Heine, mit den Brüdern Humboldt oder Grimm? Nichts, aber auch gar nichts hat er mit ihnen zu tun . . ." Kuczynskis Analysen wiederum kranken daran, daß sie illiterat sind. Er ignoriert die poetische Stilisiertheit der Romanfiguren und reduziert diese auf ein a u ß e r literarisches, empirisches, historisch-reales Substrat. So erblickt Kuczynski in der Lebensweise Jean Buddenbrooks – indem er sie strikt soziologisch definiert – diejenige eines „frühkapitalistischen Räubers" und „Großprofitjägers", – ungeachtet anderslautender Textsignale (Jürgen Kuczynski, Gestalten und Werke. Soziologische Studien zur deutschen Literatur, Berlin–Weimar 1969, S. 278 f.). Am differenziertesten hat zuletzt Michael Zeller geurteilt. Er betont, daß „soziologisch kein kategorialer Unterschied" zwischen den Romanpersonnagen der „Buddenbrooks" zu machen sei. Er zeigt aber auch, daß Thomas' Sozialcharakter modernere Züge trägt als der des „liberalen", „toleranten", „freisinnig-fortschrittlichen" Hagenström, der den älteren Bürgertypus der konkurrenzkapitalistischen Ära verkörpere. (Michael Zeller, Bürger oder Bourgeois? Eine literatur-soziologische Studie zu Thomas Manns „Buddenbrooks" und Heinrich Manns „Im Schlaraffenland", Stuttgart 1976, S. 26.)
176 Thomas Mann, Betrachtungen . . ., S. 114.
177 Ebd., S. 115 f. (Hervorhebung im Original)
178 Ebd., S. 116 f.
179 Werner Sombart, Der Bourgeois. Zur Geschichte des modernen Wirtschaftsmenschen, München–Leipzig 1923, S. 236.

180 Max Weber, Gesammelte Aufsätze zur Religionssoziologie, Tübingen 1920, S. 17 ff.

181 Burghard Dedner, Über die Grenzen humoristischer Liberalität. Zu Thomas Manns Roman „Königliche Hoheit“, in: Wirkendes Wort 24 (1974), 4, S. 250–267, hier: S. 264 ff.

182 Helmut Koopmann, Thomas Mann. Konstanten seines literarischen Werks, Göttingen 1975, darin: Bürgerlichkeit, S. 82–124. Koopmanns stringente und bündige Analyse zeigt, daß „Bürgerlichkeit“ für Thomas Mann mehr und mehr von einem gelebten zu einem „reflektierten und bewußt propagierten Wert“ geworden ist (ebd., S. 110) – um dann in den Exiljahren in einem neuen Begriff des Humanen aufzugehen. Bei Koopmann unterbelichtet bleiben das un- und antibürgerliche Kunstverständnis Manns (im Bekenntnis zur „décadence“, zur „Gefährlichkeit“ und „Scharlatanerie“ der Kunst etc.), d. h. die Differenz zwischen Manns Bekenntnis zu Unverantwortlichkeit der Kunst einerseits und seinem Postulat ethischer Lebensführung andererseits. Die Skepsis und Selbstzweifel, die noch der späte Thomas Mann dem eigenen Humanitäts-Pathos, demokratischen (Zweck-)Optimismus und Idealismus entgegenbrachte, zeigt eindringlich: Terence J. Reed, Thomas Mann. The Uses of Tradition, Oxford 1974, S. 412 f.

183 Thomas Mann, Lübeck als geistige Lebensform, GW XI, S. 387.

184 Ders., Betrachtungen ..., S. 107.

185 Manns Verbindungen zur Lebensphilosophie zeigt genauer: Hermann Kurzke, Auf der Suche nach der verlorenen Irrationalität. Thomas Mann und der Konservatismus, Würzburg 1980$^{2}$.

186 Thomas Mann, Betrachtungen ..., S. 106.

187 Vgl. Ernst Keller, Der unpolitische Deutsche. Eine Studie zu den „Betrachtungen eines Unpolitischen“ von Thomas Mann, Bern–München 1965, S. 47; Winfried Hellmann, Geschichtsdenken des frühen Thomas Mann, Tübingen 1972, S. 92; Kurt Sontheimer, Thomas Mann als politischer Schriftsteller, in: Thomas Mann, hrsg. v. Helmut Koopmann, Darmstadt 1975, S. 165–226, hier: S. 175.

188 Thomas Mann, Betrachtungen ..., S. 280.

189 Ebd., S. 106.

190 Ebd., S. 294.

191 Ebd., S. 299.

192 Ebd., S. 70.

193 Vgl. Arbeitsnotizen zum „Doktor Faustus“, abgedruckt bei Lieselotte Voss, Die Entstehung von Thomas Manns Roman „Doktor Faustus“, Tübingen 1975, S. 16 und S. 40.

194 Thomas Mann, Betrachtungen ..., S. 106.

195 Max Weber, Gesammelte Aufsätze zur Wissenschaftslehre, hrsg. v. J. Winckelmann, Tübingen 1968, S. 603 f. Auch für Thomas Mann wird Baudelaire zum Gewährsmann seiner Auffassung vom „sündhaften“ Charakter der Kunst (Mann, Betrachtungen ..., S. 397).

196 Thomas Mann, Betrachtungen ..., S. 588.

197 Ebd., S. 560.

198 Ebd., S. 377.

199 Ebd., S. 560.

200 Vgl. Jürgen Habermas, Die Moderne – ein unvollendetes Projekt, a. a. O.

201 Habermas, Theorie des kommunikativen Handelns, Bd. 2, a. a.O., S. 482.

202 Thomas Mann, Brief an Ferdinand Lion, vom 13. 3. 1952, in: Briefe 1948–1955, a. a. O., S. 248.

203 Thomas Mann, Versuch über Tschechow, GW IX, S. 869.

204 Thomas Mann, Doktor Faustus ..., a. a. O., S. 458.
205 Ebd., S. 457.
206 Thomas Mann, Betrachtungen eines Unpolitischen, a. a. O., S. 70 ff.
207 Vgl. hierzu am bündigsten: Koopmann, Thomas Mann. Konstanten seines literarischen Werks, a. a. O., S. 82 ff. Die zahlreichen Forschungsarbeiten zum Verhältnis Thomas Manns zu Nietzsche, Lukács und Adorno sind in den Literaturberichten ausführlich kommentiert. (Vgl.: Herbert Lehnert, Thomas Mann Forschung. Ein Bericht, a. a. O.; Hermann Kurzke, Thomas-Mann-Forschung 1969–1976. Ein kritischer Bericht, a. a. O.; zuletzt: Katalin Frank-Schneider, Erik Lunding, Jürgen H. Petersen und Hans Rudolf Vaget, Thomas Mann und kein Ende, a. a. O.) Eine umfängliche, aber unkommentierte Bibliographie zum „Faustus" bis einschließlich 1983 enthält: Rudolf Wolf (Hrsg.), Thomas Manns Doktor Faustus und die Wirkung, 2 Bde, Bonn 1983. Ich begünstige daher in den folgenden Anmerkungen jüngere Arbeiten.
208 Thomas Mann, Betrachtungen ..., a. a. O., S. 396 f.
209 Ders., Doktor Faustus ..., a. a. O., S. 458.
210 Ebd., S. 443.
211 Ebd., S. 465.
212 Ebd., S. 529.
213 Daß in der Figur der Ines ein Gutteil von Thomas Manns Jünglingsproblematik gestaltet ist, zeigt Voss. In ihrem Verhältnis zu Schwerdtfeger spiegele sich das des jungen Thomas Mann zu seinem Freund Ehrenberg. Vgl.: Liselotte Voss, Die Entstehung von Thomas Manns Roman „Doktor Faustus", a. a. O., S. 95 ff.
214 Thomas Mann, Die Entstehung des „Doktor Faustus". Roman eines Romans, GW XI, S. 167.
215 Ebd.
216 Thomas Mann, Doktor Faustus ..., a. a. O., S. 699.
217 Lukács, Bürgerlichkeit ..., a. a. O.
218 Zur Darstellung des Gesellschaftlichen bei Thomas Mann vgl. Hermann Kurzke, Dichtung und Politik im Werk Thomas Manns, a. a. O., S. 238.
219 Vgl.: Dedner, Kultur und Wahrheit ..., a. a. O.
220 Vgl. Koopmann, Thomas Mann ..., a. a. O., S. 121 ff.
221 Thomas Mann, Nietzsche im Lichte unserer Erfahrung, GW IX, S. 696.
222 Thomas Mann, Doktor Faustus ..., a. a. O., S. 451.
223 Ebd. S. 639.
224 Thomas Mann, Betrachtungen ..., a. a. O., S. 73.
225 Vgl. Hans J. Elema, Thomas Mann, Dürer und Doktor Faustus, in: Helmut Koopmann (Hrsg.), Thomas Mann, Darmstadt 1975 (= Wege der Forschung, Bd. 135), S. 320–350, hier: S. 349.
226 Thomas Mann, Dürer, GW X, S. 230f.
227 Ders., Doktor Faustus ..., a. a. O., S. 490.
228 Vgl. Hans Rudolf Vaget, Kaisersaschern als geistige Lebensform. Zur Konzeption der deutschen Geschichte in Thomas Manns „Doktor Faustus", in: Wolfgang Paulsen (Hrsg.), Der deutsche Roman und seine historischen und politischen Bedingungen, Bern–München 1977, S. 200–235.
229 Thomas Mann, Doktor Faustus ..., a. a. O., S. 61.
230 Nietzsche, Die Geburt der Tragödie, in: Werke I, S. 24.
231 Ders., Zur Genealogie der Moral, Werke II, S. 882. Nietzsche unterscheidet den aktiven Rausch „der an der Überfülle des Lebens Leidenden" vom Rausch als Konvulsion und Betäubung der an der „Verarmung des Lebens Leidenden". (Vgl. Nietzsche contra

Wagner, Werke II, S. 493; ferner: Gilles Deleuze, Nietzsche und die Philosophie, München 1976, S. 21)

232 Thomas Mann, Doktor Faustus ..., a. a. O., S. 490.

233 Allerdings steht bei Adorno/Horkheimer nicht der moralische Identitätszwang wie bei Nietzsche im Zentrum der Aufmerksamkeit, sondern die Gewalt der instrumentellen Vernunft. Unter dem Einfluß Webers diagnostizieren sie die Ablösung moralisch vermittelter Sozial-Integration durch über „Sachzwänge" vermittelte Systemintegration. Vgl. Max Horkheimer/Theodor W. Adorno, Dialektik der Aufklärung. Philosophische Fragmente, Amsterdam 1944.

234 Thomas Mann, Doktor Faustus ..., a. a. O., S. 61.

235 Vgl. Elema, Thomas Mann, Dürer und Doktor Faustus, a. a. O.; Walter Rehm, Thomas Mann und Dürer, in: Die Wissenschaft von deutscher Sprache und Dichtung, Festschrift Maurer, Stuttgart 1963, S. 478–497; Fritz Kaufmann, The World as Will and Representation, Boston 1957, S. 198 ff.

236 Vgl. Thomas Mann, Die Entstehung ..., GW XI, S. 169.

237 Vgl. zu Nietzsches Kunstbegriff jetzt: Walter Schulz, Funktion und Ort der Kunst in Nietzsches Philosophie, a. a. O., ferner: Habermas, Der Eintritt in die Postmoderne, a. a. O., S. 752–761.

238 Thomas Mann, Doktor Faustus, a. a. O., S. 366.

239 Ebd., S. 387.

240 Ebd.

241 Ebd., S. 395.

242 Zum modernen Topos des „kalten" Artisten vgl. Ralph-Rainer Wuthenow, Muse, Maske, Meduse. Europäischer Ästhetizismus, Frankfurt/M. 1978; ferner: Karl Heinz Bohrer, Die Ästhetik des Schreckens ..., a. a. O., S. 21 ff.

243 Thomas Mann, Doktor Faustus ..., a. a. O., S. 19.

244 Ders., Die Entstehung ..., a. a. O., S. 175.

245 Nietzsche, Homers Wettkampf, Werke III, S. 291.

246 Thomas Mann, Tagebücher 1940–1943, hrsg. v. Peter de Mendelssohn, Frankfurt/Main 1982, siehe Registerstichwort: Horkheimer.

247 Max Horkheimer, Egoismus und Freiheitsbewegung, in: ders., Kritische Theorie, 2 Bde, Frankfurt/Main 1968, Bd. II, S. 1–83, hier: S. 80. Erstveröffentlichung in: Zeitschrift für Sozialforschung, 5. Jg. (1936), Heft 2, S. 161 ff.

248 Thomas Mann, Doktor Faustus ..., a. a. O., S. 769.

249 Ebd., S. 302.

250 Ders., Deutschland und die Deutschen, GW XI, S. 1146.

251 Peter Szondi, Versuch über Thomas Mann, in: Neue Rundschau, 67 (1956), S. 557–563, hier: S. 563.

252 Thomas Mann, Doktor Faustus ..., a. a. O., S. 511.

253 Ebd., S. 96. Wo immer Adrian Zeuge wird von irgendjemandes Sehnsucht nach Gemeinschaft und kultureller Verbindlichkeit, die ja seine eigene ist, bemächtigt sich seiner ein heftiges „bitteres" Lachen oder ein spöttischer Distanzierungsgestus (Thomas Mann, Doktor Faustus ..., a. a. O., S. 24, 28, 36, 157, 213), welche Betroffenheit verraten. Er schüttelt sich vor Lachen über die anorganischen, heliotropischen Pflanzen, die sich nach „Wärme und Freude" sehnen (ebd., S. 36). Mit spöttischem Lächeln und einem stummen, verschleierten Blick beantwortet er Zeitbloms Apologie der deutschen „Durchbruchsbegierde" zur Welt, die dieser als Sehnsucht nach „Vereinigung" und „Erlöstheit" interpretiert (ebd., S. 90). Auch sein Lachen über die „Wacht auf!"-Melodie der „Meistersinger" (bzw. ihre motivische Antizipation im Vorspiel zum dritten Akt) ist signifikant. Selbstverleugnerisch ist Adrians Lachen hier, weil Wagners Choral

die Überwindung der schmerzlichen, problematischen Künstlereinsamkeit und Wiedergewinnung des „liturgischen Ganzen“ der Gemeinschaft allegorisiert. Die Darbietung des Wacht-auf-Chorals durch das Festwiesenvolk im dritten Akt verweist auf einen Zustand, in dem der Kunst in der Öffentlichkeit des Kultus-Verbandes eine verbindende Funktion und verbindliche Geltung zuwächst, wie auch Leverkühn es erträumt (vgl. ebd., S. 132; vgl. auch Bernhard Schubert, Wagners „Sachs“ und die Tradition des romantischen Künstlerselbstverständnisses, in: Archiv für Musikwissenschaft, Jg. XL (1983), Heft 3, S. 212–253). Ihm treibt diese Choral-Hymne die Tränen in die Augen, gleichwohl aber auch das Lachen ob ihrer raffiniert-künstlichen Gemachtheit, ihrer „gestopften Würde“, ihres „weihesamen“, „gefühlsschwellenden Pathos“, den „grunzenden Stutztönen“ des Bombardons (vgl. Thomas Mann, Doktor Faustus . . ., a. a. O., S. 212 f). Lachen und Weinen sind hier Ausdruck einer geistigen Paradoxie, indem Leverkühns sentimentalische Verklärung der Kultus-Gemeinde durch die aufklärerische Reflexion konterkariert wird. Adrian weiß, daß seine eigene Kunst unter den spätbürgerlichen Bedingungen der Trennung von Volk und Kultur ein esoterisches Spiel bleiben muß und jeder Zug zum einfachen und Primitiven unter Bedingungen des noch ausstehenden ästhetisch-moralischen Gemeinschaftslebens in die Nähe zur Barbarei gerät.

254 Thomas Mann, Doktor Faustus . . ., a. a. O., S. 96.

255 Ebd., S. 132.

256 Nietzsche, Die Geburt der Tragödie, Werke I, S. 126.

257 Ebd., S. 47.

258 Karl Heinz Bohrer unterscheidet in der Entwicklung von Nietzsches Ästhetik den frühen Begriff des „Scheines“ als eines hinreißenden Mediums dionysischer Selbstentäußerung von der späten Auffassung des „Scheines“ als einer „Oberflächlichkeit aus Tiefe“, als eines neuen „Mythischen der Maske“, als einer (klassizistischen) „Vereinfachung“ und „Täuschung“, die aber mit der „Selbstreflexion des Menschen und der Geschichtlichkeit des Geistes“ verbunden bleibt. (Karl Heinz Bohrer, Ästhetik und Historismus. Nietzsches Begriff des „Scheins“, in: ders., Plötzlichkeit. Zum Augenblick des ästhetischen Scheins, Frankfurt/Main 1981, S. 135 ff.) Im Rahmen seiner pragmatischen Erkenntnistheorie und einer Naturgeschichte der Moral entlarvt Nietzsche die theoretische und praktische Vernunft als Fiktionen, in denen sich Machtansprüche verbergen. Er deutet Wahrheits- und Richtigkeitsansprüche um in lebensdienliche Präferenzen oder Geschmackseinstellungen und nimmt – in diesem universalen Kampfgeschehen des sich maskierenden Willens zur Macht – Partei gegen dessen reaktive Ausformungen (Ressentiment, konvulsivischer Rausch à la Wagner etc.) für seine aktiven Gestalten, für diejenigen Kräfte also, in denen sich das Lebensbejahende, Vornehme, Unverdorbene, Ursprüngliche äußert. (Gilles Deleuze, Nietzsche und die Philosophie, a. a. O., S. 66 ff.) Der schöne Schein, die Maske, die Kunst als Kultus der Lüge werden zu Stimulantien des aktiven Willens zur Macht. Die Welt erscheint als mythische, weil keine Instanz mehr sichtbar ist, die den Kampf der aufeinander einwirkenden Mächte der Täuschung, der Lüge, der Maske transzendiert. (Jürgen Habermas, Die Verschlingung von Mythos und Aufklärung. Bermerkungen zur „Dialektik der Aufklärung“ – nach einer erneuten Lektüre, in: Bohrer (Hrsg.), Mythos und Moderne, a. a. O., S. 405–421) Diese philosophischen Grundannahmen machen Nietzsches spätes Formideal verständlich, das er im Epilog zu „Nietzsche contra Wagner“ wie folgt resümiert: „Wie uns jetzt der Theaterschrei der Leidenschaft in den Ohren wehtut, wie unserem Geschmacke der ganze romantische Aufruhr und Sinnen-Wirrwarr, den der gebildete Pöbel liebt, samt seinen Aspirationen nach dem Erhabenen, Gehobenen, Verschrobenen fremd geworden ist! Nein, wenn wir Genesenen eine Kunst noch brauchen, so ist

es eine andre Kunst – eine spöttische, leichte, flüchtige, göttlich unbehelligte, göttlich künstliche Kunst, welche wie eine reine Flamme in einen unbewölkten Himmel hineinlodert! Vor allem: eine Kunst für Künstler, nur für Künstler! Wir verstehn uns hinterdrein besser auf das, was dazu zuerst not tut, die Heiterkeit, jede Heiterkeit, meine Freunde! ... Wir wissen einiges jetzt zu gut, wir Wissenden: o wie wir nunmehr lernen, gut zu vergessen, gut nicht-zu-wissen, als Künstler! ... (Friedrich Nietzsche, Nietzsche contra Wagner, Werke II, S. 1060). In seiner großen Thomas-Mann-Biographie zeigt der Oxforder Germanist T. J. Reed die Verwandtschaft von Nietzsches späten klassizistischen Begriffen von „Schein", „Maske", „Form" und „Oberfläche" mit denjenigen Gustav von Aschenbachs (Terence Reed, Thomas Mann, The Uses of Tradition, a. a. O., S. 386 f.), und er nennt Leverkühn einen „gesteigerten Aschenbach", insofern dieser mit höchster Bewußtheit und ohne „das Wissen zu leugnen" einer Vereinfachung und Vereinfältigung der allzu komplex gewordenen musikalischen Stilmittel das Wort rede. Die Verwandtschaftsbeziehung Leverkühn-Nietzsche unterstreicht Reed mit dem Hinweis auf eine Passage aus dem Nachlaß der 80er Jahre: „Gesamt-Anblick des zukünftigen Europäers: (...) vielfach, verzärtelt, willensschwach (...) Wie möchte sich aus ihm eine stärkere Art herausheben? Eine solche mit klassischem Geschmack? Der klassische Geschmack: das ist der Wille zur Vereinfachung (...) – die Vereinfachung ist eine Konsequenz des Willens zur Verstärkung (...) wo sind die Barbaren des zwanzigsten Jahrhunderts?" (Friedrich Nietzsche, Aus dem Nachlaß der 80er Jahre, Werke III, S. 690). Nun scheint mir allerdings Nietzsches späte Idee eines „großen Stils", der „keinen Beweis mehr nötig hat", der es „verschmäht zu gefallen" (ders., Götzendämmerung, Werke II, S. 997), sein Postulat einer „göttlich unbehelligten, göttlich künstlichen Kunst", einer „Kunst nur für Künstler" (ders., Nietzsche contra Wagner, Werke II, S. 1061), vor allem auf Leverkühns spöttische, parodistische Werke, auf seine mittlere Schaffensphase also, beziehbar, während Leverkühns Spätwerk – Nietzsches Entwicklung umkehrend – im Zeichen des vom Teufel versprochenen „Dionysischen" steht und eine Verwandtschaft zur Kunst- und Kulturidee der Tragödienschrift spüren läßt. Hierzu einige Hinweise zunächst aus der Entstehungsgeschichte des „Faustus". In der „Philosophie der neuen Musik" kommt Adorno gelegentlich auf Nietzsches These zu sprechen, daß große Kunst eine Fülle von Konventionen zur Bedingung und Grundlage habe, die ihr allererst einen spielerischen und läßlichen Umgang mit den Materialien garantiere. Adorno nun sagt: „Diese Bestimmung des Kunstwerkes durch seine Freiheit setzt voraus, daß Konventionen verpflichtend gelten" und vorweg – aller Frage enthoben – die Totalität autoritativ sichern. (Theodor W. Adorno, Philosophie ..., a. a. O., S. 42). Da solche Substantialität historisch verloren ward, eignet der Konvention heute ein Moment des Traditionalistischen, wo sie nicht ironisch gebrochen wird. Die daran sich anschließenden Überlegungen Adornos exzerpiert Thomas Mann nahezu wörtlich: „Nietzsche stellt sich zu den ästhetischen Konventionen positiv. Seine ultima ratio das ironische Spiel mit Formen, deren Substantialität geschwunden ist. Schein und Spiel werden wiedererobert durch die Parodie des ‚Werkes' aus dem Zustand der Erkenntnis, der durch Travestie der Unschuld eingestanden wird." (Arbeitsnotiz Thomas Manns, veröffentlicht bei Voss, a. a. O., S. 181) Thomas Mann adaptiert dann diesen Nietzscheanischen Kunstbegriff für die frühen Werke seines Helden, die einen Zug ins Hoch-Artifizielle, Spöttische und Parodistische aufweisen. Auf den Höhepunkt getrieben wird diese Tendenz in Leverkühns Oper „Verlorene Liebesmüh", einer „im exklusivsten Sinne ehrgeizigen Kunst für Künstler und Kenner", einer „selbstzentrierten und vollkommen kühlen Esoterik – die nun aber als Esoterik (...) sich selbst verspottete und parodistisch übertrieb." (Thomas Mann, Doktor Faustus

..., a. a. O., S. 346) Leverkühns Entwicklung führt aber über Nietzsches späte Idee einer „göttlich künstlichen", spöttischen, heiteren Kunst „nur für Künstler" hinaus. (Friedrich Nietzsche, Nietzsche contra Wagner, a. a. O.) Er empfindet, daß diese Preziosen ihre Leuchtkraft einbüßen, wenn die Kunst, mit einer Bildungselite alleingelassen, in „feierlicher Isolierung" (Thomas Mann, Doktor Faustus ..., a. a. O., S. 511) verharrt und im „Kulturell-Selbstzweckhaften" (ebd., S. 97) stagniert. Sein Ideal ist – vergleichbar mit dem des jungen Nietzsche – die Befreiung aus dem „inneren Elend des modernen Menschen" (Friedrich Nietzsche, Die Geburt der Tragödie, a. a. O.) mithilfe einer ästhetisch erneuerten Mythologie, die im archaischen „Kultus-Verband" ihr Vorbild hat. (Thomas Mann, Doktor Faustus ..., a. a. O., S. 132)

259 Thomas Mann, Doktor Faustus ..., a. a. O., S. 97 und S. 589.

260 Ebd., S. 590 ff.

261 Thomas Mann, Arbeitsnotiz, abgedruckt bei Voss, a. a. O., S. 156.

262 Adorno, Philosophie der neuen Musik, a. a. O., S. 64 f.

263 Ebd., S. 25 ff.

264 Thomas Mann, Doktor Faustus ..., a. a. O., S. 378 ff.

265 Ebd., S. 377.

266 Ebd., S. 384.

267 Ebd., S. 385.

268 Ebd., S. 376.

269 Thomas Mann, Doktor Faustus ..., a. a. O., S. 377.

270 Nietzsche, Menschliches ..., Werke I, S. 540 ff.

271 Ders., Ecce Homo, Werke II, S. 1131 f.

272 Adorno schreibt über die vordodekaphone, expressionistische Phase Schönbergs: „Was die radikale Musik erkennt, ist das unverklärte Leid des Menschen. Seine Ohnmacht ist so angewachsen, daß sie Schein und Spiel nicht mehr erlaubt." (Philosophie der neuen Musik, a. a. O., S. 43)

273 Thomas Mann, Doktor Faustus ..., a. a. O., S. 378 ff.

274 Eine semiologische Bedeutungsidentität des „Dämonischen" und des „Dionysischen" im „Faustus" weist nach: Terence J. Reed, Thomas Mann ..., a. a. O., S. 396. Reed untergräbt damit Hamburgers Auffassung, die Teufels-Symbolik sei anachronistisch. Vgl. Käte Hamburger, Anachronistische Symbolik. Fragen an Thomas Manns Faustus-Roman, in: Koopmann (Hrsg.), Thomas Mann, a. a. O., S. 384– 441.

275 Thomas Mann, Doktor Faustus ..., a. a. O., S. 387.

276 Dies wird in der Forschung meist übersehen. Von Gersdorff beispielsweise schreibt, Thomas Mann habe sich von Adorno distanziert, indem er dessen Philosophie „dem Teufel in den Mund gelegt" habe. Vgl. Dagmar von Gersdorff, Thomas Mann und E. T. A. Hoffmann. Die Funktion des Künstlers und der Kunst in den Romanen „Doktor Faustus" und „Lebensansichten des Katers Murr", Ffm.-Bern-Cirencester 1979, S. 276.

277 Thomas Mann, Doktor Faustus ..., S. 276.

278 Thomas Mann, Arbeitsnotiz, abgedruckt bei Voss, a. a. O.

279 Manfred Frank, „Kaum das Urthema wechselnd". Die alte und die neue Mythologie im „Doktor Faustus", in: Fugen. Deutsch-französisches Jahrbuch für Textanalytik, 1. Jg. 1980, S. 9–42.

280 Nietzsche, Die Geburt der Tragödie, Werke I, S. 47.

281 Peter Bürger, Über den Umgang mit dem andern der Vernunft, in: K. H. Bohrer (Hrsg.), Mythos und Moderne, a. a. O., S. 47.

282 Frank, Der kommende Gott. Vorlesungen über die neue Mythologie, a. a. O., S. 275.

283 Habermas, Der Eintritt in die Postmoderne, a. a. O., S. 758.

284 Vgl. Habermas, Der Eintritt in die Postmoderne, a. a. O., S. 759. Karl Heinz Bohrer, an den Habermas anknüpft, hat als den Stammvater dieses veränderten Paradigmas einer „Neuen Mythologie", das mit der auf Schelling zurückgehenden Überlieferung konkurriert und von Nietzsche aufgenommen wird, Friedrich Schlegel ausgemacht. Dieser faßt die Kunst nicht als sinnliches Organon theoretischer und moralischer Vernunft, sondern als den von deren Einschlag vollständig gereinigten Schauplatz einer die Erkenntnisformen und das Prinzip der Individuation außer Kraft setzenden Kommunikation mit dem „ursprünglichen Chaos der menschlichen Natur." Die Intersubjektivität, die sie gewährleisten soll, liegt „in der Forderung nach dem kollektiven Phantasma, bei dem weniger auf das bewußte Paradigma von Traditionsresten als auf die konstitutionelle Bedingung des imaginativen ‚Enthusiasmus' und unbewußter Motive, die ‚allerheiligsten Mysterien' abgehoben ist. Diese Rückgewinnung eines so anthropologisch gedachten, physisch-psychischen Allerersten gewährleistet jenen ‚Mittelpunkt', wie ‚es die Mythologie für die Alten war'." Siehe: Karl Heinz Bohrer, Friedrich Schlegels Rede über die Mythologie, in: ders., Mythos und Moderne, a. a.O., S. 59 f., vgl. auch: ders., Ästhetik und Historismus, a. a. O.

285 Thomas Mann, Doktor Faustus ..., a. a. O., S. 97.

286 Diese Differenzierungen vernachlässigt Foster, wenn er im „Faustus" die Polyphonie mit dionysischer Selbstvergessenheit konnotiert sieht. Vgl. John Burt Foster, Heirs to Dionysos. A Nietzschean Current in Literary Modernism, Princeton 1981, S. 383.

287 Vgl. Thomas Mann, Doktor Faustus ..., a. a. O., S. 591 f.

288 Ebd., S. 387.

289 Ebd., S. 590 ff.

290 Ebd., S. 97.

291 Ebd., S. 509 ff. Auch hier adaptiert Thomas Mann noch einmal Gedankensplitter des späten Nietzsche, denn Leverkühns Programm einer Vereinfachung des Kulturzustandes bleibt – wie übrigens schon dasjenige Aschenbachs – in enger begrifflicher Nähe zum Epilog von „Nietzsche contra Wagner". Spricht Nietzsche dort von einer „zweiten gefühligen Unschuld", so Leverkühn von einer „neuen Unschuld" und „Wagniswelt neuen Gefühls", spricht Nietzsche von der „Heiterkeit" und „Oberflächlichkeit" der Griechen als eines echten „Poetenvolkes", so Leverkühn von der Wiedergewinnung des Vitalen, von der Abkehr vom Leiden, von der Wendung der Kunst ins Heiter-Bescheidene, Gesunde und Einfache (Friedrich Nietzsche, Nietzsche contra Wagner, Werke II, S. 1060). Aber im Gegensatz zu Nietzsche faßt Leverkühn diese Kultur der Leichtigkeit und Oberflächlichkeit als eine sittliche Totalität des „Volkslebens". Die Kunst wird hier Teil eines für sich vernünftigen, sinnhaltigen und ästhetischen Ganzen. Die Kunst wird in eine „dienende" Funktion zurückgenommen und mit dem Geist der theoretischen und praktischen Vernunft versöhnt. Nietzsches im „Epilog" skizziertes Programm der neuen „Unschuld" und „Oberflächlichkeit" sieht dagegen ein Absolutwerden, eine Totalisierung der von allen moralischen und kognitiven Belastungen befreiten und mit diesen inkompatibel gewordenen ästhetischen Einstellung vor: einen „Kultus der Lüge", die Etablierung eines „Olymps des Scheines" jenseits der „Wahrheit". Nietzsche will eine „Kunst nur für Künstler" und begründet seine Idee unter der Form eines Selbstdementis der Erkenntnis: „Wir wissen einiges jetzt zu gut, wir Wissenden: o wie wir nunmehr lernen, gut zu vergessen, gut nicht-zu-wissen, als Künstler" (ebd.). Daß Thomas Mann diese Passage als eine Botschaft des Klassizismus und als geistiges Selbstdementi versteht und problematisiert, haben wir bereits anhand ihrer Adaptionen durch den Erzähler des „Tod in Venedig" nachvollzogen.

292 Ebd., S. 788 f.

293 Ebd., S. 789.

294 Vgl. Thomas Mann, Betrachtungen ..., a. a. O., S. 69 f.

295 Ders., Doktor Faustus ..., a. a. O., S. 784. Daß Adorno der Abfassung des Leverkühnschen Schlußmonologs Pate gestanden habe, wie Dolf Sternberger vermutet (D. Sternberger, Deutschland im „Doktor Faustus" und „Doktor Faustus" in Deutschland, in: Bludau/Heftrich/Koopmann, Thomas Mann 1875–1975. Vorträge, a. a. O., S. 155–172, hier: S. 163), muß bezweifelt werden. Sternberger setzt insgeheim Adornos Geschichtsphilosophie und Grundbegrifflichkeit mit derjenigen Lukács' in eins, was sich daraus erklären mag, daß er im Frankfurt der frühen 30er Jahre Adorno als Verehrer des Lukács'schen Frühwerks kennengelernt hat. Adorno indes, der dem alttestamentarischen Bilderverbot gehorchte, hätte niemals von einem wiederzugewinnenden „Lebensgrund" und „redlichen" „Hineinpassen" der Kunst gesprochen. Wenn es bei ihm unterschwellig retrospektive Sehnsüchte gab, so lag ihr Fluchtpunkt in einem Zustand vor jeder Naturbeherrschung durch den Menschen.

296 Lukács, Bürgerlichkeit ..., a. a. O., S. 135.

297 Thomas Mann liest 1945 Lukács' in der „Internationalen Literatur" veröffentlichten Artikel „Auf der Suche nach dem Bürger", der ihn „zu ernster Dankbarkeit" (GW XI, S. 240) stimmt. Auch die Arbeiten über Keller und Fontane nimmt er zur Kenntnis. Wie sehr diese Schriften von dem Glauben an die Substantialität bürgerlicher Lebensformen durchdrungen sind und an den frühen „Bürgerlichkeit"-Essay anknüpfen, zeige ich oben, S. 143 ff.

298 Gottfried Kellers „Grüner Heinrich", den Thomas Mann erstmals in den Jahren der Entstehung des „Doktor Faustus" liest, gestaltet ebenfalls die Antithesen, von denen Leverkühn hier spricht: den Gegensatz eines dem „Lebensgrund", d. h. der Gemeinschaft verbundenen Künstlertums zum schuldhaften Außenseitertum; die Antithese von kalter, lebensmortifizierender Artistik und der Kunst als einer ethischen Äußerungsform des Lebens. Den vorbildlichen Künstlertypus verkörpert bei ihm der altdeutsche Handwerkerkünstler der Renaissancezeit, den der Münchner Maskenzug in Erinnerung bringt. Siehe oben, S. 106 ff.

299 Thomas Mann, Doktor Faustus ..., a. a. O., S. 784.

300 Ebd., S. 509 ff.

301 Ebd., S. 512.

302 Ebd., S. 512. Die Idee einer unmittelbaren Wirkung des autonomen Geistes auf die Gemeinschaft anstelle von direkter Gemeinschaftsgebundenheit propagiert Zeitblom auch im Kridwiß-Zirkel, wo sie als „taktlos" empfunden wird und komplett unter den Tisch fällt (ebd., S. 583).

303 Ebd., S. 110.

304 Ders., Arbeitsnotizen, abgedruckt bei Voss, a. a. O., S. 156.

305 Ders., Doktor Faustus ..., a. a. O., S. 588.

306 Frank, „Kaum das Urthema wechselnd". Die alte und die neue Mythologie im „Doktor Faustus", a. a. O., S. 26.

307 Thomas Mann, Doktor Faustus ..., a. a. O., S. 595.

308 Ders., Brief an Gertrud Lukács v. 23. 3. 49 und Lukács' Antwort v. 29. 3. 49, in: Sinn und Form 7 (1955), Heft 5, S. 669 f.

309 Lukács sucht sogar eine Korrespondenz herzustellen zwischen Manns angeblicher Verdammung der teuflischen Kompositionen seines Helden und dem Verdikt des ZK der KPdSU über die moderne Kunst: „Thomas Manns Roman erscheint ... als eine weitgespannte ... geistig-künstlerische Begründung dieses Beschlusses (des ZK)." Da dieser Satz in die Ges. Werke nicht aufgenommen wurde, siehe: G. Lukács: Thomas Mann, Berlin (Ost) 1949, S. 79.

310 Thomas Mann, Doktor Faustus ..., a. a. O., S. 591.

311 Lukács, Thomas Mann, a. a. O., S. 79.

312 Thomas Mann, Brief an Gertrud Lukács v. 23. 3. 49 und Lukács' Antwort v. 29. 3. 49, a. a. O. Verwunderlich ist, daß die Antwort von Marcus-Tar, die bisher umfänglichste zum Verhältnis Lukács-Mann (200 Seiten), diesen Dissens mit keinem Wort erwähnt, die einschlägigen Briefe als unveröffentlicht apostrophiert und nur unter Auslassung der kontroversen Passagen zitiert. (Judith Marcus-Tar, Thomas Mann und Georg Lukács, a. a. O.) Interessant ist diese Dissertation, wo sie zu zeigen versucht, daß der äußere und der geistige Habitus des jungen (vormarxistischen) Lukács der Figur Naphtas Modell gestanden habe, oder wie man vorsichtiger sagen müßte (da der Nachweis direkter Einflüsse meist nicht zu erbringen ist): in vielem der geistigen Sphäre angehört, die Naphta verkörpert. Dies gilt für seine theologische, asketische, lebensverneinende und das Kunstwerk heiligende Geisteshaltung sowie für seine Sehnsucht nach Ordnung und „geschlossener Kultur". Da der Dozent Schleppfuß (alias Der Teufel) im „Doktor Faustus" die Züge Naphtas trägt, ergibt sich eine Ahnenreihe Lukács-Naphta-Schleppfuß-Teufel. Bedenkt man, daß Lukács' Rede von der „geschlossenen Kultur" bei Schleppfuß wiederkehrt (Thomas Mann, Doktor Faustus . . ., a. a. O., S. 163), ließe sich Marcus-Tars These sogar stützen. Allerdings: ihre Untersuchung krankt – trotz vieler „Funde" – an der Obsession, mit der sie alle außerhalb ihres unmittelbaren Gegenstandsbereiches gelegenen Einflüsse zu ignorieren weiß. Unterbelichtet bleibt, daß Lukács, Naphta, Schleppfuß wie so viele reale oder fiktive geistige Phänomene des 20. Jahrhunderts vor allem darin verwandt sind, daß sie von Nietzsche geprägt wurden. Kein Wunder daher, daß sie sich alle ähneln. Subtiler als Marcus-Tar argumentiert Agnes Heller. Sie sieht eine geistige Bruderschaft zwischen dem jungen Lukács (aus der Zeit des Dialogs „Von der Armut am Geiste", nicht aus der Zeit des „Bürgerlichkeit"-Essays) und Leverkühn, vor allem hinsichtlich ihrer Herzenserkaltung, ihres Liebesverzichts und ihrer Heiligung der Werkschöpfung. (Vgl. Agnes Heller, Von der Armut am Geiste. Ein Dialog des jungen Lukács, in: Lehrstück Lukács, hrsg. v. Jutta Matzner, Frankfurt/M. 1974, S. 112–124) Sie führt Lukács' Erschütterung und tiefes Aufgerührtsein durch den „Faustus" auf diese Gemeinsamkeiten zurück. (Zu denen, wie ich ergänzen würde, auch Leverkühns Schlußmonolog als Perspektive auf die Einsamkeitsüberwindung gehört, zeigt er doch Spuren von Lukács' frühem „Bürgerlichkeit"-Essay und von seinem späteren dialektischen Rettungsversuch des bürgerlichen Erbes. Siehe: Schubert, Der „ästhetische Gottesbeweis". Der Roman als Offenbarungsorgan weltlichen Heilsgeschehens, a. a. O., S. 426.)

313 Thomas Mann, Arbeitsnotizen, abgedruckt bei Voss, a. a. O., S. 156.

314 Ebd., S. 16 f.

315 Ders., Betrachtungen . . ., a. a. O., S. 64 f.

316 Ders., Arbeitsnotiz, a. a. O.

317 Vgl. oben S. 145 f.

318 Thomas Mann, Doktor Faustus . . ., a. a. O., S. 590.

319 Ebd.

320 Ebd., S. 776.

321 Theodor W. Adorno, Ästhetische Theorie, Frankfurt/M. 1970, S. 179. Ich stütze mich hier nur insoweit auf die erst in den 50er Jahren ausgearbeitete „Ästhetische Theorie", als sie grundbegriffliche Voraussetzungen der „Philosophie der neuen Musik" erhellt.

322 Ebd., S. 201.

323 Ebd., S. 173.

324 Ebd., S. 178.

325 Ebd., S. 179.

326 Ebd., S. 181.

327 Ders., Philosophie der neuen Musik, a. a. O., S. 43.
328 Ebd., S. 42.
329 Ebd., S. 63.
330 Ebd., S. 65 f.
331 Ebd., S. 63.
332 Carl Dahlhaus, Fiktive Zwölftonmusik. Thomas Mann und Theodor W. Adorno, in: Jahrbuch d. deutschen Akademie für Sprache und Dichtung, 1982/1, S. 33–49.
333 Adorno, Philosophie der neuen Musik, a. a. O., S. 107 ff.
334 Thomas Mann, Die Entstehung des Doktor Faustus. Roman eines Romans, G. W. IX, S. 174.
335 Thomas Mann, Tagebücher 1940–1943, a. a. O., S. 604: Eintragung vom 25. 7. 43.
336 Ebd., S. 605: Eintragung vom 26. 7. 43.
337 Adorno, Philosophie der neuen Musik, a. a. O., S. 116.
338 Hansjörg Dörrs im übrigen solide und grundlegende Arbeit: „Thomas Mann und Adorno. Ein Beitrag zur Entstehung des ‚Doktor Faustus'" (in: Literaturwiss. Jahrb., N. F. Bd. 11, 1970, S. 285–322) hat den Einschlag von Adornos Deutungen der Schönbergschen Postdodecaphonie im „Doktor Faustus" vollständig unberücksichtigt gelassen.
339 Adorno, Philosophie ..., a. a. O., S. 106.
340 Ebd., S. 107.
341 Ebd.
342 Ebd., S. 108.
343 Ebd., S. 112.
344 Vgl. Carl Dahlhaus, Vom Altern einer Philosophie, in: Adorno-Konferenz, hrsg. v. L. v. Friedeburg u. J. Habermas, Ffm 1983, S. 133–137.
345 Adorno, Philosophie ..., a. a. O., S. 112.
346 Ebd., S. 109.
347 Ders., Spätstil Beethovens, in: Moments musicaux, Frankfurt/M. 1964, S. 13–17, hier: S. 15. Dieser Aufsatz aus dem Jahr 1937 war Mann bekannt.
348 Ders., Verfremdetes Hauptwerk. Zur Missa Solemnis. In: Moments musicaux, S. 167–185, hier: S. 184 f. Der Aufsatz wurde 1959 publiziert, Adorno zufolge aber schon 1937 entworfen (vgl. ebd., S. 11). Es ist anzunehmen, daß er Wesentliches daraus Thomas Mann mündlich bzw. am Klavier vortrug.
349 Adorno, Philosophie ..., a. a. O., S. 108.
350 Thomas Mann, Doktor Faustus ..., a. a. O., S. 86 f.
351 Ebd., S. 89.
352 Ebd., S. 590.
353 Ebd., S. 770.
354 Ebd., S. 771.
355 Vgl. dazu Adorno, Philosophie ..., a. a. O., S. 116 und Dahlhaus, a. a. O., S. 48.
356 Adorno, ebd.
357 In einer bündigen Untersuchung ist Karol Sauerland (Warszawa) der Frage nachgegangen, inwieweit Adornos Einfluß zu einem „Konzeptionsbruch" im „Faustus"-Roman geführt hat (Karol Sauerland, „Er wußte noch mehr...". Zum Konzeptionsbruch in Thomas Manns „Doktor Faustus" unter dem Einfluß Adornos, in: Orbis Litterarum (1974) 34, S. 130–145). Sauerland zufolge muß von einem „Bruch" gesprochen werden, da die ursprünglich in der Romanarchitektur eingebaute Gleichung Leverkühn=Deutschland am Ende nicht mehr aufgehe und Adrians Musik Züge der europäischen Moderne insgesamt aufweise. Dies sei dem Einfluß Adornos geschuldet. Hierzu meine Einschränkung: Adornos Musikphilosophie ist durchweg der deutschen

Schule verpflichtet, und Leverkühn bleibt bis zuletzt erzdeutsch, nicht nur in seiner Nähe zu Nietzsche, sondern auch in seiner Annäherung an den Schönberg der „Philosophie der neuen Musik". Die Zwölftontechnik war – so Dahlhaus – „ein eminent deutsches Phänomen, dessen internationale Karriere nach dem Zweiten Weltkrieg mit dem Verlust gerade dessen bezahlt wurde, was Thomas Mann an der Methode faszinierte: mit dem Verlust der in sich widersprüchlichen, gegen Auflösung in einem rationalen Diskurs eigentümlich resistenten ideengeschichtlichen Substanz". (Dahlhaus, a. a. O., S. 41) Auch wurde Adorno von Thomas Mann verstärkt hinzugezogen, als es um die Illustration von Leverkühns „deutschesten" Spätkompositionen ging, die Sauerland allerdings entgegen den Signalen und Appellen des Erzählers (vgl. Doktor Faustus. . ., a. a. O., S. 636) besonders europäisch und welthaltig findet. Thomas Mann selber notiert: „Übrigens sind nur die frühen Werke (Leverkühns) ... europäisch recht einleuchtend ... Die Apokalypse und Faustus zu deutsch." (Arbeitsnotiz, abgedruckt bei Voss, a. a. O., S. 162) Überdies resümiert Adrians Streben nach dem gebundenen Stil und nach geschlossener Kultur in vielem die deutsche Geistesgeschichte des 19. und 20. Jahrhunderts.
Aus meinem Überlegungen in den Abschnitten VII und VIII geht hervor, daß ich Sauerlands Ausgangsfrage anders beantworte. Adorno gibt Thomas Mann die musikalischen Modelle an die Hand, die in ihrem Doppelcharakter von postsubjektivistischer Gebundenheit und Ausdruckshaftigkeit die deutsche Geistes- und Kunstentwicklung repräsentieren, zugleich aber auch deren verhängnisvolle Aspekte ins Utopische transformieren. Wie ich zeige, liegt eine Konzeptionsänderung bei Mann dort vor, wo Sauerland sie gar nicht vermutet: Es ist die Gleichsetzung von gebundenem Stil bzw. musikalischem „Archaisieren" und „Fascismus", die nicht mehr aufgeht, wo Adornos Analysen des Schönbergschen oder Beethovenschen Spätstils ins Spiel kommen.

358 Thomas Mann, Tagebücher, a. a. O., S. 605.
359 Ders., Doktor Faustus. . ., a. a. O., S. 598, 771.
360 Ebd., S. 367.
361 Vgl. Voss, a. a. O., S. 16. Siehe auch oben S. 199 f.
362 Thomas Mann, Arbeitsnotiz, abgedruckt bei Voss, a. a. O., S. 88.
363 Ders., Doktor Faustus. . ., a. a. O., S. 769.
364 Vgl. Nietzsche, Homers Wettkampf, a. a. O.
365 Adorno, Fantasia sopra Carmen, in: Die Neue Rundschau, 66/1955/3, S. 462–470 (Nachdruck in: Quasi una fantasia, Musikalische Schriften II, Frankfurt/M. 1963).
366 Ebd., S. 468.
367 Ebd.
368 Ebd.
369 Ebd., S. 470.
370 Ebd., S. 468.
371 Ebd., S. 470.
372 Ebd., S. 467 f.
373 Ebd., S. 465.
374 Ebd., S. 464.
375 Ebd., S. 469.
376 Ebd., S. 470.
377 Adorno, Negative Dialektik, Gesammelte Schriften Bd. 6, Frankfurt/M. 1973, S. 294.
378 Ders., Zu einem Porträt Thomas Manns, in: Noten zur Literatur, Frankfurt/Main 1965, S. 19–29, hier: S. 29.
379 Vgl. ders., Aus einem Brief über die „Betrogene" an Thomas Mann, in: Gesammelte Schriften Bd. 11, Frankfurt/M. 1974, S. 677.

380 Ders., Zu einem Porträt . . ., a. a. O., S. 22.
381 Ebd., S. 24.
382 Ebd.
383 Ebd.
384 Ebd., S. 25.
385 Ebd.
386 Ebd., S. 22.
387 Ebd., S. 25.
388 Ebd., S. 22.
389 Ebd., S. 26.
390 Vgl. Thomas Mann, „Das Bürgertum ist auf die Nazis und den Faschismus reingefallen", in: Sera, Mailand, 1. August 1947, abgedr. in: Frage und Antwort, Interviews mit Thomas Mann 1909–1955, hrsg. v. Volkmar Hansen und Gert Heine, Hamburg 1983, S. 280.
391 Vgl. Schubert, Der „ästhetische Gottesbeweis" . . ., a. a. O.
392 Thomas Mann, Brief an Theodor W. Adorno, 30. 10. 52, in: Briefe 1948–1955, a. a. O., S. 276. Dort: „gäbe es nur je ein positives Wort bei Ihnen, Verehrter, das eine auch nur ungefähre Vision der wahren, der zu postulierenden Gesellschaft gewährte! (. . .) Was ist, was wäre das Rechte? ‚Dies ist es nicht und jen's ist es nicht' "!
393 Ders., Freud und die Zukunft, GW IX, S. 485.
394 Ders., Nietzsche im Lichte . . ., GW IX, S. 710 f.
395 Vgl. ders., Doktor Faustus . . ., a. a. O., S. 509 ff. Lukács' Interpretation hat diese Utopie mit Leverkühns die Kunst dementierender Schlußbotschaft irrtümlich gleichgesetzt.
396 Vgl. Habermas, Die Moderne – ein unvollendetes Projekt, a. a. O.
397 Habermas, Theorie des kommunikativen Handelns, Bd. 2, a. a. O., S. 503.
398 Ebd.
399 Ebd., S. 487.
400 Ebd., S. 416.
401 Unter „Kolonialisierung der Lebenswelt" versteht Habermas den von kapitalistischen Systemerhaltungsimperativen diktierten Prozeß einer einseitigen, an Maßstäben der ökonomischen und administrativen Rationalität ausgerichteten Modernisierung, der in Lebensbereiche eindringt, die um Aufgaben der kulturellen Überlieferung, der sozialen Verständigung und der Erziehung zentriert sind und daher auf die andersgearteten Maßstäbe einer kommunikativen (moralisch-praktischen und ästhetisch-praktischen) Vernunft ausgerichtet sein sollten.
402 Ebd., S. 487.
403 Vgl. Manfred Frank, Die Dichtung als „Neue Mythologie", in: Bohrer (Hrsg.), Mythos und Moderne, a. a. O., S. 25 f.
404 Mattenklott, Ästhetik. Eine Kolumne, a. a. O., S. 76.
405 Vgl. Manfred Frank, Deux siècles de critique de la rationalité: Le défi de la philosophie actuelle, in: Studia philosophica, Nr. 42 (1983). Darin auch Franks Kritik an einem allzu uniformierenden Begriff von Kommunikation, deren Gelingen das Nichtidentische aussparen müßte. So zuletzt auch in: ders., Was ist Neostrukturalismus?, Frankfurt/M. 1984, S. 102 ff.

# Literaturverzeichnis


*Adorno, Theodor W.:* Philosophie der neuen Musik, Frankfurt/M. 1958 (Erstausgabe 1949)

*Adorno, Theodor W.:* Noten zur Literatur I–IV, Frankfurt/M. 1958–1974

*Adorno, Theodor W.:* Quasi una fantasia. Musikalische Schriften II, Frankfurt/M. 1963

*Adorno, Theodor W.:* Moments musicaux, Frankfurt/M. 1964

*Adorno, Theodor W.:* Versuch über Wagner, Frankfurt/M. 1964 (Erstausgabe 1952)

*Adorno, Theodor W.:* Negative Dialektik, Frankfurt/M. 1966

*Adorno, Theodor W.:* Ästhetische Theorie, Frankfurt/M. 1970

*Alewyn, Richard:* Wackenroders Anteil, in: Germanic Review 19 (1944), S. 48–58

*Altmann, Wilhelm:* Zur Geschichte der Entstehung und Veröffentlichung von Richard Wagners „Die Meistersinger von Nürnberg", in: Richard-Wagner-Jahrbuch, hrsg. v. Ludwig Frankenstein, Bd. 5, Berlin 1913, S. 87–137

*Anonymus:* Aus dem Münchner Kunst- und Künstlerleben (Fortsetzung) 3, in: Kunstblatt 22 (1841), Nr. 58, S. 245–248

*Arnim, Achim v.:* Die Kronenwächter, in: ders.: Sämtliche Romane und Erzählungen, Bd 1, München 1974

*Arntzen, Johanna:* Künstler-Maskenzug in München anno 1840, in: Die ostbairischen Grenzmarken 16 (1927) Nr. 2, S. 26–43

*Baberadt, Karl Friedrich:* Hans Sachs im Andenken der Nachwelt. Ein Beitrag zur Hans-Sachs-Literatur, Halle 1906

*Bachleitner, Rudolf:* Die Nazarener, München 1976

*Bänsch, Dieter:* Zum Dürerbild der literarischen Romantik, in: ders. (Hrsg.): Zur Modernität der Romantik, Stuttgart 1977, S. 61–86

*Beckers, Gustav:* Zur Darstellung des Bürgertums in Gottfried Kellers „Züricher Novellen" (G. Keller-W. H. Riehl), in: Akten des V. Internationalen Germanisten-Kongresses, Cambridge 1975 (= Jahrbuch für Internationale Germanistik, Reihe A, Band 2.3), S. 289–297

*Behler, Ernst:* Gesellschaftskritische Motive in der romantischen Zuwendung zum Mittelalter, in: Poag, James F./Scholz-Williams, Gerhild (Hrsg.): Das Weiterleben des Mittelalters in der deutschen Literatur, Königstein 1983, S. 47–68

*Benjamin, Walter:* Ursprung des deutschen Trauerspiels, Frankfurt/M. 1963 (Erste Auflage: Berlin 1928)

*Benjamin, Walter:* Illuminationen. Ausgewählte Schriften, Frankfurt/M. 1969[2]

*Benjamin, Walter:* Angelus Novus. Ausgewählte Schriften 2, Frankfurt/M. 1966

*Benjamin, Walter:* Briefe, hrsg. v. Gershom Scholem und Theodor W. Adorno, Frankfurt/M. 1966

*Benz, Richard:* Lebenswelt der Romantik. Dokumente romantischen Denkens und Seins, München 1948

*Biucchi, B. M. et al.:* Die Entwicklung der industriellen Gesellschaften, Stuttgart–New York 1977 (= Europäische Wirtschaftsgeschichte, hrsg. v. C. M. Cipolla und K. Borchardt, Bd 4)

*Bloch, Ernst:* Literarische Aufsätze, Frankfurt/M. 1965

*Bloch, Ernst:* Erbschaft dieser Zeit, Frankfurt/M. 1973 (Erste Auflage: Zürich 1935)

*Boeschenstein, Hermann:* Gottfried Keller, 2. Aufl. Stuttgart 1977 (= Sammlung Metzler)

*Bohrer, Karl-Heinz:* Die Ästhetik des Schreckens. Die pessimistische Romantik und Ernst Jüngers Frühwerk, München–Wien 1978

*Bohrer, Karl-Heinz:* Plötzlichkeit. Zum Augenblick des ästhetischen Scheins, Frankfurt/M. 1981

*Bohrer, Karl-Heinz (Hrsg.):* Mythos und Moderne, Frankfurt/M. 1983

*Bohrer, Karl-Heinz:* Friedrich Schlegels Rede über die Mythologie, in: ders. (Hrsg.): Mythos und Moderne, a. a. O., S. 52–82

*Bollacher, Martin:* Wackenroders Kunst-Religion. Überlegungen zur Genesis der frühromantischen Kunstanschauung, in: Germanisch-Romanische Monatsschrift, N. F. Bd. 30 (1980), S. 377–394

*Bollacher, Martin:* Wackenroder und die Kunstauffassung der frühen Romantik, Darmstadt 1983 (= Erträge der Forschung Bd. 202)

*Borchmeyer, Dieter:* Das Theater Richard Wagners. Idee–Dichtung–Wirkung, Stuttgart 1982

*Bourdieu, Pierre:* L'Invention de la vie d'artiste, in: Actes de la recherche en sciences sociales, Paris (1975), H. 21, S. 67–93

*Bradley, Jan:* William Morris and His World, London 1978

*Brentano, Clemens:* Der Philister vor, in und nach der Geschichte, in: Werke, hrsg. v. Friedhelm Kemp, München 1963, Bd. 2

*Brinkmann, Reinhold:* Über das Kern- und Schlußwort der „Meistersinger", in: Programmheft der Bayerischen Staatsoper zur Neuinszenierung der „Meistersinger von Nürnberg", München 1979, S. 82–91

*Brunner, Horst:* Spießbürgerschaft und produktiver Volksgeist. Gervinus und die Entstehung der „Meistersinger", in: Programmheft IV der Bayreuther Festspiele 1982, S. 19–34

*Brunner, Otto:* Neue Wege der Verfassungs- und Sozialgeschichte, zweite u. vermehrte Auflage, Göttingen 1968

*Bürger, Peter:* Zur Kritik der idealistischen Ästhetik, Frankfurt/M. 1983

*Bürger, Peter:* Über den Umgang mit dem anderen der Vernunft, in: Bohrer, Karl-Heinz (Hrsg.): Mythos und Moderne, a. a. O., S. 41–51

*Burger, Heinz Otto:* ‚Dasein heißt eine Rolle spielen.' Studien zur deutschen Literaturgeschichte, München 1963

*Burke, Peter:* Helden, Schurken und Narren. Europäische Volkskultur in der frühen Neuzeit, Stuttgart 1981

*Dahlhaus, Carl:* Die Idee der absoluten Musik, Kassel–München 1978

*Dahlhaus, Carl:* Fiktive Zwölftonmusik. Thomas Mann und Theodor W. Adorno, in: Jahrbuch der deutschen Akademie für Sprache und Dichtung, 1982/1, S. 33–49

*Dedner, Burghard:* Über die Grenzen humoristischer Liberalität. Zu Thomas Manns Roman „Königliche Hoheit", in: Wirkendes Wort 24 (1974), H. 4, S. 250–267

*Dedner, Burghard:* Kultur und Wahrheit. Zur thematischen Dialektik in Thomas Manns Frühwerk, in: Jahrbuch der Deutschen Schillergesellschaft XXVII (1983), S. 345–380

*Deleuze, Gilles:* Nietzsche und die Philosophie, München 1976

*Diderot, Denis:* Œuvres estétiques, hrsg. v. P. Vernière, Paris 1959

*Diersen, Inge:* Untersuchungen zu Thomas Mann, Berlin 1959

*Dömling, Wolfgang:* Hector Berlioz. Die symphonisch-dramatischen Werke, Stuttgart 1979

*Dörr, Hansjörg:* Thomas Mann und Adorno. Ein Beitrag zur Entstehung des „Doktor Faustus", in: Literaturwissenschaftliches Jahrbuch N. F. Bd 11 (1970), S. 285–322

*Nürnberger Dürerfeiern 1828–1928.* Ausstellung der Museen der Stadt Nürnberg und des Stadtarchivs Nürnberg, Nürnberg 1971

*Dürers Gloria.* Kunst-Kult-Konsum. Ausstellung der Kunstbibliotheken Staatliches Museum Preußischer Kulturbesitz, Berlin 1971

*Eichler, Ferdinand:* Das Nachleben des Hans Sachs vom 16. bis ins 19. Jahrhundert. Eine Untersuchung zur Geschichte der deutschen Literatur, Leipzig 1904

*Elema, Hans J.:* Thomas Mann, Dürer und Doktor Faustus, in: Koopmann, Helmut (Hrsg.): Thomas Mann, a. a. O., S. 320–350

*Elias, Norbert:* Der Prozeß der Zivilisation, 2 Bde., Frankfurt/M. 1977

*Emrich, Wolfgang:* Die Symbolik von Faust II. Sinn und Vorformen, Wiesbaden 1978[4]

*Engelmann, Hans Ulrich:* Joseph Berglinger und Adrian Leverkühn oder: Über die Wärme und über die Kälte, in: Neue Zeitschrift für Musik 1963, S. 470–472

*Ermatinger, Emil:* Gottfried Kellers Leben, Briefe und Tagebücher. Auf Grund der Biographie J. Baechtholds dargestellt und hrsg. v. E. Ermatinger, I–III, Stuttgart–Berlin 1916

*Foster, John Burt:* Heirs to Dionysos. A Nietzschean Current in Literary Modernism, Princeton 1981

*Foucault, Michel:* Les mots et les choses. Une archéologie des sciences humaines, Paris 1966

*Foucault, Michel:* Überwachen und Strafen. Die Geburt des Gefängnisses, Frankfurt/M. 1977

*Frank, Manfred:* Steinherz und Geldseele. Ein Symbol im Kontext, in: Das kalte Herz und andere Texte der Romantik, Frankfurt/M. 1978, S. 233–352

*Frank, Manfred:* Die unendliche Fahrt. Ein Motiv und sein Text. Frankfurt/M. 1979

*Frank, Manfred:* „Kaum das Urthema wechselnd". Die alte und die neue Mythologie im „Doktor Faustus", in: Fugen. Deutsch-französisches Jahrbuch für Textanalytik, 1. Jg. 1980, S. 9–42

*Frank, Manfred:* Der kommende Gott. Vorlesungen über die Neue Mythologie, Frankfurt/M. 1982

*Frank, Manfred:* Deux siècles de critique de la rationalité: le défi de la philosophie actuelle, erscheint demnächst in: Studia philosophica 42 (1983)

*Frank, Manfred:* Was ist Neostrukturalismus?, Frankfurt/M. 1984

*Frank-Schneider, Katalin/Lunding, Erik/Petersen, Jürgen H./Vaget, Hans-Rudolf:* Thomas Mann und kein Ende, in: Zeitschrift für deutsche Philologie 99 (1980), H. 2, S. 276–298

*Fredel, Jürgen/Verspohl, Franz-Joachim:* Zur Kritik der Künstlerideologie in der ersten Hälfte des 19. Jahrhunderts. Die frühen Dürerfeiern, in: Marburger Jahrbuch für Kunstwissenschaft 19 (1974), S. 275–289

*Frey, Marianne:* Der Künstler und sein Werk bei W. H. Wackenroder und E. T. A. Hoffmann. Vergleichende Studien zur romantischen Kunstanschauung, Bern 1970

*Furchau, Friedrich:* Hans Sachs, Bd. I, Leipzig 1820

*Gadamer, Hans-Georg:* Wahrheit und Methode. Grundzüge einer philosophischen Hermeneutik, Tübingen 1975[4]

*Gadamer, Hans-Georg:* Zur Einführung, in: Heidegger, Martin: Der Ursprung des Kunstwerkes, Stuttgart 1978, S. 102–125

*Geck, Martin:* Die Bildnisse Richard Wagners, München 1970

*Germanisches Nationalmuseum Nürnberg (Hrsg.):* Die „Meistersinger" von Richard Wagner. Die Rezeptionsgeschichte einer Oper von 1868 bis heute. Ausstellungskatalog, Nürnberg 1981

*Gersdorff, Dagmar v.:* Thomas Mann und E. T. A. Hoffmann. Die Funktion des Künstlers und der Kunst in den Romanen „Doktor Faustus“ und „Lebensansichten des Katers Murr“, Frankfurt/M.–Bern–Cirencester 1979

*Gerth, Hans H.:* Die sozialgeschichtliche Lage der bürgerlichen Intelligenz um die Wende des 18. Jahrhunderts, Diss. Frankfurt/M. 1931, mit einem Vorwort und einer ergänzenden Bibliographie neu herausgegeben von Ulrich Herrmann, Göttingen 1976

*Gervinus, Georg Gottfried:* Geschichte der poetischen Nationalliteratur der Deutschen, 5 Bde., Leipzig 1844

*Gneuss, Christian:* Der späte Tieck als Zeitkritiker (= Literatur in der Gesellschaft Bd 4), Düsseldorf 1971

*Goethe, Johann Wolfgang:* Sämtliche Werke in 18 Bänden (Gedenkausgabe), Zürich 1977 (Nachdruck)

*Götze, Karl Heinz:* Grundpositionen der Literaturgeschichtsschreibung im Vormärz, Frankfurt/M. 1979

*Gregor-Dellin, Martin:* Richard Wagner. Sein Leben – sein Werk – sein Jahrhundert, München–Zürich 1980

*Grießinger, Andreas:* Das symbolische Kapital der Ehre. Streikbewegungen und kollektives Bewußtsein deutscher Handwerksgesellen im 18. Jahrhundert. Frankfurt/M.–Berlin–Wien 1981

*Grote, Ludwig:* Die romantische Entdeckung Nürnbergs, München 1967

*Grote, Ludwig:* Von Dürer bis Gropius, München 1975

*Günzel, Klaus:* E. T. A. Hoffmann. Leben und Werk in Briefen, Selbstzeugnissen und Zeitdokumenten, Düsseldorf 1979

*Günzel, Klaus:* König der Romantik. Das Leben des Dichters Ludwig Tieck in Briefen, Selbstzeugnissen und Berichten, Berlin (Ost) 1981

*Gul, Istvan:* Zwei Briefe von Georg Lukács an Thomas Mann, in: Budapester Rundschau, 9. Jg. (1975), Nr. 34 vom 25. 8. 1975

*Guthke, Karl S.:* Gottfried Keller und die Romantik. Eine motivvergleichende Studie, in: Der Deutschunterricht 11 (1959), H. 5, S. 14–30

*Habermas, Jürgen:* Legitimationsprobleme im Spätkapitalismus, Frankfurt/M. 1973

*Habermas, Jürgen:* Zur Rekonstruktion des historischen Materialismus, Frankfurt/M. 1976

*Habermas, Jürgen:* Einleitung, in: ders. (Hrsg.): Stichworte zur geistigen Situation der Zeit, 2 Bde., Frankfurt/M. 1980

*Habermas, Jürgen:* Theorie des kommunikativen Handelns, 2 Bde., Frankfurt/M. 1981

*Habermas, Jürgen:* Zu Nietzsches Erkenntnistheorie, in: ders.: Zur Logik der Sozialwissenschaften, Frankfurt/M. 1982, S. 505–541

*Habermas, Jürgen:* Die Moderne – ein unvollendetes Projekt, in: ders.: Kleine politische Schriften I–IV, Frankfurt/M. 1981, S. 444–464

*Habermas, Jürgen:* Die Verschlingung von Mythos und Aufklärung. Bemerkungen zur „Dialektik der Aufklärung“ – nach einer erneuten Lektüre, in: Bohrer, Karl-Heinz (Hrsg.): Mythos und Moderne, a. a. O., S. 405–431

*Habermas, Jürgen:* Der Eintritt in die Postmoderne, in: Merkur XXXVII. Jg. (1983), Nr. 421, S. 752–761

*Habermas, Jürgen:* Der philosophische Diskurs der Moderne. Zwölf Vorlesungen, Frankfurt/M. 1985

*Hagen, August:* Norica – das sind Nürnbergische Novellen aus alter Zeit. Nach einer Handschrift des 16. Jahrhunderts herausgegeben, 2. Aufl. Leipzig 1855

*Hamburger, Käte:* Anachronistische Symbolik. Fragen an Thomas Manns Faustus-Roman, in: Helmut Koopmann (Hrsg.): Thomas Mann, a. a. O., S. 384–414
*Hardenberg, Friedrich v. (= Novalis):* Die Christenheit oder Europa. Ein Fragment (mit einer Auswahl aus den Fragmenten hrsg. v. Otto Heuschele), Stuttgart 1977
*Harich, Walter:* E. T. A. Hoffmann. Das Leben eines Künstlers. 2 Bde, Berlin o. J.
*Hartmann, Wolfgang:* Kaiser Maximilian I. und Albrecht Dürer. Ein Künstlerfest der Spätromantik und sein Anspruch, Nürnberg (Stadtgeschichtliche Museen) 1977
*Hauser, Arnold:* Sozialgeschichte der Kunst und Literatur, München 1972
*Hegel, Georg Wilhelm Friedrich:* Werke in 20 Bänden, Theorie-Werkausgabe, Frankfurt/M. 1971
*Heidegger, Martin:* Nietzsche, 2 Bde., Pfullingen 1961
*Heller, Agnes:* Von der Armut am Geiste. Ein Dialog des jungen Lukács, in: Lehrstück Lukács, hrsg. v. Jutta Matzner, Frankfurt/M. 1974, S. 112–124
*Heller, Agnes:* Das Zerschellen des Lebens an der Form: György Lukács und Irma Seidler, in: dies. u. a.: Die Seele und das Leben. Studien zum frühen Lukács, Frankfurt/M. 1977, S. 54–98
*Heller, Erich:* Thomas Mann. Der ironische Deutsche, Frankfurt/M. 1976²
*Hellmann, Winfried:* Geschichtsdenken des frühen Thomas Mann, Tübingen 1972
*Hertrich, Elmar:* Joseph Berglinger. Eine Studie zu Wackenroders Musiker-Dichtung, Berlin 1969 (Quellen und Forschungen zur Sprach- und Kulturgeschichte der germanischen Völker, N. F. 30)
*Hesse, Hermann:* Die Nürnberger Reise, Gesammelte Werke in zwölf Bänden, Frankfurt/M. 1970, Bd. 7
*Hienger, Jörg:* Romantik und Realismus im Spätwerk Ludwig Tiecks, phil. Diss. Köln 1955
*Hölderlin, Friedrich:* Hyperion oder der Eremit in Griechenland, in: Große Stuttgarter Hölderlin-Ausgabe, hrsg. v. Friedrich Beissner, Bd. III, Stuttgart 1957
*Hofe, Gerhard vom:* Das unbehagliche Bewußtsein des modernen Musikers. Zu Wackenroders „Berglinger“ und Thomas Manns „Doktor Faustus“, in: Festschrift Arthur Henkel (1977) , S. 144–156
*Hofer, Hermann:* Die Vor- und Frühromantik in Frankreich, in: Neues Handbuch der Literaturwissenschaft, hrsg. v. Klaus von See, Bd. 15: Europäische Romantik II, Von Klaus Heytmann, Wiesbaden 1982, S. 102–134
*Hoffmann* im persönlichen und brieflichen Verkehr, hrsg. v. Hans v. Müller, 2 Bde., Berlin 1912
*Hoffmann, Ernst Theodor Amadeus:* Die Serapionsbrüder, Darmstadt 1979
*Hoffmann, Ernst Theodor Amadeus:* Fantasie- und Nachtstücke, Darmstadt 1979
*Hoffmann, Ernst Theodor Amadeus:* Späte Werke, Darmstadt 1979
*Hoffmann, Ernst Theodor Amadeus:* Schriften zur Musik, Darmstadt 1979
*Hofmann, Werner:* Der Künstler als Kunstwerk, in: Jahrbuch der deutschen Akademie für Sprache und Dichtung 1982/1, S. 50–65
*Hofmann, Werner/Syamken, Georg/Warnke, Martin:* Die Menschenrechte des Auges. Über Aby Warburg, Frankfurt/M. 1980
*Horkheimer Max/Adorno, Theodor W.:* Dialektik der Aufklärung. Philosophische Fragmente, Amsterdam 1944
*Horkheimer, Max:* Egoismus und Freiheitsbewegung, in: ders.: Kritische Theorie, 2 Bde, Frankfurt/M . 1968, Bd II, S. 1–83
*Huch, Ricarda:* Gottfried Keller, Leipzig o. J.

*Jacobs, Jürgen:* Wilhelm Meister und seine Brüder. Untersuchungen zum deutschen Bildungsroman, München 1972
*Jean Paul:* Palingenesien. Zwei Bändchen. Jean Pauls Fata und Werke vor und in Nürnberg, in: Werke Bd 4: Kleinere erzählende Schriften 1796–1801, hrsg. v. Norbert Miller, München 1962
*Jens, Walter:* Natur und Kunst: Richard Wagners „Die Meistersinger von Nürnberg". Ein rhetorisches Lehrstück, in: Programmheft IV der Bayreuther Festspiele 1982, S. 1–15
*Jens, Walter:* Ehrenrettung eines Kritikers: Sixtus Beckmesser, in: Richard Wagner, Die Meistersinger von Nürnberg. Texte, Materialien, Kommentare, hrsg. v. Attila Csampai und Dietmar Holland, Reinbek 1981, S. 249–257
*Jonas, Klaus W.:* Die Thomas-Mann-Literatur. Bibliographie der Kritik, Bd 1: 1896–1955, Berlin 1972; Bd 2: 1956–1975, Berlin 1980
*Just, Klaus-Günther:* Richard Wagner – ein Dichter? Marginalien zum Opernlibretto des 19. Jahrhunderts, in: Kunze, Stephan (Hrsg.): Richard Wagner. Von der Oper zum Musikdrama, Bern–München 1978

*Kaiser, Gerhard:* Gottfried Keller. Das gedichtete Leben, Frankfurt/M. 1981
*Kant, Immanuel:* Kritik der Urteilskraft, in: Werke in 10 Bänden, hrsg. v. Wilhelm Weischedel, Darmstadt 1975, Bd. 8
*Kassner, Rudolf:* Die Mystik, die Künstler und das Leben. Über englische Dichter und Maler im 19. Jahrhundert, Leipzig 1900
*Kaufmann, Fritz:* The World as Will and Representation, Boston 1957
*Keller, Ernst:* Der unpolitische Deutsche. Eine Studie zu den „Betrachtungen eines Unpolitischen" von Thomas Mann, Bern–München 1965
*Keller, Gottfried:* Sämtliche Werke, hrsg. v. Jonas Fränkel und Carl Helbig, Zürich–München–Bern–Leipzig 1926–1949
*Keller, Gottfried:* Sämtliche Werke und ausgewählte Briefe, hrsg. v. Clemens Heselhaus, München 1956
*Keller, Gottfried:* Gesammelte Briefe. In vier Bänden hrsg. v. Carl Helbig, Bern 1952–1954
*Kemp, Wolfgang:* John Ruskin. Leben und Werk, München–Wien 1983
*Klotz, Heinrich:* Moderne und Postmoderne. Architektur der Gegenwart 1960–1980, Braunschweig–Wiesbaden 1984
*Klotz, Heinrich (Hrsg.):* Die Revision der Moderne. Postmoderne Architektur 1960–1980. Katalog der Ausstellung des Deutschen Architekturmuseums Frankfurt 1984
*Kocka, Jürgen:* Klassen oder Kultur, in: Merkur XXXVI. Jg. (1982), Nr. 412, S. 952–965
*Könnecker, Barbara:* Hans Sachs, Stuttgart 1971 (= Sammlung Metzler)
*Köster, Albert (Hrsg.):* Der Briefwechsel zwischen Theodor Storm und Gottfried Keller, Berlin 1924[4]
*Kohlschmidt, Werner:* Bemerkungen zu Wackenroders und Tiecks Anteil an den „Phantasien über die Kunst", in: Philologia deutsch. Festschrift für Walter Henzen, Bern 1965, S. 89–99.
*Kohlschmidt, Werner:* Der junge Tieck und Wackenroder, in: Steffen, H. (Hrsg.): Die deutsche Romantik, a. a. O., S. 30–44
*Koopmann, Helmut:* Thomas Mann. Konstanten seines literarischen Werks, Göttingen 1975
*Koppen, Erwin:* Dekadenter Wagnerismus. Studien zur europäischen Literatur des fin de siècle, Berlin–New York 1973
*Kratzsch, Gerhard:* Kunstwart und Dürerbund. Ein Beitrag zur Geschichte der Gebildeten im Zeitalter des Imperialismus, Göttingen 1969

*Kris, Ernst/Kurz, Otto:* Die Legende vom Künstler. Ein geschichtlicher Versuch, mit einem Vorwort v. E. H. Gombrich, Frankfurt/M. 1980 (Erstausgabe: Wien 1934)
*Kris, Ernst:* Zur Psychologie der älteren Biographik, dargestellt an der des bildenden Künstlers, in: Imago XXI (1935), S. 320–344
*Kristiansen, Børge:* Unform-Form-Überform. Thomas Manns Zauberberg und Schopenhauers Metaphysik, København 1978
*Kuczynski, Jürgen:* Gestalten und Werke. Soziologische Studien zur deutschen Literatur, Berlin 1969
*Kurzke, Hermann:* Auf der Suche nach der verlorenen Irrationalität. Thomas Mann und der Konservatismus, Würzburg 1980[2]
*Kurzke, Hermann:* Thomas-Mann-Forschung 1969–1976. Ein kritischer Bericht, Frankfurt/M. 1977
*Kurzke, Hermann:* Romantik und Konservatismus. Das „politische" Werk Friedrich von Hardenbergs (Novalis) im Horizont seiner Wirkungsgeschichte, München 1983
*Kurzke, Hermann:* Dichtung und Politik im Werk Thomas Manns von 1914–1955, in: Literatur in Wissenschaft und Unterricht, Band XVI, 1983, Heft 3, S. 153–169 (Teil I), Heft 4, S. 225–243 (Teil II)

*Lehnert, Herbert:* Thomas-Mann-Forschung. Ein Bericht, Stuttgart 1969
*Lenz, Jakob Michael Reinhold:* Anmerkungen übers Theater, in: Sturm und Drang. Kritische Schriften, Heidelberg 1972[2]
*Lieske, Rudolf:* Tiecks Abwendung von der Romantik, Berlin 1933
*Lippe, Rudolf zur:* Naturbeherrschung am Menschen, 2 Bde., Frankfurt/M. 1981[2]
*Lüdecke, Heinz/Heiland, Susanne:* Dürer und die Nachwelt. Urkunden, Briefe, Dichtungen und wissenschaftliche Betrachtungen aus vier Jahrhunderten, Berlin 1955
*Lüdtke, Alf:* Rekonstruktion von Alltagswirklichkeit – Entpolitisierung der Sozialgeschichte?, in: Berdahl, Robert M. u. a.: Klassen und Kultur. Sozialanthropologische Perspektiven in der Geschichtsschreibung, Frankfurt/M. 1982, S. 321–354
*Lukács, Georg v.:* Die Seele und die Formen. Essays, Berlin 1911
*Lukács, Georg v.:* „Von der Armut am Geiste", in: Neue Blätter Heft 5 und 6, 1912, S. 66–92
*Lukács, Georg:* Die Theorie des Romans. Ein geschichtsphilosophischer Versuch über die Formen der großen Epik, Berlin 1920
*Lukács, Georg:* Thomas Mann, Berlin (Ost) 1949
*Lukács, Georg:* Thomas Manns Roman „Königliche Hoheit" (1909), in: Georg Lukács zum siebzigsten Geburtstag, Berlin 1955
*Lukács, Georg:* Werke Bd. 6: Probleme des Realismus III, Der historische Roman, Neuwied–Berlin 1965
*Lukács, Georg:* Werke Bd. 7: Deutsche Literatur in zwei Jahrhunderten, Neuwied–Berlin 1964
*Lukács, Georg:* Werke Bd. 15: Entwicklungsgeschichte des modernen Dramas, Darmstadt–Neuwied 1981
*Lukács, Georg:* Briefwechsel 1902–1917, hrsg. v. Eva Karádi und Eva Fekete, Stuttgart 1982

*Mann, Thomas:* Betrachtungen eines Unpolitischen, Berlin 1919
*Mann, Thomas:* Doktor Faustus. Das Leben des deutschen Tonsetzers Adrian Leverkühn, erzählt von einem Freunde, Berlin und Frankfurt 1948
*Mann, Thomas:* Gesammelte Werke in 13 Bänden, Frankfurt/M. 1974[2]

*Mann, Thomas:* Brief an Gertrud Lukács vom 23. 3. 49 und Lukács' Antwort vom 29. 3. 49, in: Sinn und Form 7 (1955), Heft 5, S. 669–670
*Briefwechsel Hermann Hesse – Thomas Mann,* hrsg. v. Anni Carlsson, Frankfurt/M. 1968
*Mann, Thomas:* Briefe I 1889–1936, hrsg. v. Erika Mann, Frankfurt/M. 1961
*Mann, Thomas:* Briefe III 1948–1955 und Nachlese, hrsg. v. Erika Mann, Frankfurt 1965
*Mann, Thomas:* Tagebücher 1940–1943, hrsg. v. Peter de Mendelssohn, Frankfurt/M. 1982
*Mann, Thomas:* Frage und Antwort. Interviews mit Thomas Mann, hrsg. v. Volkmar Hansen und Gert Hiene, Hamburg 1983
*Manthey, Jürgen:* Wenn Blicke zeugen könnten. Eine posthistorische Studie über das Sehen in der Literatur und Philosophie, München–Wien 1983
*Marcus-Tar, Judith:* Thomas Mann und Georg Lukács: Beziehung, Einfluß und „repräsentative Gegensätzlichkeit“, Köln–Wien 1982
*Marcuse, Herbert:* Der deutsche Künstlerroman, in: Schriften 1, Frankfurt/M. 1978
*Marggraff, Rudolf:* Kaiser Maximilian I. und Albrecht Dürer in Nürnberg. Ein Gedenkbuch für die Teilnehmer und Freunde des Maskenzuges der Künstler in München am 17. Februar und 2. März 1940, Nürnberg 1940
*Martini, Fritz:* Deutsche Literatur im bürgerlichen Realismus 1848–1898. Dritte, mit einem ergänzenden Nachwort versehene Auflage, Stuttgart 1974
*Martini, Fritz:* Neue Realismusforschungen. Eine Übersicht, in: Zeitschrift für deutsche Philologie 101 (1982), H. 2, S. 262–285
*Matt, Peter v.:* Die Augen des Automaten. E. T. A. Hoffmanns Imaginationslehre als Prinzip seiner Erzählkunst, Tübingen 1979
*Mattenklott, Gert:* Nietzsches „Geburt der Tragödie“ als Konzept einer bürgerlichen Kulturrevolution, in: ders. und Klaus R. Scherpe (Hrsg.): Positionen der literarischen Intelligenz zwischen bürgerlicher Reaktion und Imperialismus, Kronberg 1973, S. 103–120
*Mattenklott, Gert:* Der Sehnsucht eine Form. Zum Ursprung des modernen Romans bei Friedrich Schlegel, erläutert an der „Lucinde“, in: Bänsch, Dieter (Hrsg.): Zur Modernität der Romantik, a. a. O., S. 143–166
*Mattenklott, Gert:* Der späte Goethe, in: Deutsche Literatur. Eine Sozialgeschichte, hrsg. v. H. A. Glaser, Bd. 6, Reinbek 1980, S. 282–300
*Mattenklott, Gert:* Ästhetik. Eine Kolumne, in: Merkur XXXVIII. Jg. (1984), Nr. 424, S. 74–80
*Mayer, Hans:* Wagner in Selbstzeugnissen und Bilddokumenten, Hamburg 1959
*Mayer, Hans:* Anmerkungen zu Richard Wagner, Frankfurt/M. 1966
*Mayer, Hans:* Parnaß und Paradies. Anmerkungen zu den „Meistersingern von Nürnberg“, in: Programmheft der Bayerischen Staatsoper zur Neuinszenierung der „Meistersinger von Nürnberg“, München 1979, S. 23–38
*Mayer, Hans:* Thomas Mann, Frankfurt/M. 1980
*Mayer, Hans:* Versuche über die Oper, Frankfurt/M. 1982
*Mehler, Eugen:* Die Textvarianten der Meistersingerdichtung, in: Richard-Wagner-Jahrbuch, hrsg. v. Ludwig Frankenstein, Bd. V, Berlin 1913
*Meier, Hans:* Gottfried Kellers „Grüner Heinrich“. Betrachtungen zum Roman des poetischen Realismus, Zürich–München 1977
*Mendelssohn, Peter de:* Der Zauberer. Das Leben des deutschen Schriftstellers Thomas Mann. 1. Teil 1875–1918, Frankfurt/M. 1975
*Morgan, William I.:* The Emergence of the Artisan in the Works of German Classicism and Romanticism, Phil. Diss. Iowa 1951
*Müller, Wilhelm:* Die Winterreise (1823), in: Gedichte, hrsg. v. J. T. Hatfield, Neudruck Nendeln/Liechtenstein

*Muschg, Adolf:* Gottfried Keller, Frankfurt/M. 1980 (zuerst: München 1977)
*Muschg, Walter:* Tragische Literaturgeschichte, Bern 1948
*Muschg, Walter:* Umriß eines Gottfried-Keller-Porträts, in: ders.: Gestalten und Figuren, Bern 1948, S. 148–208
*Muthesius, Hermann:* Stilarchitektur und Baukunst, Mühlheim/Ruhr 1902
*Muthesius, Hermann:* Die Werkbundarbeit der Zukunft, Jena 1914

*Newmann, Ernest:* The Life of Richard Wagner, 4 Bde., New York 1933–1946, Nachdruck 1976
*Nietzsche, Friedrich:* Werke in drei Bänden, hrsg. v. Karl Schlechta, München 1973
*Nissen, Momme:* Dürer als Führer, in: Der Kunstwart, 17. Jg. (1904), H. 15, S. 93–102

*Orlowsky, Hubert:* Prädestination des Dämonischen. Zur Frage des bürgerlichen Humanismus in Thomas Manns „Doktor Faustus", Poznan 1969

*Panofsky, Erwin:* Idea. Ein Beitrag zur Begriffsgeschichte der älteren Kunsttheorie, Berlin 1975 (Erstauflage Leipzig 1925)
*Panofsky, Erwin:* Sinn und Deutung in der bildenden Kunst, Köln 1975
*Peuckert, Detlev:* Arbeiteralltag – Mode oder Methode, in: Haumann, Heiko (Hrsg.): Arbeiteralltag in Stadt und Land, Berlin 1982: Argument-Sonderband 94, S. 8–39
*Pevsner, Nikolaus:* Gemeinschaftsideale unter den bildenden Künstlern des 19. Jahrhunderts, in: Deutsche Vierteljahresschrift für Literaturwissenschaft und Geistesgeschichte 9 (1931), H. 1, S. 125–154
*Pevsner, Nikolaus:* Wegbereiter moderner Formgebung. Von Morris bis Gropius, Hamburg 1957
*Pfeiffer, G. (Hrsg.):* Nürnberg – Geschichte einer europäischen Stadt, unter Mitwirkung zahlreicher Fachgelehrter hrsg. v. G. Pfeiffer, München 1971
*Pöschel, Hans:* Kunst und Künstler im antiken Urteil, München 1925
*Preisendanz, Wolfgang:* Keller. Der grüne Heinrich, in: Wiese, Benno v. (Hrsg.): Der deutsche Roman. Vom Barock bis zur Gegenwart. Struktur und Geschichte, Bd. 2: Vom Realismus bis zur Gegenwart, S. 76–127.
*Programmheft der Bayerischen Staatsoper* zur Neuinszenierung der „Meistersinger von Nürnberg", München 1979

*Rasch, Wolfdietrich:* Thomas Mann und die Décadence, in: Thomas Mann 1875–1975. Vorträge in München–Zürich–Lübeck, hrsg. v. Beatrix Bludau, Eckhard Heftrich und Helmut Koopmann, Frankfurt/M. 1977, S. 271–284
*Reed, Terence James:* Introduction to: Thomas Mann, Der Tod in Venedig, Oxford 1971, S. 9–51
*Reed, Terence James:* Thomas Mann. The Uses of Tradition, Oxford 1974
*Reed, Terence James:* Thomas Mann, „Der Tod in Venedig". Text, Materialien, Kommentar, München–Wien 1983
*Reger, Philipp:* Hans Sachs. Komische Oper in drei Akten. Nach Deinhardsteins Dichtung gleichen Namens frei bearbeitet von Philipp Reger, Musik von Albert Lortzing, Universaledition Wien–Leipzig o. J.
*Rehm, Walter:* Thomas Mann und Dürer, in: Die Wissenschaft von deutscher Sprache und Dichtung. Festschrift Maurer, Stuttgart 1963, S. 478–497
*Reiß, Günther:* Schuhmacher und Poet dazu. Anmerkungen zur Kunst der Meister in Richard Wagners Meistersingerkomödie, in: Dahlhaus, Carl (Hrsg.): Das Drama Richard Wagners als musikalisches Kunstwerk, Regensburg 1970

*Riehl, Wilhelm Heinrich:* Die bürgerliche Gesellschaft, Stuttgart 1866[6]
*Ritter, Joachim:* Subjektivität. Sechs Aufsätze, Frankfurt/M. 1974
*Roberts, Cecil E.:* Handwerk und Handwerker in der deutschen Erzählung vom Ausgang des 18. Jahrhunderts bis zur Gegenwart, Phil. Diss. Breslau 1939
*Roffler, Thomas:* Gottfried Keller. Ein Bildnis, Frauenfeld–Leipzig 1931
*Ruskin, John:* Lectures on Art, in: The Works, hrsg. v. E. T. Cook und A. Wederburn (Library Edition), 39 Bde., 1903–1912, Vol. XX
*Ruskin, John:* Modern Painters, in: The Works, a. a. O., Vol. II

*Sauder, Gerhard:* Empfindsamkeit und Frühromantik, in: Silvio Vietta (Hrsg.): Die literarische Frühromantik, Göttingen 1983, S. 85–111
*Sauerland, Carol:* „Er wußte noch mehr ..." Zum Konzeptionsbruch in Thomas Manns „Doktor Faustus" unter dem Einfluß Adornos, in: Orbis Litterarum 34 (1974), S. 130–145
*Sautermeister, Gert:* Gottfried Keller, „Der grüne Heinrich" (1854/55; 2. Fassung 1879/80). Gesellschaftsroman, Seelendrama, Romankunst, in: Romane und Erzählungen des bürgerlichen Realismus. Neue Interpretationen, hrsg. v. Horst Denkler, Stuttgart 1980, S. 80–123
*Schiller, Friedrich:* Über die ästhetische Erziehung des Menschen. In einer Reihe von Briefen, in: Säkular-Ausgabe von Schillers Sämtlichen Werken, Stuttgart–Berlin: Cotta o. J. Bd. 12/2
*Schirmag, Heinz:* Das erste Auftreten des Proletariats als Klasse in der deutschen Opernliteratur des 19. Jahrhunderts: neue Aspekte für die Gewinnung eines realistischen Lortzingbildes aus der Sicht der Lortzing-Oper „Regina", Diss. Pädagogische Hochschule Potsdam 1968
*Schlaffer, Heinz:* Der Bürger als Held. Sozialgeschichtliche Auflösung literarischer Widersprüche, Frankfurt/M. 1973
*Schlaffer, Heinz/Schlaffer, Hannelore:* Studien zum ästhetischen Historismus, Frankfurt/M. 1975
*Schlaffer, Heinz:* Exoterik und Esoterik in Goethes Romanen, in: Goethe-Jahrbuch 95 (1978), S. 212–226
*Schlaffer, Heinz:* Faust Zweiter Teil: Die Allegorie des 19. Jahrhunderts, Stuttgart 1981
*Schlaffer, Heinz:* Goethe und die Neuzeit, Typoskript
*Schlechta, Karl:* Goethes Wilhelm Meister, Frankfurt/M. 1953
*Schlegel, August Wilhelm:* Vorlesungen über Schöne Literatur und Kunst, Heilbronn 1884
*Schlegel, Friedrich:* Geschichte der alten und neuen Literatur. Vorlesungen gehalten zu Wien im Jahre 1812, hrsg. v. Marie Speyer, Regensburg 1911
*Schlegel, Friedrich:* Athenäums-Fragmente, in: Kritische Friedrich-Schlegel-Ausgabe, hrsg. v. Ernst Behler, Bd. 2, Paderborn 1967
*Schlegel, Friedrich:* Ideen, in: Kritische Friedrich-Schlegel-Ausgabe, hrsg. v. Ernst Behler, Bd. 2, Paderborn 1967
*Schlosser, Julius:* Die Kunstliteratur. Ein Handbuch zur Quellenkunde der neueren Kunstgeschichte, Wien 1924
*Schmidt, Jochen:* Die Krise der romantischen Subjektivität. E. T. A. Hoffmanns Künstlernovelle „Der Sandmann" in historischer Perspektive, in: Literaturwissenschaft und Geistesgeschichte. Festschrift für Richard Brinkmann, Tübingen 1981, S. 348–370
*Schmidt, Jochen:* Geschichte des Genie-Gedankens in der deutschen Literatur, Philosophie und Politik 1750–1945, 2 Bde., Darmstadt 1985
*Schmidt-Berger, Ute:* Nachwort, in: Gottfried Keller: Hadlaub, Frankfurt/M. 1980, S. 139–164

*Schneider, Karl-Ludwig:* Künstlerliebe und Philistertum im Werke E. T. A. Hoffmanns, in: Steffen, H. (Hrsg.): Die deutsche Romantik, a. a. O., S. 200–218

*Schöll, Norbert/Weber, Rudolf:* Richard Wagners „Meistersinger von Nürnberg" – ein Beispiel deutscher Ideologie, in: Zeitschrift für Musikpädagogik (1978) 5, S. 11–21

*Schröter, Klaus:* Thomas Mann in Selbstzeugnissen und Bilddokumenten, Reinbek 1964

*Schubert, Bernhard:* Der „ästhetische Gottesbeweis". Der Roman als Offenbarungsorgan weltlichen Heilsgeschehens, in: Jahrbuch der Deutschen Schillergesellschaft XXVII (1983), S. 396–434

*Schubert, Bernhard:* Wagners „Sachs" und die Tradition des romantischen Künstlerselbstverständnisses, in: Archiv für Musikwissenschaft, Jg. XL, Heft 3 (1983), S. 212–253

*Schubert, Bernhard:* Die Idealität des Alt-Bürgerlichen in Gottfried Kellers „Der grüne Heinrich", in: Jahrbuch der Jean-Paul-Gesellschaft 1984, S. 85–119

*Schulz, Walter:* Funktion und Ort der Kunst in Nietzsches Philosophie, in: Nietzsche-Studien, Bd. 12 (1983), S. 1–31

*Schweikert, Uwe:* Jean Paul, Stuttgart 1970 (= Sammlung Metzler)

*Segebrecht, Wulf:* Autobiographie und Dichtung. Eine Studie zum Werk E. T. A. Hoffmanns, Stuttgart 1967

*Sengle, Friedrich:* Biedermeierzeit. Deutsche Literatur zwischen Restauration und Revolution 1815–1848, 3 Bde., Stuttgart 1971 ff.

*Sombart, Werner:* Der Bourgeois. Zur Geschichte des modernen Wirtschaftsmenschen, München–Leipzig 1923

*Sontheimer, Kurt:* Thomas Mann als politischer Schriftsteller, in: Helmut Koopmann (Hrsg.): Thomas Mann, a. a. O., S. 165–226

*Steffen, Hans (Hrsg.):* Die deutsche Romantik. Poetik, Formen und Motive, Göttingen 1976[2]

*Sternberger, Dolf:* Deutschland im „Doktor Faustus" und „Doktor Faustus" in Deutschland, in: Thomas Mann 1875–1975, Vorträge in München–Zürich–Lübeck, hrsg. v. Beatrix Bludau, Eckhard Heftrich und Helmut Koopmann, Frankfurt/M. 1977, S. 155–172

*Stettner, Thomas:* Das Münchner Künstlerfest von 1840. Eugen Neureuther. Gottfried Keller, in: Monatsberichte über Kunstwissenschaft und Kunsthandel 1 (1900/1901), S. 141–144.

*Stock, Richard Wilhelm:* Richard Wagner und die Stadt der Meistersinger, Nürnberg 1938

*Stoessl, Otto:* Gottfried Keller, Berlin 1904 (Die Literatur, Sammlung Brandes, Bd. 10)

*Theodor Storm – Erich Schmidt.* Briefwechsel. Kritische Ausgabe, Bd. 1: 1877–1880, Berlin 1972

*Strack, Friedrich:* Die „göttliche" Kunst und ihre Sprache. Zum Kunst- und Religionsbegriff bei Wackenroder, Tieck und Novalis, in: Deutsche Vierteljahresschrift für Literaturwissenschaft und Geistesgeschichte 32 (1978), Sonderband, S. 356–391

*Richard Strauß – Hugo von Hofmannsthal,* Briefwechsel, hrsg. v. Willy Schuh, 3. erw. Ausg., Freiburg 1964

*Stürmer, Michael:* Herbst des alten Handwerks. Zur Sozialgeschichte des 18. Jahrhunderts, München 1979

*Stürmer, Michael:* Langer Abschied von Alteuropa. Die Trennung von Kunst und Technik um 1800, in: FAZ vom 24. 4. 1984 (Nr. 100), Beilage

*Szondi, Peter:* Versuch über Thomas Mann, in: Die Neue Rundschau 67 (1956), S. 557–563

*Taylor, Charles:* Hegel, Frankfurt/M. 1983

*Teichmann, Elisabeth:* La fortune d'Hoffmann en France, Genève–Paris 1961

*Thalmann, Marianne:* Meisterschaft. Eine Studie zu E. T. A. Hoffmanns Genieproblem, in: Der Gesichtskreis. Festschrift für Joseph Drexel, München 1956, S. 142–163
*Thompson, Edward P.:* Plebeische Kultur und moralische Ökonomie. Aufsätze zur englischen Sozialgeschichte des 18. und 19. Jahrhunderts, Frankfurt/M.–Berlin–Wien 1980
*Tieck, Ludwig:* Franz Sternbalds Wanderungen. Eine altdeutsche Geschichte. Studienausgabe, hrsg. v. A. Anger, Stuttgart 1966
*Tieck, Ludwig:* Der junge Tischlermeister, in: ders.: Romane, Darmstadt 1978

*Vaget, Hans Rudolf:* Thomas Mann und die Neuklassik. „Der Tod in Venedig" und Samuel Lublinskis Literaturauffassung, in: Jahrbuch der Deutschen Schillergesellschaft, XVII (1973), S. 432–454
*Vaget, Hans Rudolf:* Kaisersaschern als geistige Lebensform. Zur Konzeption der deutschen Geschichte in Thomas Manns „Doktor Faustus", in: Wolfgang Paulsen (Hrsg.): Der deutsche Roman und seine historischen und politischen Bedingungen, Bern–München 1977, S. 200–235
*Vortriede, Werner:* Richard Wagners Tod in Venedig, in: Euphorion 52 (1958), S. 378–395
*Voss, Liselotte:* Die Entstehung von Thomas Manns Roman „Doktor Faustus". Dargestellt anhand von unveröffentlichten Materialien, Tübingen 1975

*Wackenroder, Wilhelm Heinrich:* Werke und Briefe, Heidelberg 1967
*Wackenroder, Wilhelm Heinrich/Tieck, Ludwig:* Phantasien über die Kunst, für Freunde der Kunst (hrsg. v. Wolfgang Nehring), Stuttgart 1973
*Wackenroder, Wilhelm Heinrich/Tieck, Ludwig:* Herzensergießungen eines kunstliebenden Klosterbruders (mit einem Nachwort von Richard Benz), Stuttgart 1975
*Waetzoldt, Wilhelm:* Dürers Gestalt in der deutschen Dichtung, in: Zeitschrift des Deutschen Vereins für Kunstwissenschaft 3 (1936), S. 127–133
*Wagner, Richard:* Gesammelte Schriften und Dichtungen, 10 Bde., Leipzig 1871–1883, 5. Aufl.: 12 Bde., Leipzig 1911
*Wagner, Richard:* Mein Leben, erste authentische Veröffentlichung, München 1963
*Wagner, Richard:* Entwürfe zu „Die Meistersinger von Nürnberg" – „Tristan und Isolde" – „Parsifal", mit einer Einführung von Hans von Wolzogen, Leipzig 1907
*Wagner, Richard:* Die Meistersinger von Nürnberg. Texte, Materialien, Kommentare, hrsg. v. Attila Csampai und Dietmar Holland, Reinbek 1981
*König Ludwig – Richard Wagner.* Briefwechsel, Karlsruhe 1936
*Wapnewski, Peter:* Richard Wagner – Die Szene und ihr Meister, München 1978
*Wapnewski, Peter:* Der traurige Gott. Richard Wagner in seinen Helden, 2. verb. und erg. Aufl., München 1980
*Warburg, Aby:* Heidnisch-antike Weissagung in Wort und Bild zu Luthers Zeiten, Heidelberg 1920
*Warnke, Martin:* Bau und Überbau. Soziologie der mittelalterlichen Architektur nach den Schriftquellen, Frankfurt/M. 1976
*Weber, Max:* Gesammelte Aufsätze zur Religionssoziologie, Bd. 1, Tübingen 1920
*Weber, Max:* Gesammelte Aufsätze zur Wissenschaftslehre, hrsg. v. J. Winckelmann, Tübingen 1968
*Weidhase, Helmut:* Rezeptionsfreiheit als ästhetisches Programm. Zur Gesamtkunstwerk-Poetik Richard Wagners und ihrer Anwendung in den „Meistersingern von Nürnberg", in: Rezeptionsgeschichte oder Wirkungsästhetik. Konstanzer Diskussionsbeiträge zur Praxis der Literaturgeschichtsschreibung, hg. v. Heinz Dieter Wetzer, Stuttgart 1978, S. 29–61
*Wellek, René:* Konfrontationen. Vergleichende Studien zur Romantik, Frankfurt/M. 1964

*Wellmer, Albrecht:* Kunst und industrielle Produktion. Zur Dialektik von Moderne und Postmoderne, in: Merkur XXXVII. Jg. (1983), Nr. 416, S. 133–145

*Werner, Renate:* „Cultur der Oberfläche". Zur Rezeption der Artistenmetaphysik im frühen Werk Heinrich und Thomas Manns, in: Bruno Hillebrand (Hrsg.): Nietzsche und die deutsche Literatur, Bd. II: Forschungsergebnisse, Tübingen 1978

*Westernhagen, Curt v.:* Richard Wagners Dresdner Bibliothek. 1842–1849, Wiesbaden 1966

*Williams, Raymond:* Culture and Society 1780–1950, London 1963

*Wittkower, Rudolf:* Born under Saturn. Studies in the Alienation of Art and Artists, London 1968

*Wolf, Rudolf (Hrsg.):* Thomas Manns Doktor Faustus und die Wirkung, 2 Bde., Bonn 1983

*Worthmann, Joachim:* Probleme des Zeitromans. Studien zur Geschichte des deutschen Romans im 19. Jahrhundert, Heidelberg 1974

*Wuthenow, Ralph-Rainer:* Muse, Maske, Meduse. Europäischer Ästhetizismus, Frankfurt/M. 1978

*Young, Edward:* Conjectures, in: The Complete Works. Poetry and Prose, Vol. II, Hildesheim 1968 (Reprint)

*Zeller, Michael:* Bürger oder Bourgeois? Eine literatursoziologische Studie zu Thomas Manns „Buddenbrooks" und Heinrich Manns „Im Schlaraffenland", Stuttgart 1976

*Zilsel, Edgar:* Die Entstehung des Geniebegriffs, Tübingen 1926

# Werkregister

10865

# Literatur in der Geschichte – Geschichte in der Literatur

In Verbindung mit Claudio Magris, Triest,
herausgegeben von Friedbert Aspetsberger und Alois Brandstetter

Band 1
Claudio Magris
**Die andere Vernunft**
**E. T. A. Hoffmann**
142 Seiten, kt.
ISBN 3-445-02039-6

Band 2
Friedbert Aspetsberger
**Literarisches Leben im Austrofaschismus**
Der Staatspreis
VI, 222 Seiten, kt.
ISBN 3-445-02021-3

Band 3
Norbert Frei
**Theodor Fontane**
**Die Frau als Paradigma des Humanen**
188 Seiten, kt.
ISBN 3-445-02071-X

Band 4
Bernhard Doppler
**Katholische Literatur und Literaturpolitik**
**Enrica von Handel-Mazzetti**
Eine Fallstudie
XIV, 234 Seiten, kt.
ISBN 3-445-02070-1

Band 5
Josef Haslinger
**Die Ästhetik des Novalis**
252 Seiten, kt.
ISBN 3-445-02107-4

Band 6
Josef Strutz
**Politik und Literatur in Musils**
**„Mann ohne Eigenschaften"**
Am Beispiel des Dichters Feuermaul
144 Seiten, kt.
ISBN 3-445-02216-X

Band 7
Ulrich Janetzky
**Alphabet und Welt**
**Über Konrad Bayer**
204 Seiten, kt.
ISBN 3-445-02261-5

Band 8
Regina Baltz-Balzberg
**Primitivität der Moderne**
**1895–1925**
am Beispiel des Theaters
208 Seiten, kt.
ISBN 3-445-02298-4

Band 9
Rüdiger Wischenbart
**Literarischer Wiederaufbau**
**in Österreich 1945-1949**
Am Beispiel von sieben literarischen
und kulturpolitischen Zeitschriften
156 Seiten, kt.
ISBN 3-445-02301-8

Band 10
Ralf-Peter Märtin
**Wunschpotentiale**
Geschichte und Gesellschaft
in Abenteuerromanen
von Retcliffe, Armand, May
236 Seiten, kt.
ISBN 3-445-02302-6

Band 11
Johannes Sachslehner
**Führerwort und Führerblick**
Mirko Jelusich
Zur Strategie eines Bestsellerautors
in den Dreißiger Jahren
244 Seiten, kt.
ISBN 3-445-02350-6

Hain Verlag bei athenäum